U0921421

“十三五”国家重点出版物出版规划项目
中国工程院重大咨询项目　中国生态文明建设重大战略研究丛书(II)

第　二　卷

我国资源环境承载力与经济社会发展布局战略研究

中国工程院“我国资源环境承载力与经济社会发展布局战略研究”课题组
郝吉明　王金南　许嘉钰　蒋洪强　主编

科 学 出 版 社
北　京

内 容 简 介

本书是“中国生态文明建设重大战略研究丛书”之一。本书中资源环境承载力研究所涉及的内容较多，主要以大气环境承载力、重点流域地表水环境承载力、水资源对区域社会经济发展的支撑能力、环境容量对煤油气资源开发的约束为依据，结合主体功能区定位要求，提出了全国、京津冀地区、西北五省及内蒙古地区产业发展绿色化布局战略。

本书内容紧密结合当前生态文明建设战略需求、数据丰富，适合政府、生态环境领域研究人员，高等院校生态环境相关专业师生，以及其他对我国生态环境问题感兴趣的社会公众阅读。

图书在版编目(CIP)数据

我国资源环境承载力与经济社会发展布局战略研究/郝吉明等主编. —北京：科学出版社，2019.3

[中国生态文明建设重大战略研究丛书(Ⅱ)/周济，刘旭主编]

“十三五”国家重点出版物出版规划项目　中国工程院重大咨询项目

ISBN 978-7-03-060516-0

Ⅰ.①我…　Ⅱ.①郝…　Ⅲ.①自然资源–环境承载力–研究–中国　②经济发展–研究–中国　Ⅳ.①X372　②F124

中国版本图书馆 CIP 数据核字（2019）第 023612 号

责任编辑：马　俊　侯彩霞 / 责任校对：郑金红
责任印制：肖　兴 / 封面设计：北京铭轩堂广告设计有限公司

科学出版社 出版
北京东黄城根北街 16 号
邮政编码：100717
http://www.sciencep.com

中国科学院印刷厂 印刷

科学出版社发行　各地新华书店经销

*

2019 年 3 月第　一　版　　开本：787×1092　1/16
2019 年 3 月第一次印刷　　印张：20
字数：454 000

定价：198.00 元

（如有印装质量问题，我社负责调换）

丛书顾问及编写委员会

“我国资源环境承载力与经济社会发展布局战略研究”课题组成员名单

郝吉明　中国工程院院士、美国工程院外籍院士、清华大学环境学院教授

王金南　中国工程院院士、环境保护部环境规划院院长兼总工程师

曲久辉　中国工程院院士、清华大学环境学院教授

王　浩　中国工程院院士、中国水利水电科学研究院教授级高级工程师

李　阳　中国工程院院士，中国石油化工股份有限公司副总工程师、教授级高级工程师

顾大钊　中国工程院院士，国家能源投资集团有限责任公司总经理、教授级高级工程师

许嘉钰　清华大学环境学院副教授

蒋洪强　环境保护部环境规划院研究员

刘年磊　环境保护部环境规划院副研究员

郑　伟　环境保护部环境规划院副研究员

单保庆　中国科学院生态环境研究中心研究员

温胜芳　中国科学院生态环境研究中心工程师

马　静　中国水利水电科学研究院教授级高级工程师

褚俊英　中国水利水电科学研究院教授级高级工程师

李　政　清华大学能源与动力工程系教授

程一步　中国石化经济技术研究院教授级高级工程师

李伟起　清华大学能源与动力工程系助理研究员

郑丙辉　中国环境科学研究院研究员

王丽婧　中国环境科学研究院副研究员

刘锐平　中国科学院生态环境研究中心研究员

胡承志　中国科学院生态环境研究中心研究员

柏耀辉　中国科学院生态环境研究中心副研究员

薛兆杰　中国石油化工股份有限公司教授级高级工程师
罗佐县　中国石化经济技术研究院副处长、高级经济师
孟宪玲　中国石化经济技术研究院处长、高级工程师
李全生　国家能源投资集团有限责任公司2030项目办公室主任、教授级高级工程师
郝秀强　国家能源技术经济研究院高级工程师
牛存稳　中国水利水电科学研究院高级工程师
桑学锋　中国水利水电科学研究院高级工程师
龚家国　中国水利水电科学研究院高级工程师
严子奇　中国水利水电科学研究院工程师
杨朝晖　中国水利水电科学研究院工程师
兰华春　中国科学院生态环境研究中心副研究员
齐维晓　中国科学院生态环境研究中心副研究员
吴　剑　清华大学环境学院博士后
高宇华　清华大学环境学院教育职员
马洁云　清华大学环境学院科研助理
马　乔　清华大学环境学院博士研究生
常　兴　清华大学环境学院博士研究生
蔡思翌　清华大学环境学院博士研究生
王　霄　中国科学院生态环境研究中心博士研究生
古振澳　中国科学院生态环境研究中心硕士研究生
邓　伟　中国水利水电科学研究院硕士研究生
徐　志　中国水利水电科学研究院博士研究生
杨晓瑞　中国水利水电科学研究院硕士研究生
户　超　中国水利水电科学研究院硕士研究生
何亚闻　中国水利水电科学研究院硕士研究生
刘　洁　中国水利水电科学研究院硕士研究生

专题一成员名单

郝吉明　中国工程院院士、美国工程院外籍院士、清华大学环境学院教授

许嘉钰　清华大学环境学院副教授
吴　剑　清华大学环境学院博士后
马　乔　清华大学环境学院博士研究生
马洁云　清华大学环境学院科研助理
常　兴　清华大学环境学院博士研究生
蔡思翌　清华大学环境学院博士研究生
高宇华　清华大学环境学院教育职员

专题二成员名单

曲久辉　中国工程院院士、清华大学环境学院教授
单保庆　中国科学院生态环境研究中心研究员
温胜芳　中国科学院生态环境研究中心工程师
郑丙辉　中国环境科学研究院研究员
刘锐平　中国科学院生态环境研究中心研究员
胡承志　中国科学院生态环境研究中心研究员
柏耀辉　中国科学院生态环境研究中心副研究员
齐维晓　中国科学院生态环境研究中心副研究员
兰华春　中国科学院生态环境研究中心副研究员
王丽婧　中国环境科学研究院副研究员

专题三成员名单

王　浩　中国工程院院士、中国水利水电科学研究院教授级高级工程师
马　静　中国水利水电科学研究院教授级高级工程师
褚俊英　中国水利水电科学研究院教授级高级工程师
邓　伟　中国水利水电科学研究院硕士研究生
徐　志　中国水利水电科学研究院博士研究生
杨晓瑞　中国水利水电科学研究院硕士研究生
牛存稳　中国水利水电科学研究院高级工程师
桑学锋　中国水利水电科学研究院高级工程师
龚家国　中国水利水电科学研究院高级工程师
严子奇　中国水利水电科学研究院工程师

杨朝晖　中国水利水电科学研究院工程师

户　超　中国水利水电科学研究院硕士研究生

何亚闻　中国水利水电科学研究院硕士研究生

刘　洁　中国水利水电科学研究院硕士研究生

专题四成员名单

李　阳　中国工程院院士，中国石油化工股份有限公司副总工程师、教授级高级工程师

顾大钊　中国工程院院士，国家能源投资集团有限责任公司总经理、教授级高级工程师

李　政　清华大学能源与动力工程系教授

程一步　中国石化经济技术研究院教授级高级工程师

李伟起　清华大学能源与动力工程系助理研究员

薛兆杰　中国石油化工股份有限公司教授级高级工程师

罗佐县　中国石化经济技术研究院副处长、高级经济师

孟宪玲　中国石化经济技术研究院处长、高级工程师

李全生　国家能源投资集团有限责任公司 2030 项目办公室主任、教授级高级工程师

郝秀强　国家能源技术经济研究院高级工程师

丛书总序

为积极参与生态文明建设研究，更好地发挥“国家工程科技思想库”的作用，中国工程院于2013年启动了“生态文明建设若干战略问题研究”重大咨询项目，对生态文明建设进行全局性系统研究，提出了中国未来生态文明建设的总体目标、战略部署和重点任务。为持续跟踪支撑国家生态文明建设，2015年中国工程院启动了“生态文明建设若干战略问题研究（二期）”重大咨询项目，项目由周济、刘旭任组长，郝吉明任副组长，20余位院士、200余位专家参加了研究。2017年12月，经过两年多的紧张工作，在深入分析和反复研讨的基础上，经过广泛征求意见，综合凝练形成了项目研究报告。研究期间，部分研究成果上报国务院，得到了有关领导的高度重视和批示。

项目在构建国家生态文明建设指标体系、综合评估我国生态文明发展水平的基础上，对我国环境承载力与经济社会发展战略布局、固体废物分类资源化利用、农业发展方式转变与美丽乡村建设等生态文明建设领域的重大战略问题开展研究。

项目全面客观评估我国生态文明发展水平与建设成效。以生态环境质量改善为核心，从绿色环境、绿色生产、绿色生活、绿色设施4个领域，构建包括10个目标、20个指标的评估体系。充分考虑城市的主体功能定位，按功能区发展要求确定差异化的指标权重，采用双基准渐进法，以2015年为评估年，以全国337个地级及以上城市（不含香港特别行政区、澳门特别行政区、台湾省及海南省三沙市）为单元，从国家、省、市三个层次开展了评价。结果表明，2015年我国生态文明发展水平平均分值为61.16，处于一般水平，与生态文明建设目标仍有一定差距，东南沿海地区的生态文明发展水平整体略高于中西部地区。具体指标结果表明，我国整体经济社会成果显著，在经济生活方面具有了一定基础，部分一线城市已达到国际中高收入或高收入国家水平，但是在生态环境保护、工业污染控制、产业优化、资源高效利用等领域，以及农业主产区生态文明建设等方面仍需进一步加强。

在此基础上，项目组提出了若干政策建议：一是基于资源环境承载能力优化产业发展布局，强化京津冀、西北五省（自治区）及内蒙古自治区的资源环境承载力约束，整治高污染、高耗能、高耗水企业，严控新增产能，强化产业调整和特别污染排放限值管理，运用行业排放标准推进产业技术进步，综合考虑水资源承载力和水资源效率进行农业布局；二是以“无废国家”为目标，促进资源充分循环，将固体废物资源化利用上升到国家战略高度，推动资源产出率、资源循环利用率等作为重要战略性量化指标，构建绿色消费模式，促进城市矿山开发，推动生态农业生态生产模式，促进乡村废物资源化，加快工业发展绿色转型，提高资源利用效率；三是转变农业发展方式，建设美丽乡村，通过延伸农业产业链，构建一二三产业深度融合经营体系，探索新型高效生态农业，推进种养结合、农牧融合，提高村庄规划水平，加强宅基地和农村集体建设用地的规划管理，为未来发展留出空间，开展一批重点示范建设工程，推进美丽乡村建设。

项目提出了新时代生态文明建设的目标，即建议将生态资源资产与经济发展协同增长作为实现中华民族伟大复兴中国梦的目标之一，作为各级政府的工作任务，按约束指标列入年度发展计划，坚持人与自然和谐共生、物质精神同步、经济生态协调与坚持区域发展平衡；通过全社会不懈的努力，到 21 世纪中叶，基本实现人民群众物质财富与生态福祉的双重富裕，建成美丽中国；到 21 世纪下半叶，全面建成“零碳无废”社会，实现物质财富与生态福祉极大富裕。基于上述目标，提出了八大重点任务：一是培育生态产品生产成为新兴产业，将生态资源资产核算纳入国民经济核算体系，扩大生态生产产业的就业；二是坚持绿色驱动产业的生态化转型，以资源环境承载力约束、优化产业布局，推进传统产业生态化转型；三是深化美丽乡村建设，打造现代农业升级版，实现中国特色农业现代化；四是将建设“零碳无废”社会目标提升到国家战略高度，推动能源革命实现低碳发展，推进生产和消费领域的循环发展；五是培育全民生态文化自觉和绿色生活方式；六是健全绿水青山就是金山银山的法制保障，创新生态资源资产为核心的生态环境管理体系；七是引领全球治理共同构建人类命运共同体，为发展中国家提供绿色发展中国智慧；八是实施绿色科技创新工程支撑生态文明建设。

本套丛书汇集了“生态文明建设若干战略问题研究（二期）”项目的综合卷和 4 个课题分卷，分项目综合报告、课题报告和专题报告三个层次，提供相关领域的研究背景、内容和主要论点。综合卷包括综合报告和相关课题论述，每个课题分卷则包括课题综合报告及其专题报告。项目综合报告主要凝聚和总结各课题和专题中达成共识的主要观点和结论，各课题形成的其他观点则主要在课题分卷中体现。丛书是项目研究成果的综合集成，是众多院士和多部门、多学科专家教授、企业工程技术人员及政府管理者辛勤劳动和共同努力的结果，在此向他们表示衷心的感谢，特别感谢项目顾问组的指导。

生态文明建设是关系中华民族永续发展的根本大计，更是一项巨大的惠及民生福祉的综合性建设。由于各种原因，丛书难免还有疏漏和不够妥当之处，请读者批评指正。

中国工程院“生态文明建设若干战略问题研究（二期）”
项目研究组
2018 年 11 月

前　言

党的十八大提出了经济建设、政治建设、文化建设、社会建设、生态文明建设“五位一体”的总体布局，确立了提高生态文明水平，建设“美丽中国”的愿景。习近平总书记在党的十九大报告中指出：“加快生态文明体制改革，建设美丽中国”“……从二〇二〇年到二〇三五年……生态环境根本好转，美丽中国目标基本实现。”然而在生态文明建设的时代背景下，我国仍然面临着资源环境承载力的挑战及经济发展与生态环境之间的协调问题。

我国未来面临的资源环境承载力问题和挑战主要体现在用水效率逐步提高，用水结构逐步优化，但用水总量仍将不断上涨，水资源供需矛盾十分突出；能耗强度逐步降低，能耗结构逐步优化，但能源消费总量仍居高不下，西部地区增幅最为明显；主要污染物排放总量将持续降低，减排重心自东向西转移，环境质量达标压力依然存在；环境质量改善的复杂性突出、难度加大。

依据我国经济增长与环境压力之间的关系，除北京、上海、广东等发达地区外，我国大部分地区经济发展还处在工业化中后期阶段。在这个阶段，产业结构调整升级缓慢，重化工业所占比重仍然较高，经济增长对资源消耗量较大，对生态环境的破坏程度较为严重，经济发展与生态环境之间的矛盾依然很突出。未来我国将进入新一轮区域经济一体化大发展进程，同样也将进入工业化和城镇化加快发展的阶段，各区域经济的快速发展与资源环境之间的矛盾将更加尖锐，环境问题对社会和谐的负面影响更加突出。因此，从我国及各区域所处的这个阶段和实情出发，必须统筹考虑区域经济发展与环境保护的关系，必须站在宏观战略层面解决环境问题，以环境保护优化经济增长，最终才能实现经济社会又好又快的发展。

结合主体功能区定位，发挥资源环境承载力在区域发展中“主力军”“调节阀”“突击队”的作用，才能充分考虑资源环境承载力这一具有基础性、约束性和助推性要素的发展；才能实现以生态环境优化区域经济结构；才能探索走出一条“代价小、效益好、排放低、可持续”的区域生态文明建设的新路子。

科学评价资源环境承载力、开展环境承载力约束下的产业发展布局战略对策研究是一项重要基础性工作。从资源环境承载力的科学内涵出发，以大气环境容量、地表水水环境容量、水资源支承能力评价为基础，结合主体功能区定位，针对全国及京津冀、西北五省、内蒙古等重点区域，提出环境承载力约束下的全国产业发展、能源产业和重点区域产业布局调控战略对策可为产业布局规划提供科学指导，推进实现产业发展方式转变与生态环境保护的“双赢”。

我国资源环境承载力与经济社会发展布局战略研究所涉及的内容较多，本书主要以大气环境承载力、重点流域地表水环境承载力、水资源对区域社会经济发展的支撑能力、环境容量对煤油气资源开发的约束为依据，结合主体功能区定位要求，提出全国、京津冀地区、西北五省（区）及内蒙古地区产业发展绿色化布局战略。

本书是集体智慧的结晶。在“我国资源环境承载力与经济社会发展布局战略研究”课题的研究过程中，始终得到了中国工程院、生态环境部、清华大学、环境保护部环境规划院、中国科学院生态环境研究中心、中国环境科学研究院、中国水利水电科学研究院、中国石油化工股份有限公司、国家能源投资集团有限责任公司、中国石化经济技术研究院等单位领导与专家的大力支持和协助，在此一并致谢！由于本课题的研究时间较短，研究任务较重，研究内容上很难做到完全充分，敬请批评指正！

目　录

课题综合报告

专 题 研 究

课题综合报告

摘　　要

当前，环境承载力已经成为我国社会经济可持续发展的主要瓶颈。本研究基于大气环境容量、地表水水环境容量及水资源承载力，对全国、京津冀地区、西北五省（区）[①]及内蒙古地区进行了环境承载力评价，结合主体功能区定位要求，提出了全国及重点区域产业发展绿色化布局战略。

全国产业发展应主要从重点整治高耗能重污染低效益产业、根据环境容量利用/超载情况进行产业调整和特别污染排放限值管理、运用行业排放标准推进产业技术进步和绿色化水平、农业布局综合考虑水资源承载力和水资源效率四个方面进行优化布局。

京津冀地区产业布局战略为：①基于大气环境容量约束，进行能源结构调整，限制高污染产品产量。对钢铁、水泥、玻璃及非金属制造等产业采取“促减控整”措施改善工艺技术，逐渐降低产能。不再审批产能过剩行业新增产能项目，严把审批关。②基于地表水水环境容量约束，根据亿元 GDP 的污染物排放量，最不协调的纺织染整、皮革和造纸 3 个产业（化学需氧量 49～66t/亿元，氨氮 2.2～4.9t/亿元）采取整个行业关闭或转移等措施；化工、食品和制药行业（化学需氧量 10～15t/亿元，氨氮 1～2t/亿元）也可以采取整个行业关闭或转移等措施，或者进行行业化清洁生产改造、污水处理工艺改进等，尤其是污水直接排入地表水比例仅为 16%的制药行业，进行行业化清洁生产改造、污水处理工艺改进是重要的发展方向。③基于水资源约束，河北省未来需要进行产业结构调整以实现水资源与经济的可持续发展。

西北五省及内蒙古地区产业布局战略为：①基于大气环境容量约束，充分利用当地天然气资源改善能源结构，缓慢推进煤化工行业的进程，严格控制煤炼焦产量。②基于地表水水环境容量约束，在环境容量超载区域对于化工、食品和造纸 3 个产业采取整个行业关闭或转移的政策；在还有剩余环境容量的区域，对金属冶炼和石化行业可以采取行业化清洁生产改造、污水处理工艺改进等措施。重点生态功能区可以加快发展符合主体功能规划的经济产业，以实现在不破坏生态环境的前提下更快地发展经济。③以西北地区水资源为主要约束条件，主要用水控制重点是农业用水，要推广农业节水，压缩农业用水比例，以保证生态用水、工业用水；工业应采用节水工艺，适度发展。为支撑未来西北煤电基地开发，并保持区域生态环境不受破坏，必须压缩农业用水比例，采取“农业综合节水—水权有偿转换—工业高效用水”的模式，发展节水、高效的特色农业，提高用水效率，严格控制灌溉面积的无序扩张，以农业节水转换为工业使用，保障工业发展。

① 为了便于阅读，在本书中将“西北五省（区）”简写为“西北五省”。

第一章 概 述

一、课题研究背景

党的十八大报告提出“两个一百年”奋斗目标，一个是在中国共产党成立一百年时全面建成小康社会，一个是在新中国成立一百年时建成富强民主文明和谐的社会主义现代化国家。党的十八届五中全会对全面建成小康社会的目标作了新的阐述，主要包括：“经济保持中高速增长，在提高发展平衡性、包容性、可持续性的基础上，到二〇二〇年国内生产总值和城乡居民人均收入比二〇一〇年翻一番，产业迈向中高端水平，消费对经济增长贡献明显加大，户籍人口城镇化率加快提高。农业现代化取得明显进展，人民生活水平和质量普遍提高，我国现行标准下农村贫困人口实现脱贫，贫困县全部摘帽，解决区域性正体贫困。国民素质和社会文明程度显著提高。生态环境质量总体改善。各方面制度更加成熟更加定型，国家治理体系和治理能力现代化取得重大进展”等。总之，国家设立的“两个一百年”奋斗目标为我们描述了我们想要实现的是一个更加注重质量发展的社会，是一个更加强调全面协调可持续发展的社会，是一个让广大人民群众共享改革发展成果的社会。这个社会所涉及的领域是全面的，是经济建设、政治建设、文化建设、社会建设、生态文明建设“五位一体”协调发展的社会。

尽管我国环境保护工作取得了明显成效，但“经济新常态”下的环境形势依然十分严峻，新时期经济与环境保护的协调发展仍是我们工作实践中绕不过去的发展课题。为此，中国工程院于 2013 年启动了“生态文明建设若干战略问题研究”重大咨询项目，2015 年启动了“生态文明建设若干战略问题研究（二期）”，“我国资源环境承载力与经济社会发展布局战略研究”是“生态文明建设若干战略问题研究（二期）”5 个专项课题之一。

在生态文明建设的时代背景下，科学评价资源环境承载力、开展环境承载力约束下的产业发展布局战略对策研究是一项重要基础性工作。从环境承载能力的科学内涵出发，以大气环境容量、地表水水环境容量、水资源承载力评价为基础，结合主体功能区定位，针对全国及京津冀、西北五省等重点区域，提出了环境承载力约束下的全国产业发展、能源产业和重点区域产业布局调控战略对策，以期为产业布局规划提供科学指导，推进实现产业发展方式转变与环境保护的“双赢”。

二、课题目标和研究内容

资源环境承载力研究涉及的内容较多，本研究主要涉及大气环境承载力、重点流域地表水环境承载力、水资源对区域社会经济发展的支撑能力、环境容量对煤油气资源开发的约束四个方面的研究内容，并以此研究结果为依据为我国未来产业结构发展布局、资源消费优化状况等提出政策建议，以体现环境目标与经济发展目标、社会发展目标的协调统一。主要研究内容包括以下几点。

（一）大气污染物环境容量与最大允许排放限值研究

利用 GEOS-Chem 全球大气化学传输模型模拟计算大气污染源排放所带来的环境空气中污染物的浓度，以全国各省份的网格平均细颗粒物（$PM_{2.5}$）年均浓度达到《环境空气质量标准》（GB 3095—2012）为约束条件，研究处于不同经济发展阶段的区域的主要大气污染物的最大允许排放限值（大气环境容量），提出全国、京津冀、西北五省及内蒙古产业布局对策建议。

（二）重点流域地表水水环境容量与最大允许排放限值研究

在历史资料搜集和现场调查分析的基础上，揭示近年来重点流域的水文水质状况及其变化规律，明确重点流域的污染特征和演化趋势。

针对不同流域水文水质特征，科学选取相应的流域水环境容量核算模型。

开展重点流域及其相关支流的水环境容量核算研究，以确定流域内各评价单元的化学需氧量（chemical oxygen demand，COD）、氨氮、总氮（total nitrogen，TN）、总磷（total phosphorus，TP）等主要污染物环境容量，提出各评价单元主要污染物排放限值。

（三）水资源对区域社会经济发展的支撑能力研究

在历史资料搜集和社会调查的基础上，综合考虑区域自产水和上游来水条件，定量描述我国区域水资源短缺程度，表征水资源条件对区域社会经济发展的支撑能力。

通过构建全国评价模型，探讨我国区域水资源支撑能力空间格局，分析其与人口、GDP 指标的关系，以及对区域产业结构与规模的约束。

基于水资源对区域社会经济发展的支撑能力，提出我国在城市产业结构、规模与布局等方面的对策建议。

（四）环境容量对煤油气资源开发的约束研究

分析我国煤油气资源开发现状及其造成的环境污染和煤油气资源前景。研究不同区域环境容量的差异对我国煤油气资源开发的限制问题，提出煤油气资源高效开发与生态环境保护协调发展的技术对策。

（五）经济社会空间布局战略对策建议

根据大气环境、地表水水环境容量核算与主要污染物最大允许排放限值评估，以及水资源对区域社会经济发展的支撑能力研究结果、环境容量对煤油气资源开发的约束研究结果，根据“创新、协调、绿色、开放、共享”发展理念，结合主体功能区定位要求，提出全国、能源资源及重点区域产业发展绿色化布局策略。

第二章　基于 $PM_{2.5}$ 达标约束的大气环境容量

利用 GEOS-Chem 全球大气化学传输模型模拟计算大气污染源排放所带来的环境空气中污染物的浓度，以全国各省份的网格平均 $PM_{2.5}$ 年均浓度达到《环境空气质量标准》（GB 3095—2012）为约束条件，研究处于不同经济发展阶段的区域的主要大气污染物［SO_2、NO_x、一次 $PM_{2.5}$、挥发性有机化合物（volatile organic compound，VOC）和 NH_3］的大气环境容量，提出大气环境容量约束下的全国、京津冀、西北五省及内蒙古产业布局的建议。

一、我国大气环境质量和主要污染物排放现状

随着国民经济的持续快速发展，我国人民生活水平不断提高。然而，我国巨大的能源消费规模和以煤为主的能源消费结构导致各种大气污染物大量排放，使得我国大气环境污染问题日益严重。近年来，全国各地多次发生大范围长时间的雾霾天气，已经成为社会关注的焦点问题。为加快解决严重的大气污染问题，切实改善环境空气质量，2013 年 9 月，国务院发布实施《大气污染防治行动计划》（以下简称“大气十条”）。“大气十条”是当时和今后一个时期全国大气污染防治工作的行动指南。为贯彻“大气十条”，确保实现空气质量改善目标，国务院委托环境保护部（现生态环境部）与全国 31 个省（区、市）签署了《大气污染防治目标责任书》，明确了各地空气质量改善目标和重点工作任务。系统了解“大气十条”实施以来我国环境空气质量的变化及特征对于解决大气环境污染问题具有重大意义。同时，根据全国及地方环境统计资料和环境质量报告，结合国内外相关学者的研究成果，对全国主要大气污染物（SO_2、NO_x、工业烟尘、粉尘、VOC、NH_3 等）的排放状况进行统计分析，以便客观评价和了解近年来大气污染物排放状况，明晰主要大气污染物排放的变化趋势、地区分布和行业贡献特征。

（一）空气质量状况

1. 2013 年全国城市空气质量状况

根据环境保护部发布的 2013 年重点区域和 74 个城市的环境质量状况，71 个城市存在不同程度的超标现象。74 个城市细颗粒物（$PM_{2.5}$）年均浓度为 72μg/m^3，接近国家空气质量标准的 2 倍；可吸入颗粒物（PM_{10}）年均浓度为 118μg/m^3；二氧化氮（NO_2）年均浓度为 44μg/m^3，二氧化硫（SO_2）年均浓度为 40μg/m^3；臭氧（O_3）和一氧化碳（CO）分别按日最大 8 小时标准（160μg/m^3）和日均标准值（4mg/m^3）评价，达标城市比例分别为 77%和 86.5%。

京津冀区域共 13 个地级及以上城市，首要污染物为 $PM_{2.5}$，其次为 PM_{10} 和 O_3。京

津冀区域所有城市$PM_{2.5}$和PM_{10}年均浓度均超标，区域内$PM_{2.5}$年均浓度为106μg/m^3，是国家标准的3倍；PM_{10}年均浓度为181μg/m^3；SO_2年均浓度为69μg/m^3，6个城市超标；NO_2年均浓度为51μg/m^3，10个城市超标；CO按日均标准值评价有7个城市超标；O_3按日最大8小时标准评价有5个城市超标。北京市达标天数比例为48%，重度及以上污染天数比例为16%；主要污染物为$PM_{2.5}$、PM_{10}和NO_2，$PM_{2.5}$年均浓度为89.5μg/m^3，PM_{10}年均浓度为108μg/m^3，NO_2年均浓度为56μg/m^3。

长三角区域共25个地级及以上城市，空气质量平均达标天数比例为64.2%，其中舟山和丽水2个城市空气质量达标天数比例在80%～100%，其余23个城市达标天数比例在50%～80%。该区域首要污染物为$PM_{2.5}$，其次为O_3和PM_{10}。25个城市中，$PM_{2.5}$年均浓度为67μg/m^3，24个城市超标；PM_{10}年均浓度为103μg/m^3，23个城市超标；NO_2年均浓度为42μg/m^3，15个城市超标；SO_2年均浓度为30μg/m^3，所有城市均达标；O_3按日最大8小时标准评价有4个城市超标；CO按日均标准值评价，所有城市均达标。上海达标天数比例为67.4%，重度及以上污染天数比例为6.3%。主要污染物为$PM_{2.5}$、PM_{10}和NO_2，$PM_{2.5}$年均浓度为62μg/m^3，PM_{10}年均浓度为84μg/m^3，NO_2年均浓度为48μg/m^3。

珠三角区域共9个地级及以上城市，空气质量平均达标天数比例为76.3%，比74个城市平均达标天数比例高15.8个百分点。9个城市中，深圳、珠海和惠州的达标天数比例在80%以上，其他城市达标天数比例在50%～80%。该区域首要污染物为$PM_{2.5}$，其次为O_3和NO_2。9个城市中，$PM_{2.5}$年均浓度为47μg/m^3，所有城市均超标；PM_{10}年均浓度为70μg/m^3，4个城市超标；NO_2年均浓度为41μg/m^3，4个城市超标；SO_2年均浓度为21μg/m^3，所有城市均达标；O_3按日最大8小时标准评价，5个城市超标；CO按日均标准值评价，所有城市均达标。广州达标天数比例为71%，全年无重度及以上污染。主要污染物为$PM_{2.5}$、PM_{10}和NO_2，其中，$PM_{2.5}$年均浓度为53μg/m^3，PM_{10}年均浓度为72μg/m^3，NO_2年均浓度为52μg/m^3。

污染区域中，部分城市不仅$PM_{2.5}$和PM_{10}超标，NO_2、O_3也存在不同程度超标现象，呈现出传统煤烟型污染、汽车尾气污染与二次污染相互叠加的复合型污染特征。此外，空气污染呈现明显的季节性特征。城市空气重污染主要集中在第一、第四季度，74个城市$PM_{2.5}$季均浓度分别为96μg/m^3、93μg/m^3；第二、第三季度分别为56.7μg/m^3、44.7μg/m^3。2013年1月和12月重污染天数占全年重污染总天数的53.4%。

2. 2013～2015年全国城市和重点区域空气质量变化状况

“大气十条”实施两年后，2015年全国74个城市$PM_{2.5}$年均浓度降至55μg/m^3，较2013年下降了23.6%；日均值超标天数的比例为20.8%，较2013年下降了12.4个百分点。在74个城市中，2015年已有16.2%的城市（12个）$PM_{2.5}$年均浓度达到国家二级标准，较2013年提升了12.1个百分点。与2013年同期相比，京津冀、长三角、珠三角和成渝地区$PM_{2.5}$年均浓度分别下降了27.4%、20.9%、27.7%和27.7%。

2015年，全国338个地级及以上城市PM_{10}年均浓度降至87μg/m^3，较2013年下降了10.3%；日均值超标天数的比例为12.1%，较2013年下降了2.4个百分点。已有34.6%（117个）的城市PM_{10}年均浓度达到国家二级标准，较2013年提升了3.7个百分点。与2013年同期相比，23个省（区、市）的PM_{10}浓度呈下降趋势，其中贵州、河北、青海、浙江、福建和天津6省（市）下降幅度超过20%，安徽、重庆和上海等11省（市）下降幅度在10%～20%，西藏、海南、北京、新疆、广西、黑龙江6省（区、市）下降幅度在0%～10%。京津冀、长三角、珠三角和成渝地区分别下降了26.8%、19.7%、24.6%和10.5%。但宁夏、吉林、辽宁、河南、陕西、甘肃和湖北7省（区）PM_{10}浓度不降反升。

2015年，全国74个重点城市O_3日最大8小时平均值第90百分位浓度为95～203μg/m^3，平均浓度为150μg/m^3，较2013年上升了7.9%；日均值超标天数的比例为8.2%，较2013年提升了2.3个百分点；超过国家二级标准的城市由2013年的17个上升到2015年的28个，超标城市的比例达37.8%，提升了14.8个百分点。京津冀、长三角和珠三角年均浓度分别为162μg/m^3、163μg/m^{3}和145μg/m^3。与2013年同期相比，23个省会城市O_3年均浓度呈上升趋势，其中内蒙古、河南、甘肃和黑龙江4个省（区）的省会城市上升幅度超过30%，其余19个省会城市的上升幅度在1.9%～24.0%。京津冀和长三角区域O_3年均浓度分别上升了4.5%和13.2%，珠三角下降了6.5%。

“大气十条”实施以来，NO_2、SO_2和CO保持了持续下降的趋势，超标城市和超标率逐年下降，但个别城市存在浓度不降反升的现象。

与2013年同期相比，2015年20个省（区、市）的NO_2浓度下降，其中天津下降幅度超过20%，江西、新疆和四川等10个省（区、市）下降幅度在10%～20%；其余9个省（区、市）下降幅度在0%～10%。京津冀、长三角、珠三角和成渝地区分别下降了9.8%、11.9%、19.5%和15.8%。但11个省（区、市）的NO_2浓度有上升的趋势，甘肃、重庆、内蒙古和青海上升幅度超过10%。

与2013年同期相比，2015年28个省（区、市）的SO_2浓度下降，其中天津和福建下降幅度超过50%，北京、河北和内蒙古等12省（区、市）下降幅度在30%～50%，其余14个省（区、市）下降幅度在0%～30%。京津冀、长三角、珠三角和成渝地区分别下降了44.9%、30.0%、38.1%和48.3%。新疆和甘肃的SO_2浓度上升，上升幅度分别为5.9%和3.3%。

2015年，CO日均值第95百分位浓度为0.9～5.8mg/m^3，平均浓度为2.1mg/m^3，较2013年的2.5mg/m^{3}下降了16.0%；日均值超标天数的比例为0.8%，较2013年下降了1.0个百分点。

3. 2015年全国城市空气质量状况

2015年“大气十条”实施的成效显现，主要大气污染物浓度持续下降，城市环境空气质量总体上进一步得到改善。但全国城市空气质量状况距国家二级标准的要求还有很大差距，只有19.9%的城市大气$PM_{2.5}$达到国家二级标准、5.7%的城市$PM_{2.5}$达到世界卫生组织（World Health Organization，WHO）第二阶段的过渡值；北方地区冬季重污染问题依然突出，个别城市开始出现臭氧重度污染。区域大气污染负荷仍处于高位，推动$PM_{2.5}$和O_3的协同控制、改善空气质量的努力依然任重道远。

按SO_2、NO_2、CO、O_3、PM_{10}、$PM_{2.5}$六项污染物年均值进行评价，2015年全国338个地级及以上城市中已有73个城市空气质量达标，占21.6%；265个城市环境空气质量超标，占78.4%。按六项污染物的日均指标进行评价，各城市空气质量达标天数比例在

19.2%～100%，平均为 76.7%，平均超标天数比例为 23.3%，其中轻度污染比例为 15.9%，中度污染比例为 4.2%，重度污染比例为 2.5%，严重污染比例为 0.7%。

在影响空气质量的六项污染物中，77.5%的城市（262 个）$PM_{2.5}$、65.4%的城市（221 个）PM_{10}、18.3%的城市（62 个）NO_2、16.0%的城市（54 个）O_3、3.3%的城市（11 个）SO_2 和 3.3%的城市（11 个）CO 劣于国家二级标准。在污染天数中，以 $PM_{2.5}$ 为首要污染物的占 66.8%，以 PM_{10} 为首要污染物的占 15.0%，以颗粒物（$PM_{2.5}$ 或 PM_{10}）为首要污染物的占 76.1%（以 $PM_{2.5}$ 为首要污染物的占 66.8%+以 PM_{10} 为首要污染物但 $PM_{2.5}$ 未超标的占 9.3%），以 O_3 为首要污染物的占 16.9%，以 SO_2 为首要污染物的占 0.5%，以 NO_2 为首要污染物的占 0.5%，以 CO 为首要污染物的占 0.3%。评估结果表明，颗粒物（$PM_{2.5}$ 和 PM_{10}）仍是我国大气污染防控的重点，O_3 污染问题日渐显现，需要及早部署颗粒物和 O_3 的协同控制，SO_2、NO_2 和 CO 污染状况总体上正逐步得到控制。

我国东部地区大气 $PM_{2.5}$ 和 O_3 污染十分严重，尤其以京津冀及周边、长三角和珠三角等重点城市群最为典型。京津冀 $PM_{2.5}$ 污染最重，其次是长三角，珠三角最轻；而京津冀和长三角 O_3 日最大 8 小时平均值第 90 百分位浓度大致相当，珠三角略低于京津冀和长三角。

2013～2015 年，京津冀、长三角、珠三角区域平均 $PM_{2.5}$ 浓度超标率逐年下降，但 O_3 最大 8 小时平均浓度的超标率上升，长三角的增加趋势比较明显，如图 2-1 所示。随着 $PM_{2.5}$ 污染程度逐渐下降，O_3 污染已成为不可忽视的问题，珠三角的 O_3 超标率已超过了 $PM_{2.5}$，成为珠三角影响空气质量的首要污染物。

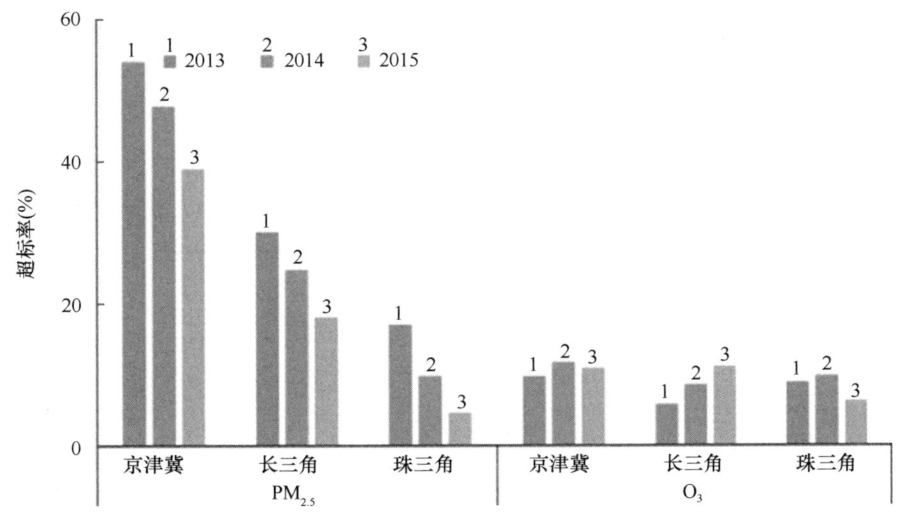

图 2-1　京津冀、长三角、珠三角区域 $PM_{2.5}$ 和 O_3 超标率的变化

（二）大气污染物排放情况

1. 2013 年全国大气污染物排放状况

全国常规大气污染物排放数据出处较多，缺少权威数据。本研究采用自下而上的研

究方法，通过活动水平的统计与计算，采用适合中国国情的排放因子库，对 2013 年的主要污染物排放量进行了计算。本研究的活动水平数据主要基于官方统计数据，包括能源统计年鉴、行业统计及调研数据；排放因子主要来自文献数据、现场测试及基于排放标准的控制技术分布信息。此外，主要污染物排放的计算建立在燃烧设备技术信息和大点源准确位置的基础上，建立了燃煤电厂设备信息到排放水平的映射关系，大大提高了排放清单的准确性。

本研究表明，2013 年，全国 SO_2 排放量为 2309 万 t，其中，电厂、供热部门、工业、民用、交通和其他部门的 SO_2 排放量为 589 万 t、125 万 t、1196 万 t、296 万 t、94 万 t 和 9 万 t，分别占全国 SO_2 排放总量的 25.5%、5.4%、51.8%、12.8%、4.1%和 0.4%（表 2-1）。

表 2-1　2013 年全国主要大气污染物排放量　（单位：万 t）

部门	电厂	供热部门	工业	民用	交通	其他	合计
SO_2	589	125	1196	296	94	9	2309
NO_x	595	112	967	109	725	53	2561
一次 PM	119	51	1723	505	38	194	2630
一次 $PM_{2.5}$	52	24	575	385	35	144	1215

2013 年，全国 NO_x 排放量为 2561 万 t，其中，电厂、供热部门、工业、民用、交通和其他部门的 NO_x 排放量分别为 595 万 t、112 万 t、967 万 t、109 万 t、725 万 t 和 53 万 t，分别占全国 NO_x 排放总量的 23.2%、4.4%、37.8%、4.3%、28.3%和 2.1%（表 2-1）。

2013 年，全国一次 PM 排放量为 2630 万 t，其中，电厂、供热部门、工业、民用、交通和其他部门的一次 PM 排放量分别为 119 万 t、51 万 t、1723 万 t、505 万 t、38 万 t 和 194 万 t，分别占全国一次 PM 排放总量的 4.5%、1.9%、65.5%、19.2%、1.4%和 7.4%（表 2-1）。

2013 年，全国一次 $PM_{2.5}$ 排放量为 1215 万 t，其中，电厂、供热部门、工业、民用、交通和其他部门的一次 $PM_{2.5}$ 排放量分别为 52 万 t、24 万 t、575 万 t、385 万 t、35 万 t 和 144 万 t，分别占全国一次 $PM_{2.5}$ 排放总量的 4.3%、2.0%、47.3%、31.7%、2.8%和 11.9%（表 2-1）。

2013 年，全国 VOC、NH_3 排放量分别见表 2-2 和表 2-3。

表 2-2　2013 年全国 VOC 排放量　（单位：万 t）

部门	电厂	供热部门	工业	民用	交通	溶剂使用	燃料分配	其他	合计
2013 年	7	1	661	427	291	816	58	160	2421

表 2-3　2013 年全国 NH_3 排放量　（单位：万 t）

部门	农业养殖	肥料使用	生产过程	民用及其他	合计
2013 年	751.3	1002.0	22.0	93.4	1868.7

2013 年主要污染物排放强度的高值区集中在华北地区。

表 2-4 给出了全国环境统计公报数据作参考。公报显示，2013 年全国废气中 SO_2 排放量为 2043.7 万 t，其中，工业和城镇生活 SO_2 排放量分别为 1835.2 万 t 和 208.5 万 t。

全国废气中NO_x排放量为2226.9万t，其中，工业、城镇生活和机动车NO_x排放量分别为1545.6万t、40.7万t和640.6万t。全国废气中烟（粉）尘排放量为1277.9万t，其中，工业、城镇生活和机动车烟（粉）尘排放量分别为1094.6万t、123.9万t和59.4万t（表2-4）。

表2-4　2013年全国主要污染物排放量　　（单位：万t）

项目	工业	城镇生活	机动车排放	合计
SO_2	1835.2	208.5	—	2043.7
NO_x	1545.6	40.7	640.6	2226.9
烟（粉）尘	1094.6	123.9	59.4	1277.9

注：—表示无数据，后同

2. 2013～2015年主要政策措施减排量分析

“大气十条”的落实是2013年以来全国城市空气质量总体呈现改善趋势的主要原因，其间主要采取了包括产能严重过剩行业新增产能控制和违规在建项目清理、落后产能淘汰、重污染企业环保搬迁等的产业结构调整优化措施；削减了煤炭消费总量、推动了成品油质量升级和供应等煤炭管理与油品供应措施；包括燃煤小锅炉淘汰、燃煤锅炉提标改造及严格新建燃煤锅炉准入的燃煤锅炉整治措施；包括工业排放提标改造、工业烟（粉）尘治理和工业挥发性有机物治理等方面的工业大气污染治理措施；包括建筑工地扬尘污染控制、道路扬尘污染控制及港口码头扬尘污染控制的城市扬尘污染控制措施；包括排放标准和油品标准升级、机动车总量控制、淘汰黄标车及老旧车等机动车污染防治措施。

利用自下而上的方法，测算2013～2015年无上述减排措施下的排放量，通过比较无减排措施下的排放量与实际排放量之间的差值确定减排量，测算结果表明：2013～2015年，全国SO_2、NO_x及$PM_{2.5}$减排比例分别为29%、19%和22%。

3. 全国空气质量达标对应的减排需求

2013年，全国城市空气污染十分严重，74个重点城市$PM_{2.5}$浓度平均为72μg/m^3，2015年，全国74个重点城市$PM_{2.5}$年均浓度降至55μg/m^3，较2013年下降23.6%；其间，2013～2015年全国SO_2、NO_x及$PM_{2.5}$减排比例分别为29%、19%和22%。以此推测，从2015年全国74个重点城市$PM_{2.5}$年均浓度的55μg/m^{3}降低36%，达到国家二级标准的35μg/m^3，全国SO_2、NO_x及$PM_{2.5}$减排比例至少应该分别大于29%、19%和22%，但是尚需基于情景分析法利用气象和空气质量模型进行测算。

二、基于空气质量达标的大气环境容量测算方法

（一）大气环境容量基本概念

大气环境容量是指一个区域在某种环境目标（如空气质量达标或酸沉降临界负荷）约束下的大气污染物最大允许排放量。实际研究时更关注的是“区域大气环境容量”，即在一定的气象条件及一定的污染源排放条件下，某一特定区域在满足该区域大气环境

质量目标的前提下，单位时间所能允许的各类污染源向大气中排放的各类污染物的总量。影响大气环境容量的因素除了大气污染物的环境化学特征外，还有区域环境目标、区域地理和气象特征。

大气环境容量在我国一直被作为支撑国家大气污染物总量控制和空气质量管理的重要依据。围绕不同环境目标下的大气环境容量，我国学者已开展了许多研究工作。2012年，我国对《环境空气质量标准》进行了修订，$PM_{2.5}$成为影响我国城市空气质量的首要污染物，环境空气中的$PM_{2.5}$标准限值相比SO_2、NO_2、PM_{10}成为更严格的约束条件，因此，从我国空气质量管理的需求出发，亟须以$PM_{2.5}$达标为约束核算大气环境容量，为合理布局我国的产业结构及减少大气污染物排放量提供科学依据。

（二）大气环境容量的分类

目前常用的区域大气环境容量的含义有多种，基本上可分为三类：第一类是基于有限空间污染与清除能力平衡得出的环境容量，可称为理想环境容量；第二类是在污染源现状格局条件下，保证区域地面环境质量达到功能要求得出的环境容量，可称为实际环境容量；第三类是在产业结构调整、污染源格局优化条件下，保证区域地面环境质量达到功能要求得出的环境容量，可称为规划环境容量。三类环境容量（理想环境容量、实际环境容量、规划环境容量）从研究的角度来看，含义各不相同，同时区域间的相互影响、区域内各项控制指标的相互转化等因素均非常复杂。

本研究的环境容量为规划环境容量，以空气质量控制目标为基础，建立能够达到该空气质量控制目标的污染物排放情景，利用空气质量模型模拟该排放情景下的排放清单对环境空气中污染物浓度的贡献，判断该浓度贡献是否能够达到空气质量目标要求，如不达标，调整排放情景，通过多次调整得出能够达到空气质量控制目标的排放量。

（三）大气环境容量测算方法

大气环境容量是一种特殊的环境资源，它与其他自然资源在使用上有着明显的差异。鉴于大气没有边界，一定空间区域内外的污染物互相影响、传输、扩散，以及环境条件和污染物排放的复杂性，准确计算一定空间环境的大气环境容量十分困难，在作一定的假设后，可借助数学模型模拟估算一定条件下的大气环境容量。

1. A 值法

A 值法的原理是将城市看成由一个或多个箱体组成，下垫面为底，混合层顶为箱盖。通过综合分析区域通风量、雨洗能力、混合层厚度、下垫面等浓度限值的条件下，计算得出一年内由大气的自净能力所能清除掉的大气污染物总量。

A 值法为国家标准《制定地方大气污染物排放标准的技术方法》（GB/T 3840—1991）提出的总量控制区排放总量限值计算公式，根据计算出的排放量限值及大气环境质量现状本底情况，确定出该区域可容许的排放量。

A 值法是在环境管理实践总量控制早期发展起来的一种方法。A 值法基于箱模型，模式清晰，计算方便。值控制区的确定是计算理想环境容量的前提，值控制区不同于环境空气质量功能区，不同的值控制区只是对污染物排放量实行不同控制，而不是实行相应的《环境空气质量标准》（GB 3095—2012）。

2. A-P 值法

A-P 值法是基于箱模式的值法计算出控制区的大气环境容量，即某种污染物的允许排放总量，然后利用此法，在区域内所有污染源的排污量之和不超过上述容量的约束条件下，确定出各个点源的允许排放量。即由控制区及各功能分区的面积大小给出控制区或总允许排放总量，再配合点源排放值法对点源实行具体控制。

3. 多源模型法

多源模型法是计算实际环境容量的基本方法和主要方法，利用多源模型模拟计算各污染源按基础允许排放量排放时污染物的地面浓度情况，以区域内各控制点的污染物浓度都不超过其控制标准为条件，利用一定的方法对相关污染源的基础允许排放量进行削减分配，确定出各污染源的平权允许排放量，最后得出区域环境容量值。

多源模型法的特点为：

1）污染源调查要求精度高。

2）利用多源模型计算出环境容量时，对于超标控制点，通过削减相关污染源基础允许排放量，使其浓度降到标准值以下，或刚好达标，而原来不超标控制点上的剩余容量则不予重新分配到污染源。

3）计算出的环境容量只是在现状污染源格局及其限定条件下的最大值，并不是区域内所能容纳污染物的最大量。在保证控制点不超标的条件下，通过污染源合理规划布局，还可以新增污染源。

4. 线性规划法

大气环境系统是一个多变量输入-输出的复杂系统，然而就污染物的排放量与浓度分布而言，其可近似为线性，从而利用运筹学的线性优化理论建立容量模式。特点是将污染源及其扩散过程与控制点联系起来，以目标控制点的浓度达标作约束，通过线性优化方法确定污染源的最大允许排放量或削减量。线性规划法是解决环境容量资源利用最大化问题的重要方法。

线性规划法的特点如下：

1）确定大气环境容量规划区：大气容量规划区应根据城市地区的社会经济发展、产业结构、交通流量、能源结构、工业布局、道路条件、地形、地貌、气象条件、污染源状况及污染物浓度分布特征等综合起来进行分析，按当地行政区划，由当地政府确定。

2）确定控制点：在控制区内污染源分布往往不均匀，气象条件也各异，相应的浓度分布也不均匀，控制点的选择就很有必要。控制点是用来标识整个控制区大气污染物浓度是否达到环境目标值的一些代表点。只要这些点的空气质量能达到环境目标值，就认为整个研究地区的空气质量能达到环境目标值。

3）确定环境目标值：选择了控制点后，根据控制点所在的功能区，确定各控制点污染物的环境目标值。

4）计算浓度贡献值：利用大气污染物扩散模式计算各点源排放的污染物对各控制点的浓度贡献值，然后进一步求解各点源排放的单位排放量对各控制点的浓度贡献值。

5）污染源的划分与求出最大允许排放量：大气污染物环境容量计算采用最优化模型法，它能在保证区域环境空气质量目标的前提下，准确定量地给出控制区内污染源污染物的最大允许排放量。

三、大气环境容量研究

（一）技术路线

大气环境容量研究是以环境空气质量控制为目标，利用空气质量模型确定环境容量，分析超载情况，对实现环境空气质量目标做出经济、能源消费、产业结构及污染控制的政策建议。本研究首先在确定 2030 年空气质量目标的基础上，以 2013 年为基准年，确定以往研究成果中所采用的能够实现 2030 年空气质量目标的未来能源消费及大气污染控制技术的情景；利用 GEOS-Chem 模型系统对 2030 年的情景进行模拟；通过分析环境空气质量达标情况，确定全国、京津冀、西北五省及内蒙古大气环境容量，并对未来产业布局及能源消费情况提出政策建议。技术路线如图 2-2 所示。

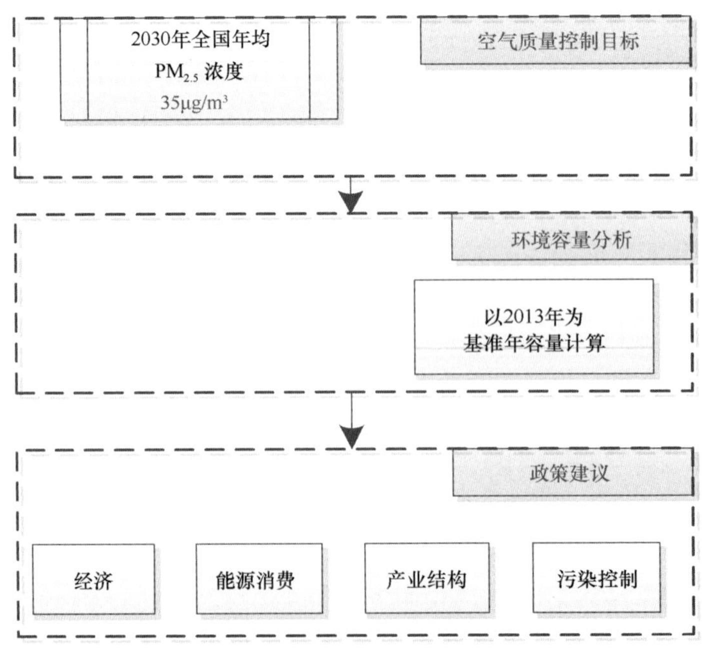

图 2-2　大气污染物环境容量研究

（二）空气质量控制目标

本研究从空气质量改善的角度出发，依据《环境空气质量标准》（GB 3095—2012），对 2030 年全国及京津冀、长三角、珠三角等重点地区提出适合我国的空气质量改善目标：2030 年全国绝大多数的地级及以上城市 $PM_{2.5}$ 年均浓度达标（GB 3095—2012），京津冀、西北五省及内蒙古 $PM_{2.5}$ 年均浓度达标（GB 3095—2012），具体数据见表 2-5。

表 2-5　我国中长期大气污染防治目标

年份	全国目标	本研究区域目标
2030	全国绝大多数的地级及以上城市 $PM_{2.5}$ 年均浓度达标（GB 3095—2012）	京津冀、西北五省及内蒙古 $PM_{2.5}$ 年均浓度达标（GB 3095—2012），其中大多数的地级及以上城市 $PM_{2.5}$ 年均浓度达标（GB 3095—2012）

（三）基准年大气污染状况的模拟与验证

本课题所研究的大气环境容量测算是以空气质量达标作为目标的环境容量。以未来空气质量控制目标为约束条件测算出的在实现环境空气质量控制目标下的大气环境容量，运用的方法为多源模型法，利用的空气质量模型为 GEOS-Chem 模型，排放清单的基准年为 2013 年，模拟时段为 2013 年全年。

1. 模型的基本概况

GEOS-Chem 模型是由同化的气象观测数据驱动的全球三维大气化学传输模型。气象同化数据由美国国家航空航天局（National Aeronautics and Space Administration，NASA）、全球模拟和同化办公室（Global Modeling and Assimilation Office，GMAO）、戈达德地球观测系统（Goddard Earth Observing System，GEOS）提供，包括风向、风速、温度、云量、降水及其他地表特征。该模型具有不同的水平分辨率，可以在不同尺度上进行大气环境的模拟，如全球尺度的模拟通常采用 4°×5°或 2°×2.5°的水平分辨率。本研究采用 GEOS-Chem 东亚嵌套模型对包括中国在内的东亚区域进行模拟，模拟区域为东经 70°～150°，南纬 11°到北纬 55°，水平分辨率为 0.5°×0.667°，垂直方向 47 层。嵌套模拟的边界场由全球尺度的模拟提供，每 3h 更新一次。

（1）化学机制

GEOS-Chem 模型具有较为完善的化学机制，主要包括气体对流层化学、平流层化学、气溶胶、含碳气体、汞、持久性有机污染物（persistent organic pollutant，POP），以及其他物种的化学机制。与大气颗粒物模拟关系密切的主要是气体对流层化学和气溶胶化学机制。GEOS-Chem 气体对流层化学具有非常详尽的 HO_x-NO_x-VOC-ozone-BrO_x 对流层化学机制（Bey *et al.*，2001；Parrella *et al.*，2012）。气溶胶与气相化学之间的相互反应主要通过三种方式：一是气溶胶的消光效应影响光化学反应速率（Martin *et al.*，2003），二是非均相化学反应（Jacob，2000），三是半挥发性有机物的气固态之间的转化。气溶胶的化学机制包含以下几个方面：

1）二次无机气溶胶。

二次无机气溶胶包括硫酸盐、硝酸盐和铵盐（sulfate nitrate ammonium，SNA）。GEOS-Chem 模型中与气相化学耦合的 SNA 气溶胶模拟最早由 Park 等（2004）开发，SNA 的热动力学由 ISORROPIA Ⅱ 热动力学模块计算（Fountoukis and Nenes，2007），并由 Pye 等（2009）引入 GEOS-Chem 模型。

2）碳质气溶胶。

GEOS-Chem 模型中碳质气溶胶的模拟最早由 Park 等（2003）引入。Wang 等（2014b）综述了目前 GEOS-Chem 模型中的 BC 的模拟机制。一系列研究引进了通过 VOC 半挥发性氧化产物可逆反应生成二次有机气溶胶（secondary organic aerosol，SOA）的机制：Liao 等（2007）引入了萜烯的氧化产物，Henze 和 Seinfeld（2006）及 Henze 等（2008）分别引进了异戊二烯和芳香族的氧化产物。通过非可逆的气溶胶对乙二醛和甲基乙二醛的吸收生成 SOA 的机制由 Fu 等（2008）研究开发。

3）其他。

沙尘与海盐气溶胶的模拟分别基于 Fairlie 等（2007）和 Jaeglé 等（2011）的研究。

（2）传输和沉降机制

GEOS-Chem 模型使用 TPCORE 算法来计算对流传输（Lin and Rood，1996；Wu *et al.*，2007）。各沉降机制的计算见表 2-6。

表 2-6　GEOS-Chem 模型中的沉降机制

沉降机制	研究	沉降机制	研究
水溶性气溶胶湿沉降	Liu *et al.*，2001	气溶胶在冰雪上的干沉降	Fisher *et al.*，2011
气体湿沉降	Amos *et al.*，2012	粗海盐重力沉降	Fairlie *et al.*，2007
降雪及混合降水的清除	Wang *et al.*，2011	沙尘重力沉降	Alexander *et al.*，2005
气溶胶干沉降	Zhang *et al.*，2001	海盐的沉降	Jaeglé *et al.*，2011

（3）排放清单

在 GEOS-Chem 模型中，CO、NO_x 和 SO_2 的人为源排放默认使用 EDGAR v3.2-FT2000 全球排放清单（Olivier *et al.*，2005）。人为源 NMVOC 采用 RETRO 2000 年全球逐月排放清单（Schultz *et al.*，2007，2008）。乙烷的排放来自 Xiao 等（2008）。全球生物质燃烧的排放来自 Yevich 和 Logan（2003）。全球人为源 BC 和 OC 的排放来自 Bond 等（2007），并由 Leibensperger 等（2012）引入 GEOS-Chem 模型。全球氨排放来自 GEIA（Global Emissions InitiAtive）排放清单（Bouwman *et al.*，1997）。人为源排放清单的基本计算构架如 van Donkelaar 等（2008）所述，包括对每年排放清单的换算法和日均变化的计算。所有的默认排放清单均通过经济数据用相应系数换算至模拟所在年份，并且在特定的区域由更详尽的清单所替代。在美国地区，默认的全球排放清单被 NEI05（National Emissions Inventory）清单所替代；在欧洲，被 EMEP（The European Monitoring and Evaluation Programme）清单所替代；在东亚地区，被 Streets 等（2006）和 Zhang 等（2009）清单所替代。

除上述人为源排放清单以外，GEOS-Chem 模型中还包括其他排放清单，见表 2-7。

表 2-7　GEOS-Chem 模型中其他排放清单

排放源	清单	相关研究
航空器排放	AEIC	Stettler *et al.*，2011
船舶排放	ICOADS	Lee *et al.*，2011；Vinken *et al.*，2011
开放燃烧排放	GFED 3	Giglio *et al.*，2010；Van der Werf *et al.*，2010；Mu *et al.*，2011
闪电排放		Price and Rind，1992；Murray *et al.*，2012
生物源 VOC 排放	MEGAN v2.1	Guenther *et al.*，2012
生物源土壤 NO_x 排放		Hudman *et al.*，2012
火山排放	AEROCOM	Fisher *et al.*，2011

此外，GEOS-Chem 模型中还有 CO_2、甲烷、汞及 POP 排放，在此不再详述。

2. 气象年的选择

由于本研究采用的 GEOS-5 气象场未更新至 2012 年以后，为了选择合适的气象年，本研究使用 2010～2012 年三年的气象场和相同的排放清单对 $PM_{2.5}$ 浓度进行了模拟。图 2-3 为分别采用这三年气象场模拟的中国东部地区 $PM_{2.5}$ 月均模拟浓度距平。图 2-3 显示，2012 年中国东部地区 $PM_{2.5}$ 月均模拟浓度的距平相对较小，全年平均距平为 6.28μg/m^3，而 2010 年和 2011 年分别为 25.94μg/m^3 和–32.22μg/m^3。鉴于中国东部地区大气污染物排放强度大，气象场的不确定性带来的误差大，因此认为 2012 年的气象条件更具有一般性，因而在本研究中采用。

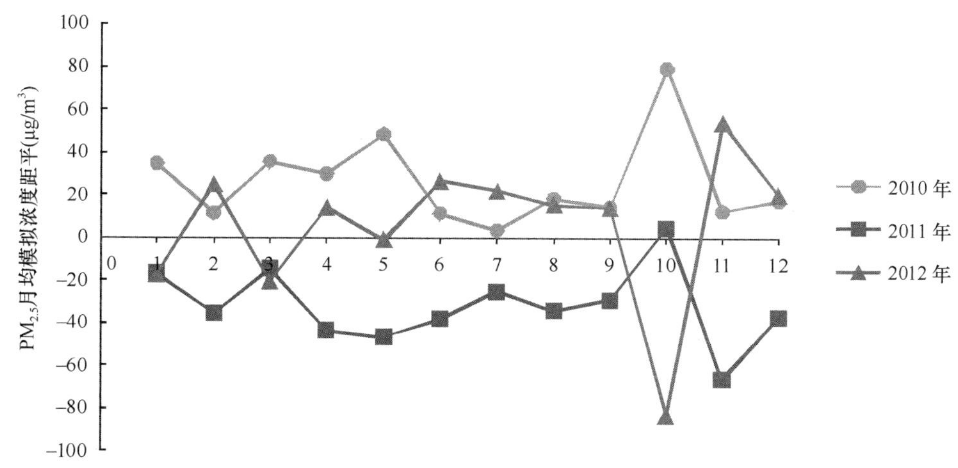

图 2-3　东部地区采用 2010～2012 年气象场 $PM_{2.5}$ 月均模拟浓度距平

3. 基准年排放清单及其验证

本研究采用的基准年为 2013 年，2013 年的大气污染物排放清单相关内容已在第二章第一节进行论述。通过两个方面进行清单准确性验证。

（1）利用 OMI 数据验证

本研究利用臭氧监测仪器（ozone monitoring instrument，OMI）卫星观测 Level-3 数据产品对 $PM_{2.5}$ 的重要前体物 SO_2 和 NO_x 的排放进行了验证。GEOS-Chem 模型与 OMI

卫星输出的柱浓度空间分布规律十分相似，高值主要出现在华北平原、长三角及四川盆地等地区。GEOS-5 NO_2 柱浓度的模拟结果与 OMI 卫星观测较为一致，标准平均偏差（normalized mean bias，NMB）为–22%，相关性系数（R）为 0.83。在华北平原，OMI 卫星输出的柱浓度值较 GEOS-Chem 模型高，而在四川盆地和长江中下游地区，模型的模拟值较卫星观测值更高。对于 SO_2，由于卫星数据噪声较多，未计算相关校验参数，但 GEOS-Chem 模型模拟结果与 OMI 数据均反映出华北地区较高的 SO_2 浓度。对中国东部及四川盆地地区，GEOS-Chem 模型模拟结果比 OMI 数据普遍较高，其他研究（Krotkov *et al.*，2008；Lee *et al.*，2011）也发现 OMI 卫星对中国东部 SO_2 柱浓度的观测结果比模型模拟结果偏低较多。Fioletov 等（2013）也发现 OMI 卫星观测数据较其他卫星更低。

（2）与其他排放清单的比对

本研究将所采用的排放清单与近年来其他排放清单研究结果进行了比较（表 2-8）。其中 Liu 等（2016）、Xia 等（2016）和 Wu 等（2016）的排放清单都是采用自下而上的方法建立的，Zhao 等（2013）研究中的 2015 年排放数据是以 2010 年为基准年的未来预测数据。除环境保护部公布的排放数据明显低于本研究采用的排放清单外，本研究采用的排放清单均在上述研究的变化范围之内。环境保护部排放数据较低的原因之一是没有将非道路交通源的排放包括在内。

表 2-8　排放清单与其他近期研究的比较

项目	SO_2（$\times10^3$t）	NO_x（$\times10^3$t）	PM_{10}（$\times10^3$t）	$PM_{2.5}$（$\times10^3$t）	VOC（$\times10^3$t）
本研究	23 150	25 638	16 521	12 155	23 366
环境保护部，2014	20 439	22 273	—	—	—
Liu *et al.*，2016	—	28 300	—	—	—
Xia *et al.*，2016	23 014～26 884	28 002～28 817	—	—	—
Wu *et al.*，2016（2012）*	—	—	—	—	29 850
Zhao *et al.*，2013（2015）*	26 792	27 511	15 599	11 419	—

* 括号中的年份表示该研究建立的排放清单所在年份

4. 模型验证

GEOS-Chem 模型采用的气象场为已同化的 GEOS-5 气象场，因此，本研究不再对气象场进行验证。只有基准年 $PM_{2.5}$ 浓度模拟值准确，才能保证未来年模拟结果的可靠性。本文下一小节“（四）未来空气质量的预测”将对基准年 $PM_{2.5}$ 模拟浓度验证进行论述。

本研究主要采用以下三个参数对 GEOS-Chem 模型模拟 $PM_{2.5}$ 浓度的能力进行校验，参数名称及计算方法总结如下：

（1）标准平均偏差（NMB）

标准平均偏差（NMB）用于表征模型与观测的相对平均偏差，计算公式为

$$\mathrm{NMB}=\frac{\sum_{i=1}^{N}(M_i-O_i)}{\sum_{i=1}^{N}O_i} \tag{2-1}$$

式中，M 表示模拟结果，O 表示观测结果，N 表示站点数量。

（2）标准平均误差（NME）

标准平均误差（NME）用于表征模型与观测的偏差绝对值，计算公式为

$$\mathrm{NME}=\frac{\sum_{i=1}^{N}\left|M_i-O_i\right|}{\sum_{i=1}^{N}O_i} \tag{2-2}$$

式中，M表示模拟结果，O表示观测结果，N表示站点数量。

（3）相关性系数（R）

相关性系数（R）用于表征模型与观测的相关程度，反映模型对时间和空间变化规律的模拟能力。

（四）未来空气质量的预测

未来空气质量的预测与未来年的气象场及未来年的大气污染物的排放量相关。迄今为止的研究表明，2012 年的气象场更具有一般性，因此，将 2012 年的气象场作为未来年的气象场。

大气污染与能源利用密切相关。未来主要大气污染物的排放量取决于能源消费量和大气污染控制技术与对策。通常通过设置不同的能源消费情景和大气污染物控制情景的情景分析法确定未来主要大气污染物的排放量。

本研究依据 Zhao 等（2013）的研究成果，只针对能够实现 2030 年空气质量目标的能源情景（2030PC）和污染控制情景（2030PC2）进行 2030 年空气质量的预测。2030年情景的预测模型在 Zhao 等（2013）中有详细的阐述。

以 2012 年为气象年，将 2013 年我国人为源大气污染物排放清单更新为未来年的排放清单、自然源及境外源排放清单保持不变，利用 GEOS-Chem 模型模拟京津冀、西北五省和内蒙古$PM_{2.5}$浓度分布，如图 2-4 所示，为了便于分析，除了未来年 2030 年$PM_{2.5}$浓度变化情况以外，图 2-4 中增加了各省市 2013 年监测和模拟浓度。另外，2013 年年底，只有 74 个城市有完整和连续的$PM_{2.5}$监测数据（国际环保组织绿色和平，2014），但是 74 个城市只包含西部五省及内蒙古的省会城市，因此在图 2-4 中添加了 2015 年$PM_{2.5}$地面监测数据（国际环保组织绿色和平，2016）。图 2-4 的横坐标从左到右按照纬度递增进行城市排序。

1. $PM_{2.5}$浓度模拟值验证

以标准平均偏差（NMB）、标准平均误差（NME）及相关性系数（R）三个参数对 GEOS-Chem 模型模拟的$PM_{2.5}$浓度的能力进行校验。本研究将京津冀的 13 个城市和西北五省的 5 个省会城市$PM_{2.5}$浓度监测数据与该城市中心所在 GEOS-Chem 模型网格的模拟浓度进行了比较，结果见表 2-9。京津冀的标准平均偏差为–8.00%，相关性系数（R）为 0.83；西北五省和内蒙古的标准平均偏差为–6.10%，相关性系数（R）为 0.95，模型对$PM_{2.5}$浓度略有低估。这是因为气象年为 2012 年，而普遍认为 2013 年的扩散条件优于 2012 年，所以导致模型对$PM_{2.5}$浓度的模拟结果略低于监测值。另外，京津冀和西北五省合计 66 个城市 2015 年的$PM_{2.5}$监测值与基准年模拟结果的相关性分析结果见

表 2-9，虽然无论气象场还是排放清单，2013 年与 2015 年都存在差异，但是该相关性分析结果能够反映模拟结果的准确程度表明，京津冀、陕西、青海、内蒙古的模拟结果好于甘肃、新疆和宁夏。

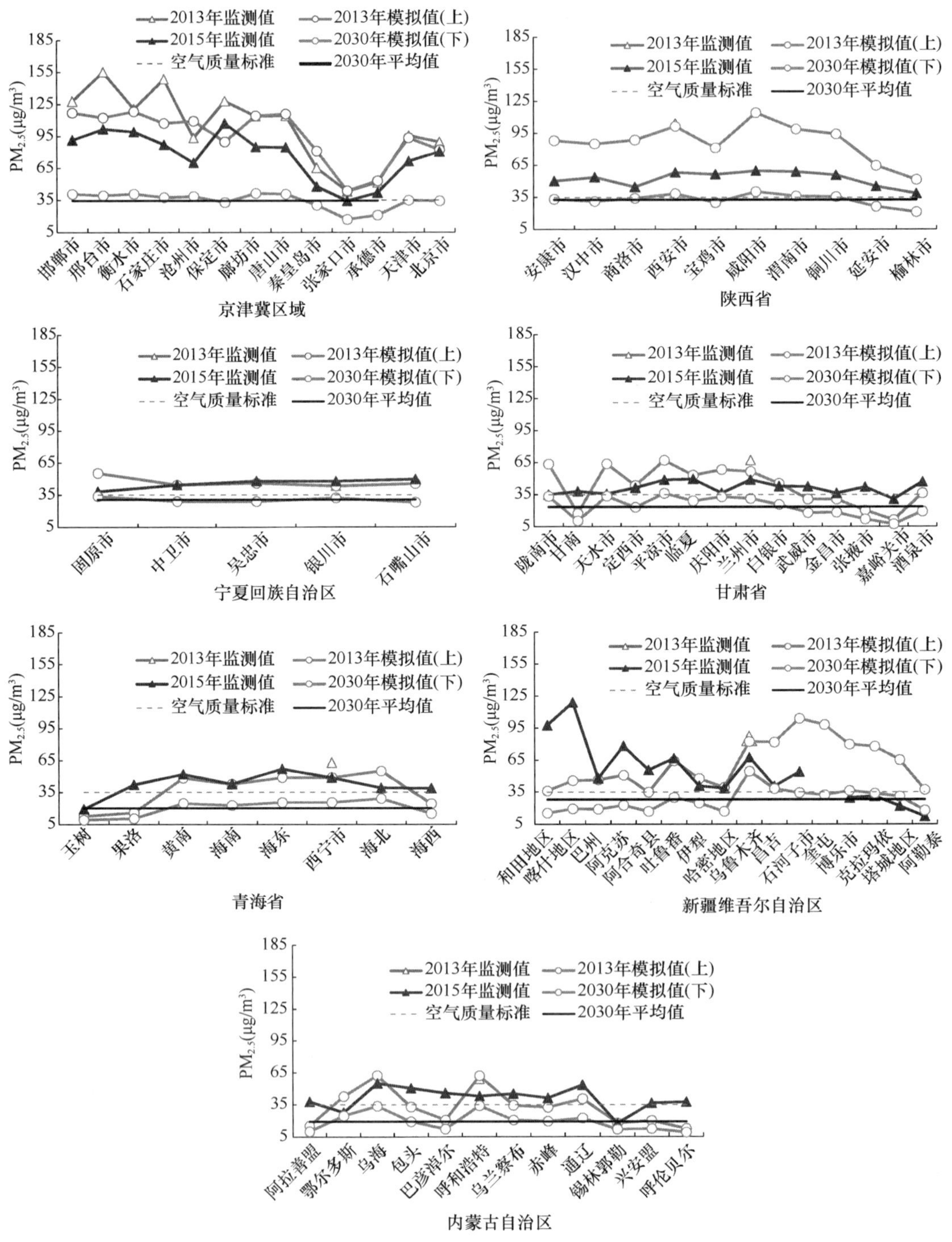

图 2-4　京津冀、西北五省及内蒙古 $PM_{2.5}$ 浓度变化

表 2-9　基准年 $PM_{2.5}$ 浓度模拟值校验结果

项目	京津冀	陕西	宁夏	甘肃	青海	新疆	内蒙古
标准平均偏差（与 2013 年相比）	–8.00%	–6.10%					
标准平均误差（与 2013 年相比）	13.40%	7.80%					
相关系数（与 2013 年相比）	0.83	0.95					
相关系数（与 2015 年相比）	0.80	0.85	–0.85	0.32	0.68	–0.20	0.46

2. 未来年 $PM_{2.5}$ 浓度达标分析

图 2-4 表明，未来年京津冀、西北五省中的直辖市和省的平均 $PM_{2.5}$ 年均浓度均能达到空气质量二级标准的 35μg/m^3，但是，河北、西北五省的 64 个地级市中合计 15 个城市不能达标，达标率为 76.6%；北京、天津和内蒙古的达标率为 100%。这就意味着，未来年排放清单的排放量是以京津冀、西北五省和内蒙古的各省（区、市）的网格平均的 $PM_{2.5}$ 年均浓度达到《环境空气质量标准》（GB 3095—2012）为约束条件的大气环境容量，但并不是以各地级市网格平均的 $PM_{2.5}$ 年均浓度达到《环境空气质量标准》（GB 3095—2012）为约束条件的大气环境容量，后者比前者小，尚需进一步研究才能确定后者的具体数值。

（五）大气环境容量分析

1. 大气环境容量

未来年排放清单的排放量就是以京津冀、西北五省和内蒙古的各直辖市及省的网格平均的 $PM_{2.5}$ 年均浓度达到《环境空气质量标准》（GB 3095—2012）为约束条件的大气环境容量，SO_2、NO_x、一次 $PM_{2.5}$、VOC、NH_3 的容量见表 2-10。

表 2-10　主要大气污染物环境容量　　（单位：万 t）

地区	SO_2	NO_x	一次 $PM_{2.5}$	VOC	NH_3
北京	5	7	2	24	4.0
天津	12	12	4	23	2.1
河北	44	55	23	85	56.5
京津冀	61	74	29	132	62.6
陕西	32	23	9	29	26.8
甘肃	16	21	8	16	23.4
青海	3	5	2	4	8.0
宁夏	12	12	4	5	4.0
新疆	31	33	12	23	29.4
西北五省	94	94	35	77	91.6
内蒙古	54	51	20	31	36.6
全国	1097	1172	470	1613	871

2. 大气环境容量超载率

通过基准年 2013 年的大气污染物排放量与其环境容量的比值衡量大气环境超载状

况的结果见表 2-11，可见西北五省、内蒙古与京津冀地区超载情况基本相当。一次 $PM_{2.5}$ 和 NO_x 的超载状况比其他几种污染物更为严重，若使大气环境不超载，各地区相对于 2013 年，SO_2、NO_x、一次 $PM_{2.5}$、VOC 的排放量削减比例应在 30%～75%。NH_3 排放量最大削减比例为 53%。

表 2-11　基准年 2013 年主要大气污染物超载情况　　（单位：%）

地区	SO_2 超载率	NO_x 超载率	一次 $PM_{2.5}$ 超载率	VOC 超载率	NH_3 超载率
北京	240	257	300	146	148
天津	200	283	275	139	213
河北	227	275	378	174	169
京津冀	223	274	359	163	170
陕西	228	291	400	190	150
甘肃	175	176	275	169	107
青海	200	240	300	150	100
宁夏	175	158	225	180	100
新疆	300	258	233	165	136
西北五省	235	234	289	175	128
内蒙古	207	225	235	210	100
全国	210	217	259	150	130

3. 大气环境容量的不确定性

利用空气质量模型确定大气环境容量的不确定性取决于空气质量模型、气象场、排放清单、空气质量标准值等诸多因素，本研究利用的 GEOS-Chem 模型及清华大学编制的 2013 年人为源排放清单对甘肃、新疆和宁夏三省（区）的 $PM_{2.5}$ 浓度模拟值与监测值负相关或相关性低，因此，本研究确定的该三省（区）的大气环境容量的不确定性高于京津冀及陕西和青海，尚需深入研究。

四、基于大气环境容量的经济社会空间布局战略对策建议

本章大气环境容量研究部分分析了基于 Zhao 等（2013）提出的能源情景（2030PC）和污染控制情景（2030PC2）下 2030 年空气质量的达标情景，具体设置见表 2-12，并确定了京津冀、西北五省及内蒙古的大气环境容量，因此所采用的能源情景和污染控制情景所涉及的各种经济、技术对策就是保证大气环境不超载的重要措施。能源情景的确定与人口、GDP、城镇化率等经济社会发展因素相关，因此，本节从经济社会发展、能源消费及大气污染控制措施三个方面分析确保大气环境不超载的对策措施及政策建议。

表 2-12　2030 年情景设置

能源情景	情景描述	排放情景	情景描述
PC 情景	根据新推广的节能政策和更严格的执行情况：由于更节能的生活方式导致的能源需求增长减慢（包括高能耗工业产品、建筑面积和住宅服务需求、机动车、发电量、供暖）；推广清洁和可再生能源，提高能效的技术	PC[2]	《大气污染防治行动计划》得到实施，控制政策措施逐渐加严至 2030 年

（一）经济社会发展

Zhao 等（2013）提出的能源情景（2030PC）和污染控制情景（2030PC2）的经济社会发展相关参数见表 2-13。2016～2030 年，年均 GDP 增长率由 2013～2015 年的 7.1%逐步降低至 2030 年的 5.5%；2030 年，中国人口总量将由 2013 年的 13.6 亿增加至 2030 年的 14.7 亿；2030 年，城镇化率将由 2013 年的 53.7%增加至 2030 年的 63.0%。

表 2-13 经济社会发展的关键参数

关键参数	2013	2030PC 和 2030PC2
GDP（以 2005 年不变价计算）（万亿元）	40.75	104.3
人口（亿）	13.6	14.7
城镇化率（%）	53.7	63.0
发电量（TW·h）	5398	8000
燃煤发电比例（%）	66.4	41.3
粗钢产量（Mt）	779	570
水泥产量（Mt）	2417	1751
城市人均居住面积（m^2）	23	29
农村人均居住面积（m^2）	37	39
每千人机动车保有量（辆）	93.6	325.2
可再生能源①比重（%）	8.3	15.1

（二）能源消费总量及消费结构分析

大气污染与能源利用密切相关。有可能使大气污染物排放量不超过大气环境容量的能源消费总量将从 2013 年的 4169Mtce（million ton coal equivalent，百万吨标准煤）增加至 2030 年的 5295Mtce；煤炭所占的比重将从 2013 年的 67.4%下降至 2030 年的 51.8%，煤炭消费总量由 2013 年的 2810Mtce 下降至 2030 年的 2743Mtce。而可再生能源及核能，所占比例将由 2013 年的 8.3%上升至 2030 年的 15.1%。原油所占的比重有所升高，这主要是由于机动车保有量的迅速增长。燃煤发电比例将从 2013 年的 66.4%下降至 2030 年的 41.3%；未来发电行业的能源消费结构将向着多元化的方向发展，减少煤炭在发电行业的能源占比，同时发电燃煤消耗在煤炭总消耗中所占的比重要有所提高。

（三）大气污染物末端污染控制政策和技术

在末端污染控制策略方面，设定《大气污染防治行动计划》控制措施逐渐加严至 2030 年。烟气脱硫（flue gas desulfurization，FGD）装置在电厂和工业部门中大范围应用，新建的工业锅炉均要求安装低氮氧化物燃烧器（low NO_x burner，LNB）；静电除尘器（electrostatic precipitator，ESP）和高效除尘器（high efficiency deduster，HED）将逐步替代低效率的湿式除尘器（wet dust scrubber，WDS）。在民用部门，2030 年

① 可再生能源包括太阳能、风能、水能、潮汐能和核能。

低硫煤使用率将达 100%，更先进的煤炭和生物质炉灶亦将被广泛使用。对于交通部门，高排放车辆将被更快淘汰，到 2030 年，几乎 100%的车辆都达到目前欧洲最严格的排放标准。

（四）能源总量控制效果分析

本研究利用 GEOS-Chem 空气质量模型，模拟分析大气污染物末端污染控制政策及技术相同的条件下，能源消费总量从 48 亿 t 标准煤削减到 42.5 亿 t 标准煤的情况下，$PM_{2.5}$年均浓度的削减率与能源消费总量削减率之间的关系见表 2-14。从全国来看，$PM_{2.5}$年均浓度削减 4.20%，能源消费总量必须削减 11.46%；东部地区与中西部地区的能源消费总量削减率和 $PM_{2.5}$浓度削减率的比值略有差距，东部地区较中西部地区小，换言之，东部地区能源消费总量削减带来的 $PM_{2.5}$年均浓度削减率略高于中西部地区。在本研究限定的模拟条件下，无论全国平均还是东部地区或中西部地区削减能源消费总量无法显著减少 $PM_{2.5}$年均浓度，为了使 $PM_{2.5}$年均浓度削减某一比例需要 2.5 倍以上的能源消费总量削减率。

表 2-14　$PM_{2.5}$年均浓度削减率与能源消费总量削减率之间的关系

地区	能源消费总量削减率	年均浓度削减率	能源消费总量削减率/年均浓度削减率
全国	11.46%	4.20%	2.73
东部地区	12.00%	4.78%	2.51
中西部地区	11.37%	4.22%	2.69

根据全国平均 $PM_{2.5}$年均浓度削减率（4.20%），分析不同污染物的削减率对 $PM_{2.5}$年均浓度的影响（表 2-15），主要大气污染物的削减率大于能源消费总量的削减率。

表 2-15　全国平均 $PM_{2.5}$年均浓度削减率（4.20%）与能源消费总量、排放削减率之间的关系

项目	能源消费总量削减率	能源消费总量削减率/浓度削减率
能源消费总量	11.46%	2.73
SO_2	13.00%	3.10
NO_x	13.50%	3.21
PM	13.00%	3.10
VOC	11.60%	2.76

上述分析表明，在污染控制技术的可行减排措施得到最大限度应用的情况下，为了使 $PM_{2.5}$达到空气质量目标，能源消费总量的削减率应大于 $PM_{2.5}$浓度削减率的 2.5 倍，大气污染物的减排率应大于能源消费的削减率。

（五）经济社会空间布局战略对策建议

一是以大气环境容量作为我国经济社会空间布局战略的依据之一，适度开发西部地区、优化发展东部地区。

大气污染物排放量没有超过大气环境容量（大气环境不超载）的西南、海南、东北北部地区，多为国家重点生态功能区等限制开发区或禁止开发区，土地利用应以生态旅游、生态农业等为主。应制定严格的污染物排放标准和总量控制指标，依法关闭污染排放企业，鼓励无污染的服务类行业，确保污染企业“零排放”，保持良好的大气环境，使污染物质量不恶化、总量不增加。

大气污染物排放量超过大气环境容量（大气环境超载）的京津冀、山东半岛、中北部、西北部地区，国土开发强度较高，应该严格限制工业用地，制定严格的行业准入环境标准，通过关闭、整顿高污染行业，鼓励低耗节能行业的发展，使污染物排放量不断下降，大气环境质量逐步趋于好转。

由于西北五省与京津冀区域的大气环境容量超载情况基本相同，因此新时期“一带一路”倡议实施过程中必须关注西部干旱区大气环境容量的约束条件。若使大气环境不超载，相对于 2013 年，京津冀 5 种大气污染物（SO_2、NO_x、$PM_{2.5}$、VOC 和 NH_3）排放量削减率分别为 55%、64%、72%、39%、41%；西北五省 5 种大气污染物（SO_2、NO_x、$PM_{2.5}$、VOC 和 NH_3）排放量削减率分别为 56%、56%、64%、42%、22%。

二是优化产业结构与布局，严格控制并加强各类大气污染控制，逐步改善空气质量。

优化产业结构与布局，淘汰高能耗重污染行业；实施煤炭消费总量控制，调整能源消费结构，逐步减少煤炭消费比例，增加发电燃煤消费占总燃煤量的比例；建立统一协调的区域联防联控工作机制，加强技术减排力度；严格执行环保法律法规和各项标准，完善节能减排投入机制，新建项目做好环评工作；严格控制机动车 NO_x 排放及其他污染物排放。

京津冀、山东半岛、中部大部分地区、成渝地区，要继续加强烟（粉）尘、二氧化硫、氮氧化物等行业污染控制，重点加强机动车及其他来源氮氧化物、VOC 等 $PM_{2.5}$ 前体物的控制。

华南地区，除了加强控制氮氧化物和颗粒物的排放外，还要防范臭氧污染，减少酸雨发生；西北地区，在加强工业各类污染物控制的同时，重点防治各类扬尘污染。

三是在持续加大对氮氧化物排放控制力度的基础上，根据地区特征，确定有利于大气 $PM_{2.5}$ 和臭氧同步下降的 VOC、NO_x、NH_3 协同控制策略。

鉴于 2013～2015 年，全国平均 $PM_{2.5}$ 年均浓度超标率逐年下降，但臭氧最大 8 小时平均浓度的超标率呈上升趋势，VOC 和 NO_x 是生成臭氧的前体物，必须尽快启动国家 VOC 总量控制行动计划。研究表明，工艺过程源（石油炼制、石油化工等）、移动源（轻型汽油车等）和溶剂涂料等行业的 VOC 排放量大，建议作为 VOC 减排、推进清洁生产和推行工艺改进的重点行业领域，率先提出量化的减排目标与具体的控制管理和技术要求，遏制国家 VOC 排放量上升态势，带动重点行业 VOC 排放量的下降。

研究表明，NH_3 的削减对降低无机二次颗粒物的作用明显，且由于其他污染物控制有可能造成贫氨向富氨的转化，越早进行 NH_3 控制会带来越高的效益。我国的 NH_3 排放主要集中在河南、山东、河北、四川、安徽和江苏等化肥施用量大与畜禽养殖集中的地区，建议尽早在这些区域将 NH_3 排放控制纳入空气质量保障决策中。

第三章　基于重点流域水环境功能达标的水环境容量确定

在历史资料搜集和现场调查分析的基础上，揭示近年来重点流域的水文水质状况及其变化规律，明确重点流域的污染特征和演化趋势。针对不同流域水文水质特征，科学选取相应的流域水环境容量核算模型。开展重点流域及其相关支流的水环境容量核算研究，以确定流域内各评价单元的 COD、氨氮、总氮、总磷等主要污染物的环境容量，提出各评价单元主要污染物的排放限值。

一、我国重点流域地表水污染特征及演化趋势

（一）总体情况

从环境保护部七大流域和浙闽片河流、西北诸河、西南诸河的国控断面的水质监测数据来看，2014 年我国河流Ⅰ～Ⅲ类水质断面占 71.2%（Ⅰ类占 2.8%，Ⅱ类占 36.9%，Ⅲ类占 31.5%），Ⅳ、Ⅴ类占 19.8%（Ⅳ类占 15.0%，Ⅴ类占 4.8%），劣Ⅴ类占 9%。2001～2014 年，总体水质明显好转，Ⅰ～Ⅲ类水质断面比例上升 31.7 个百分点，劣Ⅴ类水质断面比例下降 21.2 个百分点（图 3-1）。主要污染指标为化学需氧量、五日生化需氧量和总磷。

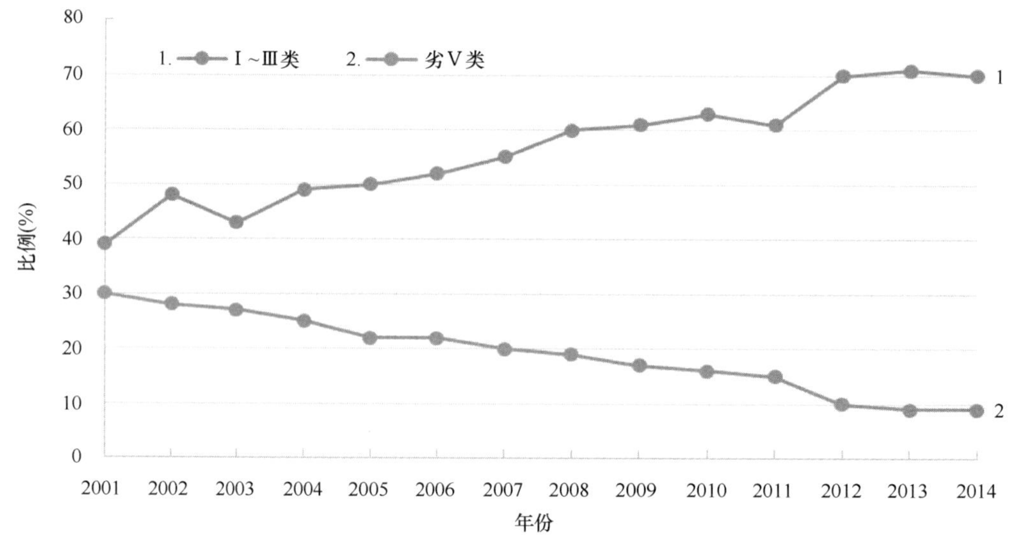

图 3-1　2001～2014 年全国河流国控断面水质类别占比年际变化

数据源自：环境保护部中国环境年鉴

从水利部划分的全国重要江河湖泊水功能区的2888个一级水功能区和2738个二级水功能区的水质数据来看，2014年我国河流Ⅰ～Ⅲ类河长占总评价河长（215 763km）的72.8%（Ⅰ类占5.9%，Ⅱ类占43.5%，Ⅲ类占23.4%），Ⅳ、Ⅴ类占15.5%（Ⅳ类占10.8%，Ⅴ类占4.7%），劣Ⅴ类占11.7%。2004～2014年，总体水质明显好转，Ⅰ～Ⅲ类河长占比上升13.4个百分点，劣Ⅴ类河长占比下降10.1个百分点（图3-2）。

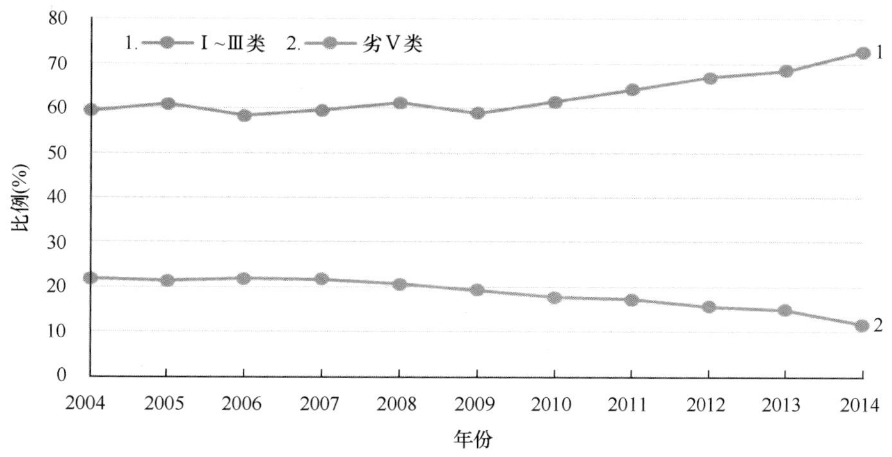

图3-2　2004～2014年全国重要江河湖泊水功能区水质类别评价河长占比年际变化

数据源自：环境保护部中国环境年鉴

（二）各流域情况

对全国河流水体污染特征进行分析，发现北方河流污染相对严重（图3-3），其中海河流域国控断面中劣Ⅴ类占比为37.5%，而西北诸河污染较轻，其国控断面中劣Ⅴ类占比为2.0%。

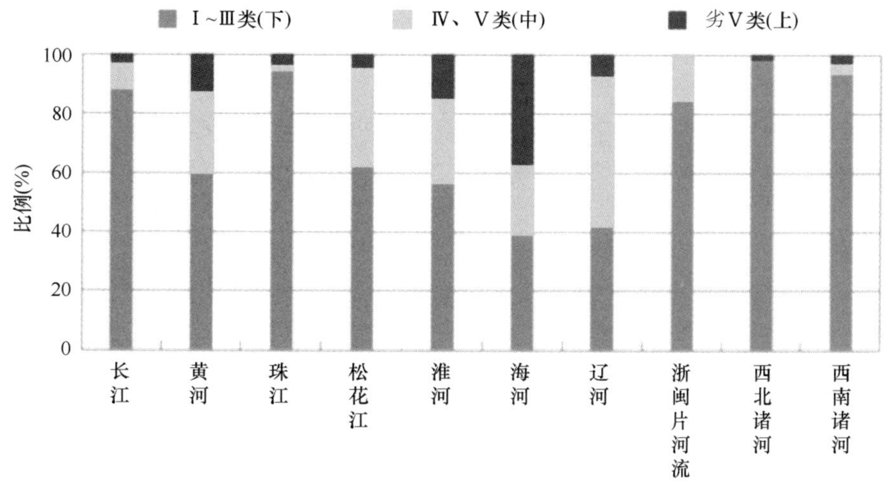

图3-3　2014年七大流域和浙闽片河流、西北诸河、西南诸河水质状况

数据源自：环境保护部中国环境年鉴，2014

二、流域地表水水环境容量核算方法学筛选

（一）环境容量概念解析

环境容量（environmental capacity）是我国提出的概念，指在人类生存和自然生态不致受害的前提下，某一环境所能容纳的污染物的最大负荷量（《中国大百科全书·环境科学卷》）。特定环境容量的大小与环境空间的大小、各环境要素的特性、污染物本身的物理和化学性质有关。在环境管理上采用总量控制法（即把各个污染源排入某一环境的污染物总量限制在一定的数值之内），必须研究环境容量问题，使污染物的排放与环境容量相适应。如果超出环境容量就要采取措施，如降低排放浓度、减少排放量或者增加环境保护设施等。

水环境容量是指在给定水域范围和水文条件、规定排污方式和水质目标的前提下，单位时间内该水域最大允许纳污量。与环境部门提出的“水环境容量”类似，水利部门提出了“水域纳污能力”，指在设计水文条件下，水域在满足其水质目标要求时所能容纳的某种污染物的最大数量。两个概念的区别是水环境容量强调规定的排污方式，水域纳污能力强调在设计的水文条件下，而且对水文条件进行了明确的限定。在计算方法的原理上，“水环境容量”和“水域纳污能力”都是根据污染物排放与水质响应关系进行反向计算得到的。

（二）水环境容量计算流程

水环境容量和水域纳污能力都是在概化河流的基础上，在确定水文条件、水质目标、排污方式的前提下，根据适合的水质模型和关键参数进行计算的。

1. 水域概化

将天然水域（河流、湖泊、水库）概化成计算水域，如天然河道可概化为顺直河道、复杂的河道地形可进行简化处理、非稳态水流可简化为稳态水流等。水域概化的结果，就是能够利用简单的数学模型来描述水质变化规律。同时，支流、排污口、取水口等影响水环境的因素也要进行相应概化。若排污口距离较近，可把多个排污口简化成集中的排污口。

2. 基础资料调查与评价

基础资料调查与评价包括调查与评价水域水文资料（流速、流量、水位、体积等）和水域水质资料（多项污染因子的浓度值），同时收集水域内的排污口资料（废水排放量与污染物浓度）、支流资料（支流水量与污染物浓度）、取水口资料（取水量与取水方式）、污染源资料（排污量、排污去向与排放方式）等，并进行数据一致性分析，形成数据库。

3. 选择控制点（或边界）

根据水环境功能区划和水域内的水质敏感点位置分析，确定水质控制断面的位置和

浓度控制标准。对于包含污染混合区的环境问题，则需根据环境管理的要求确定污染混合区的控制边界。

4. 建立水质模型

根据实际情况选择建立零维、一维或二维水质模型，在进行各类数据资料一致性分析的基础上，确定模型所需的各项参数。

5. 容量计算分析

应用设计水文条件和上下游水质限制条件进行水质模型计算，利用试算法（根据经验调整污染负荷分布反复试算，直到水域环境功能区达标为止）或建立线性规划模型（建立优化的约束条件方程）等方法确定水域的水环境容量。

6. 环境容量确定

在上述容量计算分析的基础上，扣除非点源污染影响部分，得出实际环境管理可利用的水环境容量。

（三）水环境容量计算方法

解析解法和数值解法是水环境容量计算的两类主要方法，表 3-1 是两类方法的对比。解析解以公式法为基础，要求计算河段流场均匀，水文条件、河流断面状况变化不大，数据齐全，通过各流场均匀河段的水环境容量加和汇总为流域总容量。数值解是以根据具体河道高程数据构建的流域模型为基础，能够通过率定实现对各地形复杂、断面形态各异、弯道、泥沙、密度流、闸坝控制、引调水、潮汐河口区域等情况的真实模拟，通过反向计算给出任意河段的水环境容量数据。

表 3-1　环境容量计算的方法比较

	通行方法	先进方法
计算方法	公式法、解析解	试错法、数值解
思路	在流场均匀的河段内计算，流域总数值为所有河段数值加和	整个流域建立一个模型，通过实际数据进行率定后，可给出任意河段的数据。直接给出流域数据
适用条件	要求计算河段流场均匀，水文条件、河流断面状况变化不大，数据齐全	各地形复杂、断面形态各异、弯道、泥沙、密度流、闸坝控制、引调水、潮汐河口区域等
主要数据	监测断面的河道地形图	整个河段河道地形图
维数	零维、一维、二维、三维	零维、一维、二维、三维
结果形式	数值（t/年）	数值+污染物扩散图、Gis 图等
应用范围	全国面上所有水功能区	部分河段、小流域、混合区
软件	Excel	Mike、Basin 等
主要工作	大量检查、核算、协调工作	构建模型和参数率定过程
难点	靠经验进行各种简化处理和参数选择，结果的认可度	数据获取
指南	《全国水环境容量核定技术指南》（2003）、《水域纳污能力计算规程》（GB/T 25173—2010）	无

（四）本研究的水环境容量计算方法选取

根据以上所述，考虑到我们需要计算较大范围水系的水环境容量，加上河流断面资料难以获取，因此，简化河流，以水功能区为计算单元，用公式法求水环境容量模型的解析解。具体模型维数和控制断面的选择根据《全国水环境容量核定技术指南》(2003)、《水域纳污能力计算规程》(GB/T 25173—2010）等及河流具体水文情况进行选择。

三、2020年、2030年我国面临的水环境保护压力与形势

我国是世界上人口最多的发展中国家，人多水少、水资源时空分布不均、水土资源与生产力布局不匹配的基本水情决定了我国的水环境保护工作将面临更大的压力。作为世界上最大的发展中国家，我国正经历着以高耗、高排为特征的工业化和城镇化的快速发展阶段，水资源短缺、水污染严重、水生态恶化等问题日趋严重，已成为制约我国经济社会可持续发展的一个主要瓶颈。

未来十年，我国水环境保护面临的压力越来越大。首先是工业化、城镇化带来的压力，党的十八大报告指出，到2020年我国要基本实现工业化，《国家新型城镇化规划（2014—2020年)》提出，到2020年我国常住人口城镇化率达到60%左右。预期至2020年我国将新增6000万左右的城镇人口，带来固定资产投资、城镇生活型污染排放及城市生态空间安全格局压力持续增长。我国预测完成全阶段工业化过程节点在2030年左右，城镇化基本稳定节点也在2030年。资源能源支撑工业化完成、经济爬坡过坎、城镇化进程推进带来的污染排放新增压力仍将处于高位水平，而前期快速工业化进程下累积的多个经济发展阶段的环境问题数量巨大、成因复杂，尚未得到有效解决。新老问题、新旧压力叠加，应对难度及风险明显加大。

全国化学需氧量和氨氮排放量分别是水环境容量的1.6倍、5.6倍，导致约1/3河道水环境容量超载，已超过或逼近承载上限。区域水体富营养化、江河源头生态平衡等很多环境问题已经处于临界状态，敏感性加大。2014年，61个湖泊（水库）富营养化比例达到24.6%。从单位水资源污染物负荷看，海河流域、淮河流域和黄河流域的单位水资源化学需氧量负荷分别为39.67mg/L、29.30mg/L和15.76mg/L，分别达到全国平均值的6.1倍、4.2倍和2.2倍。经济增长持续放缓，原来被经济繁荣掩盖的环境问题、难题、风险正突出显现。“小事故大灾难、小污染大危害”正成为环境保护新常态。

环境保护工作需要积极利用有利条件，妥善面对各方风险挑战，积极有为，主动适应新常态，加快推进环境保护与管理方式方法、体制机制转型。在水管理方面，以水质目标为基准，通过基于水质目标的环境容量管理推进水环境质量的改善。

四、重点流域地表水水环境容量核算研究

（一）技术路线

重点流域地表水水环境容量核算的研究思路是：首先，通过已有水环境容量核算模

型的对比选择和改进，筛选出适合本研究任务的一套或几套流域地表水水环境容量核算方法。其次，根据经济社会特征和水环境特征，解析出需要进行水环境容量核算的重点流域和目标污染物。再次，在重点流域根据核算单元（水功能区）的水文水质条件和核算污染物，选择合适的计算方法进行水环境容量核算。最后，根据不同层面的水环境容量结果、污染物入河量和陆上污染排放进行关联分析，给出最大允许污染排放限值，提出重点城市群产业结构调整、产业发展规模和速度、经济发展空间布局的对策建议（图 3-4）。

（二）全国地表水水环境容量

全国地表水水环境容量以长江流域（COD 容量 370 万 t/年，氨氮容量 37.8 万 t/年）和珠江流域（COD 容量 231 万 t/年，氨氮容量 8.2 万 t/年）最大，西南诸河流域（COD 容量 15 万 t/年，氨氮容量 1.1 万 t/年）和西北诸河流域（COD 容量 25 万 t/年，氨氮容量 0.8 万 t/年）最小。环境容量的利用率则以海河流域超载最为严重（COD 容量利用率 169%，氨氮容量利用率 357%），西北诸河流域利用得最不充分（COD 容量利用率 20%，氨氮容量利用率 38%）（表 3-2）。

以下将选取京津冀、西北五省（区）[①]和太湖流域，分别作为环境容量超载最严重、环境容量利用最不足及重要经济区的典型代表案例，对不同地区不同控制单元的地表水水环境容量及超载情况进行具体分析，给出重点城市群污染排放限值，提出重点城市群产业结构调整、产业发展规模和速度、经济发展空间布局的对策建议。

（三）京津冀地区的地表水水环境容量与最大允许排放限值

1. 京津冀地区概况

京津冀是全国水资源最短缺、水污染与水生态退化最严重、水环境支撑力与发展矛盾最尖锐的地区。京津冀以占全国面积 2%的区域和占全国 1%的水资源，产出了全国 10%的 GDP，承担了全国 8%的人口，排放了 7%的 COD 和 6%的氨氮（表 3-3）。京津冀整体定位是“以首都为核心的世界级城市群、区域整体协同发展改革引领区、全国创新驱动经济增长新引擎、生态修复环境改善示范区”。京津冀地区区域发展要统筹解决经济、生态、交通等方面的问题，综合建设与改善区域人居环境。

京津冀属于温带季风气候，流域同时包括高原、山地和平原地形，西部为山西高原和太行山区，北部为内蒙古高原和燕山山区，东部和东南部为广阔的平原。总体地势是自西向东倾斜，坡降具有明显变化，地面坡度由山前的 2‰～1‰，逐渐过渡至中部平原的 1‰～0.5‰，至滨海平原的 0.3‰～0.1‰。不同地貌导致土地利用方式差异明显，上游山区林地和草地面积占 64%；中部平原区和滨海平原区农田面积比例最大，但后者湿地面积显著增大，占 12.8%。

① 从流域系统性考虑，地表水研究相关内容中的“西北五省”指“内蒙古、宁夏、甘肃、青海、新疆”，与本书中其他部分的西北五省概念有所不同。

地表水水环境容量核算方法学筛选
公式法、模型试错法、系统最优化法、概率稀释法等
计算方法
公式法
重点流域水污染特征及演化趋势研究
①污染类型分析；②水资源状况；③水生态状况
主控指标
河流：COD和氨氮
湖泊：TN、TP
全国江河湖泊水功能区划分析
水质目标、水质现状、污染物入河量
计算单元
水功能区
水质目标
Ⅱ、Ⅲ、Ⅳ、Ⅴ
水功能区数据收集
河道、排污口、水力条件
水力条件
90%保证率
基于水功能区水质目标的环境容量
主体功能区
气候地貌
行政单元
流域边界
一级控制单元（主体功能区）
二级控制单元（控制区）
三级控制单元（控制单元）
主要考虑主体功能区：
优化开发区
重点开发区
农产品主产区
重点生态功能区
主要考虑水生态区划和行政区：
京津冀12个控制区
西北五省10个控制区
主要考虑流域完整性：
京津冀29个子控制区
西北五省24个子控制区
基于主体功能区的控制单元划分
控制单元污染物入河量
控制单元环境容量
三级控制单元的污染排放限值分析
污染物入河量是否超过理论环境容量
N
企业现状和区域规划发展情景分析
提出区域最大允许排放限值建议
Y
点源污染排放是否达标
N
增强污染排放监管
Y
企业经济效益和污染物排放分析
是否为重要企业
N
产业结构调整建议
Y
对生产工艺、污水处理技术、水环境进行分析
生产工艺升级
提高污水排放标准措施
增加环境容量措施
不同主体功能区环境容量特征与污染排放限值建议

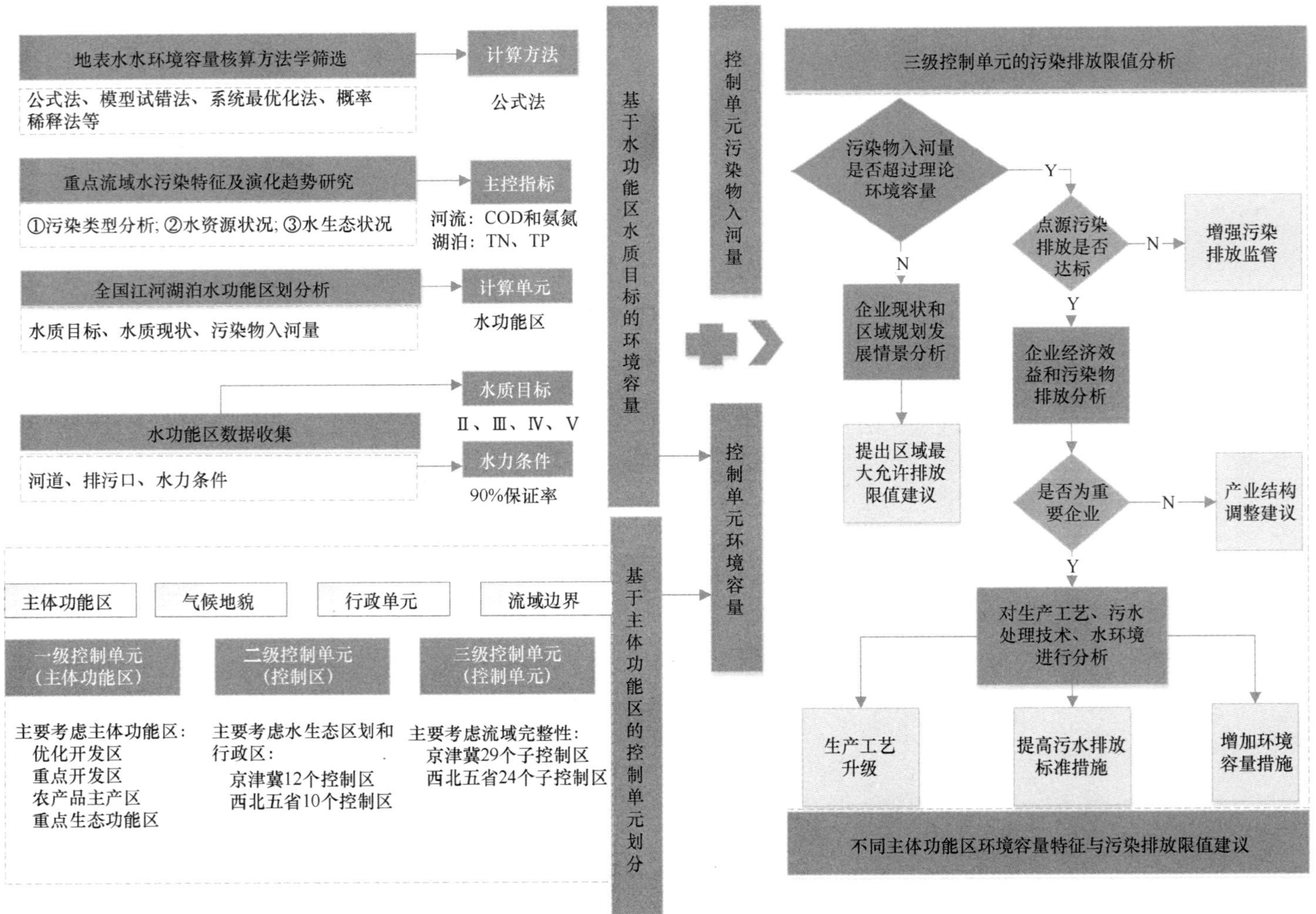

图 3-4　技术路线图

表 3-2　全国地表水水环境容量

	COD			氨氮		
	容量(万 t/年)	入河量(万 t/年)	容量利用率(%)	容量(万 t/年)	入河量(万 t/年)	容量利用率(%)
松花江流域	90	43	48	6.1	5.3	87
辽河流域	34	29	85	1.8	4.4	244
海河流域	13	22	169	0.7	2.5	357
淮河流域	29	32	110	1.9	3.7	195
黄河流域	114	59	52	5.2	6.8	131
长江流域	370	271	73	37.8	31.5	83
太湖流域	46	51	111	2.5	6.2	248
珠江流域	231	119	52	8.2	11.2	137
东南诸河流域	120	89	74	5.7	6.4	112
西南诸河流域	15	11	73	1.1	1.1	100
西北诸河流域	25	5	20	0.8	0.3	38
总计	1087	731	67	71.8	79.4	111

表 3-3　京津冀的基本情况

	面积（万 km^2）	人口（万人）	GDP（亿元）	工业（亿元）	水资源（亿 m^3）	COD 排放（万 t/年）	氨氮排放（万 t/年）
北京	1.6	2 152	21 331	3 747	20	17	2
天津	1.2	1 517	15 727	7 079	11	21	2
河北	19	7 384	29 421	13 331	106	127	10
京津冀总计	21.8	11 053	66 479	24 157	137	165	14
全国占比	2%	8%	10%	11%	1%	7%	6%

京津冀地区主要位于海河流域，主要水系包括滦河水系、北三河水系、大清河水系、子牙河水系、漳卫河水系和黑龙港运东水系（表 3-4）。整个海河流域的水系从南到北，呈扇形分布，整体上具有次级水系分散、河系复杂、支流众多、过渡带短、源短流急的特点。京津冀地区纳入全国重要江河湖泊水功能区划的水功能区 117 个，总河长 5131km。京津冀地区各主要水系的河流长度和水功能区个数见表 3-4。

表 3-4　京津冀地区的主要水系情况

主要水系	河流长度		水功能区	
	长度（km）	比例（%）	个数	比例（%）
北三河水系	1360	30	34	37
大清河水系	793.5	17	15	16
黑龙港运东水系	680.6	15	12	13
滦河水系	692	15	13	14
子牙河水系	800.5	17	15	16
漳卫河水系	276	6	4	4

2. 京津冀地区的水环境状况

京津冀的水环境污染严重，主要有 3 个特征：①平原河流耗氧污染严重，黑臭水体范围广、程度重；②河流生态水量匮乏，干流季节性断流突出，环境流量严重不足；③河流整体生境质量退化严重，近半数的河流生境已经不能够为生物群落提供适宜的生存和繁殖栖息地。

（1）耗氧污染问题

京津冀地区水体黑臭问题范围广、强度大；其中黑臭水体区域占比为53.1%，覆盖面积约为11.58万km^2。以黑臭水体（DO=1mg/L）作为基准，计算得到京津冀地区黑臭水体范围。可以看出，京津冀地区黑臭河流呈现两段分布特点：平原段河流多为黑臭区域，其中北京东南部-廊坊-北三河下游天津段与石家庄-衡水-邢台-邯郸平原地区黑臭问题最为严重；上游山区段黑臭问题并不明显，仅在张家口宣化区-下花园部分河段存在低强度黑臭现象。

北京黑臭水体范围约占全市面积的26.3%，多集中在下游平原地区。北京平原黑臭水体强度介于–12～0mg/L，北京平原黑臭水体黑臭强度主要集中在–7～–1mg/L，占该区域黑臭水体的93.1%。天津黑臭水体范围占该市总面积的93.2%，黑臭强度介于–26～0mg/L；黑臭范围主要集中在北三河下游天津段。天津黑臭水体的黑臭强度相对集中，–4～0mg/L的黑臭水体范围就占到总黑臭范围的59.7%。河北黑臭水体表现出了显著的空间差异，黑臭水体主要贡献区域为石家庄-衡水-邢台-邯郸-沧州一带，多位于城市下游地区，最高区域黑臭强度达到了–98mg/L，该区域黑臭水体强度远高于北京、天津及河北境内的其他县市，除沧州黑臭强度介于–26～0mg/L外，其他区域均在–98～0mg/L，且各区段比例分布较为平均。

（2）流量不足问题

京津冀地区水资源总量持续减少，而持续增加的需水量迫使人们对河流水资源过度开发，导致河流断流长度和断流天数持续增加，京津冀地区河流“季节性”断流特征逐步明显。河流季节化是指那些原为常流河的河流，在自然因素和人为因素的共同作用下，在枯水季节经常出现河床干涸的水文现象。河段断流是河流季节化的主要标志。

京津冀地区平原区河流不是季节性河流发育的地区。然而，近几十年京津冀地区河流季节化特征明显。主要原因为近几十年来，在气候干旱化日趋严重、水资源日趋短缺的背景下，在京津冀地区主要河流中上游地区修建水库等多种水力设施，导致中部平原区水资源短缺，平原地区工农业发展和城镇用水对水资源的过量开发引起地下水的采补失衡和水位的急剧下降，流域产流能力随之衰减，最终造成河流在枯水季节出现经常性河道断流。

（3）生态退化问题

京津冀地区河流水资源严重短缺及黑臭问题的日益突出，进一步导致了区域内河流生态状况的持续恶化。京津冀地区50%以上的河流生态状况为中等偏差，亟待治理和修复，河北尤甚。北京和天津生态状况为“差”和“极差”的样点比例约高达40%，同时，“优”和“良”的样点比例在40%以上，说明河流生态状况处于中等偏差水平；与北京、天津相比，河北的河流生态状况很差，“差”和“极差”的样点比例超过60%，说明河流生态退化极其严重。京津冀地区河流生态状况空间分布规律为：上游段最好，滨海段良好，内陆平原段很差，城市周边较差，远离城市较好。上游河段，如承德西北部兴洲河生态状况为“优”和“中”，密云水库上游河段及潮白河生态状况优良。滨海段，如唐山东南部青龙河、饮马河等生态状况均为“优”和“良”，沧州宜惠河生态状况为“优”；

而内陆平原段的河流生态状况多为中等偏差。靠近城市的河段生态状况较差，如承德、秦皇岛、唐山、石家庄、邢台等城市周边河流生态状况均为“差”或“极差”。

3. 京津冀地区的控制单元划分

根据前面的控制单元划分原则，京津冀地区的控制单元共划分为三级。一级控制区按照主体功能区类型划分，共形成4个一级区：优化开发区、重点开发区、农产品主产区和重点生态功能区（表3-5）。

表3-5　京津冀三级控制单元划分

一级控制区（4个）	二级控制区（12个）	三级控制单元（29个）
优化开发区	唐山、秦皇岛区	北三河
		滦河流域
	北京、天津、廊坊区	北三河
		大清河
		海河干流
		永定河
	沧州区	黑龙港运东
重点开发区	滨海开发区	北三河
		大清河
		海河干流
	承德区	滦河流域
	张家口区	永定河
	冀中南（保定、石家庄、邢台、邯郸）区	大清河
		子牙河
	衡水区	黑龙港运东
		子牙河
农产品主产区	黄淮海平原缺水区	大清河
		黑龙港运东
		漳卫河
		子牙河
重点生态功能区	燕山地区丰水区	北三河
		辽河
		滦河流域
	燕山地区欠水区	其他
		永定河
	太行山地少水区	大清河
		永定河
		漳卫河
		子牙河

二级控制区针对不同的功能区类型选择不同的依据进行划分：优化开发区按照主要的经济社会特征进行划分，重点开发区按照空间位置进行划分，农产品主产区按照生态

功能区划进行划分，重点生态功能区按照水生态功能分区进行划分。共划分 12 个二级控制区：优化开发区 3 个（唐山、秦皇岛区，北京、天津、廊坊区，沧州区）、重点开发区 5 个［滨海开发区、承德区、张家口区、冀中南（保定、石家庄、邢台、邯郸）区、衡水区］、农产品主产区 1 个（黄淮海平原缺水区）、重点生态功能区 3 个（燕山地区丰水区、燕山地区欠水区、太行山地少水区）。三级控制单元按照流域完整性进行划分，共划分为 29 个（表 3-5）。

4. 京津冀地区水功能区的环境容量总体情况

京津冀地区水功能区类型以开发利用区最多，占功能区总数量的 52%，占功能区总河长的 60%，占功能区总湖库面积的 12%；其次是缓冲区，占功能区总数量的 26%，占功能区总河长的 20%，占功能区总湖库面积的 6%；保护区和保留区占功能区总数量的 22%，占功能区总河长的 20%，占功能区总湖库面积的 82%。水质目标主要是Ⅱ、Ⅲ、Ⅳ类，分别占 26%、36%、33%。

水功能区在一级控制区的分布主要以优化开发区和重点生态功能区居多。优化开发区有水功能区 32 个，占京津冀地区水功能区总数的 27%，河流长度 1356km，湖库面积 17km^2，水质目标以Ⅳ类水体为主。重点开发区有水功能区 15 个，占京津冀地区水功能区总数的 13%，河流长度 752km，湖库面积 144km^2，水质目标以Ⅲ、Ⅳ类水体为主。农产品主产区有水功能区 18 个，占京津冀地区水功能区总数的 15%，河流长度 1068km，湖库面积 360km^2，水质目标以Ⅲ、Ⅳ类水体为主。重点生态功能区有水功能区 52 个，占京津冀地区水功能区总数的 44%，河流长度 1955km，湖库面积 657km^2，水质目标以Ⅱ、Ⅲ类水体为主（表 3-6）。

表 3-6　京津冀地区一级控制区的水功能区基本情况

主体功能区	二级控制区	数量		范围		水质目标			
		个数	比例	河流长度（km）	湖库面积（km^2）	Ⅱ	Ⅲ	Ⅳ	Ⅴ
优化开发区	唐山、秦皇岛区	6	5%	338	0	0	3	3	0
	北京、天津、廊坊区	18	15%	707	0	1	4	11	2
	沧州区	8	7%	311	17	1	1	5	1
	小计	**32**	**27%**	**1356**	**17**	**2**	**8**	**19**	**3**
重点开发区	承德区	1	1%	71	0	0	1	0	0
	张家口区	2	2%	119	0	0	1	1	0
	冀中南（保定、石家庄、邢台、邯郸）区	6	5%	329	69	1	2	2	1
	衡水区	6	5%	233	75	0	2	4	0
	小计	**15**	**13%**	**752**	**144**	**1**	**6**	**7**	**1**
农产品主产区	黄淮海平原缺水区	18	15%	1068	360	1	7	10	0
	小计	**18**	**15%**	**1068**	**360**	**1**	**7**	**10**	**0**
重点生态功能区	燕山地区丰水区	34	29%	1118	431	18	14	1	1
	燕山地区欠水区	7	6%	331	89	1	4	2	0
	太行山地少水区	11	9%	506	137	8	3	0	0
	小计	**52**	**44%**	**1955**	**657**	**27**	**21**	**3**	**1**
	总计	**117**	**100%**	**5131**	**1178**	**31**	**42**	**39**	**5**

京津冀地区主要水功能区的COD容量总计为57 467t/年。从水功能区性质的分布来看，94%的COD容量分布在利用区，其他6%分布在保留区和缓冲区；从水质目标分布来看，Ⅲ、Ⅳ、Ⅴ类水质目标水体的COD容量为主，分别占43%、36%和18%，Ⅱ类水质目标的水体仅占3%；从水体达标的分布来看，未达标水体的COD容量（60%）略高于达标水体（40%）（表3-7）。

表3-7 京津冀地区水功能区环境容量现状

环境容量现状（t/年）	功能区类型				水质目标				达标情况		总计
	保护区	保留区	缓冲区	利用区	Ⅱ	Ⅲ	Ⅳ	Ⅴ	否	是	
COD	242	1 840	1 454	53 931	1 722	24 612	20 649	10 484	34 310	23 157	57 467
氨氮	7	65	66	2 667	52	1 324	966	463	1 533	1 272	2 805

京津冀地区主要水功能区的氨氮容量总计为2805t/年。从水功能区性质的分布来看，95%的氨氮容量分布在利用区，其他5%分布在保留区和缓冲区；从水质目标分布来看，Ⅲ、Ⅳ、Ⅴ类水质目标水体的氨氮容量为主，分别占47%、34%和17%，Ⅱ类水质目标的水体仅占2%；从达标水体的分布来看，未达标水体的氨氮容量（55%）略高于达标水体（45%）（表3-7）。

5. 京津冀地区的容量超载情况与成因分析

控制区的COD容量以优化开发区最高，其次是重点开发区和重点生态功能区，农产品主产区最少。而COD入河量以重点开发区较多，超标倍数最高（1.0倍），超标水功能区比例最大（68%）；优化开发区位居其次，COD入河总量超标0.4倍，超标水功能区比例为22%；重点生态功能区和农产品主产区的COD入河总量仍有部分盈余，但COD入河量超出容量的功能区数量也达到了20%以上（表3-8）。

表3-8 控制区的水功能区环境容量与污染物入河情况

一级功能区	二级功能区	COD				氨氮			
		环境容量（t/年）	入河量现状（t/年）	入河量总量超标倍数	入河量超标功能区比例（%）	环境容量（t/年）	入河量现状（t/年）	入河量总量超标倍数	入河量超标功能区比例（%）
优化开发区	唐山、秦皇岛区	18 257	17 988	−0.0	33	908	1 048	0.2	17
	北京、天津、廊坊区	4 998	11 343	1.3	17	198	2 983	14.0	28
	沧州区	3 128	7 199	1.3	25	152	1 154	6.6	25
	小计	**26 382**	**36 529**	**0.4**	**22**	**1 258**	**5 185**	**3.1**	**25**
重点开发区	承德区	3 411	3 608	0.1	100	151	1 656	10.0	100
	张家口区	3 098	4 082	0.3	100	147	327	1.2	100
	冀中南（保定、石家庄、邢台、邯郸）区	6 411	10 608	0.7	83	306	1 841	5.0	83
	衡水区	2 948	13 393	3.5	33	131	1 392	9.6	33
	小计	**15 868**	**31 691**	**1.0**	**68**	**735**	**5 216**	**6.1**	**67**
农产品主产区	黄淮海平原缺水区	3 593	4 325	0.2	22	169	488	1.9	22
	小计	**3 593**	**4 325**	**0.2**	**22**	**169**	**488**	**1.9**	**22**
重点生态功能区	燕山地区丰水区	5 674	8 428	0.5	24	313	828	1.6	26
	燕山地区欠水区	4 715	1 674	−0.6	14	217	533	1.5	43
	太行山地少水区	1 235	1 281	0.0	18	114	103	−0.1	9
	小计	**11 624**	**11 383**	**−0.0**	**21**	**644**	**1 464**	**1.3**	**25**
总计		**57 467**	**83 928**	**0.5**	**27**	**2 806**	**12 353**	**3.4**	**30**

控制区的氨氮容量以优化开发区和重点开发区最高，其次是重点生态功能区，农产品主产区最少。氨氮入河量与 COD 区域分布相似，超标情况更严重。重点开发区的氨氮入河量最多，超标倍数最高（6.1 倍），超标水功能区比例最大（67%）；优化开发区位居其次，氨氮入河总量超标 3.1 倍，超标水功能区比例为 25%；重点生态功能区和农产品主产区的氨氮入河总量也没有盈余，氨氮入河量超出容量的功能区数量也达到了 20%以上，总量超标倍数分别为 1.3 倍和 1.9 倍（表 3-8）。

在优化开发区的 3 个二级功能区中，唐山、秦皇岛区环境容量最大，污染物入河量基本处于环境容量最高值，氨氮略有超标；北京、天津、廊坊区氨氮入河量超标严重，超标倍数达到 14.0 倍。重点开发区中以衡水区超标最为严重，COD 入河量超标 3.5 倍，氨氮入河量超标 9.6 倍；承德区的氨氮入河量超标较严重，超标倍数为 10.0 倍。冀中南（保定、石家庄、邢台、邯郸）区的氨氮入河量超标也较严重，超标倍数为 5.0 倍。重点生态功能区以燕山地区丰水区环境容量较大，但相对超标倍数也较高，COD 入河量超标 0.5 倍，氨氮入河量超标 1.6 倍；COD 盈余分布在燕山地区欠水区和太行山地少水区；氨氮盈余仅存在于太行山地少水区（表 3-8）。

京津冀地区的 COD 排放以农业为主，氨氮排放以城镇生活为主，工业比例都较低。空间分布上，农产品主产区、京津冀核心区是陆上污染物排放量最大的区域。在 COD 排放出现拐点的情况下，以后氨氮将成为优化开发区治理的重点和难点。COD 在绝对量上，农业排放最高，主要区域为唐山、秦皇岛区；城镇生活 COD 排放最高的区域为京津冀核心区、农产品主产区。工业以冀中南（保定、石家庄、邢台、邯郸）区和农产品主产区为主。氨氮在绝对量上，城镇生活最高，主要区域为京津冀核心区；农业氨氮排放最高的区域为京津冀核心区、农产品主产区；工业以冀中南（保定、石家庄、邢台、邯郸）区为主。

工业的行业分析显示，从工业产值、废水排放和污染物排放的比例来看，石化、造纸、食品、纺织、制药、皮革属于京津冀地区需要重点关注的 6 大行业。该 6 大行业占废水排放量的 63%，占 COD 排放量的 70%，占氨氮排放量的 73%。工业 COD 排放主要关注的产业是造纸、石化和食品行业，分别占 COD 工业总排放量的 21%、16%和 14%。工业氨氮排放主要关注的产业是石化、造纸和食品行业，分别占氨氮工业总排放量的 35%、11%和 10%（表 3-9）。

表 3-9　京津冀地区的主要工业行业情况

序号	行业名称	废水排放量		直排入地表水的比例（%）	COD 排放		氨氮排放	
		总量（万 t/年）	比例（%）		总量（t/年）	比例（%）	总量（t/年）	比例（%）
1	石化	19 648	17	55	27 487	16	5 023	35
2	造纸	19 270	17	77	35 202	21	1 596	11
3	食品	11 454	10	68	22 554	14	1 491	10
4	纺织	10 171	9	59	14 035	8	1 035	7
5	制药	5 200	5	16	9 414	6	1 054	7
6	皮革	5 129	5	44	8 791	5	491	3
总计		70 872	63		117 483	70	10 690	73

优化开发区主要污染工业是造纸和食品行业。重点开发区主要是滨海开发区的化工行业；冀中南（保定、石家庄、邢台、邯郸）区主要是造纸和制药行业；衡水区主要是皮革行业。农产品主产区各行业均有分布。

6. 小结和建议

基于以上研究发现，优化开发区和重点开发区的水质目标低，虽然基于水质目标的环境容量也较大，但是仍然多数处于超载状态。农产品主产区和重点生态功能区 COD 容量利用仍不完全，但是氨氮已经大大超出环境容量，需要重点削减。具体建议如下：

（1）优化开发区

优化开发区环境容量为 COD 26 382t/年、氨氮 1257t/年，在排放现状的基础上，COD 应削减 10 147t/年（28%），氨氮应削减 3928t/年（76%）。重点削减区域为京津冀核心区-大清河水系，COD 关注畜禽养殖，氨氮关注城镇生活污水，重点关注工业为造纸行业。

（2）重点开发区

重点开发区环境容量为 COD 15 869t/年、氨氮 735t/年，在排放现状的基础上，COD 应削减 15 821t/年（50%），氨氮应削减 4480t/年（86%）。重点削减区域为冀中南城市群-子牙河水系，COD 关注畜禽养殖，氨氮关注城镇生活污水，重点关注工业为滨海开发区的化工行业、冀中南（保定、石家庄、邢台、邯郸）区的造纸和制药行业。

（3）农产品主产区

农产品主产区环境容量为 COD 3593t/年、氨氮 169t/年，在排放现状的基础上，COD 应削减 732t/年（17%），氨氮应削减 319t/年（65%）。重点关注氨氮，城镇生活和畜禽养殖是重点关注行业，建议疏离纺织、化工、皮革、食品和造纸等工业行业。

（4）重点生态功能区

重点生态功能区环境容量为 COD 11 623t/年、氨氮 644t/年，COD 仍有 240t/年余量，氨氮应在排放现状的基础上削减 819t/年（56%）。重点关注氨氮，建议在重点生态功能区建立生态养殖场或者实行禁养制度。

（四）西北五省地表水水环境容量与最大允许排放限值

1. 西北五省概况

西北五省包含内蒙古、甘肃、青海、宁夏、新疆，以全国 43%的土地和 8%的水资源承担了全国 6%的人口，产生了 6%的 GDP，排放了 10%的 COD 和 7%的氨氮（表 3-10）。西北五省在我国有重要的生态价值和战略意义，在我国西部大开发战略、新丝绸之路经济带战略构想等重大战略支撑下，将发挥越来越重要的作用，经济持续较快发展，将逐步缩小与我国平均发展水平的差距。

西北五省均处于我国内陆和亚欧大陆腹地，多属温带大陆性干旱和半干旱气候，年降水量 40～600mm 不等，是我国戈壁和沙漠地貌集中的省区，生态环境极其脆弱。

西北五省水资源匮乏，其水系密度、长度、水量都相对其他流域较少，主要有西北诸河区、黄河区、松花江区、辽河区 4 个水资源区。其中，西北诸河区主要有塔里木河、河西内陆河、阿尔泰山南麓诸河等水系，其河流长度占西北五省河流的 35%，

表 3-10　西北五省的基本情况

省份	面积（万 km^2）	人口（万人）	GDP（亿元）	工业（亿元）	水资源（亿 m^3）	COD 排放（万 t/年）	氨氮排放（万 t/年）
内蒙古	118	2 505	17 770	7 904	538	85	4.9
甘肃	45	2 591	6 837	2 263	198	37	3.8
青海	72	583	2 303	954	793	11	1.0
宁夏	7	662	2 752	973	10	22	1.7
新疆	166	2 298	9 273	3 179	726	67	4.6
西北五省总量	408	8 639	38 935	15 273	2 265	222	16.0
全国占比	43%	6%	6%	7%	8%	10%	7%

湖泊面积则占 83%，有 105 个水功能区，主要分布在甘肃和青海境内；黄河区主要有黄河干流、洮河、渭河等水系，河流长度占 23%，湖泊面积占 2%，有 131 个水功能区，主要分布在甘肃和内蒙古境内；松花江区主要有额尔古纳河、嫩江等水系，河流长度占 21%，湖泊面积占 14%，有 104 个水功能区，主要分布在内蒙古境内；辽河区主要有西辽河、辽河干流等水系，河流长度占 11%，有 68 个水功能区，主要分布在内蒙古境内（表 3-11）。

表 3-11　西北五省的水系格局

水资源区	河流		湖泊		水功能区		主要水系
	长度（km）	比例（%）	面积（km^2）	比例（%）	个数	比例（%）	
西北诸河区	12 146.7	35	12 532.4	83	105	23	塔里木河、河西内陆河、伊犁河、准噶尔内流区、额尔齐斯河、柴达木内流区
黄河区	8 059.5	23	301.2	2	131	29	黄河干流、洮河、渭河等
松花江区	7 229.9	21	2 171.5	14	104	23	额尔古纳河、嫩江等
辽河区	3 743.5	11	0	0	68	15	西辽河、辽河干流等

2. 西北五省的水环境状况

西北五省的水环境质量以Ⅱ类水体为主，占河流总长的 40%，Ⅰ～Ⅲ类水体共占 60%，Ⅳ、Ⅴ类水体占 22%，劣Ⅴ类水体占 18%（表 3-12）。不同类型水功能区的水质统计数据显示，缓冲区和利用区的水质要差于保护区和保留区。保护区和保留区以Ⅱ类水质目标为主（77%），达标水功能区数量比例占 50%左右，达标河流长度分别占 72%和 68%；缓冲区以Ⅲ类水质目标为主（80%），达标水功能区数量比例占 44%左右，达标河流长度占 45%；利用区水质目标中Ⅱ、Ⅲ、Ⅳ类分别占 20%、52%、26%，达标水功能区数量比例和河流长度比例均略高于 50%（表 3-13）。

3. 西北五省的控制单元划分

综合考虑主体功能区、行政单元、水系等因素，将西北五省划分为三级控制单元。一级控制单元主要依据各省的主体功能区划，主要划分为重点发展区（A）、农产品主产区（B）和重点生态功能区（C）3 个一级区（表 3-14）。

表 3-12　西北五省功能区水质现状

区域	Ⅰ		Ⅱ		Ⅲ		Ⅳ		Ⅴ		劣Ⅴ	
	水功能区个数	河流长度比例	水功能区个数	河流长度比例	水功能区个数	河流长度比例	水功能区个数	河流长度比例	水功能区个数	河流长度比例	水功能区个数	河流长度比例
保护区	3	13%	43	46%	19	13%	15	12%	9	8%	19	8%
保留区	3	8%	14	59%	3	2%	2	4%	4	13%	7	15%
缓冲区	1	1%	12	20%	13	30%	10	22%	5	7%	14	21%
利用区	3	1%	61	32%	45	18%	35	16%	23	8%	57	25%
总计	10	6%	130	40%	80	14%	62	13%	41	9%	97	18%

表 3-13　西北五省水功能区达标现状

区域	不达标		达标		总计	
	水功能区个数	河流长度比例	水功能区个数	河流长度比例	水功能区个数	河流长度（km）
保护区	52	28%	56	72%	108	12 858
保留区	14	32%	19	68%	33	4 830
缓冲区	31	55%	24	45%	55	1 636
利用区	110	45%	114	51%	224	15 603
总计	207	38%	213	61%	420	34 927

表 3-14　西北五省三级控制单元

一级区（3 个）	二级区（10 个）	24 个控制单元（24 个）	备注（控制单元全称）
重点生态功能区（C）	内蒙古东北重点生态功能区（C01）	黑龙江干流单元（C0101）	重点生态功能区-内蒙古东北-黑龙江干流单元（C0101）
		松花江单元（C0102）	重点生态功能区-内蒙古东北-松花江单元（C0102）
	内蒙古中部重点生态功能区（C03）	内蒙古内流单元（C0306）	重点生态功能区-内蒙古中部-内蒙古内流单元（C0306）
	河西内流重点生态功能区（C05）	甘肃单元（C0512）	重点生态功能区-河西内流-甘肃单元（C0512）
		内蒙古单元（C0513）	重点生态功能区-河西内流-内蒙古单元（C0513）
	青藏高原重点生态功能区（C06）	甘肃黄河干流单元（C0614）	重点生态功能区-青藏高原-甘肃黄河干流单元（C0614）
		甘肃嘉陵江单元（C0615）	重点生态功能区-青藏高原-甘肃嘉陵江单元（C0615）
		青海黄河干流单元（C0616）	重点生态功能区-青藏高原-青海黄河干流单元（C0616）
		青海长江上游单元（C0617）	重点生态功能区-青藏高原-青海长江上游单元（C0617）
		青海柴达木单元（C0618）	重点生态功能区-青藏高原-青海柴达木单元（C0618）
	塔里木盆地重点生态功能区（C07）	塔里木河内流单元（C0719）	重点生态功能区-塔里木盆地-塔里木河内流单元（C0719）
	天山以北重点生态功能区（C10）	准噶尔内流单元（C1023）	重点生态功能区-天山以北-准噶尔内流单元（C1023）
		塔里木河内流单元（C1024）	重点生态功能区-天山以北-塔里木河内流单元（C1024）
重点发展区（A）	黄河发展区（A04）	内蒙古单元（A0407）	重点发展区-黄河-内蒙古单元（A0407）
		宁夏单元（A0408）	重点发展区-黄河-宁夏单元（A0408）
		甘肃渭河单元（A0409）	重点发展区-黄河-甘肃渭河单元（A0409）

续表

一级区（3个）	二级区（10个）	24个控制单元（24个）	备注（控制单元全称）
重点发展区（A）	黄河发展区（A04）	甘肃黄河干流单元（A0410）	重点发展区-黄河-甘肃黄河干流单元（A0410）
		青海黄河干流单元（A0411）	重点发展区-黄河-青海黄河干流单元（A0411）
	新疆发展区（A09）	塔里木河内流单元（A0922）	重点发展区-新疆-塔里木河内流单元（A0922）
农产品主产区（B）	内蒙古农产品主产区（B02）	松花江单元（B0203）	农产品主产区-内蒙古-松花江单元（B0203）
		内蒙古内流单元（B0204）	农产品主产区-内蒙古-内蒙古内流单元（B0204）
		辽河干流单元（B0205）	农产品主产区-内蒙古-辽河干流单元（B0205）
	新疆农产品主产区（B08）	塔里木河内流单元（B0820）	农产品主产区-新疆-塔里木河内流单元（B0820）
		伊犁河内流单元（B0821）	农产品主产区-新疆-伊犁河内流单元（B0821）

二级控制单元主要考虑气候、地理、地貌等差异进一步划分为10个二级区。将重点发展区划分为黄河发展区（A04）和新疆发展区（A09）2个区，将农产品主产区划分为内蒙古农产品主产区（B02）和新疆农产品主产区（B08）2个区，将重点生态功能区划分为内蒙古东北重点生态功能区（C01）、内蒙古中部重点生态功能区（C03）、河西内流重点生态功能区（C05）、青藏高原重点生态功能区（C06）、塔里木盆地重点生态功能区（C07）和天山以北重点生态功能区（C10）6个区（表3-14）。

三级控制单元主要考虑水系连通性和污染排放管理等因素，依据流域和行政单元进一步划分为24个控制单元。重点开发区共划分为6个控制单元，农产品主产区共划分为5个控制单元，重点生态功能区划分为13个控制单元，具体见表3-14。

4. 西北五省的环境容量

基于西北五省的水功能区划的水功能区和水质目标计算得到各水功能区的环境容量，与本研究划分的控制单元叠加，得到各级控制单元的地表水水环境容量。一、二级控制区的水功能区数量、水质目标和以此为基础的环境容量见表3-15。重点开发区共94个水功能区单元，水质目标以Ⅲ类水质目标为主，COD容量为605 123t/年，氨氮容量为27 168t/年；农产品主产区共123个水功能区单元，水质目标在Ⅱ、Ⅲ、Ⅳ类中平均分布，COD容量为220 323t/年，氨氮容量为12 493t/年；重点生态功能区共136个水功能区单元，水质目标以Ⅱ类水质目标为主，COD容量为146 893t/年，氨氮容量为5167t/年。

地表水水环境容量的重点发展区-黄河-甘肃黄河干流单元（A0410）、重点发展区-黄河-内蒙古单元（A0407）、重点发展区-黄河-宁夏单元（A0408）、农产品主产区-新疆-伊犁河内流单元（B0821）的COD和氨氮环境容量最大。

5. 西北五省的环境容量利用情况与污染排放管理建议

西北五省地表水水环境容量的总体利用程度不高，COD容量利用率仅为38%，氨氮容量利用率达到87%（表3-16）。从主体功能区的环境容量利用情况来看，重点开发区环境容量利用率高于农产品主产区和重点生态功能区。大部分指标仍有一定的利用空间，仅有重点开发区的氨氮排放（2.72万t/年）已经超过地表水的环境容量（2.68万t/

年），需要在管理上加以约束，在结构上进行调整。

表 3-15　西北五省各主体功能区和控制区的地表水水环境容量

区域	水功能区水质标准					环境容量	
	总计	II	III	IV	V	COD 容量（t/年）	氨氮容量（t/年）
重点开发区（A）	**94**	**21**	**51**	**22**		**605 123**	**27 168**
黄河发展区（A04）	85	15	48	22		600 465	26 797
新疆发展区（A09）	9	6	3			4 658	371
农产品主产区（B）	**123**	**39**	**46**	**36**	**2**	**220 323**	**12 493**
内蒙古农产品主产区（B02）	93	26	32	33	2	67 962	7 067
新疆农产品主产区（B08）	30	13	14	3		152 361	5 426
重点生态功能区（C）	**136**	**78**	**51**	**7**		**146 893**	**5 167**
内蒙古东北重点生态功能区（C01）	59	30	23	6		54 926	2 631
内蒙古中部重点生态功能区（C03）	4	1	3			0	0
河西内流重点生态功能区（C05）	14	4	9	1		41 623	868
青藏高原重点生态功能区（C06）	26	18	11			16 211	798
塔里木盆地重点生态功能区（C07）	12	8	4			1 923	82
天山以北重点生态功能区（C10）	18	17	1			32 210	788
总计	**353**	**138**	**148**	**65**	**2**	**972 339**	**44 828**

表 3-16　西北五省各主体功能区和控制区的地表水水环境容量利用情况

区域	COD 超排量（万 t/年）	COD 容量利用率	氨氮超排量（t/年）	氨氮容量利用率
重点开发区（A）	**−35.0**	**42%**	**426**	**102%**
黄河发展区（A04）	−35.0	42%	426	102%
新疆发展区（A09）	0.0	100%	0	100%
农产品主产区（B）	**−14.4**	**35%**	**−5298**	**58%**
内蒙古农产品主产区（B02）	−2.4	64%	−1924	73%
新疆农产品主产区（B08）	−12.0	21%	−3374	38%
重点生态功能区（C）	**−11.1**	**27%**	**−1059**	**81%**
内蒙古东北重点生态功能区（C01）	−2.9	48%	378	114%
内蒙古中部重点生态功能区（C03）	0.0	100%	0	100%
河西内流重点生态功能区（C05）	−3.7	11%	−202	77%
青藏高原重点生态功能区（C06）	−1.2	25%	−283	65%
塔里木盆地重点生态功能区（C07）	0.3	276%	−15	81%
天山以北重点生态功能区（C10）	−3.6	3%	−937	19%
总计	**−60.54**	**38%**	**−5931**	**87%**

地表水 COD 容量利用的空间分布情况：50%利用率以下的控制单元可以加快发展符合主体功能规划的经济产业，以充分利用环境容量，在各省、各主体功能区均有分布。80%～100%利用率的控制单元属于环境容量接近满载，需要进一步调整原有经济结构，为后续发展留下空间，主要分布在新疆、内蒙古和青海的部分重点生态功能区。100%～150%利用率的控制单元属于应采取措施减少排放，以保证水功能区能够自然

可逆恢复，主要是重点发展区-黄河-甘肃渭河单元（A0409），COD 超排 2653t/年。150%～280%利用率的控制单元为重点控制单元，需要采取工程治理措施恢复水功能目标，主要为农产品主产区-内蒙古-内蒙古内流单元（B0204）和重点生态功能区-塔里木盆地-塔里木河内流单元（C0719），利用率分别为 189%和 276%，分别超排 3053t/年和 5316t/年。

地表水氨氮容量利用的空间分布情况：相对应 COD 而言，氨氮 50%利用率以下的控制单元较少，主要分布在内蒙古东北部、新疆北部的重点生态功能区。大部分控制单元的氨氮容量利用率在 80%～100%，在各省、各主体功能区均有分布。100%～150%利用率的控制单元主要分布在宁夏和内蒙古地区的黄河干流区，重点发展区-黄河-内蒙古单元（A0407）、重点发展区-黄河-宁夏单元（A0408）和重点生态功能区-青藏高原-甘肃黄河干流单元（C0614），氨氮分别超排 3005t/年、2260t/年、18t/年。150%～280%利用率的控制单元为重点控制单元，需要采取工程治理措施恢复水功能目标，主要为重点发展区-黄河-甘肃渭河单元（A0409）和重点发展区-黄河-青海黄河干流单元（A0411），利用率分别为 572%和 194%，分别超排 1652t/年和 1229t/年。

从陆上污染源排放的分析来看，污染物排放在主体功能区类型的分布上以重点开发区为主，在农业、城镇生活和工业的分布上 COD 以农业排放为主（56%），氨氮以城镇生活排放为主（54%）（表 3-17）。城镇生活排放是需要重点关注的领域，尤其是全部区域的氨氮削减和重点开发区的 COD 削减。

表 3-17　西北五省各主体功能区的 COD 和氨氮排放类型

主体功能区	COD 排放				氨氮排放			
	农业	城镇生活	工业	排放总量（t/年）	农业	城镇生活	工业	排放总量(t/年）
重点开发区	45%	30%	25%	935 870	15%	58%	27%	80 651
农产品主产区	60%	14%	26%	532 087	26%	48%	27%	34 356
重点生态功能区	69%	19%	13%	626 036	23%	49%	27%	38 386
总计	56%	23%	22%	2 093 993	20%	54%	27%	153 393

在 COD 排放的空间分布上，内蒙古东北部的重点生态功能区和农产品主产区以农业为关注重点（农业 COD 排放比例平均达 77%），发展区以黄河发展区的排放为关注重点。COD 超排严重的区域重点关注区域为农产品主产区-内蒙古-内蒙古内流单元（B0204）和重点生态功能区-塔里木盆地-塔里木河内流单元（C0719）（COD 容量利用率分别为 189%和 276%），农业占比分别达到 87%和 79%，是这两个地区的重点减排领域。

在氨氮排放的空间分布上，以黄河发展区的氨氮排放总量最高（城镇生活氨氮排放比例为 58%），同时此区域也是氨氮超排严重的重点关注区域，主要是重点发展区-黄河-甘肃渭河单元（A0409）和重点发展区-黄河-青海黄河干流单元（A0411）（氨氮容量利用率分别为 572%和 194%），城镇占比分别达到 73%和 80%，城镇生活是这两个地区的重点减排领域。

工业的行业分析显示，从工业总产值、废水排放和污染物排放（COD 排放和氨氮排放）的比例来看，金属冶炼、采矿业、石化、化工、食品和造纸为 6 大重点关注行业，该 6 大行业占工业总产值的比例为 73%，占废水排放量的 87%，占 COD 排放量的 92%，占氨氮排放量的 95%。工业 COD 排放主要关注的产业是化工、食品和造纸行业，分别占 COD 工业总排放量的 36%、26%和 15%。工业氨氮排放主要关注的产业是化工、石化、食品和金属冶炼，分别占氨氮工业总排放量的 45%、16%、13%和 12%（图 3-5）。

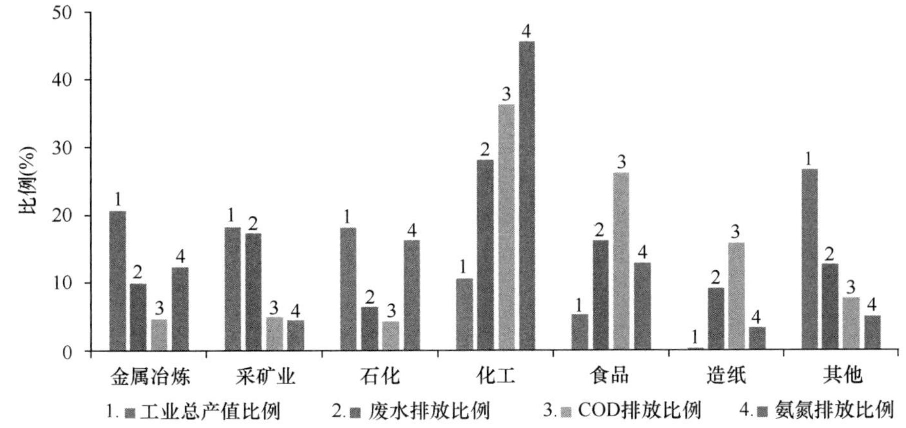

图 3-5　西北五省主要工业行业产值和污染排放情况

在工业 COD 排放的空间分布上，化工产业的重点关注区域是新疆农产品主产区（8.2 万 t/年）和发展区（6.2 万 t/年）（COD 容量利用率为 38%），食品行业的重点关注区域是黄河发展区（6.8 万 t/年）、内蒙古农产品区（2.6 万 t/年）和河西内流重点生态功能区（1.8 万 t/年）（COD 容量利用率为 42%），造纸行业的重点关注区域是黄河发展区（4.5 万 t/年）（COD 容量利用率为 42%）。

在工业氨氮排放的空间分布上，化工产业的重点关注区域是新疆农产品主产区（11 002t/年）、黄河发展区（9310t/年）、河西内流重点生态功能区（7010t/年）和内蒙古农产品主产区（3481t/年）（氨氮容量利用率为 87%），石化产业的重点关注区域是塔里木盆地重点生态功能区（3996t/年）和黄河发展区（6213t/年）（氨氮容量利用率为 102%），金属冶炼行业的重点关注区域是黄河发展区（13 910t/年）和内蒙古中部重点生态功能区（2639t/年）（氨氮容量利用率为 102%），食品行业的重点关注区域是黄河发展区（6482t/年）。

6. 小结和建议

1）西北五省地表水水环境容量的总体利用程度不高，COD 容量利用率仅为 38%，氨氮容量利用率达到 87%，经济和社会发展仍有较大发展空间。

2）容量超排区域 COD 主要分布在农产品主产区和重点生态功能区［农产品主产区-内蒙古-内蒙古内流单元（B0204）和重点生态功能区-塔里木盆地-塔里木河内流单元（C0719），利用率分别为 189%和 276%］，重点关注农业排放；氨氮主要分布在重点发展区［重点发展区-黄河-甘肃渭河单元（A0409）和重点发展区-黄河-青海黄河干流单元（A0411），利用率分别为 572%和 194%］，重点关注城镇生活排放。

3）金属冶炼、采矿业、石化、化工、食品、造纸是西北地区的主要支柱产业，也是污染产业。在现有产业基础上，根据水资源量与水环境容量共同决定产业发展和调整方向，在环境容量超载，水资源充足地区优先发展金属冶炼等高耗水低排放的产业，如黄河发展区；在环境容量利用不足，水资源缺乏地区可适度发展化工、食品等低耗水高排放的产业，如新疆与内蒙古的农产品主产区和部分重点生态功能区。

4）为应对西北五省以后的发展空间需求，在重点开发区要进一步强化城镇生活污水收集处理和工业全过程生产技术提升，在重点生态功能区的城镇发展方面要注意强化排放标准管理，严格控制污染排放在环境容量可承受范围内，在农产品主产区加强水土流失治理和畜禽养殖管理。

五、基于重点流域地表水水环境容量的经济社会空间布局战略对策建议

（一）提高京津冀地区的污水排放标准，强化污水入河的前置处理

京津冀地区作为污染物排放入河超出河流环境容量的代表地区，尽管其大部分企业能够达到现有行业污染物排放标准（表 3-18），但是因为天津和河北的污水排放标准远高于地表水排放标准，需要进一步提高这些地区的污水排放标准以接近地表水排放标准，并强化污水入河的前置处理，将污染物从排污口到河流之前进一步削减，促进非常规水的再生利用，解决河流环境流量和环境容量不足的问题。京津冀地区的污水排放标准见表 3-18。

表 3-18　京津冀地区的污水排放标准

污染物		COD 排放标准（mg/L）		氨氮排放标准（mg/L）	
水体水质类别		Ⅱ、Ⅲ类	Ⅳ、Ⅴ类	Ⅱ、Ⅲ类	Ⅳ、Ⅴ类
地表水水质标准		15、20	30、40	0.5、1	1.5、2
国家污水排放标准	城镇污水	60	100	8（15）	25（30）
	农村污水	100	150	15	25
	工业污水	100	150～300	15	25～50
北京污水排放标准	城镇污水	20	30	1.0（1.5）	1.5（2.5）
	农村污水	30-新建 50-现有	40-新建 60-现有	1.5（2.5）-新建 5（8）-现有	5（8）-新建 8（15）-现有
	工业污水	20	30	1.0（1.5）	1.5（2.5）
天津污水排放标准	城镇污水	30～50	30～50	1.5～5（3～8）	1.5～5（3～8）
	农村污水	100	100	25（30）	25（30）
	工业污水	同国家	50～60	同国家	5～8
河北污水排放标准	城镇污水	同国家	同国家	同国家	同国家
	农村污水	60～100	200	8～25	—
	工业污水	同国家	同国家	同国家	同国家

（二）以主体功能区为原则，实行有区别的污染排放限值

优化开发区和重点生态功能区的农业、城镇生活和工业行业都应实行特别排放限值

标准。优化开发区以淘汰高污染低产值产业，向高附加值的产业转型为主，重点生态功能区以提高环境准入为主，对于需要在该区域发展的行业企业实行污水排放限值管理。各企业直接排放的污染物排放行业标准见表 3-19。

表 3-19 企业直接排放的污染物排放行业标准

行业类型	具体行业标准名称	COD 标准		氨氮标准	
		现有	新建	现有	新建
采矿业	铁矿采选工业污染物排放标准（GB 28661—2012）	100	70	20	15
纺织	纺织染整工业水污染物排放标准（GB 4287—2012）	100	80	12	10
化工	炼焦化学工业污染物排放标准（GB 16171—2012）	100	80	15	10
金属冶炼	铅、锌工业污染物排放标准（GB 25466—2010）	100	60	15	8
皮革	制革及毛皮加工工业水污染物排放标准（GB 30486—2013）	150	100	35	25
石化	石油炼制工业污染物排放标准（GB 31570—2015）	60	60	8	8
食品	淀粉工业水污染物排放标准（GB 25461—2010）	150	100	25	15
造纸	制浆造纸工业水污染物排放标准（GB 3544—2008）	200	100	15	12
制药	化学合成类制药工业水污染物排放标准（GB 21904—2008*）	200	120	40	25

*现行标准是 GB 21904—2016，但此处为 GB 21904—2008

（三）根据环境容量利用程度，实行区别性控制单元管控原则

对应重点开发区和农产品主产区以环境容量利用率为依据，对控制单元实施环境容量监控预警制度。对污染物入河量超出环境容量标准 1.5 倍以上的控制单元制定并实施特别排放限值管理；对污染物入河量达到环境容量标准 0.8～1 倍的控制单元实行预警，及时调整该区域的产业布局和污染排放管理。

（四）西北五省环境容量利用普遍不足，可在综合水资源约束的前提下加快发展

在国家节能减排的政策下，我国 GDP 与 COD 排放量和氨氮排放量普遍呈显著负相关关系，“十二五”期间的关系是 GDP 每增加 1 亿元，COD 排放量和氨氮排放量会相应减少 11t 和 1t。因此，西北五省除了环境容量利用率接近 1 的部分控制单元和重点生态功能区外，其他区域都可以加快发展。具体发展产业需要结合当地的经济基础和主体功能区划，更多需要考虑水资源量的支撑因素。

第四章 水资源对区域社会经济发展的支撑能力

在历史资料搜集和社会调查的基础上，综合考虑区域自产水和上游来水条件，定量描述我国区域水资源短缺程度，表征水资源条件对区域社会经济发展的支撑能力；通过构建全国评价模型，探讨我国区域水资源支撑能力空间格局，分析其与人口、GDP 指标的关系，以及对区域产业结构和规模的约束；进行重点地区水资源支撑能力评价，基于水资源对区域社会经济发展的支撑能力，提出我国在城市产业结构、规模与布局等方面的对策建议。

一、全国水资源与社会经济发展现状分析及协调性评价

（一）我国水资源基本概况与承载现状

我国水资源总量列世界的第 6 位，根据第二次全国水资源调查评价成果，全国 1956～2000 年平均水资源总量为 2.8 万亿 m^3，但由于人口众多、土地广阔，人均和亩①均水资源占有量均很低，水资源并不丰富。全国平均人均水资源量约为 2040m^3（按 2013 年人口计算），仅为世界人均占有量的 28%；耕地亩均占有量为 1440m^3，约为世界平均水平的一半。

我国水资源时空分布极不均匀。根据第二次全国水资源调查评价成果，空间上，北方地区多年平均年水资源总量为 5267 亿 m^3，占全国的 18.6%，南方地区为 2.3 万亿 m^3，占全国的 81.4%。时间上，受降雨影响，地表水资源尤其河川径流分布也极不均匀，以北方最为严重，河川径流量的年内分配多集中在汛期 4 个月，松花江区、辽河区多年平均连续最大 4 个月径流量占多年平均年径流量的 60%～70%，海河区、黄河区多年平均连续最大 4 个月径流量占 60%～80%，西北诸河区连续最大 4 个月径流量占 60%～90%，南方 4 个水资源一级区多年平均连续最大 4 个月径流量占 50%～70%，东南诸河区径流的集中度相对较低。

由于水资源的时空分布不均，在有限的水资源中可利用的水资源更少。根据《全国水资源综合规划》成果，我国水资源可利用量约为 7000 亿 m^3，仅占水资源总量的 28%，而多达 40%的水资源为难以利用的洪水，另外 32%的水资源量则是河道生态环境需水。我国多年平均总缺水量达 536 亿 m^3，其中河道外缺水量为 404 亿 m^3，缺水率为 6.3%，挤占河道内生态环境用水量为 132 亿 m^3。北方地区多年平均河道外缺水量为 337 亿 m^3（其中黄河区、淮河区、海河区、辽河区 4 个水资源一级区缺水量占全国总缺水量的 66%），

---

① 1 亩≈666.7m^2。

缺水率为 11.5%，挤占河道内生态环境用水量为 132 亿 m^3，主要表现为资源型缺水和管理型缺水；南方地区多年平均河道外缺水量为 67 亿 m^3，缺水率为 1.9%，主要表现为工程型缺水和水质型缺水，部分地区存在资源型缺水。

总体来看，北方地区腹地大多数河流水资源开发利用潜力已十分有限，只有周边部分河流，如松花江区、辽河区周边跨界河流及西北诸河区跨界河流目前水资源开发利用程度较低，尚有一定的潜力；南方地区水资源开发利用程度普遍较低，水资源支撑能力较强。北方地区除松花江区外，水资源开发利用率均在 40%以上，其中海河区当地水源供水量已接近多年平均水资源量。海河区、黄河区、淮河区、西北诸河区和辽河区已超过或接近其水资源开发利用的极限，水资源超载严重，并已引发了一系列生态环境问题。南方流域水资源开发利用率则均低于 20%，西南诸河流域不到 5%，水资源支撑能力较强。2012 年我国水资源一级区水资源开发利用程度如图 4-1 所示。

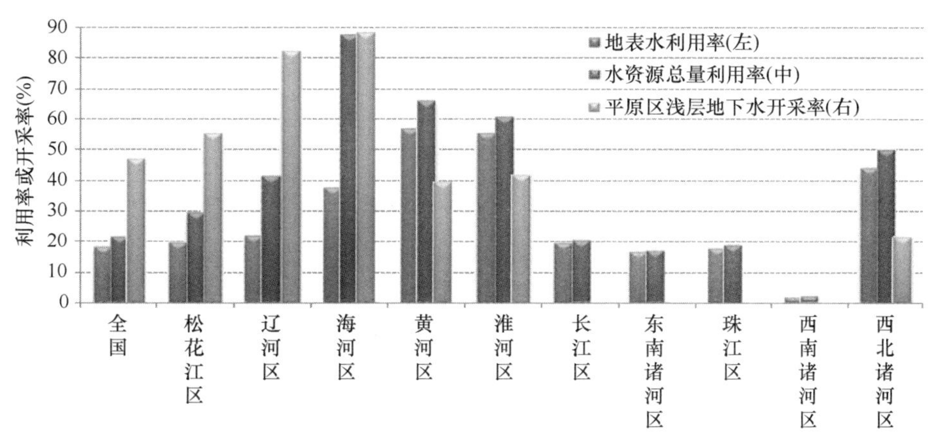

图 4-1　2012 年我国水资源一级区水资源开发利用程度示意图

（二）我国区域社会经济发展的水资源特性分析

总体而言，我国水资源分布南方多、北方少，东部多、西部少，山区多、平原少，水资源禀赋与人口、土地、耕地资源和生产力布局均不相匹配。南方地区总面积占全国的 36%，人口占 54%，耕地占 40%，GDP 占 56%，而水资源总量占全国的 81%；北方地区总面积占全国的 64%，人口占 46%，耕地占 60%，GDP 占 44%，但水资源总量仅占全国的 19%。从流域而言，黄淮海流域是我国水资源供需矛盾最为突出的地区，水资源与区域社会经济发展极不协调，流域总面积占全国的 15%，耕地占 35%，人口占 35%，GDP 占 32%，水资源总量仅占全国的 7%。

1. 水资源与人口分布不相协调

按照一般国际标准（1993 年国际人口行动提出的“可持续水-人口和可更新水的供给前景”报告标准），区域人均水资源量少于 1700m^3 将出现用水紧张，少于 1000m^3 将出现缺水，少于 500m^3 将面临严重缺水。按照这一标准，根据 2013 年的数据，全国有 14 个省（区、市）（北京、天津、河北、山西、上海、江苏、山东、河南、宁夏、辽宁、吉林、安徽、陕西和甘肃）处于用水紧张情况，其中10个省（区、市）（北京、天津、河北、山西、上海、江苏、山东、河南、宁夏和辽宁）面临缺水情况，而面临严重缺水的有9个省（区、市）（北京、天津、河北、山西、上海、江苏、山东、河南、宁夏）。按地区而言，出现用水紧张或缺水问题的省（区、市）大部分位于北方地区。按流域来分，这些省（区、市）主要位于黄河流域、淮河流域、海河流域及辽河流域，其中面临严重缺水的省（区、市）则主要位于黄淮海流域。

2. 水资源与生产力布局不相协调

我国水资源与生产力布局极不协调。根据2013年的数据，华东和华北GDP占比达到全国50%以上，而水资源量仅占到全国水资源总量的20%左右。尤其是华北地区，水资源总量仅为全国总量的3%，却贡献了全国15%的GDP，而西南地区水资源总量达到全国总量的40%，GDP却仅为全国的10%。

3. 水资源与耕地资源分布不相协调

我国水资源总量较为丰富，但按耕地分配，水资源数量却极为有限，根据2013年的数据，全国平均每公顷耕地面积占有水资源量约为2.2万m^3，而水资源的时空分布不均，又造成了水资源与耕地资源的不相协调。西北、东北、华北地区如宁夏、新疆、黑龙江、吉林、天津、河北和山西等省（区、市），每公顷耕地面积占有水资源量远远低于全国平均水平。根据2013年的数据，三地区耕地总面积达到全国的32%，水资源总量却仅为全国的9%。而西南地区水资源总量达到全国的40%，耕地面积却仅为全国的15%。每公顷耕地面积占有水资源量高于全国平均水平的省（区、市）主要集中于中南和西南地区，华东地区超过全国平均水平的省（区、市）则主要分布于长江以南地区，如浙江、福建等地。

4. 水资源空间分布与生态环境水需求不相协调

我国地域辽阔，水资源空间分布极不均匀，单位面积产水量严重不平衡，生态环境特征差异明显。根据2013年的数据，全国平均单位面积产水量约为$29m^3/km^2$，按行政区而言，低于平均水平的省（区、市）达到15个，其中山西、内蒙古、甘肃、宁夏、新疆等省（区、市）不到全国平均水平的1/4；按区域而言，西北、华北地区单位面积产水量分别为$6.94m^3/km^2$和$5.92m^3/km^2$，远远低于全国平均水平。而这些省（区、市）恰恰又都处于干旱、半干旱的北方地区，是生态环境需水较大的地区，水资源的短缺会加剧区域已经十分突出的生态环境问题，影响区域的可持续发展。

（三）水资源与区域社会经济发展协调性定量评价结果与分析

针对全国72个水资源一级区套省单元（下称“单元”）进行了水资源与区域社会经济发展协调性定量评价，得到了各区域发展指标对水资源的协调度及综合协调度。

整体而言，水资源与区域经济综合协调度分布和水资源分布趋势基本一致。分区域、分省评价结果见表4-1。

表 4-1 水资源与社会经济发展协调度评价结果

一级区	省份	指标相对数					指标协调度				综合评价
		人均水资源量	单位面积水资源量	人均GDP	人均工业增加值	人均耕地面积	GDP	工业增加值	人均耕地面积	综合协调度	
松花江	内蒙古	3.97	0.40	1.27	0.91	4.32	1.72	2.41	0.51	1.56	匹配
	辽宁	1.27	0.69	0.73	0.81	1.92	1.34	1.21	0.51	1.05	基本匹配
	吉林	0.70	0.66	1.08	1.22	2.35	0.63	0.55	0.29	0.50	不匹配
	黑龙江	1.03	0.60	0.81	0.68	3.44	1.01	1.20	0.24	0.84	基本匹配
辽河	河北	0.36	0.23	0.25	0.14	1.35	1.16	2.18	0.22	1.18	基本匹配
	内蒙古	0.44	0.18	0.99	0.76	3.09	0.31	0.41	0.10	0.28	极不匹配
	辽宁	0.38	0.80	1.33	1.44	1.04	0.44	0.41	0.57	0.47	极不匹配
	吉林	0.76	0.93	0.74	0.76	1.85	1.14	1.12	0.46	0.93	基本匹配
海河	北京	0.09	0.67	2.00	0.86	0.21	0.19	0.44	1.80	0.75	不匹配
	天津	0.05	0.46	2.10	2.33	0.33	0.12	0.11	0.76	0.31	极不匹配
	河北	0.13	0.38	0.84	0.94	0.91	0.30	0.27	0.28	0.29	极不匹配
	山西	0.19	0.28	0.76	0.70	1.36	0.30	0.33	0.17	0.27	极不匹配
	内蒙古	0.44	0.18	0.83	1.04	4.13	0.37	0.29	0.07	0.26	极不匹配
	辽宁	0.40	0.45	0.81	0.71	0.86	0.52	0.60	0.49	0.53	不匹配
	山东	0.12	0.45	0.91	0.94	1.18	0.31	0.31	0.24	0.29	极不匹配
	河南	0.11	0.62	0.87	1.12	0.72	0.42	0.33	0.51	0.42	极不匹配
黄河	山西	0.14	0.24	0.74	0.89	1.19	0.26	0.22	0.16	0.22	极不匹配
	内蒙古	0.32	0.13	2.05	3.03	2.57	0.11	0.07	0.09	0.09	极不匹配
	山东	0.12	0.53	1.37	1.26	0.73	0.24	0.26	0.45	0.31	极不匹配
	河南	0.16	0.52	0.84	1.04	0.90	0.41	0.33	0.38	0.37	极不匹配
	四川	12.69	0.91	0.41	0.05	0.35	16.44	131.69	19.42	51.91	非常匹配
	陕西	0.20	0.30	1.05	1.22	1.38	0.23	0.20	0.18	0.21	极不匹配
	甘肃	0.34	0.30	0.52	0.44	2.03	0.61	0.72	0.16	0.51	不匹配
	青海	2.09	0.47	0.67	0.54	1.03	1.91	2.36	1.24	1.84	匹配
	宁夏	0.08	0.07	0.84	0.73	1.89	0.09	0.10	0.04	0.08	极不匹配
淮河	江苏	0.23	1.04	0.92	0.77	0.83	0.69	0.82	0.76	0.76	基本匹配
	安徽	0.32	1.14	0.51	0.51	1.22	1.43	1.44	0.60	1.18	基本匹配
	山东	0.16	0.74	1.26	1.35	0.81	0.36	0.33	0.56	0.41	极不匹配
	河南	0.22	0.97	0.67	0.68	0.97	0.88	0.88	0.61	0.80	基本匹配
	湖北	1.19	1.32	0.53	0.55	0.83	2.37	2.27	1.51	2.08	非常匹配
长江	上海	0.06	1.51	1.93	1.52	0.15	0.40	0.52	5.21	1.88	匹配
	江苏	0.17	1.19	2.38	2.61	0.49	0.29	0.26	1.39	0.61	不匹配
	浙江	0.40	2.31	1.92	2.27	0.55	0.71	0.60	2.46	1.20	基本匹配
	安徽	0.85	2.15	0.93	1.12	0.85	1.62	1.34	1.76	1.58	匹配
	福建	1.86	4.29	1.30	1.14	0.41	2.36	2.69	7.48	4.00	非常匹配
	江西	1.68	3.20	0.69	0.74	0.70	3.56	3.31	3.49	3.46	非常匹配
	河南	0.35	0.88	0.71	0.80	1.10	0.87	0.77	0.56	0.75	不匹配
	湖北	0.87	1.90	0.92	0.90	0.90	1.51	1.55	1.55	1.53	匹配

续表

一级区	省份	指标相对数					指标协调度				综合评价
		人均水资源量	单位面积水资源量	人均GDP	人均工业增加值	人均耕地面积	GDP	工业增加值	人均耕地面积	综合协调度	
长江	湖南	1.22	2.71	0.79	0.77	0.63	2.48	2.55	3.11	2.69	非常匹配
	广东	2.11	2.45	1.26	1.07	0.50	1.81	2.12	4.56	2.73	非常匹配
	广西	3.55	4.01	0.70	0.40	1.07	5.42	9.47	3.54	6.07	非常匹配
	重庆	0.93	2.35	0.92	0.80	0.84	1.78	2.05	1.95	1.91	匹配
	四川	1.55	1.88	0.70	0.73	0.82	2.46	2.35	2.09	2.32	非常匹配
	贵州	1.29	2.01	0.54	0.45	1.38	3.04	3.71	1.20	2.69	非常匹配
	云南	1.24	1.33	0.66	0.50	1.13	1.95	2.59	1.14	1.90	匹配
	西藏	24.08	1.22	0.30	0.01	1.16	42.40	1903.84	10.87	591.37	非常匹配
	陕西	1.64	1.44	0.52	0.41	0.65	2.98	3.72	2.38	3.02	非常匹配
	甘肃	1.59	4.80	0.21	0.09	2.15	5.91	2.53	0.58	3.30	非常匹配
	青海	42.56	0.38	0.40	0.18	0.41	53.25	117.13	52.24	72.11	非常匹配
东南诸河	浙江	0.95	3.21	1.37	1.30	0.35	1.52	1.60	5.90	2.86	非常匹配
	安徽	3.02	3.85	0.82	0.65	0.56	4.18	5.30	6.10	5.09	非常匹配
	福建	1.45	3.22	1.28	1.33	0.38	1.82	1.75	6.09	3.08	非常匹配
	江西	1.19	0.09	0.52	0.37	0.41	1.24	1.72	1.57	1.48	匹配
珠江	福建	2.64	3.40	0.66	0.57	0.53	4.56	5.28	5.73	5.13	非常匹配
	江西	2.91	2.81	0.39	0.17	0.56	7.31	17.34	5.08	9.65	非常匹配
	湖南	2.35	3.12	0.60	0.49	0.66	4.57	5.52	4.13	4.73	非常匹配
	广东	0.84	3.55	1.26	1.30	0.30	1.75	1.69	7.41	3.43	非常匹配
	广西	1.39	2.29	0.51	0.36	0.80	3.59	5.06	2.31	3.65	非常匹配
	海南	1.68	3.10	0.76	0.27	0.91	3.15	8.84	2.64	4.70	非常匹配
	贵州	4.92	2.13	0.88	0.61	3.81	4.02	5.79	0.93	3.62	非常匹配
	云南	2.13	2.76	0.72	0.77	1.29	3.41	3.18	1.89	2.88	非常匹配
西南诸河	广西	1.56	2.64	0.27	0.3	1.72	7.92	7.00	1.22	5.64	非常匹配
	云南	3.33	2.16	0.33	0.13	1.80	8.22	20.74	1.52	9.97	非常匹配
	西藏	73.46	2.50	0.58	0.11	1.39	65.06	335.27	27.31	134.80	非常匹配
	青海	44.04	1.00	0.39	0.02	0.75	58.05	1285.55	30.06	417.90	非常匹配
	新疆	—	—	—	—	—	—	—	—	—	—
西北诸河	河北	0.57	0.30	0.49	0.31	5.04	0.89	1.41	0.09	0.80	基本匹配
	内蒙古	0.69	0.03	1.31	1.11	3.33	0.27	0.32	0.11	0.24	极不匹配
	西藏	47.38	0.13	0.46	0.02	0.22	51.23	1378.43	107.63	466.31	非常匹配
	甘肃	0.44	0.06	0.75	0.30	1.88	0.34	0.83	0.13	0.42	极不匹配
	青海	11.48	0.13	2.01	3.48	1.45	2.89	1.67	3.99	2.85	非常匹配
	新疆	1.79	0.17	0.80	0.66	2.03	1.23	1.48	0.48	1.08	基本匹配

注：水资源数据根据《全国水资源综合规划》成果，为多年（1956～2000年）平均数据；其他数据为2013年统计数据，根据各省（区、市）2014统计年鉴数据

二、京津冀地区水资源支撑能力评价

京津冀地区大部分位于海河流域，包含北京、天津、河北3个省（市），人口密集、经济发达，是我国经济创新活力最强、开放程度最高、人口最为密集的区域之一，区域内水资源与经济社会发展矛盾也十分突出。区域为公认的“资源型”严重缺水地区，以2013年人口计，区域多年平均人均水资源量仅为236m^3，即使加上南水北调中线一期水量，区域平均人均水资源量也只有279m^3，仅为全国平均水平的13%，远低于国际公认的人均水资源量（500m^3）的严重缺水线。本节将以京津冀地区为典型地区对区域水资源支撑能力进行重点分析。

（一）京津冀地区水资源及其开发利用现状分析

京津冀地区以占全国0.93%的水资源量条件，提供了占全国4%的供水量，支撑了占全国8%的人口和8%的灌溉面积，产出占全国11%的GDP。区域水资源严重超载，河北省2013年本地多年平均水资源总量约205亿m^3，用水总量约191.29亿m^3，北京市2013年本地多年平均水资源量为37亿m^3，用水总量达36.4亿m^3，二省市水资源开发利用程度接近100%；天津市2013年本地多年平均水资源总量约16亿m^3，用水总量约23.8亿m^3，水资源开发利用程度超过100%。地下水是区域主要供水水源，占比达67%。地下水采补严重失衡，地下水位持续下降，平原地区92%出现地下水超采，是未来地下水控采的最主要区域。京津冀地区各省市2013年水资源及社会经济情况见表4-2，京津冀地区各省市供用水情况见表4-3。

表4-2 2013年京津冀地区各省市水资源及社会经济情况

省市	土地面积（万km^2）	灌溉面积（万亩）	常住人口（万人）	GDP（万亿元）	本地水资源量			本地和南水北调一期水资源量		
					总量（亿m^3）	人均（m^3）	亩均（m^3）	总量（亿m^3）	人均（m^3）	亩均（m^3）
北京市	1.6	348	2 115	2	37	176	154	47	222	196
天津市	1.2	483	1 472	1.4	16	107	89	24	163	133
河北省	18.8	6 524	7 333	2.8	205	279	73	234	319	83
合计	21.6	7 355	10 920	6.2	258	236	80	305	279	94
占全国比例	2%	8%	8%	11%	0.93%	12%	41%	1.10%	14%	49%

表4-3 2013年京津冀地区各省市供用水情况

省市	供水量（亿m^3）				用水量（亿m^3）				
	地表水	地下水	其他	合计	生活	工业	农业	生态环境	合计
北京市	8	20	8	36.4	16.3	5.1	9.1	5.9	36.4
天津市	16	6	1.8	23.8	5.1	5.4	12.4	0.9	23.8
河北省	43.13	144.57	2.6	191.29	23.77	25.23	137.64	4.65	191.29
合计	67.13	170.57	12.4	251.49	45.17	35.73	159.14	11.45	251.49

在京津冀一体化战略的推动下，京津冀地区将是城市快速发展地。2008年以来，京津冀三地城镇人口年均增加257万人，其中北京市年均增加73万人，年均增加生活用

水量 2800 万 m^3。如果人口仍然按照这一幅度增加，到 2020 年，仅仅考虑人口增加这一项因素，南水北调中线一期调水量和北京市本地水资源量仅能够维持基本供需平衡，到 2030 年年度缺水将达到 3 亿 m^3 以上，届时如果没有外来水源保证，仍然只能依靠超采地下水来解决，必将陷入新一轮的生态破坏期。

同时，京津冀地区高耗水产业相对集中，产业布局与水资源不相适配现象仍然十分突出，既加剧了水资源紧张状况，又限制了水资源利用效率的进一步提升。例如，河北省钢铁、化工、火电、纺织、造纸、建材、食品七大高耗水工业用水量占工业用水总量的 80%以上。在农业播种面积中，灌溉用水大的小麦播种比例仍然较大，如河北省小麦播种面积占 27%左右。

与京津冀水资源供需严峻情势相对应的是京津冀用水效率和水资源利用程度已经达到很高水平的基本现状，这也给未来水资源供需保障带来很大难度。2013 年，京津冀地区水资源总量利用率达到 70%以上，水资源开发利用程度很高。用水效率方面，比较全国省级行政区用水效率（图 4-2）可以看出，无论是用人均用水量、万元 GDP 用水量、万元工业增加值用水量、亩均灌溉用水量，还是农田灌溉水有效利用系数等指标评价用水效率，京津冀地区所在省份整体均领先于国内其他区域。从国际上比较，如图 4-3 所示。

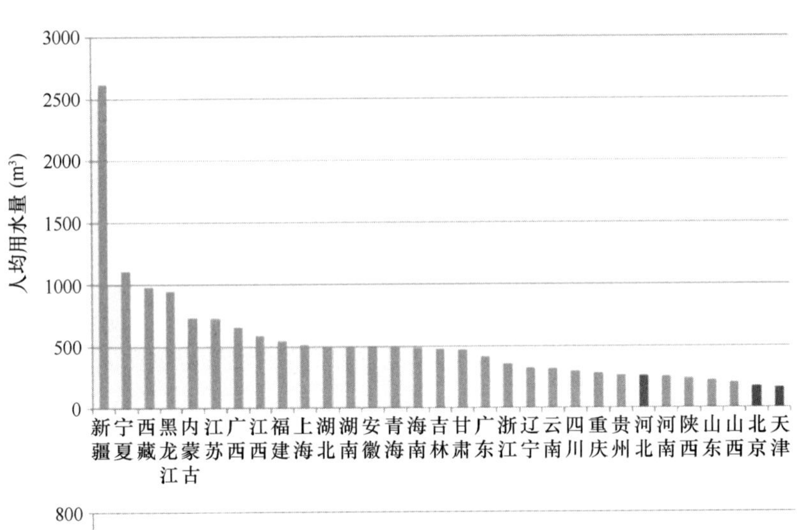

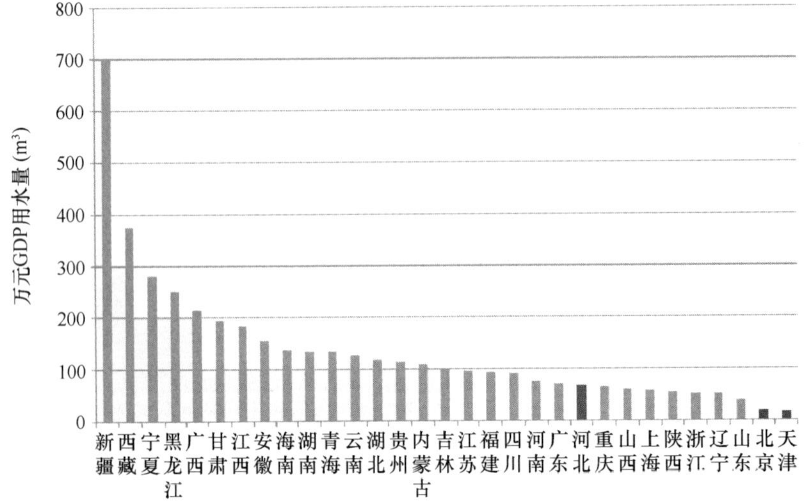

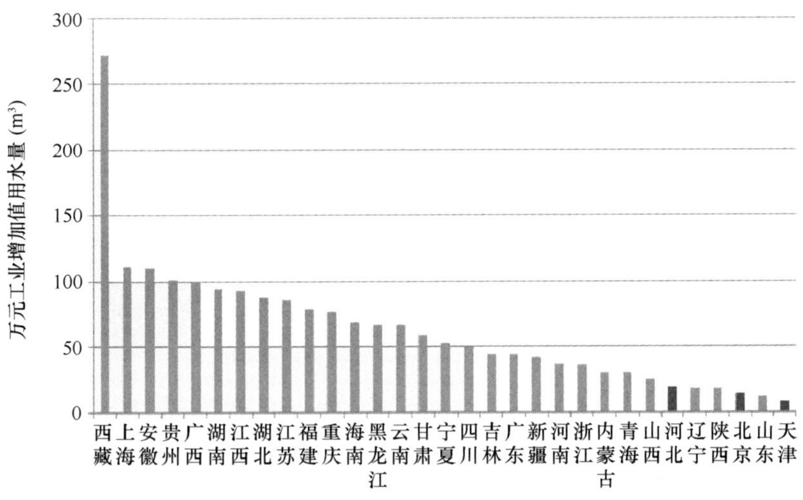

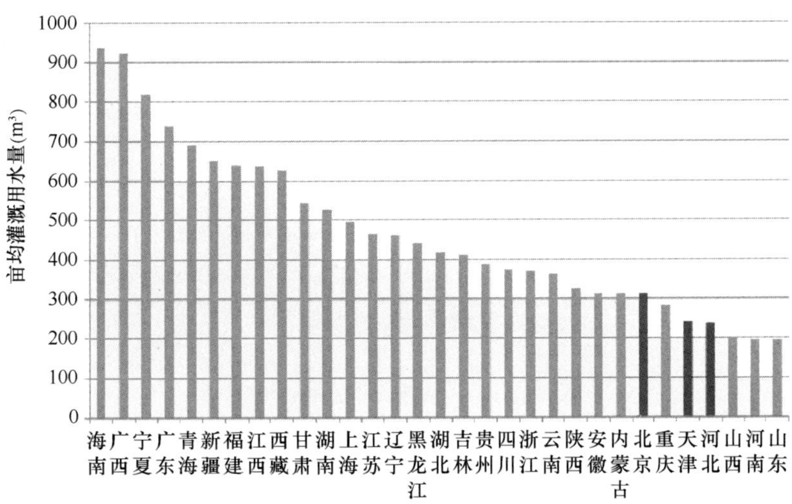

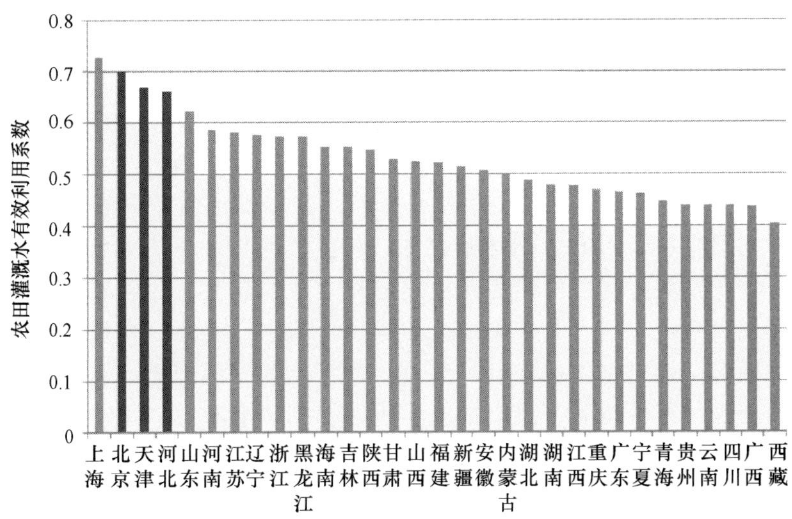

图 4-2 全国省级行政区用水效率比较（深色为京津冀地区包含省市）

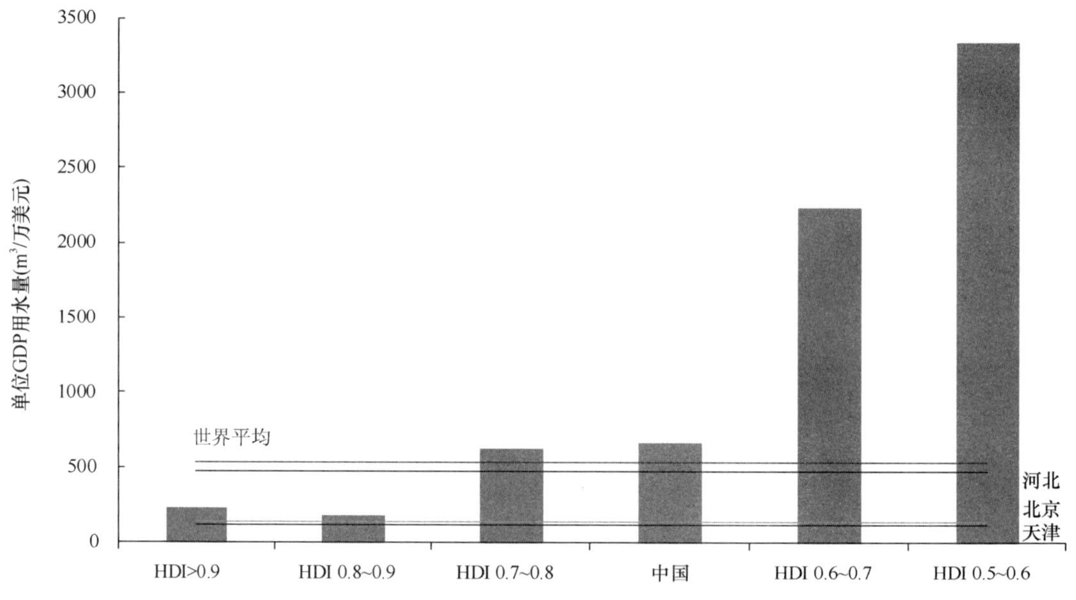

图 4-3　京津冀地区与不同发展水平国家用水效率比较

HDI 为人类发展指数，HDI 大于 0.9 的多为发达国家，HDI 介于 0.5～0.8 的多为亚洲、非洲、拉丁美洲的发展中国家，HDI 小于 0.5 的多为亚洲、非洲的欠发达国家

按这一标准，京津冀地区可分为两个梯次，第一梯次为北京和天津，已经接近或达到发达国家水平；第二梯次为河北，水资源利用效率优于发展中国家水平，但离发达国家还有一定距离，将是未来水资源挖潜关键区域。

（二）京津冀地区节水潜力与未来供需匹配分析

从京津冀地区开发利用现状和用水水平可以看出，京津冀地区整体水资源开发利用程度高，同时用水效率也已达到较高水平，仅在部分区域农业、工业和城镇生活等仍然存在一定的节水潜力。

本次研究以 2030 年为未来水平年，从节约用水潜力角度评估京津冀地区未来供需平衡状态，分析水资源对该地区社会经济的支撑能力。

1. 节水潜力分析

农业节水潜力：由于各省市特点和定位不同，京津冀地区不同省市农业节水应采取不同的适宜性对策措施，主要包括结构节水、农艺节水及管理节水三方面。通过调整农业产业结构、转变发展方式，构建与区域定位相一致的农业产业模式和规模，挖掘结构节水潜力；通过渠系工程配套与渠系防渗、管道化输水、喷灌、微喷、滴灌等，挖掘工程节水潜力；通过土地精细平整和畦块整理、良种化和平衡施肥，以及深耕、深松、免耕栽培、地膜覆盖、秸秆覆盖等保墒措施，挖掘农艺节水潜力；通过制定合理农业灌溉水价、水资源统一管理、节水灌溉政策法规、组织管理、经济机制、宣传教育和科学灌溉等，挖掘管理节水潜力。最终应达到《节水灌溉工程技术标准》（GB/T 50363—2018）规定："渠系水利用系数，应符合下列规定：大型灌区不应低于 0.55，中型灌区不应低于 0.65，小型灌区不应低于 0.75；全部实行井渠结合的灌区，渠灌时的渠系水利用系数可在上述范围内降低 0.10；部分实行井渠结合的灌区可按井渠结合灌溉面积占全灌区面积的比例降低。”假定到 2030 年区域全面达到规范目标，根据区域不同类型灌区面积比例和发展目标，结合相关研究不同类型灌区灌溉节水与资源节水的比例关系，京津冀地区农业资源节水潜力约为 6.7 亿 m^3（表 4-4）。

表 4-4　京津冀地区各省市农业供用水情况

省市	灌溉面积（万亩）	2013 年灌溉用水量（亿 m^3）	2013 年灌溉水有效利用系数	2030 年灌溉水有效利用系数	节水潜力（亿 m^3）
北京市	348	9	0.7	0.76	0.4
天津市	483	12	0.67	0.72	0.3
河北省	6524	138	0.66	0.74	6.0

工业节水潜力：京津冀地区工业节水重点在于现有工业，新兴工业原则上应符合当时的节水标准。提升工业用水效率的方向主要在于调整产业结构，限制高耗水工业规模；提高管理水平，加强计划用水，严格控制废污水的排放；改造工业设备和生产工艺，更新换代用水装置、改进生产工艺、推广节水器具；促进工业内部循环用水，提高水的重复利用率。工业节水潜力评价首先是分析科学技术进步和节水型工业结构调整对节水的影响，在此基础上，综合采取各类节水措施，提高工业用水重复利用率，进一步降低工业用水定额，提高工业用水效率。2030 年区域工业节水潜力为 3.9 亿 m^3（表 4-5）。

表 4-5　京津冀地区各省市工业供用水情况

省市	2013 年			2030 年				
	工业增加值（亿元）	万元工业增加值用水量（m^3）	工业用水量（亿 m^3）	结构调整和科技进步		管理措施、工艺设备节水		节水潜力（亿 m^3）
				万元工业增加值用水量（m^3）	工业需水量（亿 m^3）	万元工业增加值用水量（m^3）	工业需水量（亿 m^3）	
北京市	3 537	14	5	10.1	3.6	9	3.2	0.4
天津市	6 679	8	5	5.8	3.8	5.2	3.4	0.4
河北省	13 195	19	25	11.7	15.4	9.3	12.3	3.1

城镇生活节水潜力：城镇生活用水需求取决于城镇人口规模、节水器具推广应用和节水意识提升情况等。根据《建筑给水排水设计规范》（GB 50015—2003）和《室外给水设计规范》（GB 50013—2006）规定的居民生活用水定额标准，结合京津冀地区现在用水定额的实际情况及今后各区域发展的差异，预测京津冀地区城镇生活用水需求量。在此基础上，通过节水宣传与提高水价、推广使用节水器具、中水利用和管网改造减少输水漏失等途径，进一步促进城镇生活节水。预计到 2030 年，区域城镇生活节水潜力可达到 7.7 亿 m^3（表 4-6）。

2. 未来供需匹配分析

（1）需求层面

根据《全国水资源综合规划配置阶段关键成果》，充分考虑节水对压缩用水需求的作用，2030 年京津冀地区社会经济需水总量将增加到 317.1 亿 m^3，其中各行业节水对降低需求增量的贡献为 18.3 亿 m^3，但水资源需求总量仍比 2013 年实际用水量净增 65.5 亿 m^3。城镇生活用水与生态用水是未来主要刚性需水，增长较多，分别占增量的 35.2%和 30.3%；工业用水由于科技进步提高了用水效率，北京市与天津市未来增长量不多，但是河北省由于未来经济发展定位要求，刚性需水增长较多；农业用水由于节水挖潜，用水效率有所提高，未来基本没有增量（图 4-4）。2030 年以后，由于城镇化水平已经很高，同时各行业用水效率提升空间较小，未来需水增长主要是社会经济发展带来的刚性增长。

表 4-6 京津冀地区各省市城市生活供用水情况

省市	现状		2030 年			节水潜力（亿 m^3）
	城镇人口（万人）	城市化率（%）	城镇人口（万人）	需水定额［L/（人·天）］	节水定额［L/（人·天）］	
北京市	1825	86	2000	260	242	1.3
天津市	927	63	1176	160	132	1.2
河北省	3528	48	4477	170	138	5.2

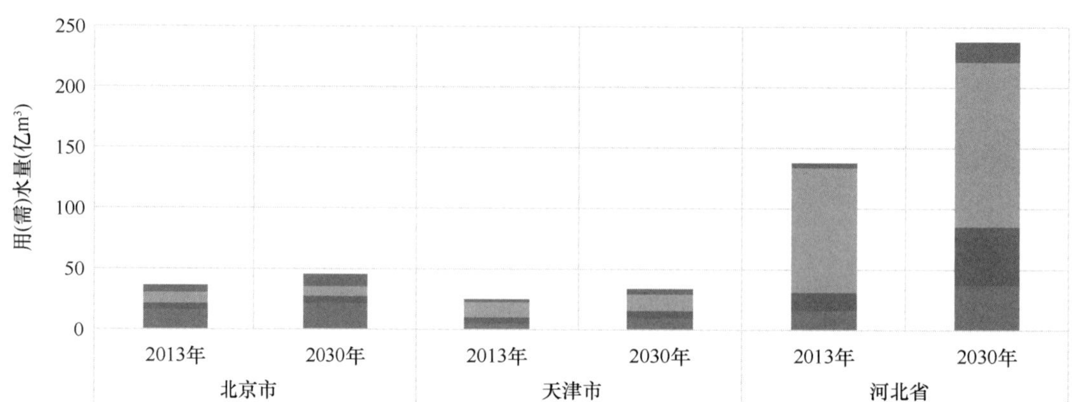

图 4-4 京津冀地区各省市用水现状及需水预测

（2）供给层面

根据《全国水资源综合规划配置阶段关键成果》，依据京津冀地区本底水资源条件和水生态环境状态，按照地表供水基本维持现状、地下水严格控采并保持适当修复、再生水和海水淡化等非常规水源大力发展、充分利用南水北调东中线一期调水量的原则，评估 2030 年受水区供水潜力，2030 年京津冀地区可供水量约 302.9 亿 m^3，基本结果如图 4-5 所示。

（3）供需匹配分析

2030 年京津冀地区供需平衡评估结果见表 4-7。供求方面，根据区域本底水资源条件和水生态环境状态，按照地表供水基本维持现状，充分利用区域内南水北调一期工程和引黄水调入水量 56.3 亿 m^3，增加非常规水源利用量 53.3 亿 m^3，并控制地下水超采及适当恢复地下水。需求方面充分挖掘节水潜力 18.3 亿 m^3，同时考虑支撑区域快速城镇化带来的城镇生活用水的刚性增加，综合平衡分析，2030 年京津冀地区仍然缺水约 14.2 亿 m^3，而且缺口主要以城镇生活和工业刚性需求为主，主要位于河北省，缺水威胁尚未彻底消除。为了保障京津冀地区水资源安全，修复受水区水生态环境，促进京津冀地区未来社会经济的可持续发展，从水资源角度而言，应该“内部挖潜，外部调水”，充分挖掘用水潜力、高效利用外调水、必要补充外调水。

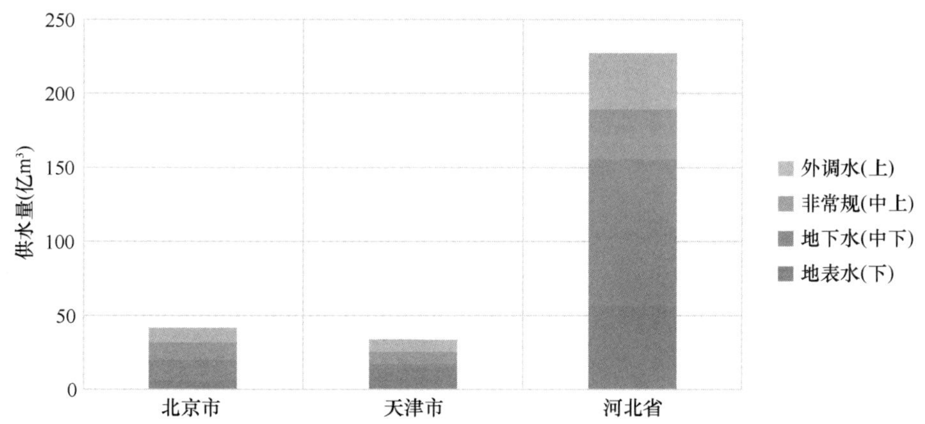

图 4-5 京津冀地区各省市 2030 年供水量

表 4-7 2030 年京津冀地区供需平衡表 （单位：亿 m^3）

省市	需水量	供水量	缺水量
北京市	45.6	41.8	3.8
天津市	34.0	33.7	0.3
河北省	237.5	227.4	10.1
合计	317.1	302.9	14.2

三、西部地区的五大煤电基地定量分析

国家能源局制定的《2014 年能源工作指导意见》（国能规划〔2014〕38 号）中明确指出：“推进鄂尔多斯、锡盟、晋北、晋中、晋东、陕北、宁东、哈密、准东等 9 个以电力外送为主的千万千瓦级现代化大型煤电基地建设。”本次研究以其中位于西部地区、水资源与社会经济发展矛盾相对突出的鄂尔多斯、陕北、宁东、哈密、准东五大煤电基地为主要研究对象进行分析。研究区域涉及 5 个煤电基地所在的 4 个省级行政区 7 个地市级行政区，基本对应关系见表 4-8。

表 4-8 五大煤电基地所在城市

编号	煤电基地名称	省份	所在地市
1	鄂尔多斯	内蒙古	鄂尔多斯
2	宁东	宁夏	银川、吴忠
3	陕北	陕西	榆林、延安
4	准东	新疆	昌吉
5	哈密	新疆	哈密

（一）区域水资源禀赋分析

从煤电基地的地理位置来看，鄂尔多斯、陕北、宁东、哈密、准东五大煤电基地全部处于干旱或半干旱地区，多年平均年降水量小于 600mm。煤电作为高用水产业受到水资源本底条件的极大制约。

从五大煤电基地水资源情势来看，平均人均水资源量仅为 853m^3，远低于全国平均水平。五大煤电基地中，位于内蒙古和新疆的鄂尔多斯煤电基地、准东煤电基地和哈密煤电基地，由于人口相对较少，人均水资源量超过了 1000m^3，其余位于宁夏、陕西的宁东煤电基地和陕北煤电基地水资源本底条件差，建设发展的水资源约束更为显著（图 4-6）。

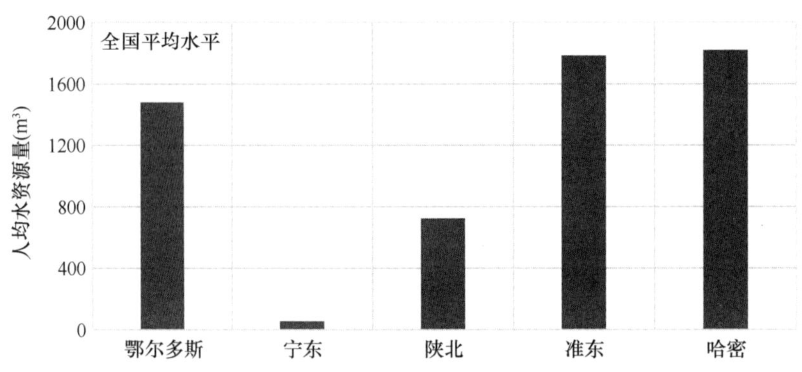

图 4-6　五大煤电基地人均水资源情况

（二）煤电基地用水现状

由于煤电基地均采用高效生产与用水技术，水资源利用效率很高。2012 年，鄂尔多斯、陕北、宁东、哈密、准东等五个以电力外送为主的千万千瓦级现代化大型煤电基地的发电用水量为 1.29 亿 m^3（表 4-9），仅占全国 2012 年火电用水总量的 2%左右，占当年涉及区域社会经济总用水量的 1%、工业用水量的 12%。因此，对于北方缺水地区的煤电产业来讲，与传统的高用水行业相比，其已处于较高节水水平，大规模的发展必然导致大幅度的用水需求增量和供需矛盾的激化。

表 4-9　五大煤电基地用水现状

编号	煤电基地名称	煤电基地用水量（亿 m^3）	区域用水总量（亿 m^3）	煤电基地用水量所占比例	全区工业用水量（亿 m^3）	全区生活用水量（亿 m^3）	煤电基地用水占全区工业用水量的比例	占工业与全区生活用水总量的比例
1	鄂尔多斯	0.41	15.69	2.6%	2.9	0.89	14.1%	10.8%
2	宁东	0.52	42.84	1.2%	2.99	1.28	17.4%	12.2%
3	陕北	0.16	9.96	1.6%	2.59	1.36	6.2%	4.1%
4	准东	0.15	43.35	0.3%	1.54	0.79	9.7%	6.4%
5	哈密	0.05	10.41	0.5%	0.55	0.65	9.1%	4.2%
	总计	1.29	122.25	1.06%	10.57	4.97	12.2%	8.3%

（三）西北五大煤电基地未来水资源供需匹配分析

社会经济用水包括生活、生产、生态环境用水，生产用水又涉及工业用水和农业用水，煤电用水则是工业用水很小的一部分。关于西北煤电基地未来水资源对煤电开发支撑能力的分析是研究煤电基地用水需求量与可能供给能源发展的水资源量之间的匹配问题，理论上应当基于流域或区域的水资源宏观配置框架。水资源配置实际包括需水管理和供水管理两方面的内容：在需水管理方面通过调整产业结构与生产力布局，积极发展高效节水产业，抑制需水增长势头，以适应较为不利的水资源条件；在供水管理方面则是协调各单位竞争性用水，加强管理，并通过工程措施改变水资源天然时空分布与生产力布局不相适应的被动局面。

煤电基地发展用水需求受到行业用水效率与产业规模的影响；在特定区域的水资源条件和工程供水能力，可能供给煤电基地发展的水资源量则受不同行业用水竞争关系与政府宏观水资源配置战略倾向的影响。因此在进行水资源与能源适配性分析时，需要对供需两方面双向设置不同发展情景。

本次研究的供需水匹配分析采用供需水增量平衡分析，以 2012 年为基准年，2020 年和 2030 年为未来水平年。

1. 供给层面

区域本地最大可供水量增量通常要综合考虑 3 方面内容。

（1）区域用水红线控制指标增量

2013 年 1 月，国务院办公厅印发了《实行最严格水资源管理制度考核办法》（国办发〔2013〕2 号），明确了各省区水资源管理 3 条红线控制指标，作为对各地进行考核的依据。之后各省区又将用水总量、用水效率与水功能区纳污控制指标在行政区内进行了进一步分解。

本次研究收集整理了五大煤电基地所在行政区域 2020 年、2030 年水资源开发利用的控制红线，即区域用水总量控制指标，在此基础上按照煤电基地进行整合。2020 年和 2030 年，五大煤电基地区域除准东外，用水总量控制指标较现状分别增加 8.44 亿 m^3 和 18 亿 m^3，准东煤电基地所在区域用水量现状远远高于 2020 年和 2030 年用水红线，社会经济用水矛盾尖锐，未来煤电开发难度较高。各煤电基地具体情况见表 4-10、图 4-7 和图 4-8。

表 4-10　五大煤电基地区域 2020 年和 2030 年水资源开发利用红线指标（单位：亿 m^3）

编号	煤炭基地名称	供用水量现状	2020 年用水总量控制指标	2030 年用水总量控制指标
1	鄂尔多斯煤电基地	15.69	16.79	19.94
2	宁东煤电基地	42.84	43.51	43.55
3	陕北煤电基地	9.96	16.15	22.29
4	准东煤电基地	43.35	33.77	34.47
5	哈密煤电基地	10.41	10.89	11.12
	合计	122.25	121.11	131.37

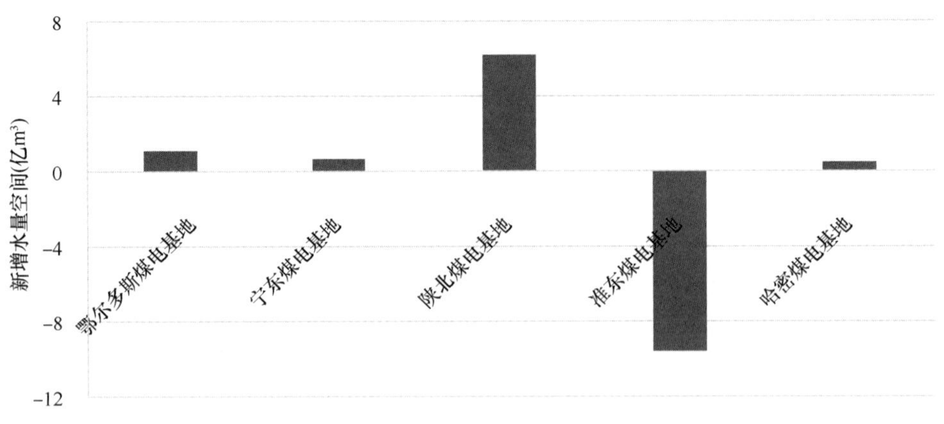

图 4-7　2020 年五大煤电基地水量增加空间

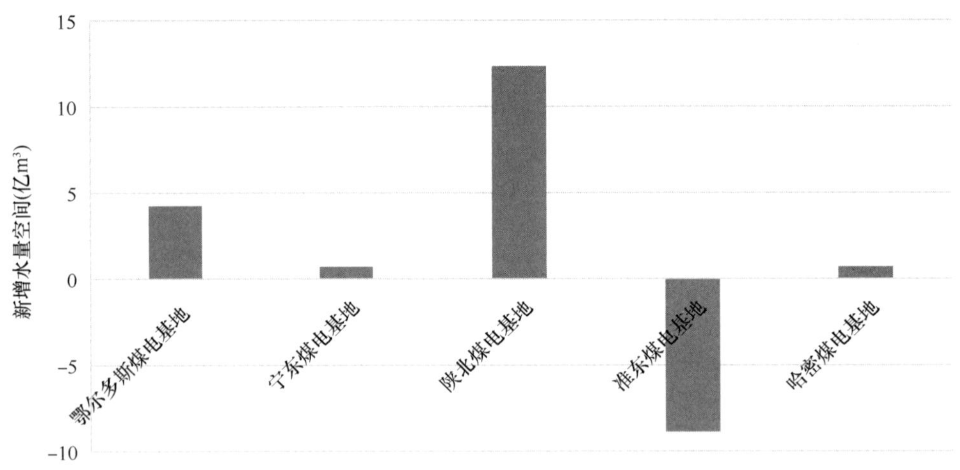

图 4-8　2030 年五大煤电基地水量增加空间

（2）确定能源基地供水能力增量

根据各地区水资源综合规划整理了各地区 2020 年、2030 年可能增加的工程供水能力，见表 4-11 和表 4-12。

表 4-11　五大煤电基地所在区域 2020 年最大新增供水

编号	煤电基地	供水能力增量（亿 m³）		用水指标增量（亿 m³）	用水指标增量与水量置换量之和（亿 m³）	可供水量增量（亿 m³）
		总量（1）	其中水量置换（2）	（3）	（4）=（2）+（3）	（1）和（4）取小值
1	鄂尔多斯煤电基地	4.17	1.64	1.1	2.74	2.74
2	宁东煤电基地	6.06	2.56	0.67	3.23	3.23
3	陕北煤电基地	9.3	1	6.19	7.19	7.19
4	准东煤电基地	1.46	0.8	−9.58	0.8	0.8
5	哈密煤电基地	2.89	0.3	0.48	0.78	0.78
	总计	23.88	6.3		14.74	14.74

注：若（3）<0，在计算（4）时取（3）=0

（3）水量置换量的考虑

如果区域存在水权转让（水量置换）规划，可供水量增量为本地可供水量增量与水量置换量之和，并保证不超过工程供水能力增量。

表 4-12　五大煤电基地所在区域 2030 年最大新增供水　（单位：亿 m^3）

编号	煤电基地	供水能力增量		用水指标增量	用水指标增量与水量置换量之和	可供水量增量
		总量（1）	其中水量置换（2）	（3）	（4）=（2）+（3）	（1）和（4）取小值
1	鄂尔多斯煤电基地	10.09	3.28	4.25	7.53	7.53
2	宁东煤电基地	7.62	5.12	0.71	5.83	5.83
3	陕北煤电基地	14.34	2	12.33	14.33	14.33
4	准东煤电基地	1.75	1.6	−8.88	1.6	1.6
5	哈密煤电基地	3.49	0.6	0.71	1.31	1.31
	总计	37.29	12.6		30.6	30.6

注：若（3）<0，在计算（4）时取（3）=0

根据以上方面的综合考虑，最终得到区域未来可供水量增量见表 4-11 和表 4-12。

2. 需求层面

需求预测采用定额法。根据各地发展规划、能源产业现状、规划产品及产能，预测五大煤电基地所在 4 个省级行政区 7 个地市级行政区在不同节水技术条件下用水定额，预测 2020 年和 2030 年的需水量。

（1）煤电基地新增电力规模

根据国家及地方“十二五”规划、中长期发展规划等对于大型煤电基地拟建火电项目的统计，得到各大型煤电基地新增装机容量的基本情况如图 4-9 所示。

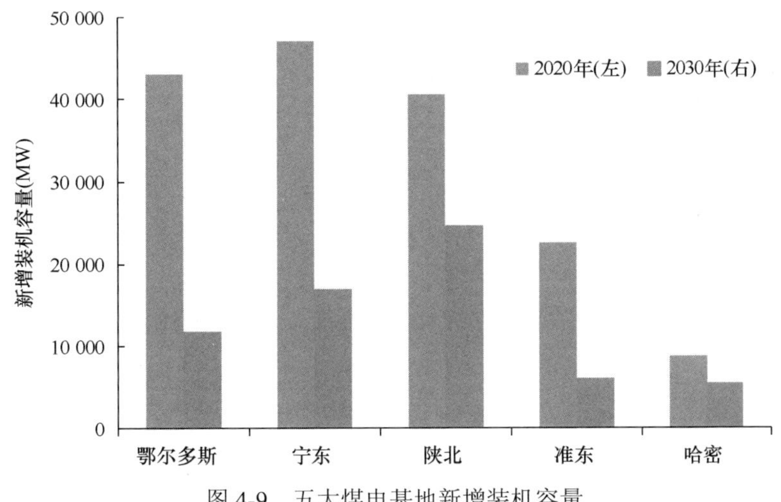

图 4-9　五大煤电基地新增装机容量

（2）火力发电产业用水定额

根据对各省火电用水定额、现状实际平均用水定额及未来先进用水定额的分析，优先发展的西北五大煤电基地不同条件下的用水定额见表 4-13。其中，考虑到新增火电装机主要采用空冷技术，因此表 4-13 中的发布限定值和发布先进值均采用了各省发布的指导取水定额中空冷机组对应的数值；现状平均值则是根据 2012 年统计的实际发电量和取水量分析得到；未来先进值则是在水行政主管部门已颁布的用水定额标准或指南先进值的基础上，进一步考虑节水技术进步情况假定能够达到的用水水平。

表 4-13　五大煤电基地火电取水定额及预测

编号	煤电基地名称	所在省份	火力发电取水定额［m^3/（MW·h）］			
			发布限定值	发布先进值	现状平均值	未来先进值
1	鄂尔多斯	内蒙古	0.8	0.5*	0.8	0.3
2	宁东	宁夏	0.95*	0.5*	1	0.3
3	陕北	陕西	0.54	0.432	0.8	0.3
4	准东	新疆	0.95*	0.5*	1.2	0.3
5	哈密	新疆	0.95*	0.5*	1.2	0.3

注：①带*号的数据表示该省未设置相应取水定额值，参考《重点工业行业用水效率指南》（工信部联节〔2013〕367号）数据，按照最低用水水平选取；②现状平均值包括空冷和湿冷后的综合定额

（3）供需匹配分析

根据上述方法计算得到 2020 年和 2030 年水资源供需增量情况，并进行供需匹配分析，结果如表 4-14、表 4-15、图 4-10 和图 4-11 所示。对五大煤电基地不同情景下的水资源供需进行比较分析表明：2020 年、2030 年五大煤电基地可供水增量分别约为 14.74 亿 m^3 和 30.6 亿 m^3，新增煤电开发需水按限定标准新增水量约 6.27 亿 m^3 和 8.47 亿 m^3，分别占可供水量增量的 43%和 28%，按节水先进值新增水量约 3.75 亿 m^3 和 5.12 亿 m^3，分别占可供水量增量的 25%和 17%。无论限定值还是先进值，占可供水量增量的比例均

表 4-14　煤电基地 2020 年水资源供需匹配分析

编号	基地名称	煤电基地可供水增量（较 2012 年）（亿 m^3）	新增煤电开发需水量增量（较 2012 年）（亿 m^3）	
			限定值	先进值
1	鄂尔多斯	2.74	1.68	1.05
2	宁东	3.23	2.17	1.14
3	陕北	7.19	1.06	0.84
4	准东	0.8	1.01	0.53
5	哈密	0.78	0.35	0.19
合计		14.74	6.27	3.75

表 4-15　煤电基地 2030 年水资源供需匹配分析

编号	基地名称	煤电基地可供水增量（较 2012 年）（亿 m^3）	新增煤电开发需水量增量（较 2012 年）（亿 m^3）	
			限定值	先进值
1	鄂尔多斯	7.53	2.1	1.31
2	宁东	5.83	2.91	1.53
3	陕北	14.33	1.69	1.34
4	准东	1.6	1.23	0.65
5	哈密	1.31	0.54	0.29
合计		30.6	8.47	5.12

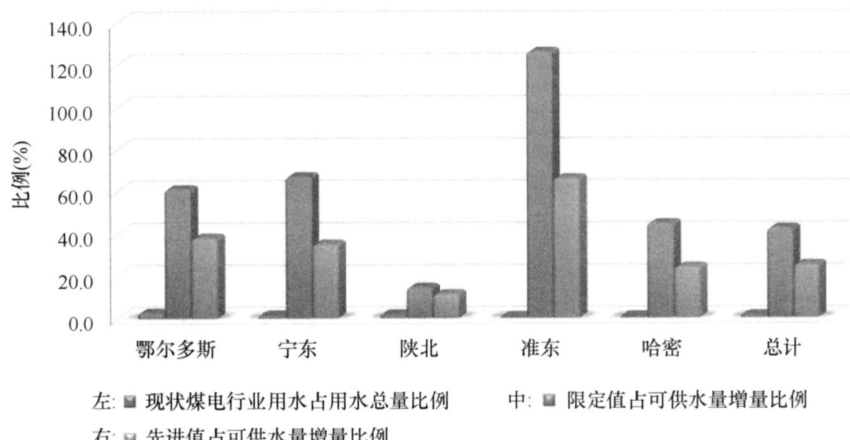

图 4-10　五大煤电基地现状及 2020 年新增煤电用水占可供水量增量比例

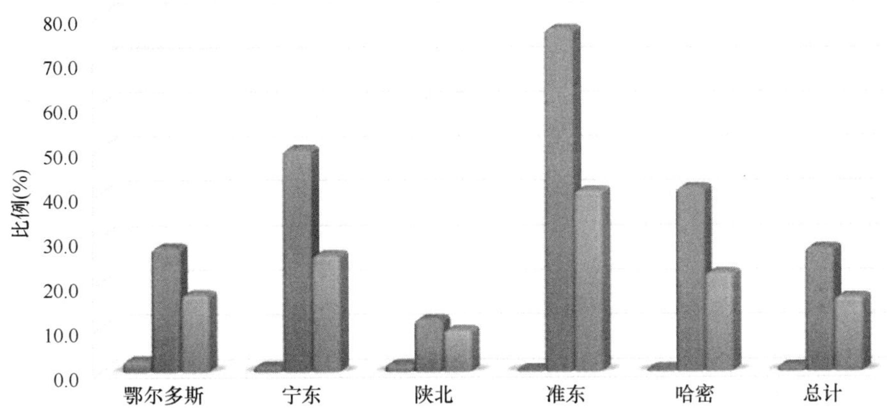

图 4-11　五大煤电基地现状及 2030 年新增煤电用水占可供水量增量比例

远超现状煤电行业用水占比，尤其准东煤电基地和宁东煤电基地，若按限定值，煤电行业用水占可供水增量比例超过 50%，2020 年准东煤电行业用水占可供水增量甚至超过 120%。因此，未来若想支撑煤电开发，必须压缩其他行业用水，并提高用水效率。

四、基于水资源支撑能力的经济社会空间布局战略对策建议

（一）全国分流域经济社会空间布局战略对策建议

我国总体水资源丰富，但由于人口众多，地域辽阔，人均、亩均水资源均远远低于世界平均水平，且由于水资源的时空分布不均，造成许多地区水资源极度匮乏，水资源对社会经济支撑能力低下。水资源已经成为制约生态文明建设、经济社会可持续发展的

关键因素。

我国南方4个流域（长江流域、珠江流域、东南诸河流域和西南诸河流域）水资源相对丰富，大部分地区人均水资源量超过全国平均水平，除个别地区（如长三角地区）外，水资源对社会经济支撑能力较好，社会经济发展潜力较大，应充分发挥水资源优势，科学谋划布局。

西南诸河流域是我国西部大开发的重点区域，流域经济发展水平相对落后，基础设施薄弱，贫困人口集中。由于地形原因，主要缺水类型是工程性缺水，且用水效率低下，水土流失严重。未来应加快配套水利工程建设，提高水资源利用效率，依托沿江、沿边的区位优势，以农业、旅游、水能和矿产资源开发为基础，加速推动在区域社会经济发展。

长江流域具有丰富的资源，长江流域开发与我国沿海地带经济开发具有同等的战略地位和发展潜力。流域主要缺水类型是水质型缺水，水污染防治是事关长江流域社会经济可持续发展、国家长江经济带建设的重要战略任务，应严格限制高污染产业发展，控制污染源排放，保护并恢复水生态环境。

珠江流域水资源丰富，人多地少，流域内社会经济差异较大。广东、广西沿海地区经济发达，是带动整个珠江流域发展的重要力量，主要缺水类型与长江流域类似，为水质型缺水，云南、贵州及广西内陆地区主要缺水类型与西南诸河流域类似，为工程型缺水。流域发展主要任务是如何实现流域整体的经济协调发展，对沿海区域，在保证社会经济领先地位的同时，应控制污染，促进可持续发展；云南、贵州、广西内陆地区发展潜力较大，应加快基础设施建设，发挥区域水、矿产、能源丰富的优势，加大开放程度，加速发展。

东南诸河流域是中国经济发展最富活力的地区，区域水资源较丰富，但土地资源、矿产资源匮乏，同时水污染严重，水质型缺水问题日益严重，在进一步强化经济发展的同时，应注重产业升级，调整产业结构，限制高污染产业发展，治理水体污染。

北方6个流域水资源条件较差，主要缺水类型是资源型缺水，部分地区也存在工程型缺水。

西北诸河流域具有农牧业、能源和矿产优势，但流域气候干燥，水资源禀赋最差，水资源的合理开发是未来流域社会经济可持续发展的关键。流域水资源主要矛盾集中于农业，农业用水效率低下，挤占生态用水的情况十分严重。在西部大开发战略背景下，新兴发展的能源、化工等高耗水工业也加剧了供用水矛盾，需要进一步落实最严格水资源管理，节水优先，兼顾生态用水；调整产业结构，提高用水效率，控制高耗水作物种植；严格审批机制，尽量避免在水资源严重缺乏地区发展能源、化工等高耗水产业；做好水资源配置，加强非常规水利用，必要时进行跨流域调水，实现经济社会发展与水资源可持续发展。

黄河流域、海河流域和淮河流域经济发达，是我国重要的粮食产区。流域内人口压力大，生存空间有限，主要缺水类型是资源型缺水。流域地表水枯竭，地下水超采严重，水资源开发利用程度极高，既需要通过跨流域调水，又需要合理的产业布局和区域发展政策加以解决。流域经济发展要以增长方式的根本转变为基本出发点，发展高效节水农业，限制高耗水、高污水行业发展，大力发展第三产业，淘汰落后的产品及工艺设备，加大非常规水利用，考虑跨流域调水。

辽河流域和松花江流域水资源禀赋条件稍好，工业化、城镇化水平较高，资源型缺水与工程型缺水并存。流域分布有东北老工业基地，东北粮食主产区高耗水产业集中，但水资源利用效率不高，农业长期以来采用粗放型灌溉方式，工业生产方式落后，再生水回用率较低。考虑到国家振兴东北老工业基地战略和千亿斤①粮食增产任务的需要，流域应推广节水农业，并进行产业结构调整，淘汰落后产能，提高水资源利用效率，加强再生水利用。

（二）重点地区布局战略对策建议

1. 京津冀地区

京津冀地区是我国经济创新活力最强、开放程度最高、人口最为密集的区域之一，同时也是水资源与经济社会发展矛盾最为突出的区域。区域城市快速发展，用水刚性需求不断增加，而高耗水产业集中，水资源利用效率的进一步提升难度较大。河北省钢铁、化工、火电、纺织、造纸、建材、食品七大高耗水工业用水量占工业用水总量的80%以上。在农业播种面积中，灌溉用水大的小麦播种比例仍然较大，如河北省小麦播种面积占27%左右。与严峻的水资源供需现状相对应的是区域水资源开发利用程度与水资源利用效率已经达到很高水平，水资源对社会经济支撑潜力有限。为促进京津冀地区未来社会经济的可持续发展，从水资源角度而言，应该“内部挖潜，外部调水”。

一是要充分挖掘节水潜力，促进全区域全行业深度节水，政府和市场两手发力，促进南水北调水资源合理配置、高效利用。根据水资源利用效率现状，大致可以将京津冀地区分为两个梯次，第一梯次为北京市和天津市，水资源利用效率水平整体达到或接近发达国家水平，城镇化水平较高，存量节水潜力有限，但水资源短缺仍将是其长期面对的基本水情。用水行业方面，北京市由于产业结构优化，农业用水所占比例很低，城镇生活用水所占比重较大，是未来用水控制的重点，天津市农业用水占总用水比重较大，是未来深度节水战略的主要行业。两市工业用水占比较小且效率较高（已达到发达国家水平），优化空间较小，未来应以规模控制为主要调控手段（图4-12）。

第二梯次为河北省，水资源利用效率优于发展中国家，但仍远未达到发达国家水平。由于地下水长期超采及经济社会发展导致的用水刚性需求增加等因素，生态环境用水历史欠账较多，高耗水、大污染的工业比重高，需要继续优化产业结构。用水结构中农业用水比重大，超过70%，在农业播种面积中灌溉用水大的小麦播种比例达到27%，部分地区还存在水稻等高耗水作物；工业用水所占比例虽然不大，但其中高耗水工业比重高。六大主要耗水工业（图4-13）煤炭开采和洗选业，化学原料和化学制品制造业，黑色金属矿采选业，黑色金属冶炼和压延加工业，非金属矿采选业，电力、热力生产和供应业用水量，均为传统意义上的高耗水行业，2013年总用水量超过80%，需要重点关注。

① 1斤=500g。

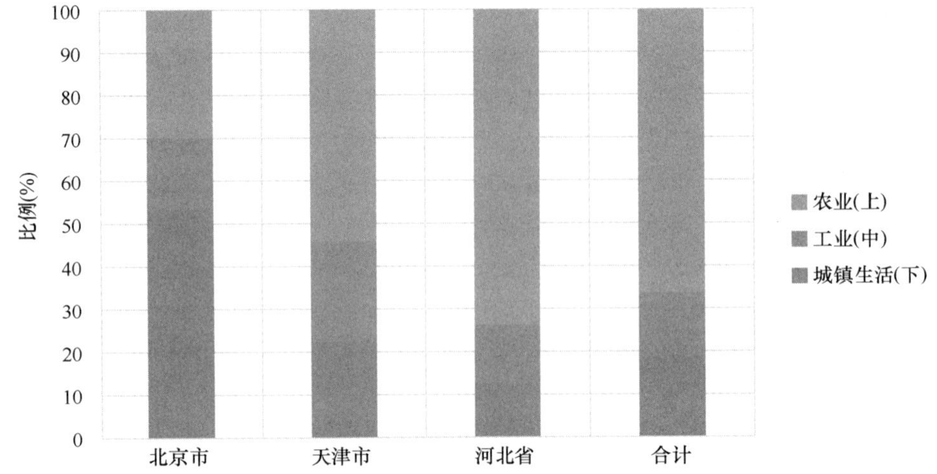

图 4-12　2013 年京津冀地区各省分行业用水比例

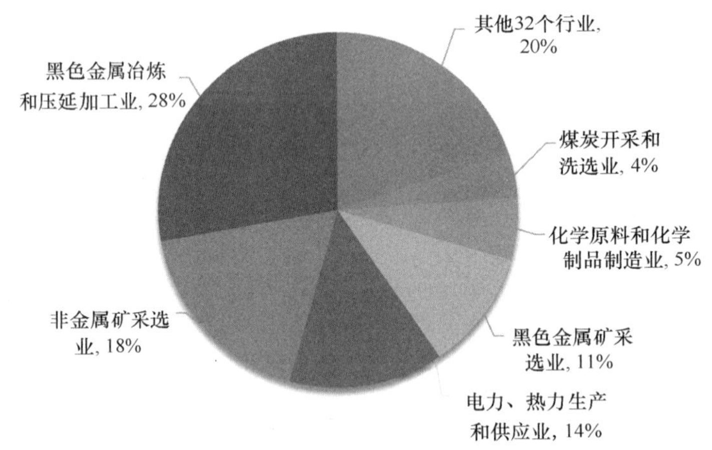

图 4-13　2013 年河北省工业行业用水比例

二是加强南水北调后续规划研究，补充区域刚性缺口。京津冀地区是全国乃至世界水资源最为短缺的地区之一，水资源禀赋条件先天不足。研究表明，即使区域全力推进节水工作，到 2030 年仍将面临严峻的水资源安全保障压力，外调水和非常规水资源是区域水资源安全保障的重要补充，通过跨流域调水实现全国层面水资源的“空间均衡”和合理配置十分必要。

2. 西部重点发展煤电基地

一是要严格准入机制，能源布局应“量水而行”。西北地区能源基地建设应实施严格的准入机制，尽量避免在水资源极度匮乏、水资源供需矛盾十分突出的地方进行能源开发，批准通过的能源基地应根据区域水资源禀赋条件，合理确定建设布局和建设规模。

二是要进一步优化产业结构。西部地区五大煤电基地主要用水为农业用水，尤其是宁东、准东和哈密，农业用水比例超过 80%，准东和宁东甚至超过 90%，农业用水挤占生态用水的情况十分普遍。此外，陕北和鄂尔多斯其他工业用水所占比例较高，需要特别关注（图 4-14）。

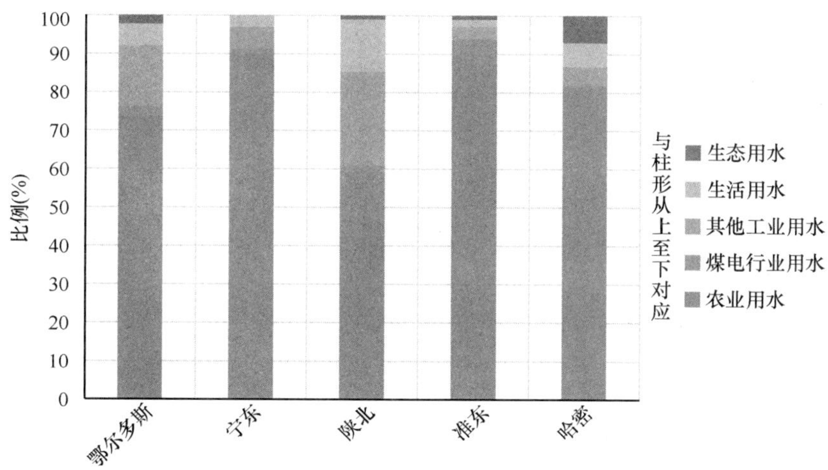

图 4-14 五大煤电基地现状分行业用水比例

三是要开源与节流并举。对于缺水地区已规划煤电基地，如西北、华北等缺水地区的能源基地，必须进行“开源节流”：

1）应该进一步强化能源生产节水，积极采用先进的用水工艺，降低行业发展的用水需求。

2）鼓励非常规水利用，制定可操作的鼓励非常规水源利用财税政策方案，对非常规水源建设项目在用地、用能等方面给予投资补贴或税费减免支持，促进非常规水源的利用。对于水资源极度短缺地区，必要时应制定再生水和矿井水的强制使用政策，并明确奖惩办法。

3）促进跨行业、跨区域、跨流域水权转换，进一步建立完善水权交易制度、规则及其技术支撑体系，建立法律依据与科学技术支撑，促进跨行业、跨区域、跨流域水权转换，保障煤电基地发展用水。

4）采取“农业综合节水—水权有偿转换—工业高效用水”的模式，发展节水、高效的特色农业，提高用水效率，严格控制灌溉面积的无序扩张，以农业节水转换工业使用，保障工业发展。

第五章　环境容量对煤油气资源开发的约束

煤、石油、天然气等化石能源不仅为人类社会带来了巨大的经济效益，其负面环境效应也极为突出。近年来，随着人口的急剧增加，大气污染、废水污染、固体废物污染、土地资源污染等环境问题日趋严重，而温室气体带来的全球气候变化无疑最为引人瞩目。这一系列问题的根源主要是煤、石油、天然气开发利用过程中所产生的 CO_2、SO_2、NO_x、CO、CH_4、颗粒物、有毒金属等。本章主要分析我国煤油气资源开发现状及其造成的环境污染与煤油气资源前景。研究不同区域环境容量的差异对我国煤油气资源开发的限制问题，提出煤油气资源高效开发与生态环境保护协调发展的技术对策。

一、煤油气开发对环境的影响

（一）煤炭开发对环境的影响

近年来，尽管我国煤炭安全、高效、清洁生产等关键技术取得突破，整体发展水平显著提高，但是煤炭开采与生态环境保护水平还不协调，特别是随着我国煤炭开发重心西移，西部地区水资源、生态环境保护问题已日益成为煤炭开发方面的重大问题。

1. 西部地区煤炭资源开发与水资源短缺矛盾突出

中西部富煤区水资源条件差，供水主要靠抽取地下水资源和矿井水综合利用，煤炭开发已对当地水资源造成破坏，一定程度上影响当地的可持续发展；大规模煤炭开发，不仅严重破坏地下水资源，酸性矿井水对地下水环境也造成严重污染，排出地面后会污染地表水和土壤，使得本来水资源就相当短缺的局面更加严峻，全国 14 个大型煤炭基地中，处于西北部生态环境十分脆弱地区的大型基地有 8 个，其产量将占我国煤炭总产量的 80%以上，产能非常集中，开发强度增大与水资源短缺、生态环境承载能力进一步脆弱的矛盾更加突出。

2. 矿区水资源保护、土地复垦、生态环境修复技术相对落后、治理率低

尽管近年来我国矿区地表生态环境治理取得了一些成果，但总体上技术相对落后、治理率低。根据《全国矿产资源规划（2000—2010 年）》实施评估结果，全国只有 5 个省（区、市）矿山环境恢复治理率达到了 25%，一些省（区、市）的矿山环境恢复治理率甚至低于 10%，西部地区的差距更大。

目前我国对煤矿开采引起的生态环境治理主要集中在土地、矸石山和露天排土场的复垦。

尽管每个新建矿井都要求提供环境评价报告和土地复垦方案，但由于投入的问题，往往无法落实执行。此外，矿区生态环境综合治理涉及土壤、水文、地质、矿物、生物

等多方面的综合治理，由于缺乏对这些因素综合系统的研究来开展治理活动而导致治理效果和效益较差。

（二）油气开发对环境的影响

目前我国石油天然气开采工作已经逐步从陆地拓展到海上，由常规油气转向非常规油气。随着油气资源开采程度的日益加深，油气开采难度越来越大，油气开采过程中对环境的损害问题也越来越突出。油气开采过程对环境损害和影响主要表现在以下方面。

1. 土壤和沉积物污染

目前国内在产油田有400多个，分布在25个省（区、市）。油田工作范围近25万km^2，覆盖面积达32万km^2，约占国土总面积的3%。我国石油产量已经超过2亿t，产油区原油污染面积有扩大的趋势，辽河油田、胜利油田和冀东油田等老油区土壤原油含量已经达到或超过1×10^4mg/kg，部分甚至达到1×10^5mg/kg，单井落地原油的污染面积平均达到0.5～2.1m^2，落地泥浆20m^2。内蒙古阿尔善油田单井落地原油达0.6～2.0t，影响范围在100m×150m。辽河油田污染严重地区土壤中油含量已经达到1×10^4mg/kg，远超临界值500mg/kg，油田区域及周边地区数百公顷土地受到污染。有资料表明，对于稳定运行5年左右的油井井场土壤，石油污染强度可达1×10^3～1×10^5mg/kg。中国主要石油化工和油田区土壤中石油烃含量高达5%～9.4%，石油开采区井口附近土壤石油烃含量为5.3%～7.5%。中国石油企业每年生产落地原油700万t，油井每作业一次遗留于井场的落地原油为几十到几百千克，单井年产落地原油据测算可达2t。一般油田井口周围5m范围为最严重污染区，地面呈黑色，30～50m范围为严重污染区，有原油、油泥散落。就油气田开发而言，地面溢油再加上遗留井场的钻井泥浆池和作业泥浆池，一般井场周围污染范围可达1000～2000m^2。

2. 化学助剂污染

在当前技术水平下，为达到安全生产和提高效率的目的，通常会在石油和天然气钻井、储运和炼化等过程中加入各种化学助剂。我国各油气田使用的钻井液（SY/T 5822—93）主要有水基钻井液、油基钻井液、气基钻井液等几种类型，添加剂也不尽相同。随着钻井深度和难度的加大，钻井向高温、深井方向发展，钻井液中加入的化学添加剂种类和数量也越来越多。截至目前，油田化学剂已有70多大类3000多个品种，添加到钻井泥浆中的化学处理剂呈上升趋势。废弃钻井液中导致环境污染的有害成分主要为油类、盐类、杀菌剂、某些化学添加剂、重金属（如汞、铜、铬、镉、锌及铅等）、高分子有机化合物生物降解产生的低分子有机化合物和碱性物质等。大庆油田在钻井、完井、作业、采油、集输等过程中，投加的化学助剂共14类，年用量约58万t。胜利油田钻井公司每年产生的钻井废弃液达30万～50万t。吐鲁番油田经过近60年的开发建设，其东部地区土壤检出大量污染物，如氟、铅、砷①、石油类、硫化物、酚的超出率分别为32.14%、28.57%、57.14%、80%、33.33%、33.33%；落地油污染土壤深度1～40cm，

① 砷为非金属，鉴于其化合物具有金属性，本书将其归入重金属一并统计。

钻井液下渗可达数米。中原油田土壤中高盐（7.07g/kg）、高可溶性 Na^+（93.9mmol/kg）和 Cl^-（115.6mmol/kg）的量是土壤污染的主要原因，分别是未污染土壤的6.0倍、7.8倍和18.1倍，造成约1747hm^2的土地弃耕。在一些环境敏感地区（如沼泽、雨林、水源地），许多废弃钻井液中的有害物质都大大超出国家规定的排放标准，如对江苏油田、大港油田、胜利油田和新疆油田等地区部分废弃钻井液的调查表明，9 项污染指标（总铬、六价铬、总汞、总砷、总镉、总铅、COD、石油类、pH）中多数高于我国国家标准规定的污染物排放限值。大量废弃钻井液不经处理堆放在井场或掩埋或随地表径流流入农田、河流、海底，渗入地层，或者由于处理不当［如塔里木盆地库车坳陷山前构造带 19 口井在1997～2003年漏失高密度（1.6～2.4g/cm^3）钻井液13 569m^3］，除直接污染井场附近土壤、地表水以至地下水外，还间接经土壤-植物系统经由食物链影响到动物，危及人类健康及生命安全。

另外，油田的固体废弃物排放源还有钻井废弃泥浆、岩屑、落地原油、油泥、油砂（主要指地层岩屑与油的混合物）等。钻井废弃泥浆主要来源于 3 个方面：由地层性质的变化、更换泥浆体系产生；钻井完工后弃置；泥浆循环系统渗漏产生。中国油气田企业钻井废弃泥浆每年产生量为 100 万 t，近一半排放，而这些物质的生物可降解特性极差，对环境有损害。

3. 油田开发导致的大气、水污染及海洋污染

近几年，国家统计分析了工业对环境的影响，发现油气田开发过程中燃料燃烧废气是主要污染源。2005年，有关部门曾对全国第三大油田辽河油田全年燃烧和生产过程中的污染物进行了调研分析，发现油田污染排放与全行业的大气污染源并无二致。在陕北延安，2004年石油企业产生含油废水1000多万吨，其中600万t未经任何处理直接排放。在陕北榆林，大理河、周河和芦河上游均受到含油废水的污染，超标程度分别为标准的1004倍、9倍及54倍。一些农村饮用水源如山西靖边在经过油田开发之后地表水普遍受到污染。

据统计，每年通过各种渠道泄入海洋的石油和石油产品约占全世界石油总产量的0.5%，倾注到海洋的石油量达200万～1000万t。由于航运而排入海洋的石油污染物达160万～200万t，其中1/3左右是油轮在海上发生事故导致石油泄漏造成的。中国海上各种溢油事故每年约发生500起。沿海地区海水含油量已超过国家规定的海水水质标准的 2～8 倍，海洋石油污染十分严重。海洋石油污染危害是多方面的，如在水面形成油膜，阻碍了水体与大气之间的气体交换。油类黏附在鱼类、藻类和浮游生物上，致使海洋生物死亡，并破坏海鸟生活环境，导致海鸟死亡和种群数量下降。石油污染还会使水产品品质下降，造成经济损失等。

二、环境容量对煤炭开发的约束

（一）煤炭工业发展基础

1. 煤炭资源储量及分布

根据中国煤炭清洁高效可持续开发利用战略研究重大咨询项目《煤炭资源与水资

源课题研究报告》，截至 2012 年，我国煤炭保有资源量 18 217.95 亿 t，其中，已利用资源量 3485.73 亿 t，尚未利用资源储量 14 732.22 亿 t（占保有资源总量的 80.9%）。尚未利用资源储量中，勘探（精查）2618.53 亿 t（占保有资源总量的 14.4%），详查 2139.08 亿 t，普查 3712.88 亿 t，预查（找煤）6261.25 亿 t，详细见表 5-1。

表 5-1　2012 年我国煤炭资源保有储量统计　　　（单位：亿 t）

省市	保有资源量	已利用资源量	尚未利用资源储量				
			合计	精查	详查	普查	预查
辽宁	84.55	48.55	36.00	6.60	18.88	10.16	0.36
吉林	31.34	16.31	15.04	1.11	3.07	9.51	1.34
黑龙江	218.31	112.24	106.07	0.36	9.34	75.62	20.76
北京	24.00	13.73	10.27	3.16	0.01	4.15	2.95
天津	3.83	0.00	3.83	2.97	0.85	0.00	0.00
河北	345.53	116.48	229.04	8.51	9.38	133.62	77.53
江苏	36.03	29.64	6.38	0.26	1.19	4.93	0.00
安徽	282.98	123.12	159.86	57.77	7.34	65.66	29.09
山东	227.96	57.10	170.86	38.83	6.89	125.14	0.00
河南	617.78	172.59	445.18	53.96	19.37	117.97	253.41
浙江	0.29	0.23	0.07	0.00	0.00	0.07	0.00
福建	11.05	10.05	1.00	0.05	0.00	0.96	0.00
江西	19.70	1.87	17.84	14.58	1.32	1.63	0.31
湖北	10.70	3.33	7.37	1.16	2.62	3.16	0.43
湖南	39.85	10.10	29.76	13.82	7.28	8.15	0.50
广东	14.05	0.00	14.05	9.19	0.00	0.00	4.86
广西	30.80	10.19	20.61	14.03	4.53	1.75	0.29
海南	1.66	0.00	1.66	1.66	0.00	0.00	0.00
山西	2 718.30	1 040.08	1 678.22	243.59	452.22	678.05	304.36
内蒙古	7 988.46	480.07	7 508.39	1 230.98	923.24	615.49	4 738.68
陕西	1 880.97	342.41	1 538.56	318.13	223.20	444.51	552.72
宁夏	339.57	142.93	196.65	45.28	51.78	99.59	0.00
重庆	54.10	1.69	52.41	15.88	25.99	2.31	8.24
四川	141.66	48.42	93.24	16.98	29.75	11.84	34.67
贵州	675.43	74.13	601.30	197.53	87.25	101.63	214.88
云南	289.84	0.00	289.84	135.09	89.57	60.37	4.82
甘肃	158.66	31.84	126.81	15.22	30.78	74.73	6.08
青海	63.61	17.60	46.00	17.97	24.43	1.30	2.30
新疆	1 904.41	581.05	1 323.36	153.86	108.80	1 060.58	0.12
西藏	2.53	0	2.53	0	0	0	2.53
全国	18 217.95	3 485.73	14 732.22	2 618.53	2 139.08	3 712.88	6 261.25
京津冀	373.36	130.21	243.14	14.64	10.24	137.77	80.48
西北五省	4 347.22	1 115.83	3 231.38	550.46	438.99	1 680.71	561.22

2. 煤炭产量及消费量

我国煤炭资源分布不均，煤炭资源西多东少，北多南少，主要煤炭资源富集区域为晋陕蒙宁和新疆，煤炭需求量大的东部地区，煤炭资源匮乏，浙江、福建、江西、湖北、湖南、广东、广西、海南几个省（区）煤炭保有资源量仅占全国的 0.7%左右，经济相对不发达的中西部地区，保有煤炭资源量约占全国的 89.5%。如表 5-2 所示，就煤炭生产来说，以 2013 年为例，全国煤炭生产量为 39.7 亿 t，晋陕蒙甘宁地区煤炭产量就占了约 64%。对于煤炭消费，东部地区电力等主要耗煤行业发展起步早、规模大，长期以来都是我国煤炭消费的中心。但随着中部崛起战略和西部大开发战略的实施，中西部经济

表 5-2　2013 年我国各地区煤炭生产、消费数据　　（单位：万 t）

省市区	产量	消费量	产量–消费量
北京	500	2 019	–1 519
天津	0	5 279	–5 279
河北	7 739	31 663	–23 924
山西	92 167	36 637	55 530
内蒙古	99 055	34 916	64 139
辽宁	5 658	18 133	–12 475
吉林	3 060	10 414	–7 354
黑龙江	7 988	13 267	–5 279
上海	0	5 681	–5 681
江苏	2 011	27 946	–25 935
浙江	9	14 161	–14 152
安徽	13 885	15 665	–1 780
福建	1 681	8 079	–6 398
江西	2 986	7 255	–4 269
山东	14 962	37 683	–22 721
河南	16 042	25 058	–9 016
湖北	1 096	12 167	–11 071
湖南	7 229	11 224	–3 995
广东	0	17 107	–17 107
广西	697	7 344	–6 647
海南	0	1 009	–1 009
重庆	3 910	5 794	–1 884
四川	6 588	11 679	–5 092
贵州	18 518	13 651	4 867
云南	10 686	9 783	903
陕西	50 323	17 248	33 075
甘肃	4 521	6 541	–2 020
青海	3 128	2 073	1 055
宁夏	8 800	8 534	266
新疆	14 204	14 206	–2
全国	397 443	432 216	–34 773
京津冀	8 239	38 961	–30 722
西北五省	80 976	48 602	32 374

资料来源：国家统计局能源统计司，2015

发展加速，能耗需求较快增长，煤炭消费量占全国的比重呈逐步上升态势，2005～2013年，晋陕蒙宁甘新地区煤炭消费量由4.45亿t增加到11.81亿t，占全国煤炭消费总量比重由19.2%上升到27.3%；中南地区煤炭消费量由4.25亿t增加到6.69亿t，占全国煤炭消费总量比重维持在18.3%；京津冀、东北、华东、云贵、川渝青藏地区煤炭消费量占全国的比重比2005年分别下降了1.7个百分点、1个百分点、1.2个百分点、0.4个百分点和1.2个百分点。

以2013年为例，我国分省区煤炭产量和消费量情况如图5-1所示。

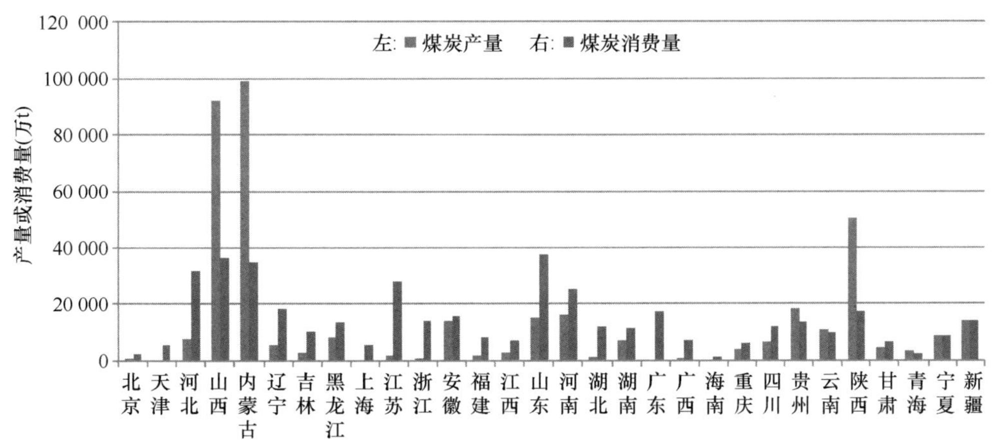

图5-1　2013年我国分省区煤炭产量与消费量情况

（二）煤炭工业发展面临的形势

1. 2020年、2030年我国煤炭需求量

按照国务院办公厅2014年11月19日公布的《国务院办公厅关于印发能源发展战略行动计划（2014—2020年）的通知》（国办发〔2014〕31号）的要求，到2020年，我国一次能源消费总量控制在48亿t标准煤左右，煤炭消费总量控制在42亿t左右，煤炭消费比重控制在62%以内，削减京津冀鲁、长三角和珠三角等区域煤炭消费总量，到2020年，京津冀鲁四省（市）煤炭消费比2012年净削减1亿t，长三角和珠三角地区煤炭消费总量负增长。

根据环境保护部、国家发展和改革委员会、工业和信息化部、财政部、住房和城乡建设部、国家能源局2013年9月联合发布的《京津冀及周边地区落实大气污染防治行动计划实施细则》，要求实行煤炭消费总量控制。按照国家要求，完成节能降耗目标。到2017年年底，北京市、天津市、河北省和山东省压减煤炭消费总量8300万t。其中，北京市净削减原煤1300万t，天津市净削减1000万t，河北省净削减4000万t，山东省净削减2000万t。

北京市于2015年5月14日印发《北京市进一步促进能源清洁高效安全发展的实施意见》（京政办发〔2015〕28号），提出到2020年，全市能源消费总量控制在8800万t标准煤左右，其中煤炭消费总量控制在900万t以内。

2015年6月，中国政府向巴黎第21届联合国气候变化大会提交了《强化应对气候变化行动——中国国家自主贡献》。文件做出了2030年达到碳排放峰值的承诺，这对控制煤炭消费形成倒逼机制。按照我国要在2030年达到碳排放峰值的情景，2020～2030年，京津冀鲁、长三角和珠三角地区持续削减煤炭消费量，对于陕西、内蒙古、新疆和宁夏等省（区），由于上述地区是我国重要的煤电基地和煤化工基地，允许其煤炭消费量在一定范围内适度增长，其他地区煤炭量消费保持稳定。

根据国家煤炭消费总量控制目标及各省区相关要求，同时兼顾煤炭行业的实际情况，2013年我国分省区煤炭消费量及2020年、2030年我国分省区煤炭需求量预测见表5-3。

表5-3 2013年我国煤炭消费量及2020年、2030年煤炭需求量预测

序号	地区	2013年消费量（万t）	2020年预测（万t）	2030年预测（万t）
1	北京	2 019	900	0
2	天津	5 279	4 200	3 200
3	河北	31 663	26 500	2 400
4	山西	36 637	35 000	35 000
5	内蒙古	34 916	36 000	36 500
6	辽宁	18 133	18 000	18 000
7	吉林	10 414	11 000	11 000
8	黑龙江	13 267	13 000	13 000
9	上海	5 681	5 600	5 000
10	江苏	27 946	27 000	25 000
11	浙江	14 161	14 000	13 000
12	安徽	15 665	15 000	14 000
13	福建	8 079	8 000	7 500
14	江西	7 255	7 000	7 000
15	山东	37 683	37 500	35 500
16	河南	25 058	25 000	25 000
17	湖北	12 167	12 000	12 000
18	湖南	11 224	11 000	11 000
19	广东	17 107	17 000	16 000
20	广西	7 344	7 000	7 000
21	海南	1 009	1 000	1 000
22	重庆	5 794	5 700	5 700
23	四川	11 679	11 600	11 600
24	贵州	13 651	13 500	13 500
25	云南	9 783	9 800	9 800
26	陕西	17 248	17 500	18 000
27	甘肃	6 541	6 500	6 500
28	青海	2 073	2 000	2 000
29	宁夏	8 534	8 500	9 000
30	新疆	14 206	14 500	15 000
合计		432 216	421 300	389 200
京津冀		38 961	31 600	5 600
西北五省		48 602	49 000	50 500

注：2020年、2030年煤炭预测数据来源为国家能源局“十三五”能源规划前期重大专题《“十三五”煤炭清洁高效发展若干重大问题研究》，并结合国家、各省区的控煤目标

2. 大气二氧化硫环境容量对我国煤炭开发及消费的约束

(1) 大气二氧化硫环境容量

煤炭开发及利用过程中排放了大量的污染物，成为大气污染的重要来源之一。根据第二章研究结果，2013 年相关区域 SO_2 排放量及 2030 年环境容量见表 5-4。从表 5-4 中可以看出，2013 年全国 SO_2 排放量超过 2030 年环境容量要求，需进行大幅度削减。全国平均削减幅度为 46%，京津冀为 62%，西北五省为 66%。

表 5-4 2013 年相关区域 SO_2 排放量及 2030 年环境容量

地区	2013 年排放量（万 t）	2030 年环境容量（万 t）	2030 年削减幅度（%）
北京	9	5	43
天津	22	12	45
河北	128	44	66
京津冀	159	61	62
陕西	81	32	60
甘肃	56	16	72
青海	16	3	81
宁夏	39	12	69
新疆	83	31	63
西北五省	274	94	66
全国	2044	1097	46

根据中国工程院《中国煤炭清洁高效可持续开发利用战略研究》，我国煤炭消费二氧化硫排放控制目标见表 5-5。

表 5-5 我国煤炭消费二氧化硫控制目标

用煤行业名称	二氧化硫控制目标（万 t）	
	2020 年	2030 年
电力行业	700	500
工业锅炉及炉窑	600	450
煤化工	15	10
合计	1315	960

数据来源：“能源领域咨询研究”综合组，2015

(2) 煤炭生产二氧化硫排放

我国煤炭采选业二氧化硫近几年排放情况见表 5-6。根据 2013 年全国平均排放因子 0.32 万 t/亿 t 产煤测算的 2020 年和 2030 年各地区排放数据见表 5-7。

(3) 煤炭消费二氧化硫排放

1) 按煤炭消费量测算。

假定京津冀煤炭消费结构维持现有比例，西北五省煤炭消费结构参照国家结构调整进行调整。用煤行业二氧化硫去除率参照有关规划（表 5-8）。2020 年、2030 年各地区煤炭消费二氧化硫排放测算数据见表 5-9。

表 5-6　我国煤炭采选业二氧化硫排放情况

年份	各行业排放总量（万 t）	煤炭采选业排放（万 t）	占比（%）
2004	1746.25	15.21	0.87
2005	1980.47	21.04	1.06
2006	2041.8	14.50	0.71
2007	1972.23	17.53	0.89
2008	1839.18	14.87	0.81
2009	1694.06	14.99	0.88
2010	1705.45	16.03	0.94
2011	1896.46	12.93	0.68
2012	1775.82	12.49	0.70
2013	1689.23	12.62	0.75

数据来源：历年中国环境统计年鉴

表 5-7　各地煤炭生产二氧化硫排放测算

产煤省区	2013 年		2020 年		2030 年	
	产量（万 t）	SO_2排放(万 t)	产量（万 t）	SO_2排放(万 t)	产量（万 t）	SO_2排放(万 t)
河北	7 739	0.25	8 600	0.28	7 000	0.22
北京	500	0.02	400	0.01	0	0.00
天津	0	0	0	0	0	0
京津冀	8 239	0.27	9 000	0.29	7 000	0.22
陕西	50 323	1.61	50 000	1.60	47 600	1.52
宁夏	8 800	0.28	10 000	0.32	9 300	0.30
甘肃	4 521	0.14	8 000	0.26	7 200	0.23
新疆	14 204	0.45	30 000	0.96	28 300	0.91
青海	3 128	0.10	2 200	0.07	2 000	0.06
西北五省	80 976	2.58	100 200	3.21	94 400	3.02
全国	397 432	12.72	420 000	13.44	380 800	12.19

表 5-8　用煤行业二氧化硫去除率

行业	二氧化硫去除率（%）		
	2013 年	2020 年	2030 年
电力行业	90	95	95
非电力行业	60	80	80

表 5-9　煤炭消费二氧化硫排放测算

地区	2013 年			2020 年			2030 年		
	煤消费（万 t）	发电供热占比（%）	SO_2排放（万 t）	煤消费（万 t）	发电供热占比（%）	SO_2排放（万 t）	煤消费（万 t）	发电供热占比（%）	SO_2排放（万 t）
北京	2 019	56.9	7.13	900	56.9	1.59	0	56.9	0.00
天津	5 279	76.7	13.37	4 200	76.7	5.32	3 200	76.7	4.05
河北	31 663	35.3	146.34	26 500	35.3	61.24	2 400	35.3	5.55
京津冀	38 961	41.7	166.84	31 600	41.7	68.15	5 600	41.7	9.60
陕西	17 248	24.1	89.43	17 500	34.1	40.96	18 000	39.1	39.86
甘肃	6 541	60.4	21.94	6 500	70.4	9.26	6 500	75.4	8.44
青海	2 073	22.6	10.91	2 000	32.6	4.76	2 000	37.6	4.51
宁夏	8 534	56.2	30.46	8 500	66.2	13.03	9 000	71.2	12.66
新疆	14 206	67.3	42.70	14 500	77.3	18.14	15 000	82.3	16.87
西北五省	48 602	44.2	195.44	49 000	54.2	86.15	50 500	59.2	82.34
全国	432 216	44.7	1 791.79	421 300	55.0	764.24	389 200	60.0	656.97

2）煤炭发电。

《国务院办公厅关于印发能源发展战略行动计划（2014—2020 年）的通知》（国办发〔2014〕31 号）提出采用最先进节能节水环保发电技术，重点建设锡林郭勒、鄂尔多斯、晋北、晋中、晋东、陕北、哈密、准东、宁东等 9 个千万千瓦级大型煤电基地。煤电基地煤耗、水耗和主要大气污染物排放指标参照有关规划和现有标准（表 5-10）。初步测算 9 个煤电基地主要资源消耗和排放见表 5-11。

表 5-10 煤电基地测算基础数据

名称	单位	指标	备注
年运行	h	5000	参照目前水平
煤耗	g/（kW·h）	300	《能源发展战略行动计划（2014—2020 年）》目标值
水耗	m^3/（s·GW）	0.1	空冷大机组
SO_2	mg/Nm^3	≤50	《火电厂大气污染物排放标准》（GB 13223—2011）
NO_x	mg/Nm^3	≤100	《火电厂大气污染物排放标准》（GB 13223—2011）
烟尘	mg/Nm^3	≤20	《火电厂大气污染物排放标准》（GB 13223—2011）

表 5-11 煤电基地排放测算

地区	基地	规模（万 kW）	煤耗（万 t）	水耗（万 t）	SO_2（万 t）	NO_x（万 t）
内蒙古	锡林郭勒	3 104	6 518	5 587	5.62	9.13
	鄂尔多斯	4 600	9 660	8 280	8.33	13.52
山西	晋北	1 760	3 696	3 168	3.19	5.17
	晋中	2 200	4 620	3 960	3.98	6.47
	晋东	3 560	7 476	6 408	6.44	10.47
陕西	陕北	4 200	8 820	7 560	7.60	12.35
新疆	哈密	1 600	3 360	2 880	2.90	4.70
	准东	4 750	9 975	8 550	8.60	13.97
宁夏	宁东	1 600	3 360	2 880	2.90	4.70
小计		27 374	57 485	49 273	49.55	80.48

资料来源：煤电基地环评及规划资料

3）煤化工。

根据 2014 年国家发展和改革委员会发放路条项目初步统计西北五省煤化工项目二氧化硫排放数据见表 5-12。

表 5-12 规划煤化工项目二氧化硫排放预测数据

名称	二氧化硫预计排放（t）	
	2020 年	2030 年
新疆	19 110	36 468
陕西	641	1 282
宁夏	1 543	2 483
甘肃	532	1 064
青海	0	0
西北五省	21 826	41 297
全国	54 996	125 491

（4）二氧化硫排放分析

根据煤炭消费量预测初步测算2020年、2030年我国煤炭生产、消费排放二氧化硫数据见表5-13。从表5-13可以看出，京津冀通过严控燃煤开发利用数量，煤炭开发利用二氧化硫排放占环境容量比例呈大幅度下降，对改善环境有利。按目前控制标准，2030年，陕西、青海、宁夏煤炭开发利用二氧化硫排放数量仍超过总环境容量要求；新疆煤炭开发利用二氧化硫排放数量占总环境容量比例与2020年相比有所上升，这些地区需要加大减排力度，如控制煤炭开采消费量、采取更加严格的排放标准等。

表5-13 煤炭开发利用排放二氧化硫情景

地区	2013年			2020年			2030年			煤炭开发利用排放占环境容量比		
	煤炭生产（万t）	煤炭消费（万t）	小计（万t）	煤炭生产（万t）	煤炭消费（万t）	小计（万t）	煤炭生产（万t）	煤炭消费（万t）	小计（万t）	2013年	2020年	2030年
北京	0.02	7.13	7.15	0.01	1.59	1.6	0	0	0	59.58%	20.00%	0.00%
天津		13.37	13.37		5.32	5.32		4.05	4.05	55.71%	29.56%	31.15%
河北	0.25	146.34	146.59	0.28	61.24	61.52	0.22	5.55	5.77	146.59%	69.91%	9.31%
京津冀	0.27	166.84	167.11	0.29	68.15	68.44	0.22	9.60	9.82	122.88%	60.03%	12.13%
陕西	1.61	89.43	91.04	1.6	40.96	42.56	1.52	39.86	41.38	124.71%	83.45%	103.45%
甘肃	0.14	21.94	22.08	0.26	9.26	9.52	0.23	8.44	8.67	78.86%	47.60%	54.19%
青海	0.1	10.91	11.01	0.07	4.76	4.83	0.06	4.51	4.57	183.50%	161.00%	152.33%
宁夏	0.28	30.46	30.74	0.32	13.03	13.35	0.3	12.66	12.96	146.38%	89.00%	108.00%
新疆	0.45	42.7	43.15	0.96	18.14	19.1	0.91	16.87	17.78	46.40%	45.48%	57.35%
西北五省	2.58	195.44	198.02	3.21	86.15	89.36	3.02	82.34	85.36	89.60%	68.21%	83.69%
全国	12.72	1791.79	1804.51	13.44	764.24	777.68	12.19	656.97	669.16	78.02%	49.28%	58.14%

3. 水资源对煤电基地装机规模的限制

（1）水资源情况

综合考虑煤炭资源储量、水资源量、生态环境及区域经济社会发展，将全国煤炭开发划分为：晋陕蒙宁甘、新疆、冀鲁豫皖、云贵川渝、东北和湘鄂赣等六大区域。针对以上研究区域，根据《中国环境统计年鉴（2013）》数据，整理出以上六大区域各省区2012年水资源使用情况，并对2020年的水资源需求情况进行了预测，具体内容见表5-14。

表5-14 主要产煤省区水资源使用情况及预测

区域		水资源总量（亿m^3）	供水总量（亿m^3）	用水总量（亿m^3）	2020年可用水资源量（亿m^3）	增量空间（亿m^3）	其中工业可用水量（亿m^3）
晋陕蒙宁甘	山西	106.2	73.4	73.4	79.6	6.2	15.5
	陕西	390.5	88	88	95.5	7.5	13.3
	内蒙古	510.3	184.4	184.4	200.1	15.7	23.5
	宁夏	10.8	69.4	69.4	75.3	5.9	4.9
	甘肃	267	120.2	120.2	130.4	10.2	12.8
	小计	1 284.8	535.4	535.4	580.9	45.5	70

续表

区域		水资源总量（亿 m^3）	供水总量（亿 m^3）	用水总量（亿 m^3）	2020年可用水资源量（亿 m^3）	增量空间（亿 m^3）	其中工业可用水量（亿 m^3）
新疆	新疆	900.6	590.1	590.1	640.2	50.1	12.4
	小计	900.6	590.1	590.1	640.2	50.1	12.4
云贵川渝	云南	1 689.8	151.8	151.8	164.7	12.9	27.8
	贵州	974	91.5	91.5	99.3	7.8	25
	四川	2 892.4	245.9	245.9	266.8	20.9	54.7
	重庆	476.9	82.9	82.9	89.9	7.0	39.4
	小计	6 033.1	572.1	572.1	620.7	48.6	146.9
东北	辽宁	547.3	142.2	142.2	154.3	12.1	23
	吉林	460.5	129.8	129.8	140.8	11.0	27.1
	黑龙江	841.4	358.9	358.9	389.4	30.5	41.7
	小计	1 849.2	630.9	630.9	684.5	53.6	91.8
冀鲁豫皖	河北	235.5	195.3	195.3	211.9	16.6	25.2
	山东	274.3	221.8	221.8	240.6	18.8	28.1
	河南	265.5	238.6	238.6	258.9	20.3	60.5
	安徽	701	289.3	289.3	313.9	24.6	97.5
	小计	1 476.3	945	945	1 025.3	80.3	211.3
湘鄂赣	湖南	1 988.9	328.8	328.8	356.7	27.9	94.5
	湖北	813.9	304.3	304.3	330.1	25.8	101.4
	江西	2 174.4	242.5	242.5	263.1	20.6	58.7
	小计	4 977.2	875.6	875.6	949.9	74.3	254.6
总计		16 521	4 149.1	4 149.1	4 501.4	352.3	787

注：总供水量主要包括地下水、地表水、调水量和再生水量等；总用水量主要包括农业用水、工业用水、生活用水、生态需水等。在用水方面，首先要保证城镇生活用水、生态用水和农业用水

从表 5-14 可以看出，各省区在现有水资源情况下每年用水增量空间不大，这将对各区域的煤炭资源开发及利用产生明显的约束，尤其是水资源相对匮乏而煤炭资源富集的晋陕蒙宁甘和新疆地区。

（2）煤炭生产用水情况

目前，我国相关政府部门及行业协会尚未系统地统计煤炭开采过程中的用水量，参照《清洁生产标准　煤炭采选业》（HJ 446—2008）中对原煤生产水耗二级指标≤$0.2m^3/t$的要求，根据煤炭产量预测数据初步分析煤炭生产用水量见表 5-15。

表 5-15　京津冀、西北五省煤炭生产用水量预测

产煤省区	用水量（万 t）		
	2013 年	2020 年	2030 年
河北	1 548	1 720	1 400
北京	100	80	0
天津	0	0	0
京津冀	1 648	1 800	1 400
陕西	10 065	10 000	9 520
宁夏	1 760	2 000	1 860

续表

产煤省区	用水量（万 t）		
	2013 年	2020 年	2030 年
甘肃	904	1 600	1 440
新疆	2 841	6 000	5 660
青海	626	440	400
西北五省	16 196	20 040	18 880
全国	79 488	84 000	76 160

（3）煤炭消费用水情况

1）发电。

国家规划的 9 个煤电基地用水量见表 5-16。

表 5-16　9 个规划煤电基地用水量

地区	基地	规模（万 kW）	水耗（万 t）
内蒙古	锡林郭勒	3 104	5 587
	鄂尔多斯	4 600	8 280
山西	晋北	1 760	3 168
	晋中	2 200	3 960
	晋东	3 560	6 408
陕西	陕北	4 200	7 560
新疆	哈密	1 600	2 880
	准东	4 750	8 550
宁夏	宁东	1 600	2 880
小计		27 374	49 273

资料来源：煤电基地环评及规划资料

2）煤化工。

根据国家发展和改革委员会 2014 年路条项目初步统计西北五省煤化工项目水资源消耗量见表 5-17。

表 5-17　2020 年、2030 年规划煤化工项目水资源消耗预测

名称	2020 年（万 t）	2030 年（万 t）
新疆	17 049	36 195
陕西	1 348	2 696
宁夏	3 385.6	5 586
甘肃	924	1 848
青海	0	0
西北五省	22 706.6	46 325
内蒙古	22 862	59 105
全国	63 039	150 433

（4）用水分析

初步测算新增煤炭开采、煤电基地、煤化项目用水量见表 5-18。从表 5-18 可以看出，新疆、陕西、宁夏煤炭开发利用新增用水数量较大，需要重点关注。

表 5-18　新增用水量表　（单位：万 t）

地区	水资源量	2013 年用水量	2020 年新增				2030 年新增			
			开采	煤电	煤化	小计	开采	煤电	煤化	小计
北京	24.80	36.40	0.00			0	–0.01			–0.01
天津	14.60	23.80				0				0
河北	175.90	191.30	0.02			0.02	–0.01			–0.01
京津冀	215.30	251.50	0.02			0.02	–0.02			–0.02
陕西	353.80	89.20	–0.01	0.38	0.13	0.5	–0.05	0.76	0.27	0.98
甘肃	268.90	122.00	0.07		0.09	0.16	0.05		0.18	0.23
青海	645.60	28.20	–0.02			–0.02	–0.02			–0.02
宁夏	11.40	72.10	0.02	0.14	0.34	0.5	0.01	0.29	0.56	0.86
新疆	956.00	588.00	0.32	0.57	1.70	2.59	0.28	1.14	3.62	5.04
西北五省	2 235.70	899.50	0.38	1.09	2.26	3.73	0.27	2.19	4.63	7.09
全国	27 957.80	6 183.50	0.45	2.46	6.30	9.21	–0.33	4.93	15.04	19.64

（三）优化煤炭产业及煤电发展建议

1. 优化煤炭开发布局，合理控制煤炭开发总量

根据各地区水、大气等环境容量，资源赋存条件、工业与社会发展现状及趋势，科学合理地布局煤炭生产，实现煤炭由“以需定产”转变为“以环境容量定产”。

合理控制煤炭资源开发规模，采取有效措施，停止不合规在建煤矿的建设，严格控制新开工煤矿数量，鼓励大中型煤矿企业或优势企业整合、兼并小煤矿，支持大中型煤炭企业通过上市融资、发行债券、股权转让等方式，筹集发展资金，促进大型现代化煤矿和大型煤炭基地建设。

2. 加强西部地区水资源和水系统建设，保障西部地区煤炭产能

随着我国煤炭开发利用重心的战略西移，西部地区的煤炭资源对保障我国煤炭安全、稳定供应具有重要意义。根据西部地区水资源、生态环境容量重点建设一批大型、特大型矿井群，优先建设优质动力煤煤矿、特大型现代化露天煤矿、煤电和煤炭转化一体化项目，在水权配置上应对中西部煤炭资源开发予以保证，在用水政策上予以倾斜，为合理开发水资源短缺区煤炭资源提供保障机制；在中西部煤炭资源开发地区加强水资源和水系统建设的同时，完善矿区（尤其是西北地区）管水、用水、节水的法律法规和标准，规范矿区取水、用水行为，从水资源保护、水资源配置、矿井水处理与综合利用等方面制定严格的准入条件，鼓励通过水权置换来增加用水量。

3. 完善煤炭输配体系，统筹煤电基地建设

针对目前煤炭消费重心向西南的偏移，建设通向中南、西南地区的煤炭专用线或货

运通道，规划建设大型集运、中转、配送节点，吸引大型煤炭、电力等企业参与煤炭输配网络建设，以增加煤炭市场的集中度。

针对我国燃煤电站分布不均，京津冀鲁、长三角、珠三角地区火电机组布局集中的问题，统筹考虑受电地区需求和送电地区资源环境支撑能力，鼓励在人口密度较小、煤炭调出量大的中西部煤炭基地将煤炭转化为电力直供京津冀鲁等地区，并合理确定煤电基地开发规模，最大程度优化电力流向，推进输电通道与基地同步规划建设，适度集中布局坑口电站，推行“煤电一体化”方式建设和运营，以减轻或避免经济发达地区日益严重的环境污染问题，提高运输能效，减少煤炭转运污染。

4. 根据煤炭开发对环境容量的影响大小，不同省市在今后的发展过程中应采取不同的控煤要求

天津、宁夏、陕西、青海四省（市）应以先进省市污染物排放水平或发达国家污染物排放水平为目标进一步调整产业结构，提高节能减排技术，降低煤炭开发利用污染物排放量，提高污染物处理水平。新疆、甘肃可以在现有水平下，稳步进行经济发展。

5. 西北地区煤炭开发利用要加大节水力度

西北五省用水量增加数量较大，约占总用水量的 1%，对当地水资源利用有一定的影响。新增用水主要用于煤电基地和煤化工项目。为降低对当地水资源的影响，新建煤电和煤化项目要进一步加大节水力度。

三、环境容量对油气开发的约束

（一）油气工业发展基础

1. 油气资源储量及分布

根据国土资源部（现自然资源部）数据，2013 年我国京津冀、西北五省的石油、天然气基础储量（剩余技术可采储量）数据见表 5-19。

表 5-19　2013 年京津冀和西北五省油气基础储量数据

地区	石油（万 t）	天然气（亿 m^3）
北京	0	0
天津	3 115.22	279.79
河北	26 685.34	325.86
京津冀小计	29 800.56	605.65
陕西	33 712.64	6 231.14
甘肃	21 150.01	241.28
青海	6 284.94	1 511.79
宁夏	2 313.96	294.40
新疆	58 393.63	9 053.88
西北五省小计	121 855.18	17 332.49
全国合计	336 732.81	46 435.74

资料来源：国土资源部 2013 年数据

2. 油气产量及消费量

2013 年我国各地区油气生产和消费情况见表 5-20、图 5-2 和图 5-3。

表 5-20　2013 年我国油气生产和消费情况

地区	原油产量（万 t）	原油消费量（万 t）	天然气产量（亿 m^3）	天然气消费量（亿 m^3）
北京		870.92	7.50	98.81
天津	3 044.50	1 759.15	18.73	37.79
河北	591.00	1 385.89	15.58	49.86
山西			25.11	45.08
内蒙古		411.07	10.04	43.51
辽宁	1 001.00	6 480.07	8.32	78.68
吉林	703.70	1 002.13	23.91	24.05
黑龙江	4 001.00	2 127.02	34.99	34.77
上海	7.90	2 611.76	2.35	72.89
江苏	201.50	3 394.78	0.51	124.47
浙江		2 853.65		56.72
安徽		551.67		27.81
福建		1 007.11		49.39
江西		520.28		13.43
山东	2 726.40	6 766.01	5.11	68.80
河南	476.50	963.57	4.93	79.71
湖北	80.10	1 176.72	3.09	31.97
湖南		946.54		20.46
广东	1 291.80	4 729.48	75.26	124.05
广西	43.80	1 296.13	0.10	4.55
海南	26.50	737.65	2.25	46.02
重庆			1.70	72.19
四川	22.40	306.49	244.81	148.30
贵州			0.41	8.42
云南		0.03	0.02	4.27
西藏				
陕西	3 688.00	2 230.64	371.65	70.30
甘肃	72.80	1 575.63	0.17	23.23
青海	214.50	146.19	68.06	41.56
宁夏	6.10	463.31		19.57
新疆	2 792.50	2 560.76	283.98	127.41
全国	20 992.00	48 874.65	1 208.58	1 648.07
京津冀	3 635.50	4 015.96	41.81	186.46
西北五省	6 773.90	6 976.53	723.86	282.07

资料来源：国家统计局，2014

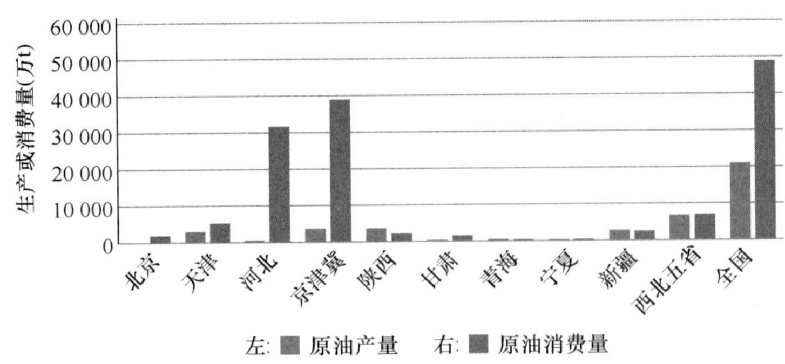

图 5-2 京津冀、西北五省及全国原油生产和消费情况

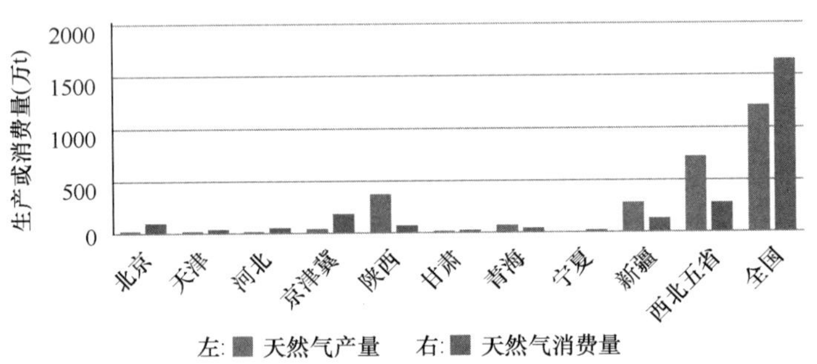

图 5-3 京津冀、西北五省及全国天然气生产和消费情况

（二）油气工业发展面临的形势

1. 2020 年、2030 年我国油气需求量

（1）七大石化基地

《石化产业规划布局方案》2014 年 9 月初已获得国务院同意。根据《石化产业规划布局方案》，预计到 2020 年全国炼油综合加工能力 79 000 万 t，乙烯、芳烃生产能力分别为 3350 万 t、3065 万 t，2025 年炼油、乙烯、芳烃生产加工能力分别为 85 000 万 t、5000 万 t 和 4000 万 t。重点建设七大石化产业基地，包括大连长兴岛（西中岛）、河北曹妃甸、江苏连云港、上海漕泾、浙江宁波、广东惠州和福建古雷。

1）大连长兴岛（西中岛）。

炼油装置规模达到 4000 万 t 级的炼油总能力（远景达到 6000 万 t 级），乙烯装置规模达到 300 万 t 级，对二甲苯、精对苯二甲酸规模分别达到 400 万 t 级和 700 万 t 级，二苯甲烷二异氰酸酯（diphenyl-methane-diisocyanate，MDI）规模达到 48 万 t。

2）河北曹妃甸。

建设规模为 1000 万 t 级炼油、100 万 t 级乙烯炼化一体工程。

3）江苏连云港。

一期项目包括 1200 万 t/年炼油和 100 万 t 级/年对二甲苯项目，二期包括 2000 万 t/年炼油和 100 万 t/年乙烯项目等。

4）上海漕泾。

建设规模为 2000 万 t/年炼油（1500 万 t/年炼油工程+500 万 t/年润滑油搬迁工程）、

100 万 t/年乙烯及其下游配套加工装置、公用和储运配套工程。

5）浙江宁波。

镇海炼化年产 1500 万 t 炼油、120 万 t 乙烯扩建工程，主要由炼油工程、乙烯工程和公用辅助设施三部分组成。

6）广东惠州。

中海油惠州二期项目，包括 1000 万 t/年炼油、100 万 t/年乙烯及配套公用工程。三期项目包括 1800 万 t/年炼油、200 万 t/年乙烯。

7）福建古雷。

首期规划建设 1600 万 t/年炼油装置、120 万 t/年乙烯装置、公用工程、码头及中下游石化产业配套装置。规划总炼油能力 5000 万 t/年、乙烯 500 万 t/年。

（2）2020 年油气生产、消费预测

根据《中国石化“十三五”规划专题研究报告》及有关资料，初步预测 2020 年我国各地区油气生产、消费数据见表 5-21。

表 5-21 2020 年我国油气生产、消费预测

地区	原油产量（万 t）	原油消费量（万 t）	天然气产量（亿 m^3）	天然气消费量（亿 m^3）
北京		871		175
天津	3 172	1 759	36	120
河北	619	1 836	17	128
山西		0		125
内蒙古		411		83
辽宁	1 053	7 180		115
吉林	685	1 002		57
黑龙江	4 126	2 127	67	64
上海		3 312		121
江苏	176	3 845		261
浙江		2 854		150
安徽		852		53
福建		2 207		73
江西		820		33
山东	2 875	6 766		160
河南	486	1 964	10	123
湖北	81	1 627	6	79
湖南		947		49
广东		5 729	3	297
广西	44	1 296		39
海南		738	3	75
重庆		0		125
四川		1 306	468	250
贵州		0		22
云南		1 000		18
西藏		0		

续表

地区	原油产量（万 t）	原油消费量（万 t）	天然气产量（亿 m^3）	天然气消费量（亿 m^3）
陕西	3 886	2 231	714	94
甘肃	796	1 576		56
青海	227	146	131	60
宁夏		463		40
新疆	2 791	3 461	545	187
全国	21 018	58 325	2 000	3 232
京津冀	3 791	4 466	53	423
西北五省	7 701	7 877	1 390	437

（3）2030 年油气生产、消费预测

根据《中国石化“十三五”规划专题研究报告》及有关资料，初步预测 2030 年我国各地区油气生产、消费数据见表 5-22。

表 5-22　2030 年我国油气生产、消费预测

地区	原油产量（万 t）	原油消费（万 t）	天然气产量（亿 m^3）	天然气消费量（亿 m^3）
北京		871		220
天津	3 211	1 759	54	283
河北	605	3 836	26	240
山西		0		181
内蒙古		411		132
辽宁	1 036	11 630		201
吉林	840	1 002		104
黑龙江	4 147	2 127	101	111
上海	5	3 312		201
江苏	202	5 045		385
浙江		4 354		317
安徽		852		112
福建		3 807		148
江西		820		75
山东	2 875	7 066		294
河南	494	1 964	14	211
湖北	82	1 627	9	159
湖南		947		103
广东	1 253	9 029	4	398
广西	2	1 296		90
海南	20	1 238	5	95
重庆		0		155
四川	18	1 306	702	270
贵州		0		41
云南		1 000		47
西藏		0		

续表

地区	原油产量（万 t）	原油消费（万 t）	天然气产量（亿 m^3）	天然气消费量（亿 m^3）
陕西	3 655	2 231	1 072	154
甘肃	72	1 576		106
青海	212	146	196	80
宁夏	2	463		70
新疆	2 768	3 461	817	222
全国	21 500	73 175	3 000	5 205
京津冀	3 816	6 466	80	743
西北五省	6 710	7 877	2 085	632

2. 大气污染物环境容量对我国油气开发及消费的约束

（1）二氧化硫排放

油气开发、消费二氧化硫排放汇总数据见表 5-23。从表 5-23 可以看出，以 2013 年排放指标为基础测算的京津冀、西北五省 2030 年油气开发利用二氧化硫排放占总指标量比例均上升，河北、新疆增幅较大，需要加大减排力度。

（2）氮氧化物排放

油气生产、消费氮氧化物排放测算见表 5-24。从表 5-24 可以看出，2030 年京津冀、西北五省油气开发利用氮氧化物排放占总环境容量比例均上升；北京、天津、陕西、甘肃、青海、新疆油气开发利用氮氧化物排放均超过总环境容量要求，鉴于主要排放源是成品油消费和天然气消费排放，需要采取汽柴油品质量升级、提高天然气消费排放标准等措施减少排放。

（3）挥发性有机化合物（VOC）排放

油气开发利用排放 VOC 测算见表 5-26、表 5-27。从表 5-26 和表 5-27 可以看出，按 2013 年排放系数测算，京津冀、西北五省 2030 年油气开发利用 VOC 排放总量和占届时环境容量比例均有所上升，西北五省增幅较大，陕西、甘肃、青海、新疆 VOC 排放总量甚至超过环境总容量。排放总量中成品油消费排放量最大，其次是原油加工，因此，控制机动车 VOC 排放和减少原油加工 VOC 排放是减排的工作重点。

3. 煤制油与煤制气

（1）煤化工项目规划情况

根据 2014 年国家发展和改革委员会核发路条情况初步统计全国各地煤化工项目规划，见表 5-28。

（2）煤化工项目对环境的影响

根据目前国内煤化工项目煤耗、水耗和主要污染物排放标准，参考实际项目运行指标，初步测算 2020 年、2030 年规划煤化工项目煤耗、水耗及主要污染物排放数据见表 5-29 和表 5-30。西北五省煤化工主要消耗和排放预测见表 5-31。

表 5-23 油气生产消费 SO_2 排放测算

地区	2013 年				2020 年				2030 年				占总环境容量比例（%）		
	原油开发（t）	天然气开发（t）	原油加工（t）	小计（t）	原油开发（t）	天然气开发（t）	原油加工（t）	小计（t）	原油开发（t）	天然气开发（t）	原油加工（t）	小计（t）	2013 年	2020 年	2030 年
北京			11 236	11 236			11 236	11 236			11 236	11 236	22.47	22.47	22.47
天津	1 766	169	22 691	24 626	1 840	325	22 691	24 856	1 862	488	22 691	25 041	20.52	20.71	20.87
河北	343	140	17 879	18 362	359	155	23 684	24 198	351	232	49 484	50 067	4.17	5.50	11.38
京津冀	2 109	309	51 806	54 224	2 199	480	57 611	60 290	2 213	720	83 411	86 344	8.89	9.88	14.15
陕西	2 139	3 354	28 780	34 273	2 254	6 446	28 780	37 480	2 120	9 670	28 780	40 570	10.71	11.71	12.68
甘肃	42		20 330	20 372	462		20 330	20 792	42		20 330	20 372	12.73	13.00	12.73
青海	124	615	1 883	2 622	132	1 182	1 883	3 197	123	1 772	1 883	3 778	8.74	10.66	12.59
宁夏	4		5 973	5 977	0		5 973	5 973	1		5 973	5 974	4.98	4.98	4.98
新疆	1 620	2 563	33 037	37 220	1 619	7 376	44 646	53 642	1 605	7 376	44 647	53 628	12.01	17.30	17.30
西北五省	3 929	6 531	90 003	100 463	4 466	15 004	101 613	121 083	3 892	18 818	101 613	124 323	10.69	12.88	13.23
全国	12 175	10 905	630 488	653 568	12 412	20 506	752 393	785 311	12 470	27 071	943 958	983 499	5.96	7.16	8.97

表 5-24 油气生产消费氮氧化物排放测算

地区	2013 年					2020 年					2030 年					占总环境容量比例（%）		
	油气开发（万 t）	原油加工（万 t）	成品油消费（万 t）	天然气消费（万 t）	小计（万 t）	油气开发（万 t）	原油加工（万 t）	成品油消费（万 t）	天然气消费（万 t）	小计（万 t）	油气开发（万 t）	原油加工（万 t）	成品油消费（万 t）	天然气消费（万 t）	小计（万 t）	2013 年	2020 年	2030 年
北京	0	0.8	14.8	2.05	17.7	0	0.8	14.8	3.64	19.3	0	0.8	14.0	4.57	19.4	252.86	275.71	277.14
天津	0.25	1.61	12.9	0.88	15.6	0.27	1.61	12.9	2.81	17.6	0.29	1.61	12.1	6.63	20.6	130.00	146.67	171.67
河北	0.06	1.27	27.6	1.28	30.2	0.06	1.68	27.6	3.29	32.6	0.06	3.5	25.9	6.16	35.6	54.91	59.27	64.73
京津冀	0.31	3.67	55.3	4.22	63.5	0.33	4.08	55.3	9.73	69.4	0.35	5.9	52.0	17.36	75.6	85.81	93.78	102.16
陕西	0.52	2.04	17.8	2.06	22.5	0.75	2.04	26.1	2.75	31.7	0.96	2.04	30.8	4.51	38.3	97.83	137.83	166.52
甘肃	0.01	1.44	12.0	0.59	14.0	0.06	1.44	26.4	1.42	29.3	0.01	1.44	31.1	2.7	35.3	66.67	139.52	168.10
青海	0.06	0.13	3.5	0.9	4.5	0.1	0.13	6.1	1.3	7.6	0.14	0.13	7.2	1.73	9.2	90.00	152.00	184.00
宁夏	0	0.42	3.3	0.4	4.1	0	0.42	4.7	0.81	5.9	0	0.42	5.5	1.42	7.3	34.17	49.17	60.83
新疆	0.4	2.34	18.1	2.23	23.1	0.56	3.16	31.0	3.28	38.0	0.73	3.16	36.6	3.89	44.4	70.00	115.15	134.55
西北五省	0.98	6.37	54.7	6.18	68.2	1.47	7.19	94.2	9.56	112.4	1.83	7.19	111.3	14.25	134.6	72.55	119.57	143.19
全国	2.4	44.62	636.4	55.69	739.1	2.9	53.25	762.9	109.2	928.3	3.56	66.81	901.4	175.87	1147.6	63.06	79.21	97.92

表 5-25　油气开采 VOC 排放测算

地区	2013 年				2020 年				2030 年			
	原油产量（万 t）	天然气产量（亿 m^3）	油气当量产量（万 t）	VOC 排放（万 t）	原油产量（万 t）	天然气产量（亿 m^3）	油气当产量（万 t）	VOC	原油产量（万 t）	天然气产量（亿 m^3）	油气当产量（万 t）	VOC 排放（万 t）
北京		7.5	59.76	0.04			0	0.00			0	0.00
天津	3044.5	18.73	3193.74	1.92	3172	36	3458.85	2.08	3211	54	3641.28	2.18
河北	591	15.58	715.14	0.43	619	17	754.46	0.45	605	26	812.17	0.49
京津冀	3635.5	41.81	3968.65	2.38	3791	53	4213.31	2.53	3816	80	4453.45	2.67
陕西	3688	371.65	6649.35	3.99	3886	714	9575.24	5.75	3655	1072	12196.83	7.32
甘肃	72.8	0.17	74.15	0.04	796		796	0.48	72		72	0.04
青海	214.5	68.06	756.81	0.45	227	131	1270.82	0.76	212	196	1773.75	1.06
宁夏	6.1		6.1	0.00			0	0.00	2		2	0.00
新疆	2792.5	283.98	5055.29	3.03	2791	545	7133.63	4.28	2768	817	9277.96	5.57
西北五省	6773.9	723.86	12541.7	7.53	7700	1390	18775.7	11.27	6709	2085	23322.6	13.99
全国	20992	1208.58	30622.1	18.37	21018	2000	36954.3	22.17	21500	3000	45404.4	27.24

表 5-26　油气开发利用 VOC 排放测算

地区	2013 年				2020 年				2030 年			
	油气开采（万 t）	原油加工（万 t）	成品油消费（万 t）	小计（万 t）	油气开采（万 t）	原油加工（万 t）	成品油消费（万 t）	小计（万 t）	油气开采（万 t）	原油加工（万 t）	成品油消费（万 t）	小计（万 t）
北京	0.04	1.74	10.04	11.82	0.00	1.74	10.04	11.78	0.00	1.74	10.04	11.78
天津	1.92	3.52	8.73	14.16	2.08	3.52	8.73	14.32	2.18	3.52	8.73	14.43
河北	0.43	2.77	18.67	21.87	0.45	3.67	18.67	22.79	0.49	7.67	18.67	26.83
京津冀	2.38	8.03	37.44	47.85	2.53	8.93	37.44	48.90	2.67	12.93	37.44	53.04
陕西	3.99	4.46	12.08	20.53	5.75	4.46	17.69	27.90	7.32	4.46	22.19	33.97
甘肃	0.04	3.15	8.10	11.30	0.48	3.15	17.86	21.49	0.04	3.15	22.41	25.60
青海	0.45	0.29	2.34	3.08	0.76	0.29	4.12	5.17	1.06	0.29	5.16	6.52
宁夏	0.00	0.93	2.24	3.17	0.00	0.93	3.18	4.11	0.00	0.93	3.99	4.92
新疆	3.03	5.12	12.28	20.44	4.28	6.92	20.98	32.18	5.57	6.92	26.32	38.81
西北五省	7.53	13.95	37.04	58.52	11.27	15.75	63.83	90.85	13.99	15.75	80.08	109.83
全国	18.37	97.75	431.17	547.29	22.17	116.65	516.87	655.69	27.24	146.35	648.49	822.09

表 5-27　油气开发利用 VOC 排放占环境容量比例

地区	2013 年		2020 年		2030 年	
	排放量（万 t）	VOC 排放占比	排放量（万 t）	VOC 排放占比	排放量（万 t）	VOC 排放占比
北京	11.82	33.8%	11.78	39.3%	11.78	49.08%
天津	14.16	44.3%	14.32	51.2%	14.43	62.74%
河北	21.87	14.8%	22.79	20.7%	26.83	31.56%
京津冀	47.85	22.3%	48.9	29.1%	53.04	40.18%
陕西	20.53	37.3%	27.9	73.4%	33.97	117.14%
甘肃	11.3	41.8%	21.49	107.4%	25.6	160.00%
青海	3.08	51.4%	5.17	103.4%	6.52	163.00%
宁夏	3.17	35.3%	4.11	68.5%	4.92	98.40%
新疆	20.44	53.8%	32.18	114.9%	38.81	168.74%
西北五省	58.52	43.3%	90.85	93.7%	109.83	142.64%
全国	547.29	22.6%	655.69	32.5%	822.09	50.97%

表 5-28 我国煤化工项目规划统计

名称	煤制气（亿 m^3）			煤制油（万 t）			煤制烯烃（万 t）			甲醇制烯烃（万 t）			煤制乙二醇（万 t）		
	2015 年	2020 年	2030 年	2015 年	2020 年	2030 年	2015 年	2020 年	2030 年	2015 年	2020 年	2030 年	2015 年	2020 年	2030 年
内蒙古	17	196	496	126	226	1046	106	240	474	0	60	120	20	65	110
新疆	14	245	435	0	0	540	0	0	0	0	0	0	5	15	25
陕西	0	0	0	0	50	100	0	35	70	0	0	0	0	0	0
宁夏	0	0	0	0	200	400	52	52	52	0	0	0	0	0	0
甘肃	0	0	0	0	0	0	0	35	70	0	10	20	0	0	0
青海	0	0	0	0	0	0	0	0	0	0	0	0	0	0	0
辽宁	0	40	40	0	0	0	0	0	0	0	0	0	0	0	0
山西	0	40	200	21	111	801	0	0	100	0	15	30	0	15	30
安徽	0	22	22	0	0	0	0	0	0	0	0	0	0	5	10
贵州	0	0	0	0	100	200	0	30	60	0	0	0	0	15	30
云南	0	0	0	0	150	300	0	0	0	0	0	0	0	0	0
黑龙江	0	0	0	0	0	0	0	30	60	0	0	0	0	20	40
河南	0	0	0	0	0	0	0	30	60	20	20	20	100	110	120
浙江	0	0	0	0	0	0	0	0	0	60	90	120	5	5	5
江苏	0	0	0	0	0	0	0	0	0	30	45	60	0	0	0
山东	0	0	0	0	0	0	0	0	0	0	35	70	0	0	0
湖北	0	0	0	0	0	0	0	0	0	0	0	0	20	20	20
上海	0	0	0	0	0	0	0	0	0	0	0	0	0	0	0
全国	31	543	1193	147	837	3387	158	452	946	110	275	440	150	270	390
西北五省	14	245	435	0	250	1040	52	122	192	0	10	20	5	15	25

表 5-29 2020 年规划煤化工项目主要消耗和排放预测数据

名称	煤（万 t）	水（万 t）	CO_2（t）	SO_2（t）	NO_x（t）	COD（t）	氨氮（t）
内蒙古	10 063	22 862	13 721	19 890	18 459	4 243	646.5
新疆	7 939	17 049	11 595	19 110	17 885	4 655	710.5
陕西	559	1 348	635	641	569.5	90.5	13.5
宁夏	1 535	3 385.6	1 748	1 543.2	1 336.4	247.6	36.4
甘肃	338	924	408	532	491.5	46.1	7.12
青海	0	0	0	0	0	0	0
辽宁	1 288	2 760	1 880	3 120	2 920	760	116
山西	2 048	4 314	2 809.4	3 830.7	3 528.4	860.8	130.61
安徽	726	1 567	1 061	1 716	1 606	418	63.8
贵州	850	1 928	989.5	818	711	129	19
云南	840	1 650	960	705	585	135	19.5
黑龙江	307	876	376	348	321	39	6
河南	727	1 992	1 039	600	555	40.2	6.24
浙江	546	1 182	863.5	1 134	1 053	5.4	1.08
江苏	265	567	418.5	567	526.5	2.7	0.54
山东	206	441	325.5	441	409.5	2.1	0.42
湖北	67	192	106	0	0	0	0
上海	1	1.44	0.795	0	0	0	0
全国	28 304	63 039	38 936	54 996	50 957	11 674	1 777
西北五省	10 372	22 707	14 386	21 826	20 282	5 039	768

表 5-30　2030 年规划煤化工项目主要消耗和排放预测数据

名称	煤（万 t）	水（万 t）	CO_2（t）	SO_2（t）	NOx（t）	COD（t）	氨氮（t）
内蒙古	26 687	59 105	35 971	50 615	46 763	10 989	1 671
新疆	17 115	36 195	24 034	36 468	33 861	8 751	1 332
陕西	1 119	2 696	1 270	1 282	1 139	181	27
宁夏	2 655	5 586	3 028	2 483	2 116	428	62
甘肃	676	1 848	816	1 064	983	92	14
青海	0	0	0	0	0	0	0
辽宁	1 288	2 760	1 880	3 120	2 920	760	116
山西	12 001	25 557	15 864	20 903	19 145	4 653	704
安徽	742	1 615	1 088	1 716	1 606	418	64
贵州	1 700	3 856	1 979	1 636	1 422	258	38
云南	1 680	3 300	1 920	1 410	1 170	270	39
黑龙江	613	1 752	752	696	642	78	12
河南	1 000	2 772	1 362	948	876	79	12
浙江	722	1 560	1 143	1 512	1 404	7	1
江苏	353	756	558	756	702	4	1
山东	412	882	651	882	819	4	1
湖北	67	192	106	0	0	0	0
上海	1	1	1	0	0	0	0
全国	68 831	150 433	92 423	125 491	115 568	26 972	4 094
西北五省	21 565	46 325	29 148	41 297	38 099	9 452	1 435

表 5-31　西北五省煤化工主要消耗和排放预测

名称	2015 年	2020 年	2030 年
煤（万 t）	875	10 372	21 565
水（万 t）	2 182	22 707	46 325
CO_2（万 t）	1 141	14 386	29 148
SO_2（t）	1 676	21 826	41 297
NO_x（t）	1 560	20 282	38 099
COD（t）	329	5 039	9 452
氨氮（t）	50	768	1 435

（三）优化油气产业发展建议

1. 在油气生产过程中加强环境保护工作

今后一段时期，我国经济将继续保持适度平稳的增长率，能源需求增长会比较稳定。除继续扩大进口渠道，紧密依靠国际市场之外，立足国内，开发国内油气资源是重要战略选择。但是在当前及今后油价低迷的形势下，要充分考虑环境承载力，要在环境约束下开展油气勘探开发，做到又好又快发展。基于当前油气工业发展现状及今后发展形势，需要从技术上找到突破口，从财税政策、体制机制改革上给予支持，减轻企业因为从事环保而增加的成本压力。鼓励企业技术革新与技术引进，在油气生产过程中开展卓有效率的环境保护工作。

2. 京津冀、西北五省未来油气开发利用控污措施应各有侧重

（1）京津冀油气开发利用重点应控制天然气消费增加带来的氮氧化物排放增加问题；原油加工量增加带来的硫化物、VOC 增加问题。

（2）西北五省油气开发利用重点应控制成品油消费增加带来的氮氧化物、VOC 排放增加问题；天然气开发和原油加工量增加带来的硫化物、VOC 增加问题。

四、基于环境容量的能源区域发展协调对策建议

（一）推动能源转型

面对日益凸显的能源与环境问题，推动我国的能源转型，实现能源清洁低碳化利用，是目前我国能源发展的重要任务。

能源利用清洁低碳化是全球发展的大趋势，西方发达经济体正处于从油气时代向天然气及可再生能源时代变化的转型期，而我国仍处于以煤炭利用为主的煤炭时代。面对日益凸显的能源与环境问题，我国需要加快能源转型，在调整优化产业结构、控制能源消费总量、改进能源消费结构等多个方面共同发力。

（二）大力发展非化石能源

未来中长期时间内，我国煤炭清洁化利用是现实选择，大力发展非化石能源是战略性选择，石油作为动力燃料主力的地位不会动摇，天然气则将发挥重要的桥梁作用。

综合考虑我国煤炭、石油、天然气等各种能源的资源禀赋，目前我国以煤为主的能源消费结构短期内难以从根本上改变，2020 年煤炭消费总量在一次能源供给中的比例仍然接近 60%，因此高效清洁化利用煤炭资源必然成为我国能源清洁低碳化的首要选择。另外，虽然煤炭开发利用污染排放较多，但不断创新的技术正在改变这种状况，如煤炭科学开采大规模推广，洗选等提质加工技术、超（超）临界发电等高效燃煤发电技术的大规模应用，去产能和城镇化战略大力推动工业锅炉燃煤和散煤的“气代煤”等。

非化石能源包括水能、核能、太阳能、风能、生物质能及地热能等可再生能源和新能源，大力发展非化石能源是实现能源可持续发展的重要措施，也是未来能源发展的主要趋势。发展非化石能源是破解我国化石能源资源劣质化、消费总量攀升、对外依存度居高不下、能源供应的稳定和安全及可持续发展面临严峻考验等难题的战略性措施。

尽管石油是一种不可再生资源，石油峰值论、石油枯竭论等理论一直存在。但事实上，石油产出一直保持增长，特别是深海与非常规石油开采技术的进步，大大拓展了石油的勘探开发范围，全球原油探明可采储量非但没有减少，反而不断创造了新的高位。英国石油公司《BP 2035 世界能源展望》预计，2035 年全球能源消费量将达到 174 亿 t

油当量，其中近29%来自石油，石油仍是世界第一能源。目前我国运输领域当量能源消费中90%左右来自石油，预计到2030年石油在运输领域能源消费中的比重仍在80%以上。因此，尽管我国新能源汽车等产业发展十分迅速，但在运输领域没有根本性变革技术发生之前，石油作为动力燃料主力的地位不会改变。

我国常规天然气和非常规天然气资源潜力巨大，截至2014年年底，天然气剩余探明可采储量近3.5万亿 m^3，储采比达25.7年。较之于常规天然气，中国非常规天然气资源更加丰富，根据2012年国土资源部的调查数据，中国页岩气可采资源量高达25万亿 m^3，位居世界第一。此外，中国天然气资源的探明程度只有17%，属于勘探早期阶段，未来勘探潜力仍然巨大。天然气作为煤炭、石油、天然气三大化石能源中最清洁的能源，其对环境影响最小。因此，化石能源内部结构的优化将成为改善环境的关键，2020年我国要实现天然气在一次能源中的占比达到10%以上的目标，起到重要的改善环境的桥梁作用。

（三）引进先进技术，加强国际合作

我国在能源清洁化开发利用技术领域仍存在较多难点，需要加强国际合作，向国外企业学习借鉴，吸取宝贵经验。应该鼓励外商以合作的方式进行石油天然气勘探开发，开展页岩气、煤层气等非常规油气资源勘探开发。

（四）西北地区能源用水对策

西北地区能源不仅对整个西北的经济发展起着重要的作用，而且对全国的经济发展也都起着重要的作用。本文针对西北地区能源用水问题提出了3个对策：①能源-经济-水资源-环境的统一，全面发展小康社会；②要确保能源用水；③高效-节水-防污（中国工程院“西北地区工矿资源开发的用水和可持续发展对策研究”课题组）。

（五）煤炭开发利用

基于全国煤炭总量控制目标，抓好区域、省、市煤炭总量控制规划的制定与实施。将全国煤炭总量控制目标有效地落实到部门（行业）煤炭消费控制规划中。

1. 降低煤炭消费的环境影响

（1）控制煤炭消费总量

为了达到城市或区域空气质量改善目标、污染物总量控制目标及节能目标，在一定的污染治理水平和能源效率水平下，控制煤炭最大允许消费量。

（2）优化煤炭消费布局

基于污染物扩散、稀释、自净能力的空间差异性，来约束、控制煤炭消费的区域分布，从而有效指导耗煤产业的空间布局，确保区域大气环境使用功能达到空气质量限值要求。

（3）调整煤炭消费结构

考虑到不同行业的煤炭利用效率、污染物排放控制水平与监管条件等方面的差异，调整煤炭消费总量在不同行业之间的分配。

（4）提高煤炭利用水平

通过提高燃煤技术水平、污染物排放控制技术与管理水平，降低生产单位产品的煤炭消费强度与污染物排放强度。

2. 优化煤炭开发布局，合理控制煤炭开发总量

根据各地区水、大气等环境容量，资源赋存条件、工业与社会发展现状及趋势，科学合理地布局煤炭生产，实现煤炭由“以需定产”转变为“以环境容量定产”。

合理控制煤炭资源开发规模，采取有效措施，停止不合规在建煤矿的建设，严格控制新开工煤矿数量，鼓励大中型煤矿企业或优势企业整合、兼并小煤矿，支持大中型煤炭企业通过上市融资、发行债券、股权转让等方式，筹集发展资金，促进大型现代化煤矿和大型煤炭基地建设。

3. 加强西部地区水资源和水系统建设，保障西部地区煤炭产能

随着我国煤炭开发利用重心的战略西移，西部地区的煤炭资源对保障我国煤炭安全、稳定供应具有重要意义。根据西部地区水资源、生态环境容量重点建设一批大型、特大型矿井群，优先建设优质动力煤煤矿、特大型现代化露天煤矿、煤电和煤炭转化一体化项目，在水权配置上应对中西部煤炭资源开发予以保证，在用水政策上予以倾斜，为合理开发水资源短缺区煤炭资源提供保障机制；在中西部煤炭资源开发地区加强水资源和水系统建设的同时，完善矿区（尤其是西北地区）管水、用水、节水的法律法规和标准，规范矿区取水、用水行为，从水资源保护、水资源配置、矿井水处理与综合利用等方面制定严格的准入条件，鼓励通过水权置换来增加用水量。

4. 高效开采煤炭资源，实现资源科学开发

我国煤炭资源开发制约因素较多，应积极调整煤炭开发布局，促使将来煤炭生产的重心转移到提高科学产能比重上来，强化煤炭行业准入制度，持续推进煤炭资源整合。科学开发煤炭资源，需由粗放的煤炭开采向以高新技术为支撑的安全高效开采转变，推动煤矿由传统的生产方式向大型化、现代化、自动化、信息化的方向转变，推动煤炭企业管理由经验决策向信息化、系统化、科学化决策转变，推动传统的煤炭产业向安全高效生产方向发展。

5. 严格行业准入条件，逐步淘汰落后产能

我国煤炭行业高度分散，小煤矿众多，其数量约占全国煤矿数量的 80%。而小煤矿由于规模小、技术水平低下、生产工艺落后，导致其安全条件差、能耗高、回采率低、煤炭洗选加工及资源综合利用难以开展，而且分散开采污染严重，生态及环境治理难度大。

同时控制新建项目数量，严格按照有关规定，不再建设及核准不符合产业政策的煤矿，对于既有小煤矿不再增配资源，对于限期关闭的小煤矿采矿许可证到期后不再延续；对不利于实施清洁生产的生态环境脆弱区、开采条件极差矿井、高硫高灰等低品质煤矿井规划应安排暂缓开发或不予开发；出台符合各地区不同条件的落后产能退出的指导意

见，实现煤炭落后产能的有序退出，中央财政安排专门用于煤炭行业的淘汰落后产能专项资金，通过财政补贴等方式引导落后产能退出市场。

6. 优化煤炭燃烧结构，实现煤炭清洁高效利用

我国用于直接燃烧的煤炭消费量占80%以上，主要用于燃煤发电及中小炉窑和民用等分散燃煤。对于燃煤发电，在“超低排放”电厂示范工程的基础上，对于在运机组，鼓励发电企业通过技术升级改造，降低电厂供电煤耗及污染物排放量，鼓励非重点地区有条件的燃煤机组达到重点地区排放标准及超低排放标准，根据不同区域不同条件，在电价、发电小时数或其他方面对超低排放燃煤机组给予一定的优惠政策；提高新建机组的门槛，鼓励建设高参数大型化机组，积极发展热电联产机组，以提高燃煤发电的效率。

针对工业锅炉、工业窑炉和民用等中小用户分散燃烧存在的数量多、分布广、耗煤量大、污染严重、技术落后、环境管理困难等问题，应优化煤炭燃烧结构，降低分散燃烧的煤炭消费量，在有条件的地区鼓励采用天然气、电力等清洁能源替代煤炭燃烧。

力争到2020年原煤入洗率达到70%，电力用煤比例达到55%以上，洁配度达到42%；2030年，原煤入洗率达到80%，电力用煤比例达到60%以上，洁配度达到54%。每亿吨标准煤洁配度提高1个百分点，年可节约能量1.7×10^5tce（tce为吨标准煤），减排SO_2约1.1×10^4t，减排CO_2约3.8×10^5t。

7. 完善煤炭输配体系，统筹煤电基地建设

针对目前煤炭消费重心向西南的偏移，建设通向中南、西南地区的煤炭专用线或货运通道，规划建设大型集运、中转、配送节点，吸引大型煤炭、电力等企业参与煤炭输配网络建设，以增加煤炭市场的集中度。

针对我国燃煤电站分布不均，京津冀鲁、长三角、珠三角地区火电机组布局集中的问题，统筹考虑受电地区需求和送电地区资源环境支撑能力，鼓励在人口密度较小、煤炭调出量大的中西部煤炭基地将煤炭转化为电力直供京津冀鲁等地区，并合理确定煤电基地开发规模，最大程度优化电力流向，推进输电通道与基地同步规划建设，适度集中布局坑口电站，推行“煤电一体化”方式建设和运营，以减轻或避免经济发达地区日益严重的环境污染问题，提高运输能效，减少煤炭转运污染。

8. 加大绿色清洁煤炭研究技术和成果转化

立绿色煤炭重大专项，加大煤炭清洁高效利用关键技术攻关和成果转化力度。

将煤炭绿色开采、生态矿区建设、煤炭清洁高效利用关键性技术攻关项目列入国家科技支撑计划、能源重点创新领域和重点创新方向，开展煤炭绿色开采、生态矿区、煤炭清洁高效利用示范工程建设，加大科研投入；集中优势技术力量、科研资源，重点突破煤炭绿色开采、生态矿区建设、煤炭清洁高效利用的关键核心技术。积极开发、推广应用煤炭绿色开采和清洁高效利用技术，实现传统末端治理向污染预防、清洁生产转变，从源头和过程控制污染。

9. 发展现代煤化工

从国家战略需求看，发展现代煤化工是必然选择，但必须坚持量水而行，环保优先，

科学布局，绿色和可持续发展。

首先，现代煤化工产业能够部分替代我国石油和天然气的消费量，促进石化行业原料多元化，为国家能源安全提供战略支撑，为石油安全提供应急保障；其次，是落实国家能源消费革命战略，保护环境、促进煤炭清洁高效利用和煤炭产业转型升级的重大举措；最后，能够有效拉动区域经济发展，带动煤炭、石化、装备等相关领域产业优化升级。此外，“一带一路”倡议实施要求充分发挥我国现代煤化工技术、装备、工程和人才优势，加快现代煤化工产业“走出去”。但是，我国发展煤化工必须在水资源许可的地区开展项目建设，根据可供水资源量的潜力分析和评估，合理规划现代煤化工产业的发展规模。坚持严格环保标准，在废水排放方面，制定分区域的环保管理标准，对于缺少纳污水体或纳污水体不能接受废水排放的，要严格落实水功能区域限制纳污红线管理的要求，做到工业废水全部回收利用；对于有纳污水体条件的，要严格执行污水达标排放标准。统筹考虑资源条件、环境容量、生态安全、交通运输、产品市场等因素科学合理布局示范项目。根据资源承载能力和环境容量安排发展速度，按照能源保障、运输和加工能力安排资源开发规模和产业布局，推进园区化、基地化可持续发展模式。

（六）油气开发利用

1. 提高油气勘探开发环保标准，规范企业行为

国家相关部门应该根据形势需要，加大对环保工作的落实力度，完善相应法规条例，提高与油气勘探开发有关的环保要求与技术标准，为石油天然气勘探开发企业在污染防治方面提供政策指导和行动指南。随着我国高含硫油气田的开发、液化天然气的引进、国家环境保护要求的提高，不仅急需制定一批新的技术标准，石油行业现有的部分技术标准也需要修订完善。要紧密结合资源节约型和环境友好型企业的建设，加强清洁生产技术、节能降耗和环境保护标准的制定，只有切实打牢标准规范这个基础，企业才能不断深化管理，真正建立起自我约束、不断完善的长效机制，规范自身的行为，实现清洁发展和节约发展。

2. 完善管理体制、健全法规体系，加强对企业行为的监督

鉴于我国环境污染问题较为严重，在出台、完善及提高环境保护工作标准和技术要求的基础上，国家有关部门应加大对石油天然气企业生产行为的监督和管理力度，严格按照法规条例要求管理生产企业。在环境敏感区进行石油天然气勘探、开采的，要在开采前充分论证其对生态、环境的影响，并严格执行环境影响评价文件的要求，积极采取缓解生态、环境破坏的措施。高度重视污染源普查，建立污染源动态管理档案。结合国家正在进行的第一次全国污染源普查和过去对污染源管理取得的成果，从源头、过程、末端等制定污染源监测计划，对中国石油企业在油气生产过程中的废水、废气、噪声、固体废物等进行全面监测，摸清污染源产生和排放的特征、规律等，建立污染源管理动态台账，为环境管理、污染减排提供科学依据。随着海洋油气资源的进一步开发，出于防范油气生产事故造成海洋污染，需要更新现行海洋环境法律规范，保障合理制度安排。海洋环境法律制度更新应当注意为保护海洋环境、发展海洋环境产业

提供充分合理的、特别是符合时代发展特点的法律制度，并构造科学的海洋环境管理制度体系。

3. 落实政策，鼓励企业防治污染

落实《石油天然气开采业污染防治技术政策》要求，鼓励企业对污染进行防治和修复。

目前国内石油企业及主要油气生产区存在不同程度的水污染、土地污染和大气污染。“十三五”时期按照国家经济结构调整及重视发展质量的基本要求，油气行业需着手考虑污染治理和修复问题。贯彻和执行《石油天然气开采业污染防治技术政策》，对已造成的环境问题及时制定合理的措施，强调污染及时治理，有效地进行石油污染检测和高效开展石油污染的降解和修复，预防石油污染源的扩散。税收方面做相应调整，对于企业的治污行为政府应通过财税政策予以支持。完善我国石化企业排污收费的法律制度，重新制定排污费的收取标准，避免出现因排污费用较低而出现的宁肯缴纳排污费也不投资石油污染治理的现象。同时加强征收的严肃性和强制性，依法征收。

4. 加大科技研发力度，大力发展石油污染防治技术

设立科技专项开展油气勘探开发污染形成机制与防治技术研究，鼓励企业开展石油污染治理技术研究，鼓励研究、开发、推广以下技术：①环境友好的油田化学剂、酸化液、压裂液、钻井液，酸化、压裂替代技术，钻井废物的随钻处理技术，提高天然气净化厂硫回收率技术。②二氧化碳驱采油技术，低渗透地层的注水处理技术。③废弃钻井液、井下作业废液及含油污泥资源化利用和无害化处置技术，石油污染物的快速降解技术，受污染土壤、地下水的修复技术。

第六章 基于资源环境承载力的经济社会空间布局战略和对策

根据大气环境容量、地表水水环境容量核算与主要污染物最大允许排放限值评估，以及水资源对区域社会经济发展的支撑能力研究结果、环境容量对煤油气资源开发的约束研究结果，利用情景分析法，提出我国区域板块、重点区域（城市群）在产业空间布局的重大战略调整和对策建议。

一、我国当前经济社会空间布局的现状分析

（一）当前我国主要区域发展战略及其产业发展方向

为缩小区域发展差距，促进区域协调发展，我国逐步形成“东部率先、西部开发、东北振兴、中部崛起”的四大板块，构成了国家“十一五”“十二五”规划的区域发展总体战略。同时，为促进四大板块的发展，国家又提出了若干重点区域和主要城市群发展战略。

1. 东部、中部、西部及东北地区经济发展战略

改革开放以来，为了实现我国经济的快速发展，邓小平提出“两个大局”的战略构想，即优先发展东部沿海地区，然后以东部发达地区带动中西部落后地区发展，从而实施了“东部率先”发展的国家战略。随着东部沿海地区经济迅速发展，中西部地区经济差距不断拉大，中央政府先后实施了西部大开发、振兴东北工业基地和中部崛起国家区域发展战略，通过政策、税收及基础设施投资等手段，加快中部、西部及东北地区经济的发展，实现区域经济的协调发展，基本形成了中国区域经济的“四大板块”，即东部地区、中部地区、西部地区及东北地区。

2. 重点区域经济发展战略规划

为促进东部地区率先发展战略实施，国家提出或批复了《江苏沿海地区发展规划》（2009 年）、《鄱阳湖生态经济区规划》（2009 年）、《福建省加快建设海峡西岸经济区的若干意见》（2009 年）、《长江三角洲地区区域规划》（2010 年）、《河北沿海地区发展规划》（2011 年）、《广东省建设珠江三角洲金融改革创新综合试验区总体方案》（2013 年）等。为深化西部大开发战略，国家提出或批复了《关中—天水经济区发展规划》（2009 年）、《成渝经济区区域规划》（2011 年）、《西部大开发“十二五”规划》（2012 年）、《科技助推西部地区转型发展行动计划》（2013 年）、《左右江革命老区振兴规划》（2015 年）等。针对中部地区崛起战略，国家提出或批复了《国务院关于大力实施促进中部地区崛起战略的若干意见》（2012 年）、《洞庭湖生态经济区规划》（2014 年）、《长江中游城市

群发展规划》(2015 年）等。为贯彻实施东北振兴战略，国家提出或批复了《辽宁沿海经济带发展规划》(2009 年)、《东北振兴“十二五”规划》(2012 年)、《全国老工业基地调整改造规划》(2013 年)、《关于近期支持东北振兴若干重大政策举措的意见》(2014 年）等。这些区域经济发展战略规划使得我国逐渐形成一种新的区域经济发展布局，体现了国家加快沿海地区协调发展、促进东中西优势互补、共同发展的战略思路。

3. 主要城市群和经济圈建设

城市群是在特定的区域范围内云集相当数量的不同性质、类型和等级规模的城市，以一个或两个特大城市为中心，依托一定的自然环境和交通条件，城市之间的内在联系不断加强，共同构成一个相对完整的城市“集合体”。城市群已成为推进城镇化的主体形态，在城镇化建设展开若干年后，我国将形成以陆桥通道、沿长江通道为横轴，以沿海、京哈、京广、包昆通道为纵轴的“两横三纵”发展格局，推进环渤海、长三角、珠三角地区的优化开发，形成 3 个特大城市群；推进哈长、江淮、海峡西岸、中原、长江中游、北部湾、成渝、关中—天水等地区的重点开发，形成若干新的大城市群和区域性的城市群。20 多个重点开发的城市群在“两横三纵”的坐标轴上聚集，而城市群又发挥着带动和辐射作用，大城市的发展带动起中小城市的发展。

2012 年以来，中央提出了“一带一路”、京津冀协同发展、长江经济带建设的国家三大发展战略。三大战略中，“一带一路”是站在全球战略的高度，谋划我国全方位对外开放新格局；京津冀协同发展是针对“大城市病”的重点症结区域，寻求促进经济社会健康发展和区域协调发展的新路径；长江经济带建设瞄准贯通我国东中西部的横向轴线，是探索疏解我国经济社会转型瓶颈、促进全面小康的有效途径。因此，三大战略通过促进国际与国内经济发展的互联互通，经济增长内生新动力的培育和挖掘，新型增长方式的探索，形成促进未来我国区域发展的宏观格局。

（二）区域经济社会空间布局的比较及特点

1. 区域发展相对差距趋于缩小，但各区发展不协调的基本格局尚未发生实质性转变

在生产总值方面，东部地区的生产总值仍占据全国的半壁江山，中部地区和西部地区的比重均保持在 20%左右，东北地区的比重仍未突破全国的 10%（表 6-1)。“十二五”期间，2014 年东部地区的生产总值占全国的比重较 2011 年小幅下降了 1.1 个百分点，2014 年中部地区的生产总值占比较 2011 年小幅上升了 0.4 个百分点。西部地区呈现逐年

表 6-1 “十二五”期间四大板块的生产总值占比

地区	生产总值占比（%）			
	2011 年	2012 年	2013 年	2014 年
东部地区	52.0	51.3	51.2	50.9
中部地区	20.0	20.2	20.2	20.4
东北地区	8.7	8.8	8.6	8.4
西部地区	19.2	19.8	20.0	20.3

递增的趋势，生产总值占比由2011年的不足20%上升到2014年的20.3%。东北地区的生产总值占比不升反降，到2014年仅占全国生产总值的8.4%。尽管“四大板块”的生产总值占比呈现震荡变化的特点，但基本格局尚未改变。

以人均国内生产总值计算，东部地区与其他三大板块的绝对差距仍然较大。其中，东部地区与西部地区、中部地区的绝对差异尤为明显，并且呈现逐年上升的趋势。2011年东部地区与西部地区的人均GDP相差25 469元，2014年差距上升至29 622元。同期，东部地区与中部地区的人均GDP绝对差距由23 951元增至28 865元。东北地区与其他三大板块的绝对差距也有所扩大。中部地区的人均GDP略高于西部地区，两大板块之间的绝对差异最小且呈现逐年下降的趋势（图6-1）。究其原因，主要与各板块在“十二五”期间的经济增长速度有很大关系。按经济增长速度排序：西部地区＞中部地区＞东部地区＞东北地区（图6-2）。值得注意的是，2012年之后东北地区的经济增长速度下降趋势非常明显，而且是四大板块中经济增长速度最慢的。

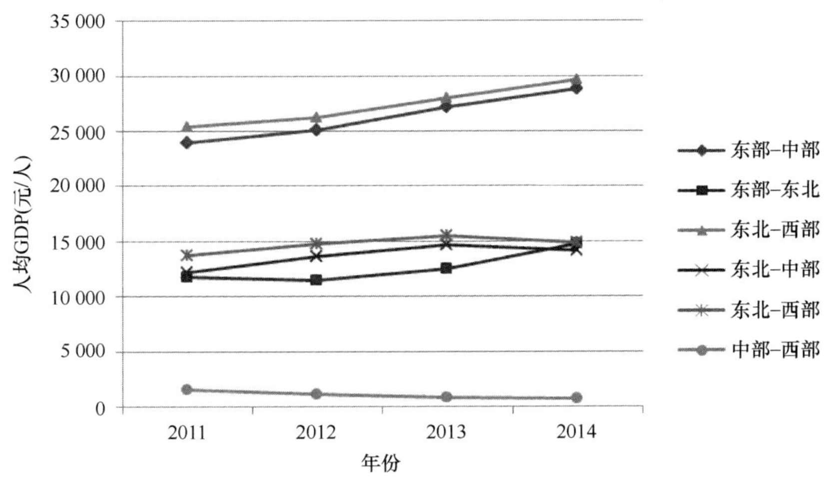

图6-1　“十二五”期间四大板块人均国内生产总值的绝对差距

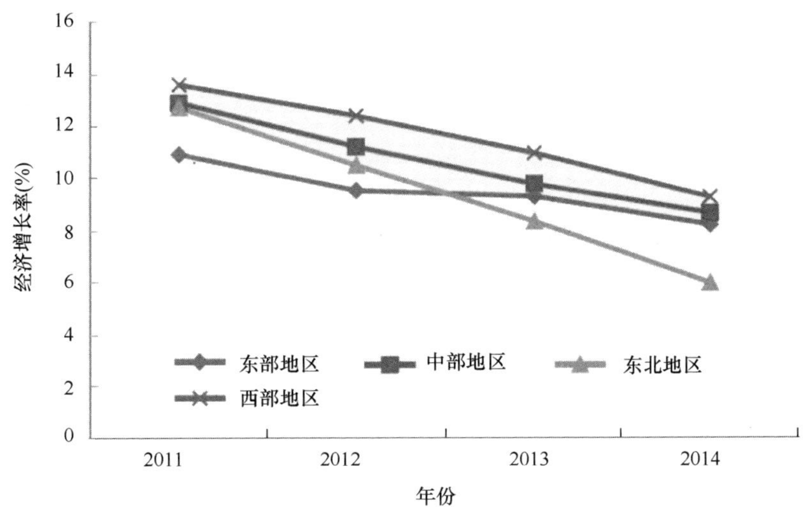

图6-2　“十二五”期间四大板块GDP增长率

在民生质量方面，从收入与消费、生活与出行、医疗与教育、就业与保障4个方面选择城乡居民人均储蓄存款余额、万人拥有医院、卫生院床位数等8个指标，采用线性加权求和法计算“四大板块”及各省（区、市）的民生指数，进一步了解不同地区之间的民生质量及其差距（表6-2）。计算表明，东部地区是民生指数最高的地区，西部地区和中部地区民生指数相对较低，东北地区介于上述板块之间。

表6-2 “十二五”时期四大板块民生指数的变化

	2011年	2012年	2013年
东部地区	6.26	6.39	6.10
中部地区	1.64	1.74	1.85
东北地区	5.12	4.94	4.86
西部地区	1.29	1.85	1.82

从分省（区、市）的情况看，东部地区大部分省份位于高值区，中部地区多数省份民生指数中等，西部地区民生指数相对较低。民生指数的空间分布呈现由东向西递减的趋势。

2. 区域产业结构得到一定程度优化，但产业布局非均衡状况仍十分明显

目前，我国东部、中部、西部、东北地区四大板块产业结构整体仍保持“二三一”的分布特征，产业结构均不尽合理。但随着经济发展方式的转型和城镇化发展，区域产业结构逐步优化，特别随着东部地区经济转型发展，第二产业比重呈逐年下降趋势，第三产业比重基本接近第二产业水平，呈现逐年上升趋势，表明东部经济转型取得了一定成效，一定程度上将有助于东部环境压力的缓解（图6-3）。

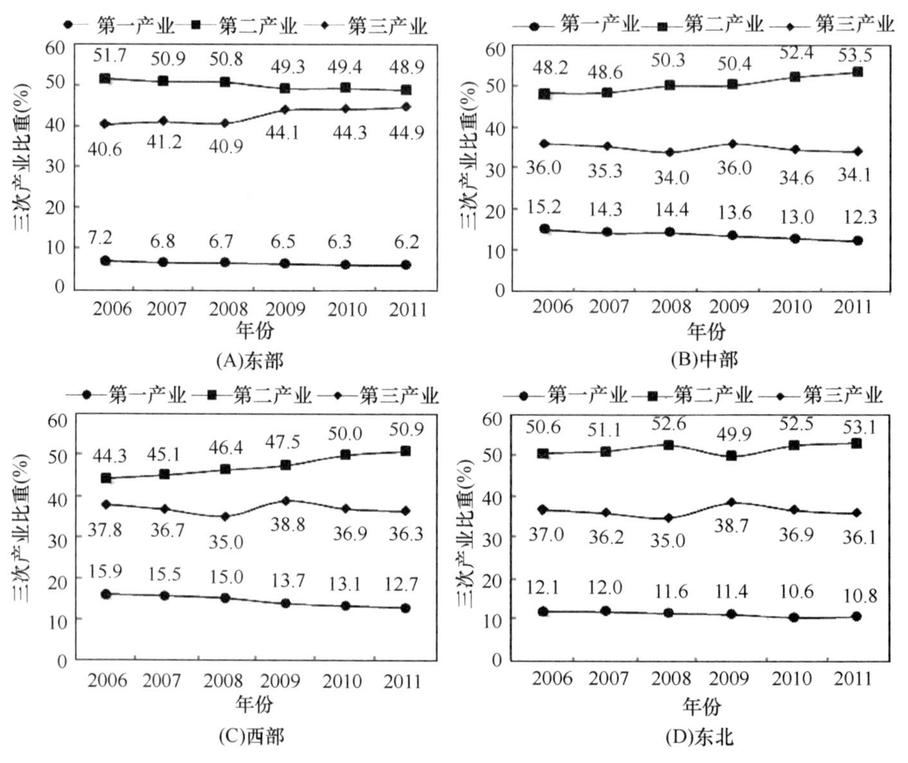

图6-3 “十一五”期间四大板块三次产业结构的变化趋势

中部、西部和东北地区第二产业比重仍居高不下，第三产业比重不足，需要引起注意。

3. 城镇化水平和居民人均可支配收入增长迅速，但各区域间差距仍十分突出

城镇化率是一个国家或地区经济发展的重要标志，也是衡量一个国家或地区社会组织程度和管理水平的重要标志。2011 年，我国的城镇化率突破 50%，标志着城镇人口首次超过农村人口，城乡结构发生历史性变化（图 6-4）。同期，高于全国城镇化率的地区只有东部地区和东北地区。2015 年，中部地区的城镇化率为 51.24%，也已突破 50%，西部地区的城镇化率为 48.74%，也接近 50%。

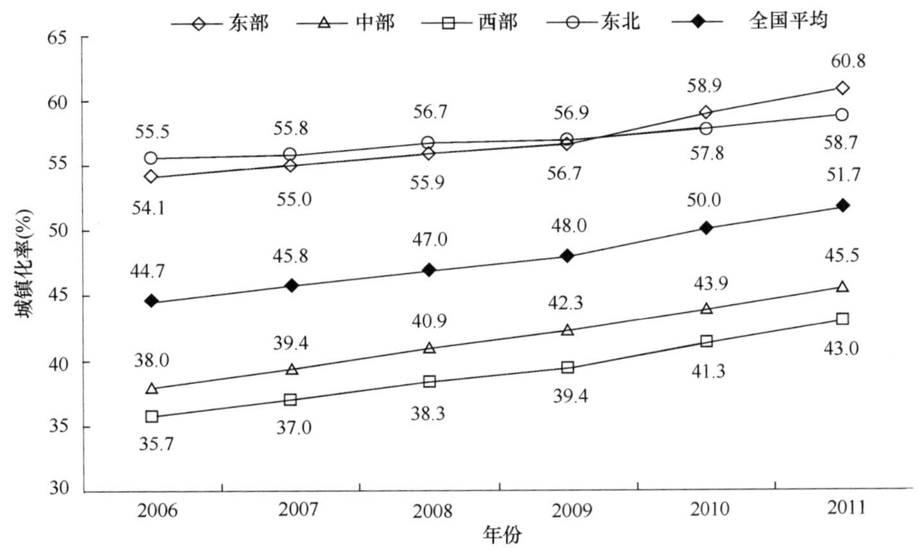

图 6-4 2006～2011 年四大板块的城镇化率

（三）区域资源环境空间布局的比较及特点

1. 资源利用效率有所提高，但各区域资源利用效率差异仍较为明显

长期以来，我国经济的高速增长依赖高投入、高消耗、高污染、低效率的粗放型增长方式，各地区以“资源换增长”的发展模式仍普遍存在。跟国外主要发达国家相比，我国的资源相对紧缺，人均资源占有量大大低于世界水平，其中耕地、淡水、森林、石油和天然气分别为世界水平的 1/3、1/4、1/5、1/10 和 1/22；然而，我国能源消耗却十分巨大，能源利用率较低，2008 年每万美元能耗是世界平均水平的 2.6 倍，是美国的 4.0 倍、德国的 4.4 倍、日本的 8.0 倍、英国的 5.9 倍、巴西的 2.4 倍（图 6-5）。

对比我国东部、中部、西部及东北地区，各区域的资源消耗和利用率也存在较大不同。基本呈现中部、东部地区消耗资源量较大，但单位产值能耗相对较小；而东北和西部地区消耗资源量相对较少，但单位产值能耗比较大的特点。

从四大板块历年水资源消耗情况来看（图 6-6），“十一五”期间，四大板块用水总量都呈增长的趋势，其中东部沿海地区和西部地区用水量所占比例较大，年平均占比分

别为 21%和 54%，而东北地区用水量所占比例较少，平均每年仅占 5%。

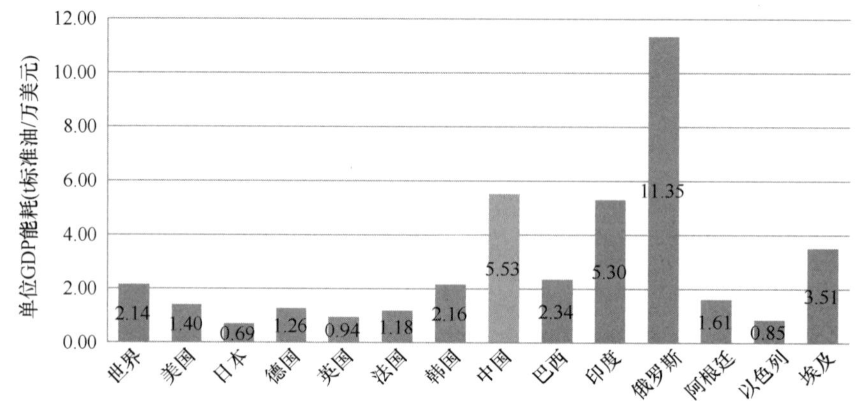

图 6-5　2008 年我国与其他国家单位 GDP 能耗比较

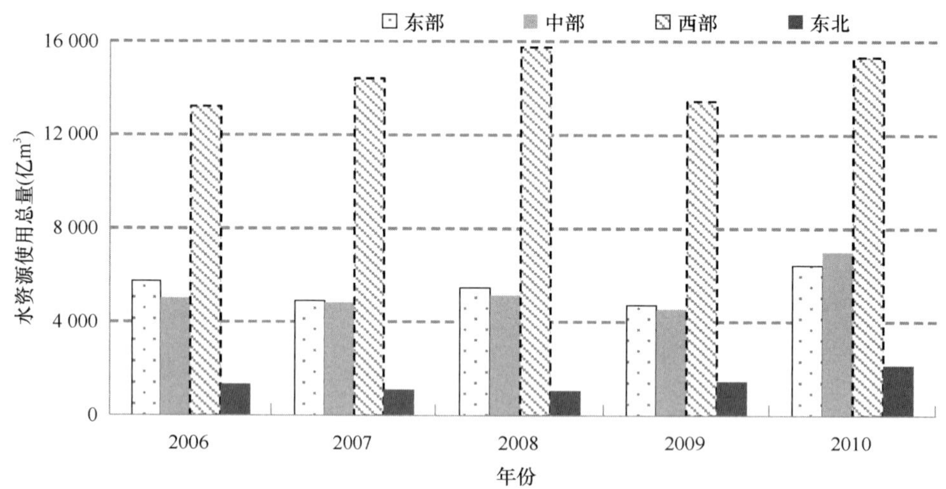

图 6-6　四大板块历年水资源使用总量比较

以单位产值耗水量计算，“四大板块”均呈现下降趋势，这也说明在国家“十二五”时期提出的“转方式、调结构”发展主线的引领下，“四大板块”地区的发展质量都有不同程度的改善。对比分析表明，东部地区是单位产值耗水量最低的地区，水资源利用效率最高。西部地区单位产值耗水量最高，但下降幅度最大，“十二五”期间年均下降 9.44%（图 6-7）。由于西部地区和中部地区的单位产值耗水量下降速度快于东部地区，这三大区域之间用水效率的差距进一步缩小。

对比我国四大板块能源消耗情况，东部地区所占比例最大，大约为总能源消耗量的 43%左右，东北地区最少为 10%左右（图 6-8）。“十一五”期间，我国能源消耗年均增长速度为 6.6%，到 2010 年，能源消耗总量达到 32.5 亿 tce。其中，东部地区能源消耗量最高，西部、中部地区次之，东北地区最低。各区域能源消耗总量占全国的比重有所变化，东部、中部地区能源消耗总量占全国的比重越来越低，西部地区所占比重越来越高。

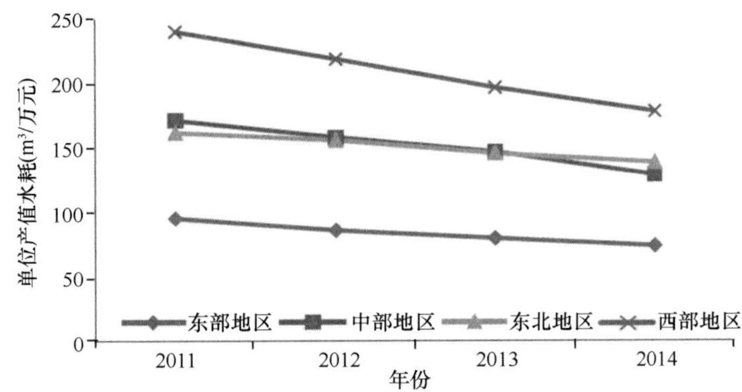

图 6-7　“十二五”期间四大板块单位 GDP 耗水量

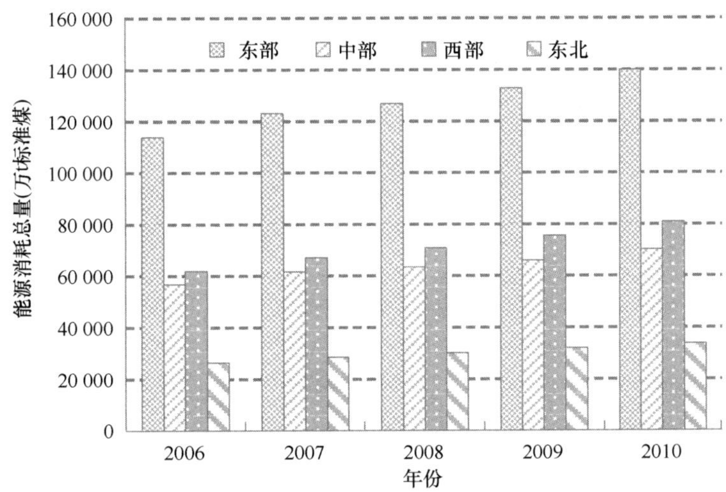

图 6-8　2006～2010 年我国四大板块能源消耗总量比较

从四大板块单位 GDP 能耗比看（图 6-9），四大板块整体能耗比呈缓慢下降趋势，全国平均水平从 2006 年的 0.97t 标准煤/万元下降到 2010 年的 0.81t 标准煤/万元。除东部地区外，其他三大板块历年能耗比都高于全国平均水平。其中西部和东北能耗比最高，

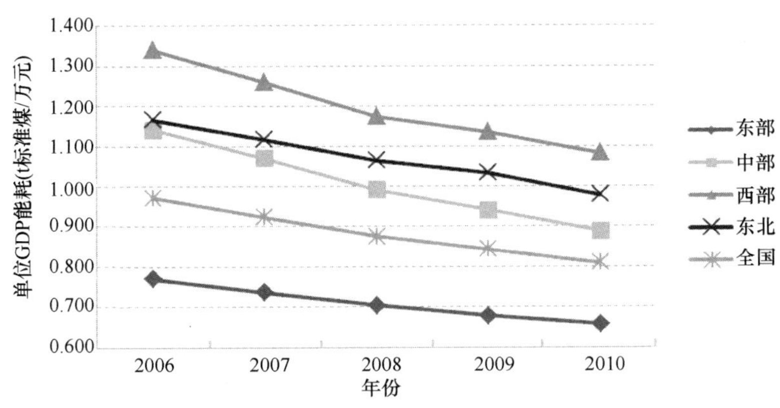

图 6-9　“十一五”期间四大板块单位 GDP 能耗比较

但其下降速度也较快，分别从 2006 年的 1.34t 标准煤/万元、1.17t 标准煤/万元下降到 2010 年的 1.08t 标准煤/万元、0.98t 标准煤/万元。

从能源结构来看（图 6-10），四大板块均以煤炭消费占主导地位，2010 年，东部地区煤炭消耗占一次能源的比例为 60.9%，中部地区为 85.0%，西部地区为 76.5%。由于可再生能源的大力发展，各区域可再生能源（水电、核电、风能、生物质能等）占整个能源消费的比例逐步升高，能源结构得到一定优化。

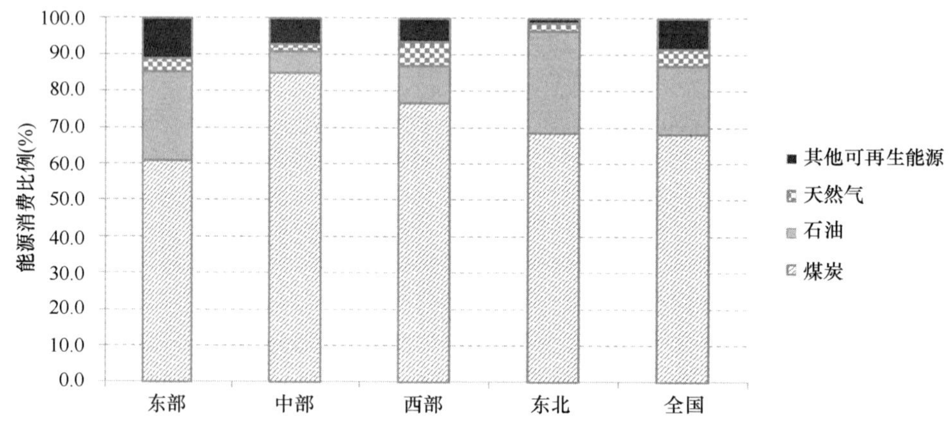

图 6-10　2010 年各区域能源消费构成

通过以上分析可以得出，我国过去近十年经济的快速增长是建立在能源、资源巨大消耗和浪费的基础上的，大大高于其他发达国家甚至其他发展中国家，且呈不断增长趋势。我国各区域资源能源消耗分布情况也不容乐观，东部能源消耗不断增长，中部、西部及东北地区能耗比过大，资源利用率较低，单位 GDP 的能耗、水耗仍较高，粗放型的经济增长方式与资源不足和生态环境恶化之间的矛盾十分突出。

2. 各区域资源环境承载力超载严重，京津冀气水复合超载，西北为水环境超载

在重点研究的京津冀和西北五省及内蒙古区域中，资源环境承载力超载情况略微有所不同。京津冀地区大气环境和水环境整体都已经出现超标情况，大气典型污染物一次 $PM_{2.5}$ 和水环境的典型污染物 COD 都存在超载现象（表 6-3）。

表 6-3　2013 年京津冀地区一次 $PM_{2.5}$ 和 COD 承载情况

地区	环境容量（万 t/年）		承载指数	
	一次 $PM_{2.5}$	COD	一次 $PM_{2.5}$	COD
北京	1.65	4.86	2.18	4.13
天津	3.50	4.11	2.39	4.68
河北	22.84	23.43	3.45	4.51
京津冀	27.99	32.40	3.24	4.48

西北五省整体环境方面主要是水污染，由于西北地区水资源相对短缺，需要发展经济和为东部地区供应能源，并且西北地区是生态相对脆弱的地区，水环境和水资源超载问题相对严重。西北五省中重点城市的大气污染问题存在部分超载情况。内蒙古东部资

源环境承载情况相对较好，内蒙古西部存在大气环境和水环境超载情况。

二、我国未来经济社会空间布局面临的重大挑战

（一）重点区域经济社会发展与资源环境承载力的情景比较分析

环境库兹涅茨曲线（environmental Kuznets curve，EKC）描绘了经济增长与环境压力之间的一种长期关系，其将经济发展分成三个阶段：第一个阶段是低经济活动时期，产生的污染物较少；第二个阶段是经济起飞时期，此时对资源的消耗量巨大，技术水平不高，利用率低，污染严重；第三个阶段是经济优化发展时期，经济的进一步发展促使经济结构优化升级，技术水平、资源利用率不断提高，反而有助于降低污染排放、改善环境质量。国内多数学者在对不同年份我国及不同省份的环境库兹涅茨曲线进行研究时表明：除了北京、上海、广东等发达地区，我国大部分地区经济发展还处在 EKC 的第二阶段，即工业化中后期阶段（图 6-11）。

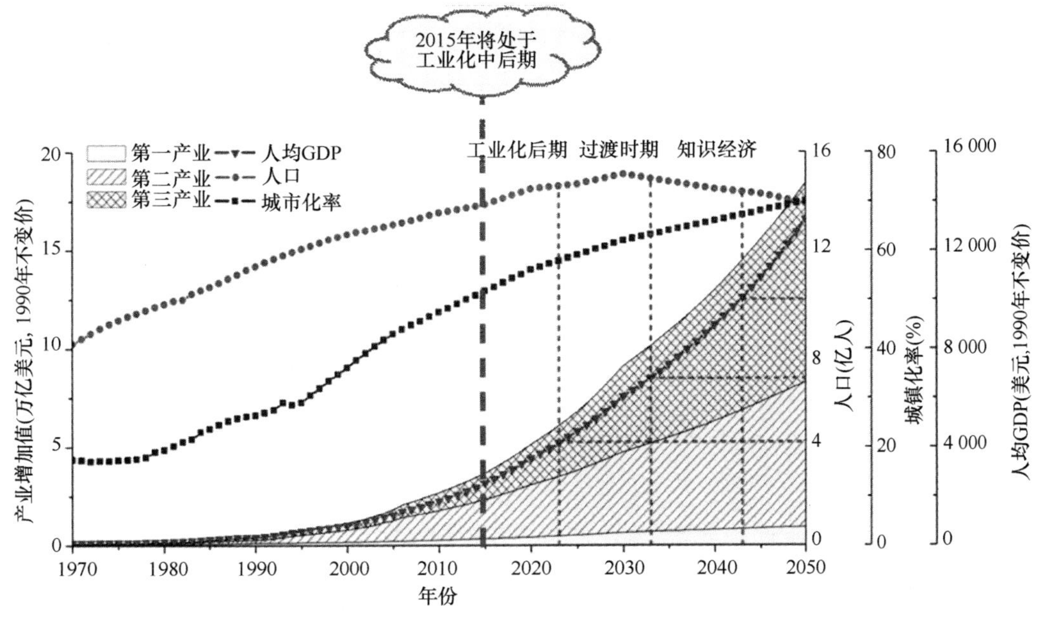

图 6-11　我国所处发展阶段示意图

在这个阶段，产业结构调整升级缓慢，重化工业所占比重仍然较高，经济增长对资源能源消耗量较大，对生态环境的破坏程度较为严重，经济发展与生态环境之间的矛盾仍很突出。未来我国将进入新一轮区域经济一体化大发展进程，同样也将进入工业化和城镇化加快发展的阶段，各区域经济的快速发展与资源环境之间的矛盾将更加尖锐，环境问题对社会和谐的负面影响更加突出。因此，从我国及各区域所处的这个阶段和实情出发，必须统筹考虑区域经济发展与环境保护的关系，必须站在宏观战略层面解决环境问题，以环境保护优化经济增长，最终才能实现经济社会又好又快的发展。

1. 经济增速不平衡，区域经济总量和人均 GDP 差异仍十分明显

未来 20 年，中国将加速融入全球化，中国崛起将成为推动全球化的重要力量。但整个中国经济发展还面临诸多不确定性，增长速度会受到世界经济的影响或拖累，发展传统产业将面临巨大的资源环境压力和瓶颈，需要不断朝着绿色转型的方向发展，从传统的石油、化工、钢铁等高污染、高消耗行业逐渐向高端制造业和现代服务业转变，而这种行业转型将在国内四大板块呈现梯度推进。

预测表明，到“十二五”末，东部、中部、西部、东北地区 GDP 总量分别达到 29.19 万亿元、12.01 万亿元、11.85 万亿元、5.36 万亿元，年均增长率分别为 6.49%、8.71%、9.65%、9.28%（表 6-4）。到 2020 年，四大板块 GDP 总量分别达到 38.20 万亿元、16.77 万亿元、17.01 万亿元、7.68 万亿元，年均增长率分别为 5.53%、6.91%、7.48%、7.45%，各地区经济增长趋势进一步放缓。到 2030 年，四大板块 GDP 总量分别达到 61.37 万亿元、29.24 万亿元、30.91 万亿元、13.90 万亿元，年均增长率分别为 4.85%、5.72%、6.16%、6.11%，各区域之间经济增速差距逐步缩小。总体上看，未来中部、西部、东北三大区域经济增长速度将高于东部地区，但其经济驱动因素中资源密集型重工业、劳动密集型低附加值加工业所占比重仍较高，这将对这三大区域资源环境带来巨大压力。随着经济转型和城镇化发展，东部地区生态环境压力将逐渐从工业为主向生活为主转变，其面临的生活污染和压力将逐渐凸显。

表 6-4　2010～2030 年我国四大板块 GDP 总量及年均增长率预测

GDP 区域	GDP 总量（万亿元）				年均增长率（%）		
	2010 年	2015 年	2020 年	2030 年	2010～2015 年	2015～2020 年	2020～2030 年
东部	21.32	29.19	38.20	61.37	6.49	5.53	4.85
中部	7.91	12.01	16.77	29.24	8.71	6.91	5.72
西部	7.48	11.85	17.01	30.91	9.65	7.48	6.16
东北	3.44	5.36	7.68	13.90	9.28	7.45	6.11
全国	40.15	58.42	79.66	135.42	7.79	6.40	5.45

预测表明，未来 10～20 年，东北地区人均 GDP 将呈现较快增长，2020 年和 2030 年将分别达到 7.45 万元和 15.07 万元，其年均增速也高于全国平均水平，2012～2030 年年均增速达到 7.9%；东部地区人均 GDP 也将高于全国平均水平，2020 年和 2030 年将分别达到 7.37 万元和 12.89 万元，其年均增速在四大区域中最低，2012～2030 年年均增速仅为 5.7%；西部地区人均 GDP 也将呈现较快增长趋势，在 2018 年左右超过中部地区，2020 年和 2030 年将分别达到 5.08 万元和 10.43 万元，其 2012～2030 年年均增速在四大区域中最高，达到 8.1%；中部地区人均 GDP 在 2020 年和 2030 年将分别达到 5.01 万元和 9.8 万元（图 6-12）。总体来看，我国东北、东部地区人均 GDP 仍要高于中部和西部地区。同时，在 2013 年左右所有区域都将达到中等偏上收入国家标准；东部和东北地区在 2022 年前后达到高收入国家标准，而中部和西部将到 2027 年前后达到。

2. 三次产业结构将逐步趋于合理，区域产业转型呈现东快西慢的格局

未来，我国四大板块三次产业结构都将逐步优化，表现在第一、第二产业比重逐渐下降，而第三产业比重逐渐提高（图 6-13）。

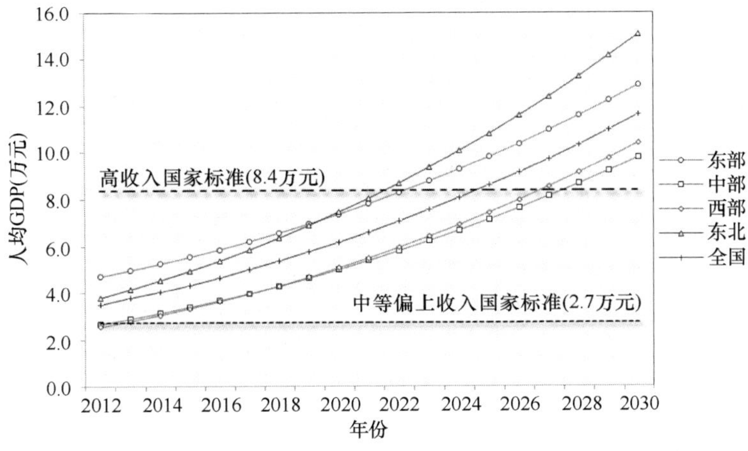

图 6-12　2010～2030 年期间四大区域人均地区 GDP 增长情况（中情景方案）

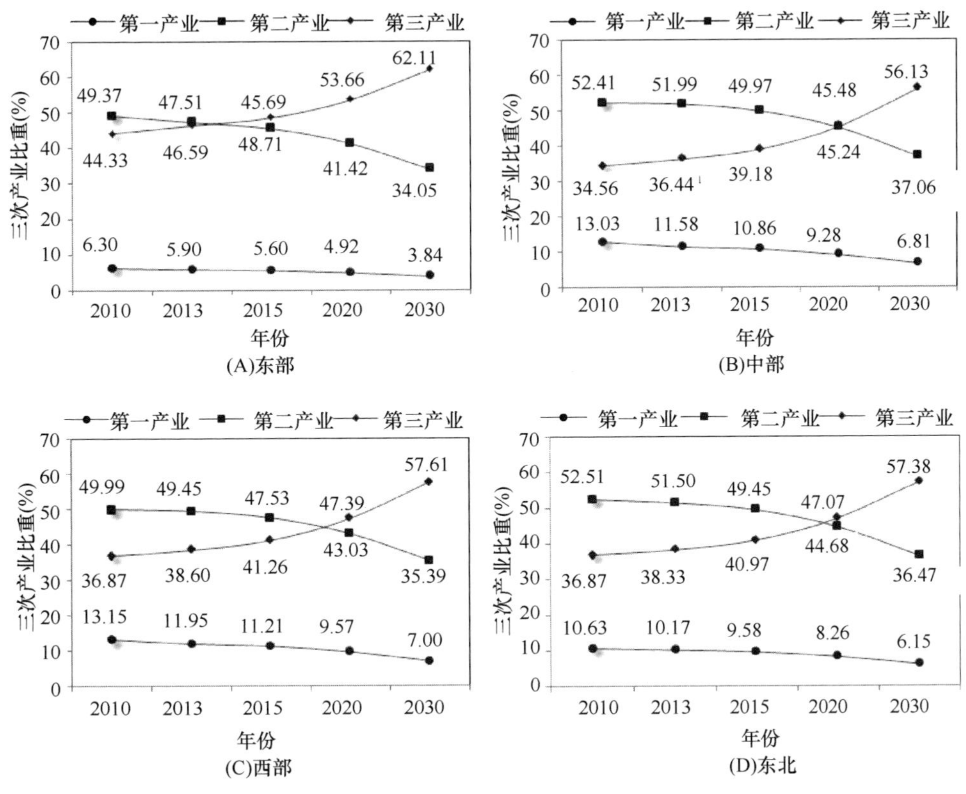

图 6-13　2010～2030 年四大板块三次产业结构变化

东部地区第一产业持续下降，2015 年将下降到 5.60%，2030 年将进一步下降到 3.84%，并且主要由传统农业逐渐向生态农业转变，农业附加值也将不断提高；第二产业将持续下降，到 2015 年下降到 48.71%，到 2030 年下降为 34.05%；而第三产业比重将在 2013 年左右超过第二产业，到 2015 年达到 45.69%，最终到 2030 年达到 62.11%，将成为我国服务业最为发达的地区（图 6-13A）。

中部地区第一产业比重 2015 年将下降到 10.86%，2030 年将进一步下降到 6.81%，作为我国传统农业分布区，中部地区未来仍将以传统农业为主；第二产业比重呈先慢后快的下降趋势，到2015年下降到50%左右，到2030年下降为37.06%；而第三产业比重2015年将增长到40%左右，在2020年超过第二产业，最终在2030年达到56.13%（图6-13B）。

西部地区第一产业比重2015年将下降到11.21%，2030年将进一步下降到7.00%，西部地区未来农业主要以规模养殖业、特色农业为主；第二产业比重呈先慢后快的下降趋势，到2015年下降到47.53%，到2030年下降为35.39%；而第三产业比重2015年将增长到41.26%，在2018年左右超过第二产业，最终在2030年达到57.61%（图6-13C）。

东北地区第一产业比重2015年将下降到9.58%，2030年将进一步下降到6.15%，作为我国主要粮食产区，东北地区未来农业仍主要以规模化大农场为主；第二产业比重到2015年下降到49.45%，到2030年下降为36.47%；而第三产业比重2015年将增长到40.97%，在2020年左右超过第二产业，最终在2030年达到57.38%（图6-13D）。

综上所述，未来东部地区三次产业结构更趋合理，服务业发展水平最高，而中部、西部和东北地区三次产业结构也逐渐向低消耗、低污染方向发展，但要远远滞后于东部地区。

3. 人口增长和城镇化水平处于上升期，由于城镇化带来的交通与资源环境面临较大压力

预测表明，我国2015年、2020年常住总人口将缓慢增长到13.629亿人、13.836亿人，到2030年最终增长到13.994亿人，达到21世纪峰值（图6-14）。东部地区总人口仍然最多，2015年、2020年、2030年分别达到5.34亿人、5.55亿人、5.71亿人，占全国总人口的比重从2010年的38%增长到2030年的40.8%。中部地区2015年、2020年、2030年总人口分别达到3.59亿人、3.60亿人、3.61亿人，占全国比重从2010年的26.8%下降到2030年的25.8%。西部地区未来人口总量与中部基本相当，2015年、2020年、2030年总人口分别达到3.60亿人、3.58亿人、3.56亿人，占全国比重从2010年的27%

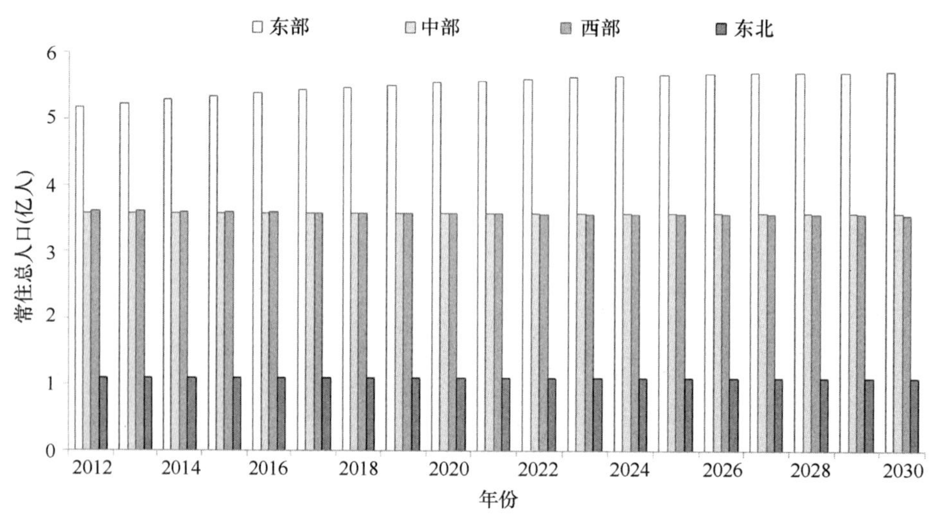

图6-14　2012～2030年四大区域常住总人口变化趋势预测

下降到 2030 年的 25.4%。东北地区 2015 年、2020 年、2030 年总人口分别达到 1.10 亿人、1.10 亿人、1.11 亿人，占全国比重从 2010 年的 8.2%下降到 2030 年的 7.9%。总体来看，未来我国四大板块总人口仍以东部地区最多，且增长速度也最快，而东北地区总人口最少，西部地区未来总人口将呈现下降趋势。

一般而言，城镇化率由 30%到 70%的阶段是城镇化进程加速的阶段。1992～2011 年，以建立经济开发区、城市建设和改造及小城镇发展为主要驱动力，我国城镇化率由 27.5%提升至 51.7%，年均增长 1.3 个百分点，呈快速增长趋势。目前中国城镇化进程正步入第二个加速阶段（图 6-15），预计 2011～2030 年，我国城镇化率将完成由 50%至 70%的跨越，城镇化率将呈现加快增长趋势。到 2020 年，我国城镇化率将达到 60%，2030 年，城镇化率将突破 70%，达到发达国家水平。

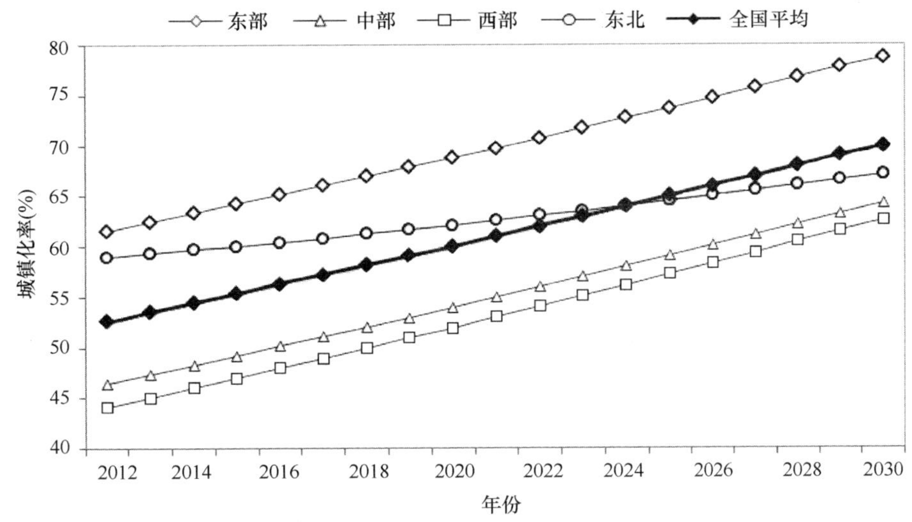

图 6-15 2012～2030 年四大板块城镇化率发展趋势比较

从四大区域来看，东部地区城镇化率仍然最高，2015 年、2020 年、2030 年分别达到 64.3%、68.8%、78.8%，分别较 2010 年提高 5.4 个百分点、10 个百分点、20 个百分点，2030 年比全国平均水平高出 8.8 个百分点。东北地区未来城镇化率排在第二位，2015 年、2020 年、2030 年分别达到 60.1%、62.1%、67.1%，分别较 2010 年提高 2.3 个百分点、4.3 个百分点、9.3 个百分点，城镇化率增长速度明显要低于其他地区，在 2025 年将低于全国平均水平。中部地区未来城镇化率排在第三位，总体低于全国平均水平，2015 年、2020 年、2030 年分别达到 49.2%、53.9%、64.2%，但增速明显，分别较 2010 年提高 5.3 个百分点、10 个百分点、20.4 个百分点，到 2030 年仅相当于东部地区“十二五”期间的水平。西部地区未来城镇化率仍然处于全国最低水平，2015 年、2020 年、2030 年分别达到 47.0%、51.9%、62.6%，增速同样比较明显，分别较 2010 年提高 5.7 个百分点、10.6 个百分点、21.3 个百分点，是城镇化率增长幅度最大的区域。总体来看，四大板块未来城镇化率都将呈现增长趋势，东部、西部、中部地区增幅最大，而东北地区增幅相对要小一些。但从城镇化水平来看，东部和东北地区仍然是我国城镇化率最高的区域，中部和西部地区虽然增长速度最快，但由于基础较低，未来仍然是我国城市化水平最低的地区。

从城镇人口、空间形态标准来看，我国整体上已进入到初级城市型社会；但从生活方式、社会文化和城乡协调标准来看，目前我国离城市型社会的要求还有较大的差距。我国城镇化质量并没有与城镇化水平同步提高，城镇化速度与质量不匹配。一些地方打着“加快城镇化进程”的旗号，盲目拉大城市框架，滥占耕地、乱设开发区，不断扩大城市面积。部分地区在“经营城市”的理念下，大肆追求土地增值的收益，进一步助长了多占耕地和不合理拆迁的行为。失地农民增多和一些地方后续社会保障跟不上，已成为影响社会稳定的隐患。另外，促进农民工在城市落户的制度仍未建立，导致“土地城镇化”速度快于“人口城镇化”速度。若按此模式继续推进城镇化，失地农民的数量还会大量增加，农村人口人均占有耕地资源的数量将进一步减少。农村人口的减少慢于农村耕地的减少，不但危及国家的粮食安全，而且势必进一步加剧解决“三农”问题的难度。

（二）面临的资源环境承载力问题和挑战

1. 用水效率逐步提高，用水结构逐步优化，但用水总量仍将不断上涨，水资源供需矛盾十分突出

预测表明，未来 20 年，由于各地区实施节水型社会建设，加强技术进步和节水意识，用水效率将大大提高。我国万元 GDP 用水量将由 2010 年的 150.4m^3 降到 2015 年的 95m^3，2030 年降低到 38m^3（图 6-16），其中，工业用水效率 2015 年降低到 56m^3/万元 GDP，2030 年降低到 28m^3/万元 GDP。四大板块的万元 GDP 用水量和万元工业增加值用水量也呈逐年下降的趋势，西部地区万元 GDP 用水量将由 2010 年的 257.4m^3 降低到 2015 年的 156m^3，但在全国仍是最高；东部万元 GDP 用水量最低，将由 2010 年的 98.8m^3 降低到 2015 年的 63m^3。

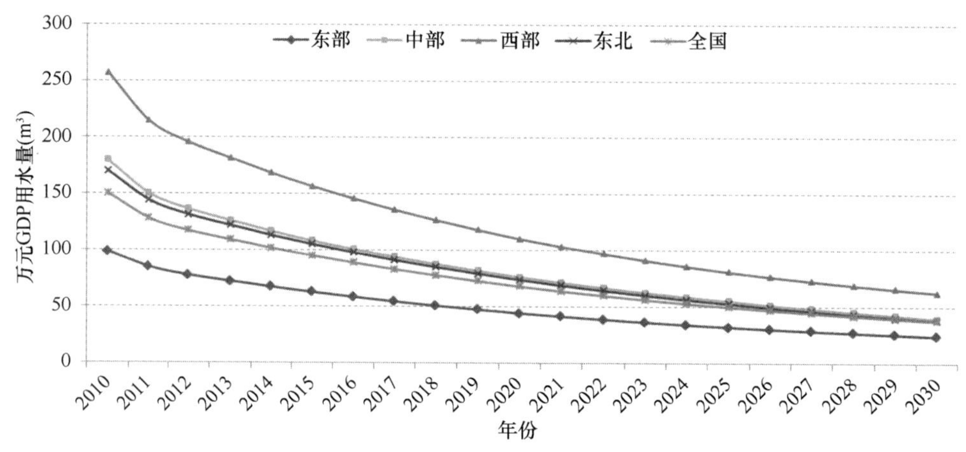

图 6-16　2010～2030 年各区域万元 GDP 用水量预测

未来 20 年，尽管用水效率逐步提高，但由于经济和人口规模效应，我国总用水量仍将持续上升（图 6-17）。2010 年总用水量 6037.8 亿 m^3，到 2015 年将达到 6163.2 亿 m^3，

比 2010 年增加 2.1%；到 2020 年，总用水量上升为 6356.7 亿 m^3，比 2015 年增加 3.1%；2030 年达到 6715.5 亿 m^3，比 2020 年增加 5.6%。其中，农业用水将从 2010 年的 3714.3 亿 m^3 增长到 2030 年的 4097.4 亿 m^3，年均增长 0.5%；工业用水呈先降后增的趋势，“十二五”期间，国家严格对水资源实行“红线”管理，用万元工业增加值用水量作为考核指标，到 2015 年工业用水量下降为 1380.7 亿 m^3，“十三五”期间，虽然国家继续控制用水效率，但下降空间越来越小，因此，2020 年将上升至 1394.2 亿 m^3，2030 年上升至 1416.8 亿 m^3，比 2010 年略降低 2.2%；生活用水量和生态用水量逐年升高。

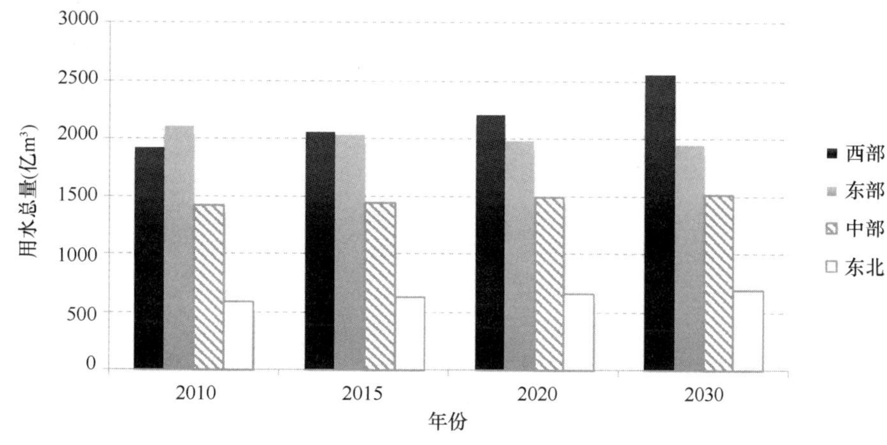

图 6-17　各区域用水量预测

从四大板块来看，东部地区用水总量呈逐年降低的趋势，到 2015 年降低到 2032.8 亿 m^3，2030 年用水总量降低到 1952.2 亿 m^3；中部地区用水总量呈逐年增长的趋势，到 2015 年增长到 1443.4 亿 m^3，2020 年后用水总量增长开始变缓；西部地区随着西部大开发战略的实施及人口数量的增加，对水资源的需求日益增加，用水总量呈逐年增长的趋势，到 2030 年用水总量达到 2550.4 亿 m^3；东北地区用水总量也呈逐年增长的趋势，从 2020 年后增长速度开始变缓，到 2030 年用水总量达到 691.6 亿 m^3（图 6-17）。我国近 2/3 的城市不同程度缺水，工程性、资源性、水质性缺水长期并存，水资源供需矛盾十分突出，水资源约束成为可持续发展的主要瓶颈。

预测表明，未来 20 年，随着工业化和农业现代化及城镇化进程的加快，尽管用水总量呈现上升趋势，但用水结构将逐步优化，农业用水和工业用水的比重将逐年下降，生活用水和生态用水的比重总体呈上升趋势（图 6-18）。从四大板块来看，“十二五”和“十三五”期间，水资源需求增长都将主要来自于生活用水和生态用水，农业用水和工业用水都将稳步下降。东部地区 2010 年农业用水量所占比例为 52.8%，2015 年降低到 52.6%，2020 年下降到 52.2%，2030 年下降到 51.6%。工业用水量所占比例 2010 年为 29.4%，2020 年下降到 26.3%；生活用水量 2010 年为 16.0%，2015 年上升至 17.9%，2030 年上升至 19.1%；生态用水量的比例呈逐年升高的趋势，从 2010 年的 1.7%上升至 2030 年的 4.1%。中部、西部和东北地区与东部地区的类似，农业用水和工业用水所占比例将逐渐降低。

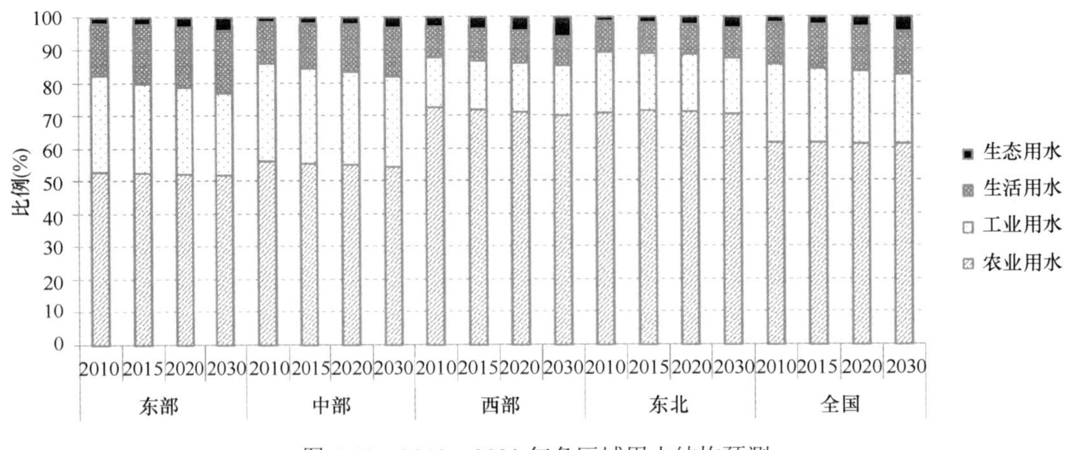

图 6-18 2010～2030 年各区域用水结构预测

2. 能耗强度逐步降低，能耗结构逐步优化，但能源消费总量仍居高不下，西部地区增幅最为明显

预测表明，由于我国经济仍将持续增长，经济发展方式转变缓慢，在未来相当长的一段时间内，我国经济发展仍将以大量资源、能源消耗为基础（图 6-19）。2010 年我国能源消费总量为 32.5 亿 t 标准煤，2015 年已达到 43.00 亿 t 标准煤，在“十二五”期间增长 32.3%，年均增长 5.8%，2020 年将达到 50.1 亿 t 标准煤，预计在“十三五”期间增长 16.5%，年均增长 3.1%，2030 年预计达到 64.4 亿 t 标准煤，比 2020 年增长 28.5%，在 2020～2030 年能源消费总量年均增长 2.5%。

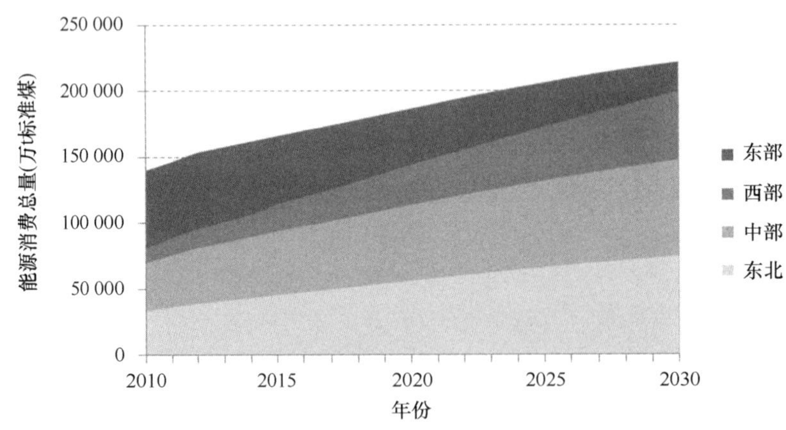

图 6-19 2010～2030 年各区域能源消费总量预测

由于东部地区重化工业比重未来仍较高，使得能源消费增长速度将超过 GDP 的增长速度，能源供需矛盾日益突出。预测表明，到 2015 年，东部地区能源消耗总量将达到 16.6 亿 t 标准煤，“十二五”期间年均增长 3.5%，2020 年将达到 18.7 亿 t 标准煤，“十三五”期间年均增长 2.4%，2030 年能源消耗总量将达到 22.0 亿 t 标准煤，在 2020～2030 年年均增长 1.6%。如果加上农村非商品能源的消费，能源消费总量将进一步加大。东部地区能源消耗总量占全国的比例逐渐下降，由 2010 年的 43.1%降低到 2030 年的

34.4%。2030 年前后，将是东部地区能源消耗总量的顶峰时期。2030 年之后，随着东部地区高耗能的重化工业比重逐步下降，能耗相对较低的高附加值制造业和第三产业的比重不断上升，以及节能技术和替代能源的快速发展，能源消费总量将会出现下降。

中部崛起战略推动了东部地区产业发展，由于中部地区重化工业比重将会继续增大，使得能源消费增长速度加快。预测表明，在正常发展趋势和国家相关政策的指导下，中部地区能源消耗总量呈上升趋势，高于东部地区的能源消耗总量的增长速度，到 2015 年能源消耗总量将会达到 9.4 亿 t 标准煤，“十二五”期间年均增长 6.0%，2020 年将达到 11.4 亿 t 标准煤，“十三五”期间年均增长 3.9%，2030 年能源消耗总量将达到 15.8 亿 t 标准煤，在 2020～2030 年年均增长 3.3%。中部地区能源消耗总量占全国能源消耗总量的比例由 2010 年的 21.6%增加到 2030 年的 22.9%，提高 1.3 个百分点。

随着西部大开发的稳步推进，西部地区为全国各地提供了大量能源。未来西部地区发展不断加快，重化工业比重将会越来越高，使得能源消费量增长较快。预测表明，在现有趋势和国家政策支持的情况下，西部地区能源消耗总量是一直上升的，到 2015 年能源消耗总量将会达到 11.4 亿 t 标准煤，“十二五”期间年均增长 7.1%，2020 年将达到 14.4 亿 t 标准煤，“十三五”期间年均增长 4.8%，2030 年能源消耗总量将达到 19.9 亿 t 标准煤，在 2020～2030 年年均增长 3.3%。西部地区能源消耗总量占全国能源消耗总量的比例由 2010 年的 24.9%增加到 2030 年的 31.0%，提高 6.1 个百分点，增幅最为明显。

当前和今后一定时期是巩固和扩大东北地区等老工业基地振兴成果的重要阶段，由于东北老工业基地振兴，未来重化工业比重仍将升高，使得能源消费增长速度较快。预测表明，在现有趋势和国家政策支持的情况下，东北能源消耗总量是一直上升的，到 2015 年能源消耗总量将会达到 4.6 亿 t 标准煤，“十二五”期间年均增长 6.3%，2020 年将达到 5.6 亿 t 标准煤，“十三五”期间年均增长 4.0%，2030 年能源消耗总量将达到 7.5 亿 t 标准煤，在 2020～2030 年年均增长 3.0%。东北地区能源消耗总量占全国能源消耗总量的比例由 2010 年的 10.4%增加到 2030 年的 11.6%，提高 1.2 个百分点。

随着技术进步和能源效率的不断提高，我国能源消耗强度将逐步降低（图 6-20），2010 年全国为 0.809t 标准煤/万元，2015 年将下降到 0.677t 标准煤/万元，比 2010 年降低 16.3%。

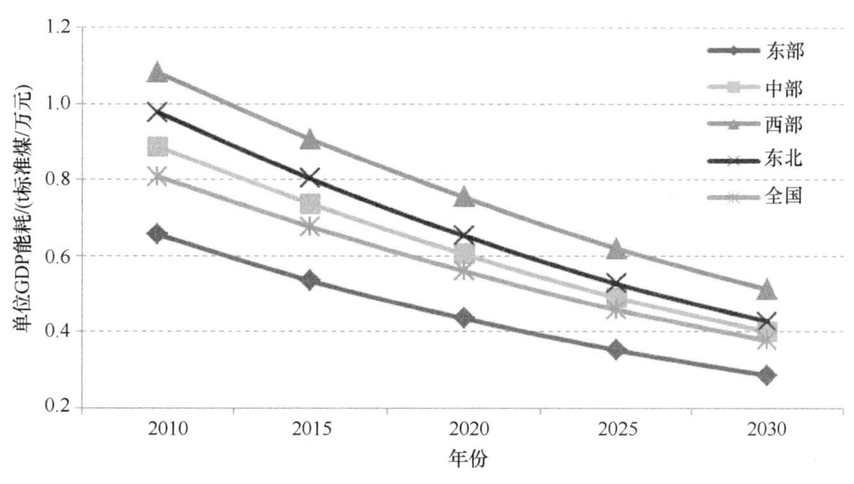

图 6-20　2010～2030 年各区域单位 GDP 能耗预测

从四大板块来看，东部地区单位 GDP 能耗一直小于全国平均单位 GDP 能耗，2010 年的单位 GDP 能耗为 0.657t 标准煤/万元，2015 年下降到 0.535t 标准煤/万元，2020 年将下降到 0.436t 标准煤/万元。中部地区单位 GDP 能耗将高于全国平均水平，2010 年为 0.888t 标准煤/万元，2015 年下降到 0.738t 标准煤/万元。西部地区虽然能源利用效率是四大板块中最低的，但随着能源结构的优化及节能减排的严格实施，未来单位 GDP 能耗将逐步下降，2010 年的单位 GDP 能耗为 1.083t 标准煤/万元，到 2015 年下降到 0.908t 标准煤/万元，“十二五”期间降低 16.2%。东北地区 2010 年的单位 GDP 能耗为 0.979t 标准煤/万元，到 2015 年将下降到 0.803t 标准煤/万元，“十二五”期间降低 18.0%，2020 年的为 0.654t 标准煤/万元，“十三五”期间降低 18.6%，2030 年的为 0.428t 标准煤/万元，比 2020 年降低 34.6%。

以煤炭为主的能源消费结构在未来 20 年内仍然是我国所要面临的一个重大挑战。预测表明，2010～2015 年，煤炭消费所占比重呈逐年下降的趋势，但煤炭消费量仍然很高（图 6-21）。2010 年我国煤炭消费量占能源消费总量的 68.0%，石油、天然气、其他可再生能源消费量所占比例分别为 19.0%、4.4%、8.6%。到 2015 年煤炭所占比例为 64.6%，比 2010 年降低 3.4 个百分点，到 2020 年该比例下降为 61.5%。天然气和其他能源消费量所占比例将逐步上升，天然气在“十二五”期间预计增长 3.1 个百分点；其他能源在“十二五”期间预计增长 2.8 个百分点。

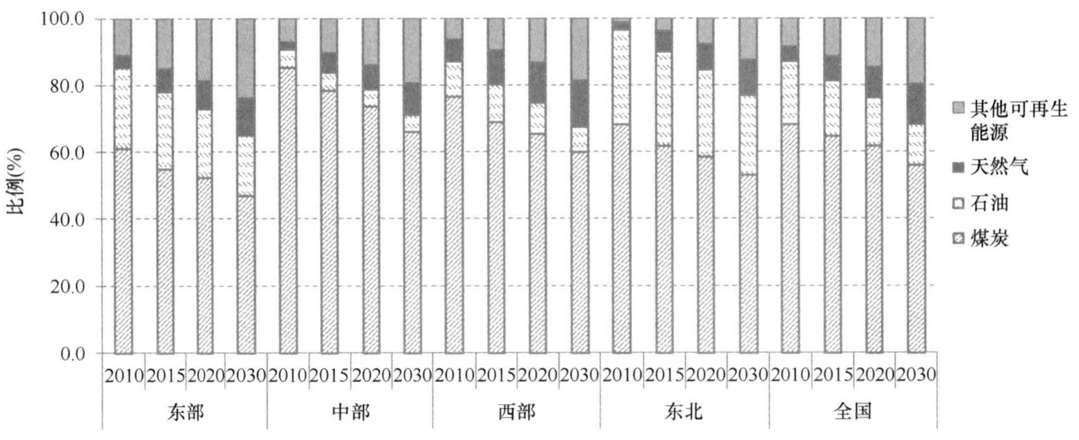

图 6-21　2010～2030 年各区域能源消费构成预测

从四大板块来看，东部地区煤炭消费量将由 2010 年的 60.9%下降到 2015 年的 54.8%，2020 年的 52.1%，2030 年的 46.9%；天然气和其他可再生能源将逐年上升，到 2030 年天然气和其他可再生能源消费的比例将达到 23.9%以上。中部地区煤炭消费量将由 2010 年的 85.0%下降到 2015 年的 78.2%，2020 年的 73.5%，2030 年的 66.1%，其他可再生能源消费量将不断提高，到 2030 年所占比例将达到 19.4%以上。西部地区煤炭消费量将由 2010 年的 76.5%下降到 2015 年的 68.9%，2020 年的 65.4%，2030 年的 59.9%，其他可再生能源消费量到 2030 年所占比例将达到 18.7%。东北地区 2010 年煤炭消费量占一次能源消费总量的 68.3%，低于中部和西部地区，到 2015 年将下降为 61.5%，2020 年下降为 58.4%，比 2010 年降低 10 个百分点，2030 年该比例为 52.9%，比 2020 年又降低 5.5 个百分点，清洁能源消费量到 2030 年将达到 12.6%以上，能源结构逐步优化。

3. 主要污染物排放总量将持续降低，减排重心自东向西转移，环境质量达标压力依然存在

随着我国主要水污染物减排力度的加大，工业污水和生活污水处理水平的提高，未来 20 年各区域的 COD 排放量将呈下降趋势（图 6-22）。到 2030 年，东部、西部、中部和东北地区的 COD 排放量分别约为 308 万 t、319 万 t、253 万 t 和 102 万 t，相比 2015 年，将分别下降 20.2%、14.9%、18.5%和 19.6%，各区域的减排速率明显变缓，其总量为 981 万 t，污染减排形势将有所好转。总体上，东部、中部和东北地区的减排力度逐渐放缓，但由于其基数较大，依然是减排的主体，而西部地区将随着污染治理水平的提高，COD 排放出现下降趋势，但与东部发达地区仍有较大差距，到 2030 年 COD 排放总量将高于东部地区，减排压力很大。

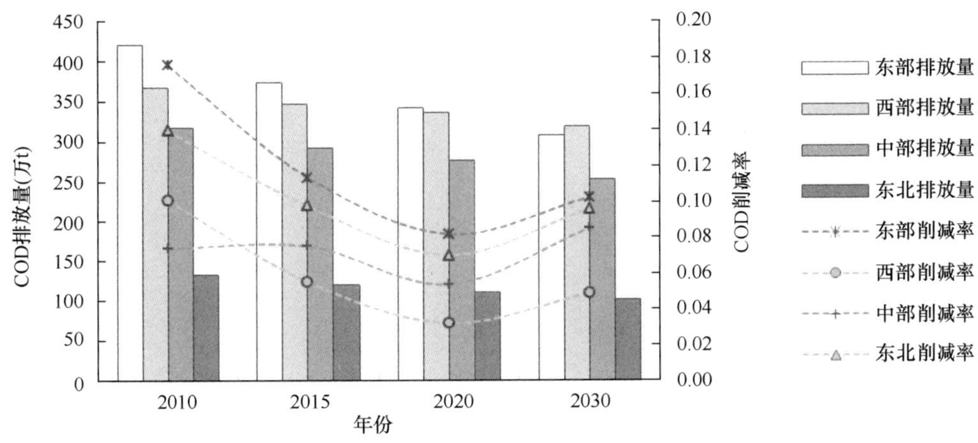

图 6-22　四大板块 COD 排放量预测结果

预测表明，未来 20 年各区域的生活 COD 排放量仍将大于工业 COD 排放量，其中东部、中部和东北地区生活 COD 占比均高于全国生活 COD 占比，2015 年其生活 COD 占比分别为 68.7%、69.5%和 68.1%，到 2020 年分别为 70.8%、71.6%和 70.5%，到 2030 年分别为 73.8%、74.4%和 74.1%，呈现逐步上升态势，仅西部地区明显低于全国平均生活 COD 占比，2015 年、2020 年和 2030 年分别约为 60.6%、62.3%和 64.5%（图 6-23）。

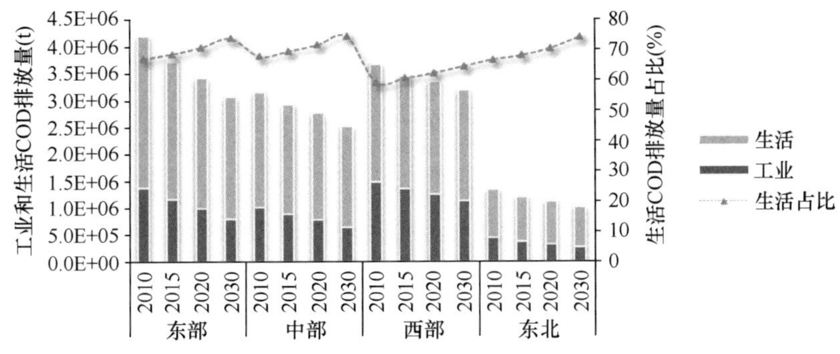

图 6-23　四大板块工业和生活 COD 排放预测结果

由此看来，未来很长一段时间，我国COD排放仍将以生活源为主，随着工业源减排潜力的减小，以生活为主导的排放结构更加突显。尤其是对于较为发达的东部地区，随着经济转型和现代服务业的发展，以高耗能、高排放为特征的产业明显减少，相应工业污染排放相对也较少，但城镇化进程加快却使其生活COD削减的压力巨大。

未来20年，随着我国SO_2污染控制工作的深入，国家及各区SO_2排放总量持续减少（图6-24）。东部地区在经过结构调整和产业转移之后，2011～2020年其SO_2排放量削减速度较快，2021～2030年排放总量继续减少，但是削减速度趋缓；其他地区（中部、西部和东北）在2011～2015年排放总量也减少，但是削减速度相对较慢，此后10年削减速度较快；2030年前后，我国SO_2污染形势将得到根本扭转。相对其他地区，不同地区减排力度集中时期不同，东部地区主要集中在2011～2030年的前半段，中部地区主要集中在中段，西部地区主要集中在后半段。

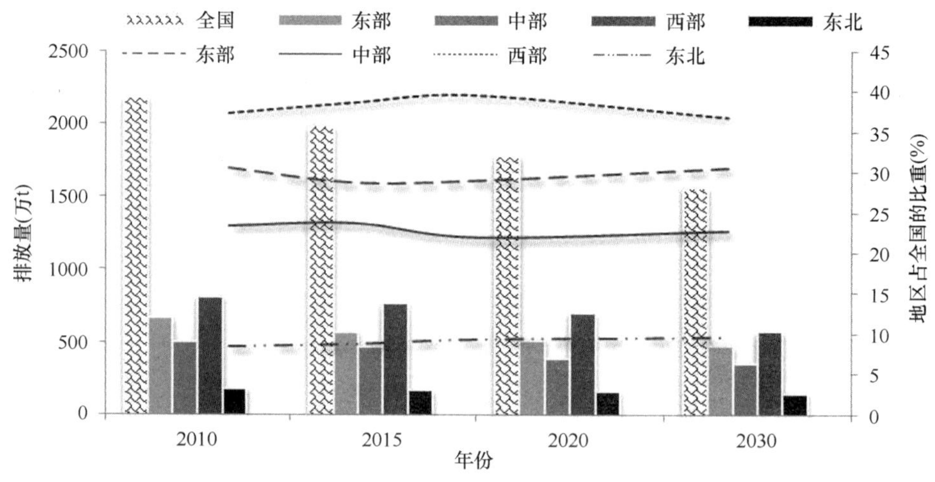

图6-24　2010～2030年我国及区域SO_2排放预测

我国不同地区的SO_2排放强度不同，其中东部地区最低，中部和东北地区与全国平均水平接近，西部地区最高（图6-25）。表明东部地区的单位污染物产出值较高，能源利用效率较高，其产业结构更趋合理，污染治理水平也较高；中部地区和东北地区是东部和西部的过渡模式；西部地区的排放强度最高，在几个区域中能源利用效率最低，相比其他地区其产业结构仍以高能耗、高污染的行业为主，污染治理水平也更低。东部地区走在全国前列，中部、西部和东北地区可借鉴其经济结构、污染治理水平等。

4. 环境质量改善的复杂性突出，难度加大

从大气环境质量方面来看，现阶段及未来很长一段时间，我国能源消费量大且将继续增加，其中仍将以煤炭为主，清洁能源和其他新型能源消费量增长迅速，但是相对煤炭其比例仍然较小。快速增长的经济和以煤炭为主的能源消费结构决定我国大气污染形势仍然十分严峻：一是污染物总量排放负荷大，氮氧化物和非常规污染越来越突出。NO_x排放量增加较快，特别是东部地区的机动车和西部地区的燃煤污染。二是由传统煤烟型污染向复合型污染转变，形势更加严峻复杂。VOC、NH_3等污染物排放量在

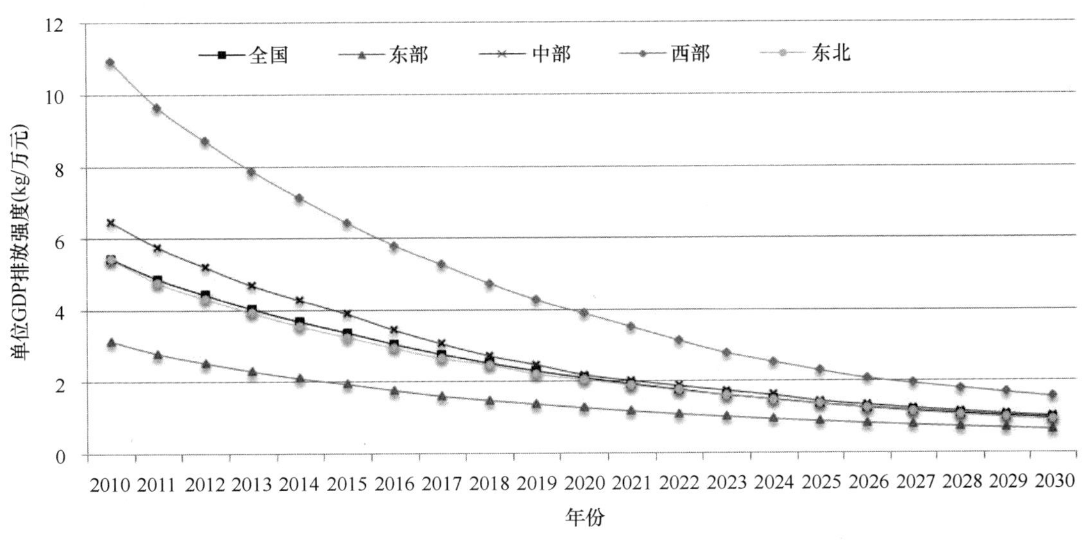

图 6-25 2010～2030 年我国及区域单位 GDP SO_2 排放强度

一直增加，由此引起了一系列新的城市和区域环境问题，大气污染特征已逐渐由传统的煤烟型污染向复合型污染转变，污染特征日趋多样化、复杂化。现阶段复合型污染严重的区域为东部地区，特别是京津冀地区、山东半岛、长三角地区和珠三角地区。对于复合型污染严重的地区，空气质量改善的压力和难度都很大。三是大气环境质量短时间内难以改善。我国未来一段时间内 NO_x、VOC 排放量仍较大，空气质量在短时间内难以得到根本改变。近几年越来越多的雾霾天气，特别是 2012 年冬华北地区频繁的雾霾已经引起公众对大气环境的担忧和不满。未来我国经济和人口密度都比较大的东部地区，面临压力更大。

从水环境质量方面来看，未来我国水环境形势表现在以下 3 个方面：①水污染从单一型污染向复合型污染转变的态势加剧。首先，水污染从流域污染问题逐步演变为河流、湖泊、地表、地下污染蔓延。其次，点源与面源、生活与工业污染叠加，已经形成点源与面源污染共存、生活污染和工业排放叠加、各种新旧污染与二次污染形成复合型污染的态势。最后，从污染物种类来看，从一般常规污染物（如 COD、氨氮等）发展到包括持久性有机污染物（POP）、重金属、总氮（TN）、总磷（TP）等污染物同时并重。其中，饮用水污染类型已由 20 世纪 60 年代的微生物污染为主，70 年代的重金属污染为主，转为以有机物污染为主。②非常规水污染物产生量持续上升，控制难度增大。重金属、持久性有机污染物（POP）等水污染物产生量持续上升，在部分流域、部分地区污染问题突出。此外，相关研究表明，至少到 2020 年，城镇污泥产生量将持续增长，在 2020 年将高达 5450 万 t。目前城镇污泥无害化处理率只有 20%左右，70%左右的污泥被随意处理，因此，中长期污泥处理形势将十分严峻。③水污染形势十分复杂，水环境质量总体显著改善是一个长期过程。尽管数据显示，多种水污染物排放已跨越峰值，根据预测，到 2020 年左右水污染物排放峰值将全面到来。但是，考虑到水环境受累积效应、自净能力等多种因素影响，当前至 2020 年左右这一阶段多数水环境质量指标会逐步“向好”，但也是水环境质量状态最为复杂的时期，主要流域、湖泊、水库、地下水、近岸海域等不同领域的水质趋势不同。但是，总体上，考虑水污染物减排趋势，并综合相关研究及国际经验，预判我国水环境质量的显著改善是一个长期过程。

三、经济社会与资源环境协调发展的空间布局战略和对策

（一）明确战略思想、战略定位和战略目标（2020年、2030年）

按照建设社会主义生态文明，全面贯彻落实科学发展观的总体要求，在新一轮的区域经济大发展中，牢固树立以环境保护优化经济增长的理念，把改善环境质量、维护环境安全放在经济社会发展的优先位置。以环境保护优化区域发展布局，科学进行区域主体功能区划和环境功能区划，积极推进规划战略环评与环境安全评价，构建区域环境管理的空间新格局。以环境保护优化区域经济结构，加大节能减排力度，加大环境准入门槛，加大环境综合整治力度，大力发展循环经济、绿色经济和低碳经济，努力推进产业结构、增长方式、消费模式的转变。以环境保护体制机制创新推进区域协调发展，加强区域环境监管能力建设，加强区域环境管理体制改革，创新和完善区域环境经济政策，积极探索区域环境保护一体化合作新模式，探索走出一条“代价小、效益好、排放低、可持续”的区域环境保护新路子。

1. 充分发挥资源环境承载力在区域发展中的“主力军”作用

在区域经济发展中环境保护的“主力军”作用主要表现在：一方面生态环境是区域经济发展中的重要基础，生态环境所提供的重要生态服务功能是区域产业发展的重要依托，起着重要的生态安全屏障作用，因此，在区域城市规划、资源开发、经济结构调整等重大决策过程中，应充分考虑生态环境的承载能力，充分评估经济活动对生态环境产生的影响。另一方面生态环境也是区域经济发展的重要内容之一，打造良好的生态环境，有利于区域在对外招商和合作交流中树立良好的形象，为区域发展争取有利的位置。

2. 充分发挥资源环境承载力在区域发展中的“调节阀”作用

要充分发挥环境功能区划、环境影响评价、污染物总量控制和行业准入等政策制度在区域经济发展中的“防火墙”和“助推器”作用，通过提高环保准入门槛、严格环评审批、强化环境监管等措施，严格控制两高一资、产能过剩、重复建设行业的项目准入；要不断加大公共财政的环境保护投入力度，确保环保资金足额拨付到位，在公共财政投入中的优先地位；要建立领导干部环境保护激励和问责机制，把环保绩效作为干部考核任用的重要依据，使环境保护在引导和推进经济结构调整与发展方式的转变中不断取得日益显著的成效。

3. 充分发挥资源环境承载力在区域发展中的“突击队”作用

要实现区域经济社会的又好又快发展，最迫切的任务就是要继续深入推进结构调整和节能减排。通过结构调整和节能减排，控制适度开发的规模，努力改善区域环境质量，

实现可持续发展，这既是党中央、国务院的要求，也是各区的区情所迫。在新的区域发展中，要进一步加大工作力度，下更大的决心，用更大的气力，关停、取缔、淘汰落后产能，促进经济结构调整；大力推进清洁生产，把发展循环经济和低碳经济作为推动节能减排工作的重要手段之一；着力推进工程减排，加大污水处理设施和脱硫设施建设；最终形成以政府为主导、企业为主体、全社会共同推进的节能减排工作格局。

（二）充分发挥资源环境承载力在经济社会空间发展中的“调节阀”作用

1. 加快制定和实施区域环境功能区划

构建环境安全的空间格局是将区域开发和环境保护目标有机结合起来，促进区域协调发展的重要举措。要依据主体功能区规划，抓紧制定各区域的环境功能区划。从构建安全的生态环境空间格局入手，打破行政界线，将整个区域作为整体，根据该区域特有的自然条件、生态系统、环境容量、环境质量、污染物排放量、产业结构、产业布局、人口规模、行政区划等要素，确定区域的环境功能，划定不同级别的环境功能分区和管理分区。同时结合不同的环境功能区划体系，提出不同的分区控制目标和要求，建立和完善相应的配套环境管理措施和手段，调控区域内产业和城镇建设的发展及空间布局，引导产业向环境承载能力相对较高、生态脆弱性较低的地区聚集；严格限制环境敏感区及限制开发区内的高耗能、高污染工业的准入，优先发展低碳产业和绿色产业；在禁止开发区内严禁一切工业生产活动，做好重要环境敏感目标的布局性环境风险防范。

2. 加强区域环境保护规划的编制与实施

根据区域经济发展规划和区域经济社会特点，加强区域资源环境状况的统计分析，深入研究区域发展面临的环境形势和环境问题，深入研究区域经济与环境保护协调发展的战略、制度、政策、机制等重大问题，在此基础上，科学编制区域环境保护总体规划和大气、水体、生态、固体废物、环境监管能力等专项环境保护规划，并保证规划的实施。同时，针对越来越突出的区域性环境问题、跨界环境问题，要更加重视区域环境保护一体化规划、联防联治规划的编制和实施，优先解决上下游跨界水环境、区域型大气复合污染、区域型环境基础设施共享、区域型环境监测监管能力一体化建设、区域型环境管理体制政策等问题。

（三）推进主体功能区与环境功能区划的实施，构建基于资源环境承载力的空间新格局

1. 不同区域经济规划因地制宜

根据环境承载能力开发的理念，不同承载力水平的区域，集聚人口和经济的规模不同，应实施不同的开发强度。环境承载力水平较低的地区不应该进行大规模高强度的工业化城镇化开发，以减少承载较多人口。在工业化城镇化的过程中，必然会有一部分人口主动转移到就业机会多的城市化地区。同时，人口和经济的过度集聚及不合理的产业

结构也会给资源环境、交通等带来难以承受的压力。因此，可以根据资源环境中的“短板”因素确定可承载的人口规模、经济规模及适宜的产业结构。对不同承载力水平的区域都要有节制地开发，保持适当的开发强度。

在新一轮区域经济规划中，需要因地制宜，从宏观战略层面，立足区域整体，深入分析我国四大板块的经济与环境发展形势，剖析资源环境问题产生的深层次原因。针对东部、中部、西部及东北地区社会、经济、环境的发展特点，以社会经济为基础，以环境容量和生态功能区划为重要依据，研究提出统筹其经济发展和环境保护的战略与政策建议，推进政策、规划、投入、项目、财税等环境保护政策的实施。

京津冀、辽宁中部城市群，山东半岛城市群，长三角、珠三角城市群属于优化开发区，经济比较发达、人口比较密集、开发强度较高、资源环境问题更加突出。要实行更严格的污染物排放标准和总量控制指标，大幅度减少污染物排放；要按照国际先进水平，实行更加严格的产业准入环境标准；要严格限制排污许可证的增发，完善排污权交易制度。

成渝城市群、武汉及其周边城市群、长株潭城市群、海峡西岸城市群、陕西关中城市群、山西中北部城市群、新疆乌鲁木齐城市群属于重点开发区。重点开发区有一定经济基础、资源环境承载能力较强、发展潜力较大、集聚人口和经济条件较好，是应该重点进行工业化城镇化开发的城市化地区。结合环境容量，实行严格的污染物排放总量控制指标，较大幅度减少污染物排放量；按照国内先进水平，根据环境容量逐步提高产业准入环境标准；合理控制排污许可证的增发，积极推进排污权制度改革，制定合理的排污权有偿取得价格，鼓励新建项目通过排污权交易获得排污权。

2. 京津冀区域产业与能源环境优化升级

（1）加强区域产业布局优化和升级调整

按照主体功能区划和环境承载力要求，坚持供给侧管理，优化区域产业空间布局，淘汰落后产能，推动区域产业转型升级，从源头减轻京津冀地区污染问题。京津冀地区整体应成为转变经济发展方式的先行区、区域协同发展创新区、科技创新及成果转化基地。河北积极承接京津先进制造业转移，承接战略性新兴产业、高端产业制造环节和一般制造业整体转移；借力发展战略性新兴产业。加强供给侧管理，加快区域落后产能、过剩产能淘汰力度。推动京津冀及周边地区有关省（区、市）制定钢铁、水泥（熟料）、非热电联产燃煤机组、焦炭等行业产能淘汰计划，并不再审批钢铁、水泥、电解铝、平板玻璃等产能过剩行业新增产能项目。

（2）加快调整区域能源结构和发展清洁能源

以“深化协调联动机制，共同破解区域共性关键问题”为原则，全面落实国家“大气十条”、《京津冀及周边地区落实大气污染防治行动计划实施细则》及国家有关部门出台的一系列推进区域大气污染治理的政策，促进区域环境空气质量改善。根据京津冀大气环境承载能力，明确区域煤炭最大允许消费量，增加外输电、天然气供应，加快发展分布式能源、可再生能源，逐步降低煤炭消费比重。国家发展和改革委员会等部门加大区域清洁能源供应的协调力度。加强对区域天然气、液化天然气、优质清洁煤、国五标准车用油品的供应保障；加快可再生能源开发利用和清洁能源替代力度；加快风电、光伏发电的发展和消纳；加快推动天然气分布式能源示范项目实施，因地制宜地推动风能、太阳能、地热能供热示范项目建设；加快京津冀区域输电通道建设，提升区域外调电比例。

（3）着力节约保护水资源，切实保障水生态流量

坚持节水优先。大力推进农业节水，全面强化工业节水，深入开展城市节水。实行最严格的水资源管理制度。对取水总量已达到或超过控制指标的地区，暂停审批建设项目新增取水；完善并严格实施钢铁、煤化工等高耗水工业行业取水定额标准；实施地下水取用水总量控制和水位控制，划定限采区和禁采区范围，全面取缔禁采区地下水开采，加强区域水循环利用。北京、天津及河北的 11 个地市要统一规划、建设再生水利用设施和管网，逐步推进上下游地区污水处理厂共建共享，实现再生水在跨区域间的有效循环利用；鼓励钢铁、火电、化工、染整、造纸等高耗水行业使用再生水；实施地下水回灌补源。切实保障生态流量。基于水质保障和生态保护的需求，因地制宜、分批分期合理确定生态流量大小与流量过程要求；优化流域梯级开发布局，合理规划建设水利拦河工程，将生态流量作为综合调度的重要目标，提出闸坝调度优化措施，逐步恢复衡水湖、永定河等重要河湖的自然流量和生态水位。

（4）严控项目准入和布局，控重点行业污染物排放

严控建设项目环境准入条件，实施差别化环境准入政策，停止审批工业园区外一切新建、改建、扩建新增污染物的工业项目。对于已超过承载能力的地区要实施水污染物削减方案，加快调整发展规划和产业结构。按照水污染防治法律法规和文件要求，取缔“十小”企业，全面排查装备水平低、环保设施差的小型工业企业。专项整治造纸、焦化、氮肥、有色金属、染整、农副食品加工、原料药制造、制革、农药、电镀等十大重点行业，实施清洁化改造，推进清洁生产与循环经济。对上述新建、改建、扩建行业建设项目实行主要污染物排放等量或减量置换。加快工业园区污水集中治理设施建设，实现重点工业企业（园区）污水处理设施全覆盖，建立和完善自动在线监控系统，构建对重点污染源的监管、监测、监察联动工作链，开展环保执法专项行动，严厉打击各类环境违法排污行为，强化不能稳定达标排放企业的深度治理。实施污染源及排污权有偿使用和污染源排污许可证的核发工作。深化开展重点行业全口径管理，对重点行业实行特别排放限值。

（5）落实京津冀协同发展战略

在京津冀地区开展环境保护管理体制创新试点，统一规划、统一标准、统一环评、统一监测、统一执法。开展按流域设置环境监管和行政执法机构试点，加强跨界水体的监测能力建设，加强跨界河流、水域预警体系能力建设和自动监测能力建设，推动流域上下游实施联防联控、联动治污。以泃河（东店断面）、大石河（码头断面）、岔河（东宋门断面）、子牙新河（阎辛庄断面）、北三河（榆林庄断面、王家摆断面）等跨界劣Ⅴ类水体为重点，大力实施综合整治措施，着力削减污染物入河量。以拒马河、潮白河、北三河、永定河、子牙新河等重要的跨界河流为重点，探索并建立跨界水环境补偿机制，探索采取横向资金补助、开展补偿试点；建立跨部门、跨省市、跨区县的流域整治、纠纷调解和上下游联防联控协作机制，确保跨界水质稳定好转。

3. 西北地区以环境容量为约束发展循环经济，保障生态环境

西北地区是我国经济较欠发达地区，也是我国边疆贫困少数民族地区，因此，积极推动西部地区经济的发展，提高人民的生活水平不但关系到我国经济的整体健康发展，还关系到我国西部地区社会的稳定和民族的团结。西北地区的特点主要包括：第一，西北地区地处我国生态安全屏障地区，自然条件较为恶劣，生态系统较为脆弱。这决定了西北经济开发不能重走“先污染、后治理”的发展模式。第二，西北地区是我国边疆地区，也是少数民族聚集区，大都较为贫困，急需经济发展。第三，西北地区的工业基础都较为薄弱，经济发展层次较低，城市化、城镇化水平跟其他区域有较大差距。许多地区面临着经济增长乏力与环境恶化的双重风险，陷入生态环境脆弱和恶化→经济发展水平低→生活贫困→生态环境更加恶化的恶性循环。

在区域产业结构优化选择上，西北地区要转变传统的经济发展模式，以环境容量确定产业布局，以资源优势优化产业结构，利用资源优势，积极发展循环经济。完善环境立法和监督，制定最为严格的环境准入制度，防止高污染、高能耗产业的迁入；针对西北丰富的矿产和能源资源，西北地区应做好统筹部署，支持生态环境条件允许的区域进行有规模的、合理的开发利用。加大对西部节能、节水、综合利用的循环经济试点工作力度，积极发展风能、太阳能、水能等清洁能源。积极推进特色农牧业、加工业、旅游业及文化产业等特色优势产业的培育壮大，大力发展绿色经济。

在环境保护方面，应加大对生态环境的保护力度，稳步推进退耕还林、退牧还草、天然林保护、水土流失治理、三江源自然保护区生态保护等重大工程建设，高度重视西南地区石漠化地区、甘南黄河水源补给区、青海湖周边地区等重点区域的生态保护和治理。继续加强三峡库区、滇池等水环境污染治理，提高西部地区的资源环境承载能力，切实保护西部地区这块生态安全屏障。加强环境政策的创新，加大对边疆少数民族地区的环境保护资金、人才、项目、政策等的扶持力度，努力推进环境公共服务均等化。加快实施生态补偿政策，逐步提高国家级公益林生态效益补偿标准，增加对上游地区重点生态功能区的均衡性转移支付。加大扶贫开发力度，积极推进益贫性环境保护政策，在政策倾斜的同时，发展生态旅游与特色种植业，切实改善西部边疆少数民族地区生活水平。最终以生态环境保护为基础，推动西部地区经济的绿色增长，形成经济发展和生态环境保护的良性循环。

专题研究

专题一

大气污染物环境容量与最大允许排放限值研究

摘　　要

《大气污染防治行动计划》实施以来，全国重点城市群 $PM_{2.5}$ 浓度下降显著，但是 $PM_{2.5}$ 仍是主要大气污染物，仍需将 $PM_{2.5}$ 列为优先控制与考核污染物。本专题利用 GEOS-Chem 全球大气传输模型模拟计算大气污染源排放所带来的环境空气中污染物的浓度，以全国各省份的网格平均 $PM_{2.5}$ 年均浓度达到《环境空气质量标准》（GB 3095—2012）为约束条件，确定出处于不同经济发展阶段的区域的主要大气污染物（SO_2、NO_x、一次 $PM_{2.5}$、VOC 和 NH_3）的最大允许排放限值（大气环境容量），结果表明，2013 年，京津冀、西北五省和内蒙古 SO_2、NO_x、一次 $PM_{2.5}$、VOC 和 NH_3 大气污染物排放量均超出大气环境容量，为此提出了减少大气污染物排放量的如下对策建议：

一是以大气环境容量作为我国经济社会空间布局战略的依据之一，适度开发西部地区、优化发展东部地区。

二是优化产业结构与布局，严格控制并加强各类大气污染控制，逐步改善空气质量。

三是在持续加大对氮氧化物排放控制力度的基础上，根据地区特征，确定有利于大气 $PM_{2.5}$ 和臭氧同步下降的 VOC、NO_x、NH_3 协同控制策略。

一、概　　述

我国巨大的能源消费规模和以煤为主的能源消费结构导致各种大气污染物大量排放，使得我国大气环境污染问题日益严重。近年来，全国各地多次发生大范围长时间的雾霾天气，已成为社会关注的焦点问题。为加快解决严重的大气污染问题，切实改善环境空气质量，2013 年 9 月，国务院发布实施《大气污染防治行动计划》，该行动计划自实施以来，全国 74 个城市 $PM_{2.5}$ 年均浓度较 2013 年有所下降，但 7 个省区的 PM_{10} 年均浓度不降反升，我国东部区域大气 $PM_{2.5}$ 和 O_3 污染十分严重，全国和重点区域大气环境质量仍然面临巨大挑战。

大气环境容量是指一个区域在某种环境目标（如空气质量达标或酸沉降临界负荷）约束下的大气污染物最大允许排放量。实际研究时更关注的是“区域大气环境容量”，即在一定的气象条件及一定的污染源排放条件下，某一特定区域在满足该区域大气环境质量目标的前提下，单位时间所能允许的各类污染源向大气中排放的各类污染物的总量。影响大气环境容量的因素除了大气污染物的环境化学特征外，还有区域环境目标、区域地理和气象特征。

大气环境容量在我国一直被作为支撑国家大气污染物总量控制和空气质量管理的重要依据。围绕不同环境目标下的大气环境容量，我国学者已开展了许多研究工作。2012年，我国对《环境空气质量标准》进行了修订，$PM_{2.5}$成为影响我国城市空气质量的首要污染物，环境空气中的$PM_{2.5}$标准限值相比SO_2、NO_2、PM_{10}成为更严格的约束条件，因此从我国空气质量管理的需求出发，亟须以$PM_{2.5}$达标为约束核算大气环境容量，为合理布局我国的产业结构及减少大气污染物排放量提供科学依据。

本专题是中国工程院“生态文明建设若干战略问题研究（二期）”项目“我国资源环境承载力与经济社会发展布局战略研究”课题的5个专项课题之一。本专题利用GEOS-Chem全球大气传输模型模拟计算大气污染源排放所带来的环境空气中污染物的浓度，以全国各省份的网格平均细颗粒物（$PM_{2.5}$）年均浓度达到《环境空气质量标准》（GB 3095—2012）为约束条件，研究处于不同经济发展阶段的区域的主要大气污染物的最大允许排放限值（大气环境容量），提出全国、京津冀、西北五省及内蒙古产业布局对策建议。

二、我国大气环境质量和主要污染物排放现状

随着国民经济的持续快速发展，我国人民生活水平不断提高。然而，我国巨大的能源消费规模和以煤为主的能源消费结构导致各种大气污染物大量排放，使得我国大气环境污染问题日益严重。近年来，全国各地多次发生大范围长时间的雾霾天气，已经成为社会关注的焦点问题。为加快解决严重的大气污染问题，切实改善环境空气质量，2013年9月，国务院发布实施《大气污染防治行动计划》（以下简称“大气十条”）。“大气十条”是当时和今后一个时期全国大气污染防治工作的行动指南。为贯彻“大气十条”，确保实现空气质量改善目标，国务院委托环境保护部（现生态环境部）与全国31个省（区、市）签署了《大气污染防治目标责任书》，明确了各地空气质量改善目标和重点工作任务。系统了解“大气十条”实施以来我国环境空气质量的变化及特征对于解决大气环境污染问题具有重大意义。同时，根据全国及地方环境统计资料和环境质量报告，结合国内外相关学者的研究成果，对全国主要大气污染物（SO_2、NO_x、工业烟尘、粉尘、VOC、NH_3等）的排放状况进行统计分析，以便客观评价和了解近年来大气污染物排放状况，明晰主要大气污染物排放的变化趋势、地区分布和行业贡献特征。

（一）空气质量状况

1. 2013年全国空气质量状况

根据环境保护部（现为生态环境部）发布的2013年重点区域和74个城市的环境质量状况，71个城市存在不同程度的超标现象。74个城市细颗粒物（$PM_{2.5}$）年均浓度为72μg/m^3，接近国家空气质量标准的2倍；可吸入颗粒物（PM_{10}）年均浓度为118μg/m^3；二氧化氮（NO_2）年均浓度为44μg/m^3，二氧化硫（SO_2）年均浓度为40μg/m^3；臭氧（O_3）和一氧化碳（CO）分别按日最大8小时标准（160μg/m^3）和日均标准值（4mg/m^3）评价，达标城市比例分别为77%和86.5%。

京津冀区域共 13 个地级及以上城市，首要污染物为 $PM_{2.5}$，其次为 PM_{10} 和 O_3。京津冀区域所有城市 $PM_{2.5}$ 和 PM_{10} 年均浓度均超标，区域内 $PM_{2.5}$ 年均浓度为 106μg/m³，是国家标准的 3 倍；PM_{10} 年均浓度为 181μg/m³；SO_2 年均浓度为 69μg/m³，6 个城市超标；NO_2 年均浓度为 51μg/m³，10 个城市超标；CO 按日均标准值评价有 7 个城市超标；O_3 按日最大 8 小时标准评价有 5 个城市超标。北京市达标天数比例为 48%，重度及以上污染天数比例为 16%；主要污染物为 $PM_{2.5}$、PM_{10} 和 NO_2，$PM_{2.5}$ 年均浓度为 89.5μg/m³，PM_{10} 年均浓度为 108μg/m³，NO_2 年均浓度为 56μg/m³。

长三角区域共 25 个地级及以上城市，空气质量平均达标天数比例为 64.2%，其中舟山和丽水 2 个城市空气质量达标天数比例在 80%～100%，其余 23 个城市达标天数在 50%～80%。该区域首要污染物为 $PM_{2.5}$，其次为 O_3 和 PM_{10}。25 个城市中，$PM_{2.5}$ 年均浓度为 67μg/m³，24 个城市超标；PM_{10} 年均浓度为 103μg/m³，23 个城市超标；NO_2 年均浓度为 42μg/m³，15 个城市超标；SO_2 年均浓度为 30μg/m³，所有城市均达标；O_3 按日最大 8 小时标准评价有 4 个城市超标；CO 按日均标准值评价，所有城市均达标。上海达标天数比例为 67.4%，重度及以上污染天数比例为 6.3%。主要污染物为 $PM_{2.5}$、PM_{10} 和 NO_2，$PM_{2.5}$ 年均浓度为 62μg/m³，PM_{10} 年均浓度为 84μg/m³，NO_2 年均浓度为 48μg/m³。

珠三角区域共 9 个地级及以上城市，空气质量平均达标天数比例为 76.3%，高于 74 个城市平均达标天数比例 15.8 个百分点。9 个城市中，深圳、珠海和惠州的达标天数比例在 80%以上，其他城市达标天数比例在 50%～80%。该区域首要污染物为 $PM_{2.5}$，其次为 O_3 和 NO_2。9 个城市中，$PM_{2.5}$ 年均浓度为 47μg/m³，所有城市均超标；PM_{10} 年均浓度为 70μg/m³，4 个城市超标；NO_2 年均浓度为 41μg/m³，4 个城市超标；SO_2 年均浓度为 21μg/m³，所有城市均达标；O_3 按日最大 8 小时标准评价，5 个城市超标；CO 按日均标准值评价，所有城市均达标。广州达标天数比例为 71%，全年无重度及以上污染。主要污染物为 $PM_{2.5}$、PM_{10} 和 NO_2，其中，$PM_{2.5}$ 年均浓度为 53μg/m³，PM_{10} 年均浓度为 72μg/m³，NO_2 年均浓度为 52μg/m³。

污染区域中，部分城市不仅 $PM_{2.5}$ 和 PM_{10} 超标，NO_2、O_3 也存在不同程度超标现象，呈现出传统煤烟型污染、汽车尾气污染与二次污染相互叠加的复合型污染特征。此外，空气污染呈现明显的季节性特征。城市空气重污染主要集中在第一、第四季度，74 个城市 $PM_{2.5}$ 季均浓度分别为 96μg/m³、93μg/m³；第二、第三季度分别为 56.7μg/m³、44.7μg/m³。2013 年 1 月和 12 月重污染天数占全年重污染总天数的 53.4%。

2. 2013～2015 年全国城市和重点区域空气质量变化状况

“大气十条”实施两年后，2015 年全国 74 个城市 $PM_{2.5}$ 年均浓度降至 55μg/m³，较 2013 年下降了 23.6%；日均值超标天数的比例为 20.8%，较 2013 年下降了 12.4 个百分点。在 74 个城市中，2015 年已有 16.2%的城市（12 个）$PM_{2.5}$ 年均浓度达到国家二级标准，较 2013 年提升了 12.1 个百分点。与 2013 年同期相比，京津冀、长三角、珠三角和成渝地区 $PM_{2.5}$ 年均浓度分别下降了 27.4%、20.9%、27.7%和 27.7%。

2015 年，全国 338 个地级及以上城市 PM_{10} 年均浓度降至 87μg/m³，较 2013 年下降了 10.3%；日均值超标天数的比例为 12.1%，较 2013 年下降了 2.4 个百分点。已有 34.6%（117 个）的城市 PM_{10} 年均浓度达到国家二级标准，较 2013 年提升了 3.7 个百分点。与

2013 年同期相比，23 个省（区、市）的 PM_{10} 浓度呈下降趋势，其中贵州、河北、青海、浙江、福建和天津 6 省（市）下降幅度超过 20%，安徽、重庆和上海等 11 省（市）下降幅度在 10%～20%，西藏、海南、北京、新疆、广西、黑龙江 6 省（区、市）下降幅度在 0%～10%。京津冀、长三角、珠三角和成渝地区分别下降了 26.8%、19.7%、24.6%和 10.5%。但宁夏、吉林、辽宁、河南、陕西、甘肃和湖北 7 省（区）PM_{10} 浓度不降反升。

2015 年，全国 74 个重点城市 O_3 日最大 8 小时平均值第 90 百分位浓度为 95～203μg/m^3，平均浓度为 150μg/m^3，较 2013 年上升了 7.9%；日均值超标天数的比例为 8.2%，较 2013 年提升了 2.3 个百分点；超过国家二级标准的城市由 2013 年的 17 个上升到 2015 年的 28 个，超标城市的比例达 37.8%，提升了 14.8 个百分点。京津冀、长三角和珠三角年均浓度分别为 162μg/m^3、163μg/m^3 和 145μg/m^3。与 2013 年同期相比，23 个省会城市 O_3 年均浓度呈上升趋势，其中内蒙古、河南、甘肃和黑龙江 4 个省（区）的省会城市上升幅度超过 30%，其余 19 个省会城市的上升幅度在 1.9%～24.0%。京津冀和长三角区域 O_3 年均浓度分别上升了 4.5%和 13.2%，珠三角下降了 6.5%。

“大气十条”实施以来，NO_2、SO_2 和 CO 保持了持续下降的趋势，超标城市和超标率逐年下降，但个别城市存在浓度不降反升的现象。

与 2013 年同期相比，2015 年 20 个省（区、市）的 NO_2 浓度下降，其中天津下降幅度超过 20%，江西、新疆和四川等 10 个省（区、市）下降幅度在 10%～20%；其余 9 个省（区、市）下降幅度在 0%～10%。京津冀、长三角、珠三角和成渝地区分别下降了 9.8%、11.9%、19.5%和 15.8%。但 11 个省（区、市）的 NO_2 浓度有上升的趋势，甘肃、重庆、内蒙古和青海上升幅度超过 10%。

与 2013 年同期相比，2015 年 28 个省（区、市）的 SO_2 浓度下降，其中天津和福建下降幅度超过 50%，北京、河北和内蒙古等 12 省（区、市）下降幅度在 30%～50%，其余 14 个省（区、市）下降幅度在 0%～30%。京津冀、长三角、珠三角和成渝地区分别下降了 44.9%、30.0%、38.1%和 48.3%。新疆和甘肃的 SO_2 浓度上升，上升幅度分别为 5.9%和 3.3%。

2015 年，CO 日均值第 95 百分位浓度为 0.9～5.8mg/m^3，平均浓度为 2.1mg/m^3，较 2013 年的 2.5mg/m^3 下降了 16.0%；日均值超标天数的比例为 0.8%，较 2013 年下降了 1.0 个百分点。

3. 2015 年全国城市空气质量状况

2015 年“大气十条”实施的成效显现，主要大气污染物浓度持续下降，城市环境空气质量总体上进一步得到改善。但全国城市空气质量状况距国家二级标准的要求还有很大差距，只有 19.9%的城市大气 $PM_{2.5}$ 达到国家二级标准、5.7%的城市 $PM_{2.5}$ 达到世界卫生组织（World Health Organization，WHO）第二阶段的过渡值；北方地区冬季重污染问题依然突出，个别城市开始出现臭氧重度污染。区域大气污染负荷仍处于高位，推动 $PM_{2.5}$ 和 O_3 的协同控制、改善空气质量的努力依然任重道远。

按 SO_2、NO_2、CO、O_3、PM_{10}、$PM_{2.5}$ 六项污染物年均值进行评价，2015 年全国 338 个地级及以上城市中已有 73 个城市空气质量达标，占 21.6%；265 个城市环境空气质量超标，占 78.4%。按六项污染物的日均指标进行评价，各城市空气质量达标天数比例在 19.2%～100%，平均为 76.7%，平均超标天数比例为 23.3%，其中轻度污染比例为 15.9%，中度污染比例为 4.2%，重度污染比例为 2.5%，严重污染比例为 0.7%。

在影响空气质量的六项污染物中，77.5%的城市（262 个）$PM_{2.5}$、65.4%的城市（221 个）PM_{10}、18.3%的城市（62 个）NO_2、16.0%的城市（54 个）O_3、3.3%的城市（11 个）SO_2 和 3.3%的城市（11 个）CO 劣于国家二级标准。在污染天数中，以 $PM_{2.5}$ 为首要污染物的占 66.8%，以 PM_{10} 为首要污染物的占 15.0%，以颗粒物（$PM_{2.5}$ 或 PM_{10}）为首要污染物的占 76.1%（$PM_{2.5}$ 为首要污染物的占 66.8%+PM_{10} 为首要污染物但 $PM_{2.5}$ 未超标的占 9.3%），以 O_3 为首要污染物的占 16.9%，以 SO_2 为首要污染物的占 0.5%，以 NO_2 为首要污染物的占 0.5%，以 CO 为首要污染物的占 0.3%。评估结果表明，颗粒物（$PM_{2.5}$ 和 PM_{10}）仍是我国大气污染防控的重点，O_3 污染问题日渐显现，需要及早部署颗粒物和 O_3 的协同控制，SO_2、NO_2 和 CO 污染状况总体上正逐步得到控制。

我国东部区域大气 $PM_{2.5}$ 和 O_3 污染十分严重，尤其以京津冀及周边、长三角和珠三角等重点城市群最为典型。京津冀 $PM_{2.5}$ 污染最重，其次是长三角，珠三角最轻；而京津冀和长三角 O_3 日最大 8 小时平均值第 90 百分位浓度大致相当，珠三角略低于京津冀和长三角。

2013～2015 年，京津冀、长三角、珠三角区域平均 $PM_{2.5}$ 浓度超标率逐年下降，但臭氧最大 8 小时平均浓度的超标率上升，长三角的增加趋势比较明显，如专题图 1-1 所示。随着 $PM_{2.5}$ 污染程度逐渐下降，O_3 污染已成为不可忽视的问题，珠三角的 O_3 超标率已超过了 $PM_{2.5}$，成为珠三角影响空气质量的首要污染物。

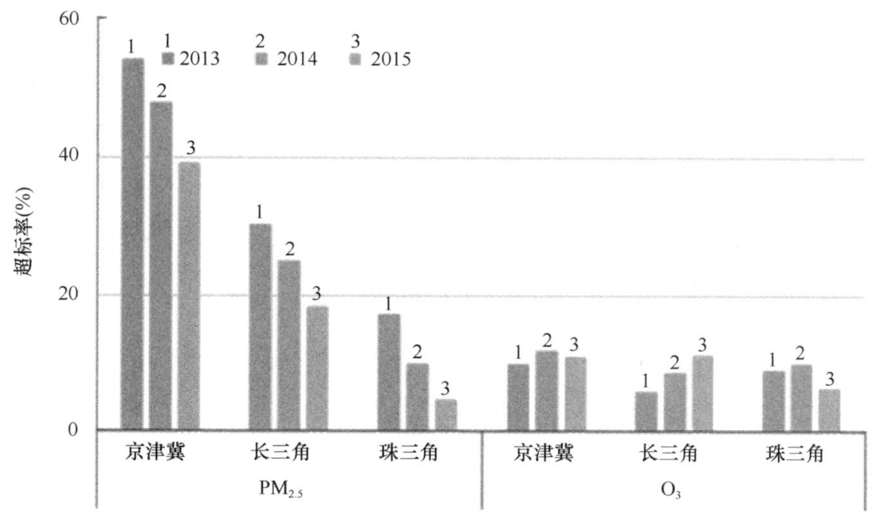

专题图 1-1　京津冀、长三角、珠三角区域 $PM_{2.5}$ 和 O_3 超标频率的变化

（二）大气污染物排放情况

1. 2013 年全国大气污染物排放状况

全国常规大气污染物排放数据出处较多，缺少权威数据。本研究采用自下而上的研

究方法，通过活动水平的统计与计算，采用适合中国国情的排放因子库，对 2013 年的主要污染物排放量进行了计算。本研究的活动水平数据主要基于官方统计数据，包括能源统计年鉴、行业统计及调研数据；排放因子主要来自文献数据、现场测试及基于排放标准的控制技术分布信息。此外，主要污染物排放的计算建立在燃烧设备技术信息和大点源准确位置的基础上，建立了燃煤电厂设备信息到排放水平的映射关系，大大提高了排放清单的准确性。

本研究表明，2013 年，全国 SO_2 排放量为 2309 万 t，其中，电厂、供热部门、工业、民用、交通和其他部门的 SO_2 排放量为 589 万 t、125 万 t、1196 万 t、296 万 t、94 万 t 和 9 万 t，分别占全国 SO_2 排放总量的 25.5%、5.4%、51.8%、12.8%、4.1%和 0.4%（专题表 1-1）。

专题表 1-1　2013 年全国主要大气污染物排放量　（单位：万 t）

部门	电厂	供热部门	工业	民用	交通	其他	合计
SO_2	589	125	1196	296	94	9	2309
NO_x	595	112	967	109	725	53	2561
一次 PM	119	51	1723	505	38	194	2630
一次 $PM_{2.5}$	52	24	575	385	35	144	1215

2013 年，全国 NO_x 排放量为 2561 万 t，其中，电厂、供热部门、工业、民用、交通和其他部门的 NO_x 排放量分别为 595 万 t、112 万 t、967 万 t、109 万 t、725 万 t 和 53 万 t，分别占全国 NO_x 排放总量的 23.2%、4.4%、37.8%、4.3%、28.3%和 2.1%（专题表 1-1）。

2013 年，全国一次 PM 排放量为 2630 万 t，其中，电厂、供热部门、工业、民用、交通和其他部门的一次 PM 排放量分别为 119 万 t、51 万 t、1723 万 t、505 万 t、38 万 t 和 194 万 t，分别占全国一次 PM 排放总量的 4.5%、1.9%、65.5%、19.2%、1.4%和 7.4%（专题表 1-1）。

2013 年，全国一次 $PM_{2.5}$ 排放量为 1215 万 t，其中，电厂、供热部门、工业、民用、交通和其他部门的一次 $PM_{2.5}$ 排放量分别为 52 万 t、24 万 t、575 万 t、385 万 t、35 万 t 和 144 万 t，分别占全国一次 $PM_{2.5}$ 排放总量的 4.3%、2.0%、47.3%、31.7%、2.8%和 11.9%（专题表 1-1）。

2013 年，全国 VOC、NH_3 排放量分别见专题表 1-2 和专题表 1-3。

专题表 1-2　2013 年全国 VOC 排放量　（单位：万 t）

部门	电厂	供热部门	工业	民用	交通	溶剂使用	燃料分配	其他	合计
2013 年	7	1	661	427	291	816	58	160	2421

专题表 1-3　2013 年全国 NH_3 排放量　（单位：万 t）

部门	农业养殖	肥料使用	生产过程	民用及其他	合计
2013 年	751.3	1002.0	22.0	93.4	1868.7

2013 年主要污染物排放强度的高值区集中在华北地区。

专题表 1-4 给出了全国环境统计公报数据作参考。公报显示，2013 年全国废气

中 SO_2 排放量为 2043.7 万 t，其中，工业和城镇生活 SO_2 排放量分别为 1835.2 万 t、208.5 万 t。全国废气中 NO_x 排放量为 2226.9 万 t，其中，工业、城镇生活和机动车 NO_x 排放量分别为 1545.6 万 t、40.7 万 t 和 640.6 万 t。全国废气中烟（粉）尘排放量为 1277.9 万 t，其中，工业、城镇生活和机动车烟（粉）尘排放量分别为 1094.6 万 t、123.9 万 t 和 59.4 万 t（专题表 1-4）。

专题表 1-4　2013 年全国主要污染物排放量　（单位：万 t）

项目	工业	城镇生活	机动车排放	合计
SO_2	1835.2	208.5		2043.7
NO_x	1545.6	40.7	640.6	2226.9
烟（粉）尘	1094.6	123.9	59.4	1277.9

2. 2013～2015 年主要政策措施减排量分析

“大气十条”的落实是 2013 年以来全国城市空气质量总体呈现改善趋势的主要原因，期间主要采取了包括产能严重过剩行业新增产能控制和违规在建项目清理、落后产能淘汰、重污染企业环保搬迁等的产业结构调整优化措施；削减煤炭消费总量、推动成品油质量升级和供应等煤炭管理与油品供应措施；包括燃煤小锅炉淘汰、燃煤锅炉提标改造及严格新建燃煤锅炉准入的燃煤锅炉整治措施；包括工业排放提标改造、工业烟（粉）尘治理和工业挥发性有机物治理等方面的工业大气污染治理措施；包括建筑工地扬尘污染控制、道路扬尘污染控制及港口码头扬尘污染控制的城市扬尘污染控制措施；包括排放标准和油品标准升级、机动车总量控制、淘汰黄标车及老旧车等机动车污染防治措施。

利用自下而上的方法，测算 2013～2015 年无上述减排措施下的排放量，通过比较无减排措施下的排放量与实际排放量之间的差值确定减排量，测算结果表明：2013～2015 年，全国 SO_2、NO_x 及 $PM_{2.5}$ 减排比例分别为 29%、19%和 22%。

3. 全国空气质量达标对应的减排需求

2013 年，全国城市空气污染十分严重，74 个重点城市 $PM_{2.5}$ 浓度平均为 $72\mu g/m^3$，2015 年，全国 74 个重点城市 $PM_{2.5}$ 年均浓度降至 $55\mu g/m^3$，较 2013 年下降 23.6%；其间 2013～2015 年全国 SO_2、NO_x 及 $PM_{2.5}$ 减排比例分别为 29%、19%和 22%。以此推测，从 2015 年全国 74 个重点城市 $PM_{2.5}$ 年均浓度的 $55\mu g/m^3$ 降低 36%，达到国家二级标准的 $35\mu g/m^3$，全国 SO_2、NO_x 及 $PM_{2.5}$ 减排比例至少应该分别大于 29%、19%和 22%，但是尚需基于情景分析法利用气象和空气质量模型进行测算。

三、基于空气质量达标的大气环境容量测算方法

（一）大气环境容量基本概念

大气环境容量是指一个区域在某种环境目标（如空气质量达标或酸沉降临界负荷）约束下的大气污染物最大允许排放量。实际研究时更关注的是“区域大气环境容量”，

即在一定的气象条件及一定的污染源排放条件下，某一特定区域在满足该区域大气环境质量目标的前提下，单位时间所能允许的各类污染源向大气中排放的各类污染物的总量。影响大气环境容量的因素除了大气污染物的环境化学特征外，还有区域环境目标、区域地理和气象特征。

大气环境容量在我国一直被作为支撑国家大气污染物总量控制和空气质量管理的重要依据。围绕不同环境目标下的大气环境容量，我国学者已开展了许多研究工作。2012年，我国对《环境空气质量标准》进行了修订，$PM_{2.5}$ 成为影响我国城市空气质量的首要污染物，环境空气中的 $PM_{2.5}$ 标准限值相比 SO_2、NO_x、PM_{10} 成为更严格的约束条件，因此，从我国空气质量管理的需求出发，亟须以 $PM_{2.5}$ 达标为约束核算大气环境容量，为大气污染物减排提供科学依据。

（二）大气环境容量的分类

目前常用的区域大气环境容量的含义有多种，基本上可分为三类：第一类是基于有限空间污染与清除能力平衡得出的环境容量，可称为理想环境容量；第二类是在污染源现状格局条件下，保证区域地面环境质量达到功能要求得出的环境容量，可称为实际环境容量；第三类是在产业结构调整、污染源格局优化条件下，保证区域地面环境质量达到功能要求得出的环境容量，可称为规划环境容量。三类环境容量（理想环境容量、实际环境容量、规划环境容量）从研究的角度来看，含义各不相同，同时区域间的相互影响、区域内各项控制指标的相互转化等因素均非常复杂。

本研究的环境容量为规划环境容量，以空气质量控制目标为基础，建立能够达到该空气质量控制目标的污染物排放情景，利用空气质量模型模拟该排放情景下的排放清单对环境空气中污染物浓度的贡献，判断该浓度贡献是否能够达到空气质量目标要求，如不达标，调整排放情景，通过多次调整得出能够达到空气质量控制目标的排放量。

（三）大气环境容量测算方法

大气环境容量是一种特殊的环境资源，它与其他自然资源在使用上有着明显的差异。鉴于大气没有边界，一定空间区域内外的污染物互相影响、传输、扩散，以及环境条件和污染物排放的复杂性，准确计算一定空间环境的大气环境容量十分困难，在作一定的假设后，可借助数学模型模拟估算一定条件下的大气环境容量。

1. A 值法

A 值法的原理是将城市看成由一个或多个箱体组成，下垫面为底，混合层顶为箱盖。通过综合分析区域通风量、雨洗能力、混合层厚度、下垫面等浓度限值的条件，计算得出一年内由大气的自净能力所能清除掉的大气污染物总量。

A 值法为国家标准《制定地方大气污染物排放标准的技术方法》(GB/T 3840—1991)提出的总量控制区排放总量限值计算公式，根据计算出的排放量限值及大气环境质量现状本底情况，确定出该区域可容许的排放量。

A 值法是在环境管理实践总量控制早期发展起来的一种方法。A 值法基于箱模型，模式清晰，计算方便。值控制区的确定是计算理想环境容量的前提，值控制区不同于环境空气质量功能区，不同的值控制区只是对污染物排放量实行不同控制，而不是实行相应的《环境空气质量标准》（GB 3095—2012）。

2. A-P 值法

A-P 值法是基于箱模式的值法计算出控制区的大气环境容量，即某种污染物的允许排放总量，然后利用此法，在区域内所有污染源的排污量之和不超过上述容量的约束条件下，确定出各个点源的允许排放量。即由控制区及各功能分区的面积大小给出控制区或总允许排放总量，再配合点源排放值法对点源实行具体控制。

3. 多源模型法

多源模型法是计算实际环境容量的基本方法和主要方法，利用多源模型模拟计算各污染源按基础允许排放量排放时污染物的地面浓度情况，以区域内各控制点的污染物浓度都不超过其控制标准为条件，利用一定的方法对相关污染源的基础允许排放量进行削减分配，确定出各污染源的平权允许排放量，最后得出区域环境容量值。

多源模型法的特点为：

1）污染源调查要求精度高。

2）利用多源模型计算出环境容量时，对于超标控制点，通过削减相关污染源基础允许排放量，使其浓度降到标准值以下，或刚好达标，而原来不超标控制点上的剩余容量则不予重新分配到污染源。

3）计算出的环境容量只是在现状污染源格局及其限定条件下的最大值，并不是区域内所能容纳污染物的最大量。在保证控制点不超标的条件下，通过污染源合理规划布局，还可以新增污染源。

4. 线性规划法

大气环境系统是一个多变量输入-输出的复杂系统，然而就污染物的排放量与浓度分布而言，其可近似为线性，从而利用运筹学的线性优化理论建立容量模式。特点是将污染源及其扩散过程与控制点联系起来，以目标控制点的浓度达标作约束，通过线性优化方法确定污染源的最大允许排放量或削减量。线性规划法是解决环境容量资源利用最大化问题的重要方法。

线性规划法的特点如下：

1）确定大气环境容量规划区：大气容量规划区应根据城市地区的社会经济发展、产业结构、交通流量、能源结构、工业布局、道路条件、地形、地貌、气象条件、污染源状况及污染物浓度分布特征等综合起来进行分析，按当地行政区划，由当地政府确定。

2）确定控制点：在控制区内污染源分布往往不均匀，气象条件也各异，相应的浓度分布也不均匀，控制点的选择就很有必要。控制点是用来标识整个控制区大气污染物浓度是否达到环境目标值的一些代表点。只要这些点的空气质量能达到环境目标值，就认为整个研究地区的空气质量能达到环境目标值。

3）确定环境目标值：选择了控制点后，根据控制点所在的功能区，确定各控制点污染物的环境目标值。

4）计算浓度贡献值：利用大气污染物扩散模式计算各点源排放的污染物对各控制点的浓度贡献值，然后进一步求解各点源排放的单位排放量对各控制点的浓度贡献值。

5）污染源的划分与求出最大允许排放量：大气污染物环境容量计算采用最优化模型法，它能在保证区域环境空气质量目标的前提下，准确定量地给出控制区内污染源污染物的最大允许排放量。

四、基于$PM_{2.5}$达标约束的大气环境容量

（一）技术路线

大气环境容量研究是以环境空气质量控制为目标，利用空气质量模型确定环境容量，分析超载情况，对实现环境空气质量目标做出经济发展、能源消费、产业结构及污染控制的政策建议。本研究首先在确定2030年空气质量目标的基础上，以2013年为基准年，确定以往研究成果中所采用的能够实现2030年空气质量目标的未来能源消费及大气污染控制技术的情景；利用GEOS-Chem模型系统对2030年的情景进行模拟；通过分析环境空气质量达标情况，确定全国、京津冀、西北五省及内蒙古大气环境容量，并对未来产业布局及能源消费情况提出政策建议。技术路线如专题图1-2所示。

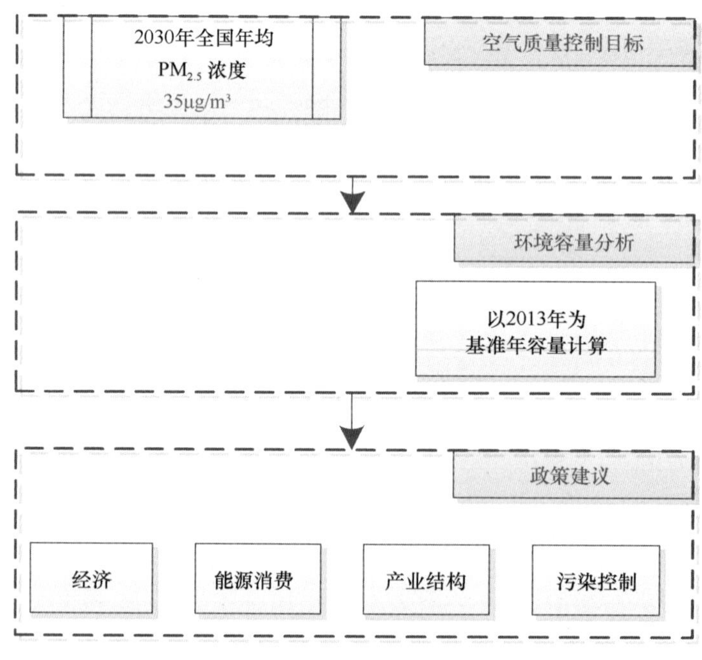

专题图1-2　大气污染物环境容量研究

（二）空气质量控制目标

本研究从空气质量改善的角度出发，依据《环境空气质量标准》（GB 3095—2012），对2030年全国及京津冀、长三角、珠三角等重点地区提出适合我国的空气质量改善目

标：2030 年全国绝大多数的地级及以上城市 $PM_{2.5}$ 年均浓度达标（GB 3095—2012），京津冀、西北五省及内蒙古 $PM_{2.5}$ 年均浓度达标（GB 3095—2012），具体数据见专题表 1-5。

专题表 1-5 我国中长期大气污染防治目标

年份	全国目标	本研究区域目标
2030	全国绝大多数的地级及以上城市 $PM_{2.5}$ 年均浓度达标（GB 3095—2012）	京津冀、西北五省及内蒙古 $PM_{2.5}$ 年均浓度达标（GB 3095—2012），其中大多数的地级及以上城市 $PM_{2.5}$ 年均浓度达标（GB 3095—2012）

（三）基准年大气污染状况的模拟与验证

本课题所研究的大气环境容量测算是以空气质量达标作为目标的环境容量。以未来空气质量控制目标为约束条件测算出的在实现环境空气质量控制目标下的大气环境容量，运用的方法为多源模型法，利用的空气质量模型为 GEOS-Chem 模型，排放清单的基准年为 2013 年，模拟时段为 2013 年全年。

1. 模型的基本概况

GEOS-Chem 模型是由同化的气象观测数据驱动的全球三维大气化学传输模型。气象同化数据由美国国家航空航天局（National Aeronautics and Space Administration，NASA）、全球模拟和同化办公室（Global Modeling and Assimilation Office，GMAO）、戈达德地球观测系统（Goddard Earth Observing System，GEOS）提供，包括风向、风速、温度、云量、降水及其他地表特征。该模型具有不同的水平分辨率，可以在不同尺度上进行大气环境的模拟，如全球尺度的模拟通常采用 4°×5°或 2°×2.5°的水平分辨率。本研究采用 GEOS-Chem 东亚嵌套模型对包括中国在内的东亚区域进行模拟，模拟区域为东经 70°～150°，南纬 11°到北纬 55°，水平分辨率为 0.5°×0.667°，垂直方向 47 层。嵌套模拟的边界场由全球尺度的模拟提供，每 3h 更新一次。

（1）化学机制

GEOS-Chem 模型具有较为完善的化学机制，主要包括气体对流层化学、平流层化学、气溶胶、含碳气体、汞、持久性有机污染物（persistent organic pollutant，POP），以及其他物种的化学机制。与大气颗粒物模拟关系密切的主要是气体对流层化学和气溶胶化学机制。GEOS-Chem 气体对流层化学具有非常详尽的 HO_x-NO_x-VOC-ozone-BrO_x 对流层化学机制（Bey *et al.*，2001；Parrella *et al.*，2012）。气溶胶与气相化学之间的相互反应主要通过三种方式：一是气溶胶的消光效应影响光化学反应速率（Martin *et al.*，2003），二是非均相化学反应（Jacob，2000），三是半挥发性有机物的气固态之间的转化。气溶胶的化学机制包含以下几个方面：

1）二次无机气溶胶。

二次无机气溶胶包括硫酸盐、硝酸盐和铵盐（sulfate nitrate ammonium，SNA）。GEOS-Chem 模型中与气相化学耦合的 SNA 气溶胶模拟最早由 Park 等（2004）开发，SNA 的热动力学由 ISORROPIA Ⅱ 热动力学模块计算（Fontoukis and Nenes，2007），并由 Pye 等（2009）引入 GEOS-Chem 模型。

2）碳质气溶胶。

GEOS-Chem 模型中碳质气溶胶的模拟最早由 Park 等（2003）引入。Wang 等（2014b）综述了目前 GEOS-Chem 模型中的 BC 的模拟机制。一系列研究引进了通过 VOC 半挥发性氧化产物可逆反应生成二次有机气溶胶（secondary organic aerosol，SOA）的机制：Liao 等（2007）引入了萜烯的氧化产物，Henze 和 Seinfeld（2006）及 Henze 等（2008）分别引进了异戊二烯和芳香族的氧化产物。通过非可逆的气溶胶对乙二醛和甲基乙二醛的吸收生成 SOA 的机制由 Fu 等（2008）研究开发。

3）其他。

沙尘与海盐气溶胶的模拟分别基于 Fairlie 等（2007）和 Jaeglé 等（2011）的研究。

（2）传输和沉降机制

GEOS-Chem 模型使用 TPCORE 算法来计算对流传输（Lin and Rood，1996；Wu *et al.*，2007）。各沉降机制的计算见专题表 1-6。

专题表 1-6　GEOS-Chem 模型中的沉降机制

沉降机制	研究	沉降机制	研究
水溶性气溶胶湿沉降	Liu *et al.*，2001	气溶胶在冰雪上的干沉降	Fisher *et al.*，2011
气体湿沉降	Amos *et al.*，2012	粗海盐重力沉降	Fairlie *et al.*，2007
降雪以及混合降水的清除	Wang *et al.*，2011	沙尘重力沉降	Alexander *et al.*，2005
气溶胶干沉降	Zhang *et al.*，2001	海盐的沉降	Jaeglé *et al.*，2011

（3）排放清单

在 GEOS-Chem 模型中，CO、NO_x 和 SO_2 的人为源排放默认使用 EDGAR v3.2-FT2000 全球排放清单（Olivier *et al.*，2005）。人为源 NMVOC 采用 RETRO 2000 年全球逐月排放清单（Schultz *et al.*，2007，2008）。乙烷的排放来自 Xiao 等（2008）。全球生物质燃烧的排放来自 Yevich 和 Logan（2003）。全球人为源 BC 和 OC 的排放来自 Bond 等（2007），并由 Leibensperger 等（2012）引入 GEOS-Chem 模型。全球氨排放来自 GEIA（Global Emissions InitiAtive）排放清单（Bouwman *et al.*，1997）。人为源排放清单的基本计算构架如 van Donkelaar 等（2008）所述，包括对每年排放清单的换算法和日均变化的计算。所有的默认排放清单均通过经济数据用相应系数换算至模拟所在年份，并且在特定的区域由更详尽的清单所替代。在美国地区，默认的全球排放清单被 NEI05（National Emissions Inventory）清单所替代；在欧洲，被 EMEP（The European Monitoring and Evaluation Programme）清单所替代；在东亚地区，被 Streets 等（2006）和 Zhang 等（2009）清单所替代。

除上述人为源排放清单以外，GEOS-Chem 模型中还包括其他排放清单，见专题表 1-7。

此外，GEOS-Chem 模型中还有 CO_2、甲烷、汞及 POP 排放，在此不再详述。

2. 气象年的选择

由于本研究采用的 GEOS-5 气象场未更新至 2012 年以后，为了选择合适的气象年，本研究使用 2010～2012 年三年的气象场和相同的排放清单对 $PM_{2.5}$ 浓度进行了模拟。专题图 1-3 为分别采用这三年气象场模拟的中国东部地区 $PM_{2.5}$ 月均模拟浓度距平。专题图 1-3 显示，2012 年中国东部地区 $PM_{2.5}$ 月均模拟浓度的距平相对较小，全年平均距平为 6.28μg/m³，而 2010 年和 2011 年分别为 25.94μg/m³ 和–32.22μg/m³。鉴于中国东部地区大气污染物排放强度大，气象场的不确定性带来的误差大，因此认为 2012 年的气象条件更具有一般性，因而在本研究中采用。

专题表 1-7　GEOS-Chem 模型中其他排放清单

排放源	清单	相关研究
航空器排放	AEIC	Stettler *et al.*，2011
船舶排放	ICOADS	Lee *et al.*，2011；Vinken *et al.*，2011
开放燃烧排放	GFED 3	Giglio *et al.*，2010；Van der Werf *et al.*，2010；Mu *et al.*，2011
闪电排放		Price and Rind，1992；Murray *et al.*，2012
生物源 VOC 排放	MEGAN v2.1	Guenther *et al.*，2012
生物源土壤 NO_x 排放		Hudman *et al.*，2012
火山排放	AEROCOM	Fisher *et al.*，2011

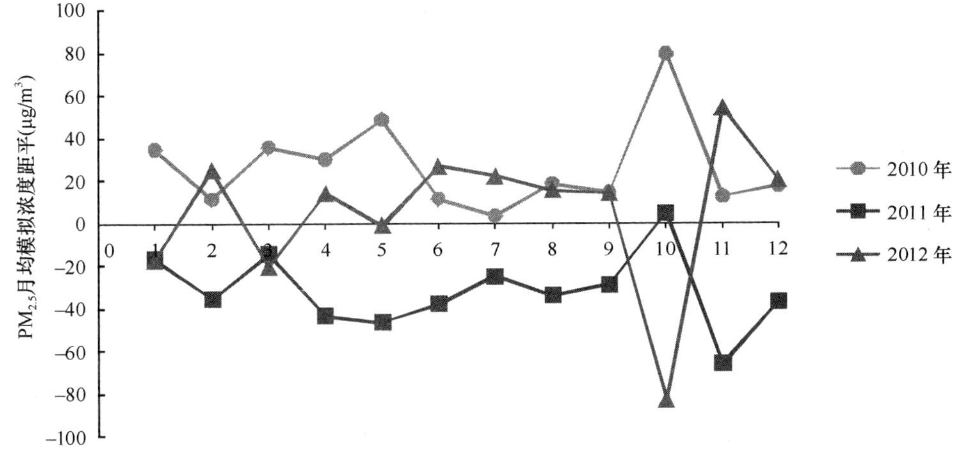

专题图 1-3　东部地区采用 2010～2012 年气象场 $PM_{2.5}$ 月均模拟浓度距平

3. 基准年排放清单及其验证

本研究采用的基准年为 2013 年，2013 年的大气污染物排放清单相关内容已在第二章第一节进行论述。通过两个方面进行清单准确性验证。

（1）利用 OMI 数据验证

本研究利用臭氧监测仪器（ozone monitoring instrument，OMI）卫星观测 Level-3 数据产品对 $PM_{2.5}$ 的重要前体物 SO_2 和 NO_x 的排放进行了验证。GEOS-Chem 模型与 OMI 卫星输出的柱浓度空间分布规律十分相似，高值主要出现在华北平原、长三角及四川盆地等地区。GEOS-5 NO_2 柱浓度的模拟结果与 OMI 卫星观测较为一致，标准平均偏差（normalized mean bias，NMB）为–22%，相关性系数（R）为 0.83。在华北平原，OMI 卫星输出的柱浓度值较 GEOS-Chem 模型高，而在四川盆地和长江中下游地区，模型的模拟值较卫星观测值更高。对于 SO_2，由于卫星数据噪声较多，未计算相关校验参数，但 GEOS-Chem 模型模拟结果与 OMI 数据均反映出华北地区较高的 SO_2 浓度。对中国东部及四川盆地地区，GEOS-Chem 模型模拟结果比 OMI 数据普遍较高，其他研究（Krotkov *et al.*，2008；Lee *et al.*，2011）也发现 OMI 卫星对中国东部 SO_2 柱浓度的观测结果比模型模拟结果偏低较多。Fioletov 等（2013）亦发现 OMI 卫星观测数据较其他卫星更低。

（2）与其他排放清单的比对

本研究将所采用的排放清单与近年来其他排放清单研究结果进行了比较（专题表 1-8）。其中 Liu 等（2016）、Xia 等（2016）和 Wu 等（2016）的排放清单都是采用自下而上的方法建立，Zhao 等（2013）研究中的 2015 年排放数据是以 2010 年为基准年的未来预测数据。除环境保护部公布的排放数据明显低于本研究采用的排放清单外，本研究采用的排放清单均在上述研究的变化范围之内。环境保护部排放数据较低的原因之一是没有将非道路交通源的排放包括在内。

专题表 1-8　排放清单与其他近期研究的比较

	SO_2（$\times10^3$t）	NO_x（$\times10^3$t）	PM_{10}（$\times10^3$t）	$PM_{2.5}$（$\times10^3$t）	VOC（$\times10^3$t）
本研究	23 150	25 638	16 521	12 155	23 366
环境保护部，2014	20 439	22 273	—	—	—
Liu *et al.*，2016	—	28 300	—	—	—
Xia *et al.*，2016	23 014～26 884	28 002～28 817	—	—	—
Wu *et al.*，2016（2012）*	—	—	—	—	29 850
Zhao *et al.*，2013（2015）*	26 792	27 511	15 599	11 419	—

* 括号中的年份表示该研究建立的排放清单所在年份

4. 模型验证

GEOS-Chem 模型采用的气象场为已同化的 GEOS-5 气象场，因此，本研究不再对气象场进行验证。只有基准年 $PM_{2.5}$ 浓度模拟值准确，才能保证未来年模拟结果的可靠性。本文下一小节“（四）未来空气质量的预测”将对基准年 $PM_{2.5}$ 模拟浓度验证进行论述。

本研究主要采用以下三个参数对 GEOS-Chem 模型模拟 $PM_{2.5}$ 浓度的能力进行校验，参数名称及计算方法总结如下：

（1）标准平均偏差（NMB）

标准平均偏差（NMB）用于表征模型与观测的相对平均偏差，计算公式为

$$\mathrm{NMB}=\frac{\sum_{i=1}^{N}(M_i-O_i)}{\sum_{i=1}^{N}O_i} \tag{4-1}$$

式中，M 表示模拟结果，O 表示观测结果，N 表示站点数量。

（2）标准平均误差（NME）

标准平均误差（NME）用于表征模型与观测的偏差绝对值，计算公式为

$$\mathrm{NME}=\frac{\sum_{i=1}^{N}\left|M_i-O_i\right|}{\sum_{i=1}^{N}O_i} \tag{4-2}$$

式中，M 表示模拟结果，O 表示观测结果，N 表示站点数量。

（3）相关性系数（R）

相关性系数（R）用于表征模型与观测的相关程度，反映模型对时间和空间变化规律的模拟能力。

（四）未来空气质量的预测

未来空气质量的预测与未来年的气象场及未来年的大气污染物的排放量相关。迄今为止的研究表明，2012 年的气象场更具有一般性，因此，将 2012 年的气象场作为未来年的气象场。

大气污染与能源利用密切相关。未来主要大气污染物的排放量取决于能源消费量和大气污染控制技术与对策。通常通过设置不同的能源消费情景和大气污染物控制情景的情景分析法确定未来主要大气污染物的排放量。

本研究依据 Zhao 等（2013）的研究成果，只针对能够实现 2030 年空气质量目标的能源情景（2030PC）和污染控制情景（2030PC2）进行 2030 年空气质量的预测。2030 年情景的预测模型在 Zhao 等（2013）中有详细的阐述。

以 2012 年为气象年，将 2013 年我国人为源大气污染物排放清单更新为未来年的排放清单、自然源及境外源排放清单保持不变，利用 GEOS-Chem 模型模拟京津冀、西北五省和内蒙古自治区 $PM_{2.5}$ 浓度分布，如专题图 1-4 所示，为了便于分析，除了未来年 2030 年 $PM_{2.5}$ 浓度变化情况以外，专题图 1-4 中增加了各省市 2013 年监测和模拟浓度。

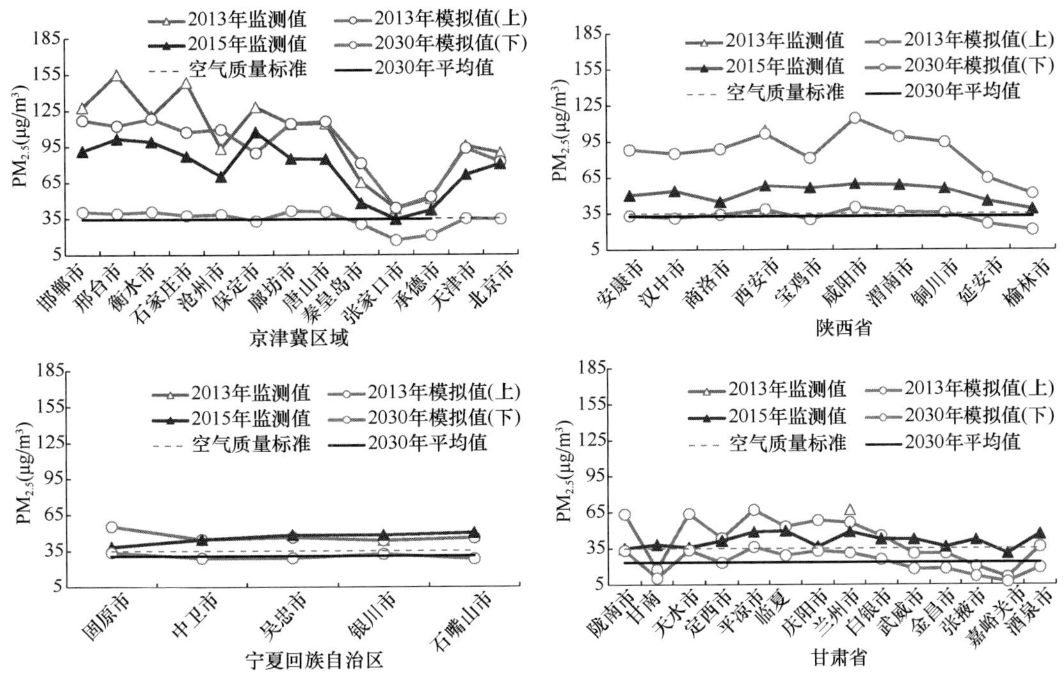

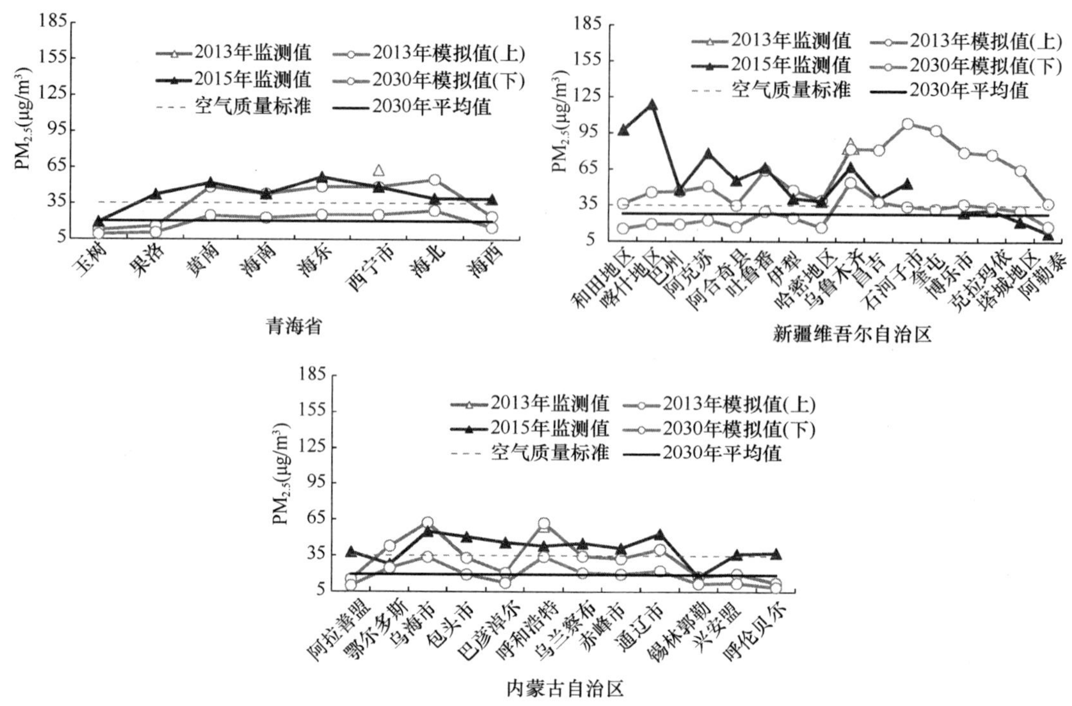

专题图 1-4　京津冀、西北五省及内蒙古 $PM_{2.5}$ 浓度变化

另外，2013 年年底，只有 74 个城市有完整和连续的 $PM_{2.5}$ 监测数据（国际环保组织绿色和平，2014），但是 74 个城市只包含西部五省及内蒙古的省会城市，所以在专题图 1-4 中添加了 2015 年 $PM_{2.5}$ 地面监测数据（国际环保组织绿色和平，2016）。专题图 1-4 的横坐标从左到右按照纬度递增进行城市排序。

1. $PM_{2.5}$ 浓度模拟值验证

以标准平均偏差（NMB）、标准平均误差（NME）及相关性系数（R）三个参数对 GEOS-Chem 模型模拟的 $PM_{2.5}$ 浓度的能力进行校验。本研究将京津冀的 13 个城市和西北五省的 5 个省会城市 $PM_{2.5}$ 浓度监测数据与该城市中心所在 GEOS-Chem 模型网格的模拟浓度进行了比较，结果见专题表 1-9。京津冀的标准平均偏差为–8.00%，相关性系数（R）为 0.83；西北五省和内蒙古的标准平均偏差为–6.10%，相关性系数（R）为 0.95，模型对 $PM_{2.5}$ 浓度略有低估。这是因为气象年为 2012 年，而普遍认为 2013 年的扩散条件优于 2012 年，所以导致模型对 $PM_{2.5}$ 浓度的模拟结果略低于监测值。另外，京津冀和西北五省合计 66 个城市 2015 年的 $PM_{2.5}$ 监测值与基准年模拟结果的相关性分析结果见

专题表 1-9　基准年 $PM_{2.5}$ 浓度模拟值校验结果

项目	京津冀	陕西	宁夏	甘肃	青海	新疆	内蒙古
标准平均偏差（与 2013 年相比）	–8.00%			–6.10%			
标准平均误差（与 2013 年相比）	13.40%			7.80%			
相关性系数（与 2013 年相比）	0.83			0.95			
相关性系数（与 2015 年相比）	0.80	0.85	–0.85	0.32	0.68	–0.20	0.46

专题表 1-9，虽然无论气象场还是排放清单，2013 年与 2015 年都存在差异，但是该相关性分析结果能够反映模拟结果的准确程度，表明，京津冀、陕西、青海、内蒙古的模拟结果好于甘肃、新疆和宁夏。

2. 未来年 $PM_{2.5}$ 浓度达标分析

专题图 1-4 表明，未来年京津冀、西北五省中的直辖市和省的平均 $PM_{2.5}$ 年均浓度均能达到空气质量二级标准的 35μg/m^3，但是，河北、西北五省的 64 个地级市中合计 15 个城市不能达标，达标率为 76.6%；北京、天津和内蒙古的达标率为 100%。这就意味着，未来年排放清单的排放量是以京津冀、西北五省和内蒙古的各省（区、市）的网格平均的 $PM_{2.5}$ 年均浓度达到《环境空气质量标准》（GB 3095—2012）为约束条件的大气环境容量，但并不是以各地级市网格平均的 $PM_{2.5}$ 年均浓度达到《环境空气质量标准》（GB 3095—2012）为约束条件的大气环境容量，后者比前者小，尚需进一步研究才能确定后者的具体数值。

（五）大气环境容量分析

1. 大气环境容量

未来年排放清单的排放量就是以京津冀、西北五省和内蒙古的各直辖市及省的网格平均的 $PM_{2.5}$ 年均浓度达到《环境空气质量标准》（GB 3095—2012）为约束条件的大气环境容量，SO_2、NO_x、一次 $PM_{2.5}$、VOC、NH_3 的容量见专题表 1-10。

专题表 1-10　主要大气污染物环境容量　　（单位：万 t）

地区	SO_2	NO_x	一次 $PM_{2.5}$	VOC	NH_3
北京	5	7	2	24	4.0
天津	12	12	4	23	2.1
河北	44	55	23	85	56.5
京津冀	61	74	29	132	62.6
陕西	32	23	9	29	26.8
甘肃	16	21	8	16	23.4
青海	3	5	2	4	8.0
宁夏	12	12	4	5	4.0
新疆	31	33	12	23	29.4
西北五省	94	94	35	77	91.6
内蒙古	54	51	20	31	36.6
全国	1097	1172	470	1613	871

2. 大气环境容量超载率

通过基准年 2013 年的大气污染物排放量与其环境容量的比值衡量大气环境超载状况的结果见专题表 1-11，可见西北五省、内蒙古与京津冀地区超载情况基本相当。一次 $PM_{2.5}$ 和 NO_x 的超载状况比其他几种污染物更为严重，若使大气环境不超载，各地区相对于 2013 年，SO_2、NO_x、一次 $PM_{2.5}$、VOC 的排放量削减比例应在 30%～75%。NH_3 排放量最大削减比例为 53%。

专题表 1-11　基准年 2013 年主要大气污染物超载情况　（单位：%）

地区	SO_2 超载率	NO_x 超载率	一次 $PM_{2.5}$ 超载率	VOC 超载率	NH_3 超载率
北京	240	257	300	146	148
天津	200	283	275	139	213
河北	227	275	378	174	169
京津冀	223	274	359	163	170
陕西	228	291	400	190	150
甘肃	175	176	275	169	107
青海	200	240	300	150	100
宁夏	175	158	225	180	100
新疆	300	258	233	165	136
西北五省	235	234	289	175	128
内蒙古	207	225	235	210	100
全国	210	217	259	150	130

3. 重点区域主要行业大气污染物减排分析

根据大气污染来源，将行业划分为发电、供热、工业、民用、交通，重点分析 2030 年 $PM_{2.5}$ 浓度达标情况下京津冀、西北五省及内蒙古的主要行业大气污染减排情况。

（1）京津冀区域

2013 年，京津冀地区大气污染物中，主要污染行业的一次 $PM_{2.5}$ 排放量大小依次为：工业、民用、发电、交通和供热，其 2013 年和 2030 年的排放量及 2030 年的减排量见专题表 1-12。SO_2 排放量大小依次为：工业、民用、发电、交通和供热，其 2013 年和 2030 年的排放量及 2030 年的减排量见专题表 1-13。VOC 排放量大小依次为：工业、民用和交通，其 2013 年和 2030 年的排放量及 2030 年的减排量见专题表 1-14。NO_x 排放量大小依次为：交通、发电、供热、工业和民用，其 2013 年和 2030 年的排放量及 2030 年的减排量见专题表 1-15。

专题表 1-12　京津冀一次 $PM_{2.5}$ 主要污染行业排放量及减排量　（单位：万 t）

	部门	北京	天津	河北	京津冀
2013 年	发电	0.25	0.41	2.75	3.42
	供热	0.75	0.85	0.51	2.11
	工业	77.83	5.15	45.94	128.92
	民用	2.03	2.99	22.76	27.79
	交通	0.52	0.33	2.35	3.20
2030 年	发电	0.18	0.39	2.49	3.05
	供热	0.63	0.48	1.64	2.75
	工业	74.78	3.17	18.00	95.95

续表

	部门	北京	天津	河北	京津冀
2030 年	民用	0.57	0.78	6.46	7.82
	交通	0.06	0.04	0.35	0.45
减排量	发电	–0.07	–0.03	–0.27	–0.37
	供热	–0.12	–0.37	1.13	0.64
	工业	–3.05	–1.98	–27.94	–32.97
	民用	–1.46	–2.21	–16.30	–19.97
	交通	–0.46	–0.29	–2.00	–2.75

专题表 1-13　京津冀 SO_2 主要污染行业排放量及减排量　（单位：万 t）

	部门	北京	天津	河北	京津冀
2013 年	发电	1.84	4.62	17.75	24.21
	供热	2.80	4.63	1.37	8.80
	工业	348.29	7.86	34.71	390.86
	民用	4.56	2.31	18.35	25.22
	交通	2.84	1.59	7.20	11.64
2030 年	发电	0.80	3.51	11.46	15.77
	供热	1.76	1.97	4.62	8.35
	工业	244.92	6.65	13.67	265.24
	民用	1.55	1.17	8.94	11.66
	交通	1.03	0.74	4.93	6.71
减排量	发电	–1.04	–1.11	–6.29	–8.45
	供热	–1.04	–2.66	3.26	–0.45
	工业	–103.37	–1.21	–21.04	–125.62
	民用	–3.01	–1.14	–9.41	–13.56
	交通	–1.81	–0.84	–2.27	–4.93

专题表 1-14　京津冀 VOC 主要污染行业排放量及减排量　（单位：万 t）

	部门	北京	天津	河北	京津冀
2013 年	民用	6.46	4.89	27.93	39.27
	工业	27.26	23.71	94.73	145.70
	交通	5.88	3.39	17.79	27.05
2030 年	民用	3.45	2.29	16.04	21.78
	工业	24.83	19.74	58.64	103.21
	交通	1.87	1.34	9.04	12.25
减排量	民用	–3.01	–2.60	–11.89	–17.50
	工业	–2.43	–3.97	–36.09	–42.49
	交通	–4.00	–2.06	–8.74	–14.80

专题表 1-15　京津冀 NO_x 主要污染行业排放量及减排量　（单位：万 t）

	部门	北京	天津	河北	京津冀
2013 年	发电	3.24	7.03	32.74	43.01
	供热	5.19	10.19	24.44	39.82
	工业	2.49	4.13	32.45	39.07
	民用	1.91	1.05	7.21	10.18
	交通	21.33	11.59	51.28	84.20
2030 年	发电	2.23	3.80	14.51	20.54
	供热	7.66	6.14	35.64	49.44
	工业	1.77	1.89	15.37	19.03
	民用	0.95	0.58	3.74	5.28
	交通	2.02	1.37	8.56	11.94
减排量	发电	−1.01	−3.23	−18.23	−22.47
	供热	2.47	−4.05	11.21	9.63
	工业	−0.72	−2.24	−17.08	−20.05
	民用	−0.96	−0.46	−3.48	−4.90
	交通	−19.31	−10.23	−42.73	−72.27

（2）西北五省及内蒙古

2013 年，西北五省及内蒙古大气污染物中，主要污染行业的一次 $PM_{2.5}$ 排放量大小依次为：工业、民用、发电、供热和交通，其 2013 年和 2030 年的排放量及 2030 年的减排量见专题表 1-16。SO_2 排放量大小依次为：发电、工业、民用、供热、交通，其 2013 年和 2030 年的排放量及 2030 年的减排量见专题表 1-17。VOC 排放量大小依次为：工业、民用、交通，其 2013 年和 2030 年的排放量及 2030 年的减排量见专题表 1-18。NO_x 排放量大小依次为：发电、交通、供热、工业、民用，其 2013 年和 2030 年的排放量及 2030 年的减排量见专题表 1-19。

专题表 1-16　西北五省及内蒙古一次 $PM_{2.5}$ 主要污染行业排放量及减排量　（单位：万 t）

	部门	内蒙古	陕西	甘肃	青海	宁夏	新疆	区域
2013 年	发电	2.66	2.19	0.88	0.27	1.49	4.54	12.02
	供热	0.91	0.81	0.40	0.04	0.93	2.71	5.79
	工业	15.91	22.46	13.56	6.04	5.35	14.55	77.87
	民用	20.80	15.86	9.35	1.93	1.49	8.28	57.70
	交通	1.18	0.98	1.05	0.22	0.28	0.74	4.45
2030 年	发电	1.96	1.96	0.90	0.11	1.34	2.10	8.38
	供热	0.77	0.84	0.64	0.05	0.78	1.43	4.50
	工业	5.99	6.97	5.48	3.47	2.11	5.71	29.73
	民用	7.80	4.46	2.79	0.66	0.49	2.54	18.74
	交通	0.12	0.11	0.10	0.03	0.03	0.09	0.47
减排量	发电	−0.70	−0.23	0.02	−0.16	−0.15	−2.43	−3.65
	供热	−0.14	0.03	0.24	0.01	−0.15	−1.28	−1.29
	工业	−9.92	−15.49	−8.08	−2.57	−3.24	−8.84	−48.14
	民用	−13.00	−11.40	−6.56	−1.27	−1.00	−5.74	−38.96
	交通	−1.06	−0.86	−0.95	−0.20	−0.25	−0.65	−3.98

专题表 1-17 西北五省及内蒙古 SO_2 主要污染行业排放量及减排量 （单位：万 t）

	部门	内蒙古	陕西	甘肃	青海	宁夏	新疆	区域
2013 年	发电	36.80	18.17	3.83	0.63	6.65	51.02	117.10
	供热	4.85	5.32	0.85	0.04	2.86	12.64	26.56
	工业	34.59	12.76	19.46	5.68	4.53	16.43	93.45
	民用	35.77	15.27	3.71	0.61	1.25	5.33	61.94
	交通	2.61	2.59	1.87	0.46	0.64	1.71	9.89
2030 年	发电	16.35	15.12	2.79	0.15	5.11	9.81	49.33
	供热	3.20	2.88	1.00	0.06	1.15	3.15	11.43
	工业	13.98	6.11	7.51	3.58	2.53	7.85	41.56
	民用	18.11	7.46	1.97	0.36	0.68	3.09	31.66
	交通	1.95	2.19	1.62	0.40	0.45	1.46	8.06
减排量	发电	–20.45	–3.05	–1.03	–0.49	–1.54	–41.21	–67.77
	供热	–1.65	–2.44	0.14	0.02	–1.71	–9.49	–15.13
	工业	–20.61	–6.65	–11.95	–2.10	–2.00	–8.58	–51.89
	民用	–17.66	–7.81	–1.74	–0.25	–0.57	–2.24	–30.28
	交通	–0.67	–0.41	–0.25	–0.06	–0.19	–0.25	–1.82

专题表 1-18 西北五省及内蒙古 VOC 主要污染行业排放量及减排量 （单位：万 t）

	部门	内蒙古	陕西	甘肃	青海	宁夏	新疆	区域
2013 年	民用	21.30	14.13	9.83	1.80	1.87	7.94	56.86
	工业	31.84	31.25	10.04	2.99	4.94	20.77	101.82
	交通	7.38	7.62	5.04	1.23	1.89	5.08	28.25
2030 年	民用	10.09	5.66	6.17	0.83	0.90	4.26	27.91
	工业	17.65	19.62	7.24	2.33	2.94	15.57	65.35
	交通	2.81	3.09	2.23	0.55	0.65	2.12	11.45
减排量	民用	–11.21	–8.48	–3.66	–0.97	–0.96	–3.68	–28.95
	工业	–14.19	–11.64	–2.80	–0.66	–2.00	–5.19	–36.47
	交通	–4.57	–4.53	–2.81	–0.68	–1.25	–2.97	–16.80

专题表 1-19 西北五省及内蒙古 NO_x 主要污染行业排放量及减排量 （单位：万 t）

	部门	内蒙古	陕西	甘肃	青海	宁夏	新疆	区域
2013 年	发电	52.28	15.72	4.07	2.64	3.49	39.90	118.11
	供热	16.82	10.54	6.45	2.01	7.00	18.39	61.23
	工业	11.53	15.39	8.52	2.73	2.97	9.04	50.18
	民用	10.74	4.11	2.68	0.56	0.46	2.06	20.61
	交通	21.19	20.25	13.92	3.69	5.12	13.72	77.88
2030 年	发电	17.58	9.03	5.35	0.48	4.34	9.98	46.76
	供热	19.29	6.42	8.26	2.53	5.58	14.72	56.80
	工业	4.38	7.51	3.77	0.90	1.31	4.21	22.09
	民用	5.41	2.02	1.44	0.36	0.29	1.16	10.68
	交通	2.91	3.00	2.17	0.62	0.65	2.19	11.54
减排量	发电	–34.71	–6.69	1.27	–2.16	0.86	–29.92	–71.35
	供热	2.46	–4.12	1.81	0.52	–1.43	–3.67	–4.43
	工业	–7.15	–7.88	–4.75	–1.82	–1.66	–4.83	–28.09
	民用	–5.33	–2.08	–1.25	–0.20	–0.17	–0.90	–9.93
	交通	–18.28	–17.24	–11.75	–3.07	–4.47	–11.53	–66.34

4. 大气环境容量的不确定性

利用空气质量模型确定大气环境容量的不确定性取决于空气质量模型、气象场、排放清单、空气质量标准值等诸多因素，本研究利用的 GEOS-Chem 模型及清华大学编制的 2013 年人为源排放清单对甘肃、新疆和宁夏三省（区）的 $PM_{2.5}$ 浓度模拟值与监测值负相关或相关性低，因此，本研究确定的该三省（区）的大气环境容量的不确定性高于京津冀及陕西和青海，尚需深入研究。

五、基于大气环境容量的经济社会空间布局战略对策建议

本书第二章大气环境容量研究部分分析了基于 Zhao 等（2013）提出的能源情景（2030PC）和污染控制情景（2030PC2）下 2030 年空气质量的达标情景，具体设置见专题表 1-20，并确定了京津冀、西北五省及内蒙古的大气环境容量，因此所采用的能源情景和污染控制情景所涉及的各种经济、技术对策就是保证大气环境不超载的重要措施。能源情景的确定与人口、GDP、城镇化率等经济社会发展因素相关，因此，本节从经济发展、能源消费及大气污染控制措施三个方面分析确保大气环境不超载的对策措施及政策建议。

专题表 1-20　2030 年情景设置

能源情景	情景描述	排放情景	情景描述
PC 情景	根据新推广的节能政策和更严格的执行情况：由于更节能的生活方式导致的能源需求增长减慢（包括高能耗工业产品、建筑面积和住宅服务需求、机动车、发电量、供暖）；推广清洁和可再生能源，提高能效的技术	PC[2]	《大气污染防治行动计划》得到实施，控制政策措施逐渐加严至 2030 年

（一）经济社会发展

Zhao 等（2013）提出的能源情景（2030PC）和污染控制情景（2030PC2）的经济社会发展相关参数见专题表 1-21。2016～2030 年，年均 GDP 增长率由 2013～2015 年的

专题表 1-21　经济社会发展的关键参数

关键参数	2013 年	2030PC 和 2030PC2
GDP（以 2005 年不变价计算）（万亿元）	40.75	104.3
人口（亿）	13.6	14.7
城镇化率（%）	53.7	63.0
发电量（TW·h）	5398	8000
燃煤发电比例（%）	66.4	41.3
粗钢产量（Mt）	779	570
水泥产量（Mt）	2417	1751
城市人均居住面积（m^2）	23	29
农村人均居住面积（m^2）	37	39
每千人机动车保有量（辆）	93.6	325.2
可再生能源①比重（%）	8.3	15.1

① 可再生能源包括太阳能、风能、水能、潮汐能和核能

7.1%逐步降低至 2030 年的 5.5%；2030 年，中国人口总量将由 2013 年的 13.6 亿增加至 2030 年的 14.7 亿；2030 年，城镇化率将由 2013 年的 53.7%增加至 2030 年的 63.0%。

（二）能源消费总量及消费结构分析

大气污染与能源利用密切相关。有可能使大气污染物排放量不超过大气环境容量的能源消费总量将从 2013 年的 4169Mtce（million ton coal equivalent，百万吨标准煤）增加至 2030 年的 5295Mtce；煤炭所占的比重将从 2013 年的 67.4%下降至 2030 年的 51.8%，煤炭消费总量由 2013 年的 2810Mtce 下降至 2030 年的 2743Mtce。而可再生能源及核能，所占比例将由 2013 年的 8.3%上升至 2030 年的 15.1%。原油所占的比重有所升高，这主要是由于机动车保有量的迅速增长。燃煤发电比例将从 2013 年的 66.4%下降至 2030 年的 41.3%；未来发电行业的能源消费结构将向着多元化的方向发展，减少煤炭在发电行业的能源占比，同时电煤在煤炭总消耗中所占的比重要有所提高。

（三）大气污染物末端污染控制政策和技术

在末端污染控制策略方面，设定《大气污染防治行动计划》控制措施逐渐加严至 2030 年。烟气脱硫（flue gas desulfurization，FGD）装置在电厂和工业部门中大范围应用，新建的工业锅炉均要求安装低氮氧化物燃烧器（low NO_x burner，LNB）；静电除尘器（electrostatic precipitator，ESP）和高效除尘器（high efficiency deduster，HED）将逐步替代低效率的湿式除尘器（wet dust scrubber，WDS）。在民用部门，2030 年低硫煤使用率将达 100%，更先进的煤炭和生物质炉灶亦将被广泛使用。对于交通部门，高排放车辆将被更快淘汰，到 2030 年，几乎 100%的车辆都达到目前欧洲最严格的排放标准。

（四）能源总量控制效果分析

本研究利用 GEOS-Chem 空气质量模型，模拟分析大气污染物末端污染控制政策及技术相同的条件下，能源消费总量从 48 亿 t 标准煤削减到 42.5 亿 t 标准煤的情况下，$PM_{2.5}$ 年均浓度的削减率与能源消费总量削减率之间的关系见专题表 1-22，从全国来看，$PM_{2.5}$ 年均浓度削减 4.20%，能源消费总量必须削减 11.46%；东部地区与中西部地区的能源消费总量削减率和 $PM_{2.5}$ 浓度削减率的比值略有差距，东部地区较中西部地区小，换言之，东部地区能源消费总量削减带来的 $PM_{2.5}$ 年均浓度削减率略高于中西部地区。在本研究限定的模拟条件下，无论全国平均还是东部地区或中西部地区削减能源消费总量无法显著减少 $PM_{2.5}$ 年均浓度，为了使 $PM_{2.5}$ 年均浓度削减某一比例需要 2.5 倍以上的能源消费总量削减率。

专题表 1-22 $PM_{2.5}$ 浓度削减率与能源消费总量削减率之间的关系

地区	能源消费总量削减率	年均浓度削减率	能源消费总量削减率/年均浓度削减率
全国	11.46%	4.20%	2.73
东部	12.00%	4.78%	2.51
中西部	11.37%	4.22%	2.69

根据全国平均 $PM_{2.5}$ 年均浓度削减率（4.20%），分析不同污染物的削减率对 $PM_{2.5}$ 年均浓度的影响（专题表 1-23），主要大气污染物的削减率大于能源消费总量的削减率。主要大气污染物未来减排目标见专题表 1-24。

专题表 1-23　全国平均 $PM_{2.5}$ 年均浓度削减率（4.20%）与能源消费总量、排放削减率之间的关系

	能源消费总量削减率	能源消费总量削减率/浓度削减率
能源消费总量	11.46%	2.73
SO_2	13.00%	3.10
NO_x	13.50%	3.21
PM	13.00%	3.10
VOC	11.60%	2.76

专题表 1-24　主要大气污染物未来减排目标

大气污染物	年份	单位	北京	天津	河北	内蒙古	陕西	甘肃	青海	宁夏	新疆
SO_2	2013	万 t	17	24	100	112	73	28	6	21	93
	2020	%	46	25	12	32	30	29	39	29	55
	2030	%	68	51	56	51	56	43	54	44	67
	2050	%	78	66	69	66	69	60	68	61	77
NO_x	2013	万 t	34	34	151	115	67	37	12	19	85
	2020	%	30	44	30	41	44	26	44	24	50
	2030	%	81	63	63	56	66	41	58	36	61
	2050	%	86	73	72	67	74	56	68	52	71
一次 $PM_{2.5}$	2013	万 t	6	11	87	47	36	22	6	9	28
	2020	%	14	34	34	36	43	37	45	37	38
	2030	%	65	61	73	58	76	60	65	54	58
	2050	%	75	73	81	71	83	72	76	68	71
VOC	2013	万 t	35	32	148	65	55	27	6	9	38
	2020	%	10	14%	26	33	31	26	25	35	25
	2030	%	32	28%	42	52	48	41	41%	51	40
	2050	%	35	31%	45	54	51	44	44%	53	43

上述分析表明，在污染控制技术的可行减排措施得到最大限度应用的情况下，为了使 $PM_{2.5}$ 达到空气质量目标，能源消费总量的削减率应大于 $PM_{2.5}$ 浓度削减率的 2.5 倍，大气污染物的减排率应大于能源消费的削减率。

（五）经济社会空间布局战略对策建议

一是以大气环境容量作为我国经济社会空间布局战略的依据之一，适度开发西部地区、优化发展东部地区。

大气污染物排放量没有超过大气环境容量（大气环境不超载）的西南、海南、东北北部地区，多为国家重点生态功能区等限制开发区或禁止开发区，土地利用应以生态旅游、生态农业等为主。应制定严格的污染物排放标准和总量控制指标，依法关闭污染排放企业，鼓励无污染的服务类行业，确保污染企业“零排放”，保持良好的大气环境，使污染物质量不恶化、总量不增加。

大气污染物排放量超过大气环境容量（大气环境超载）的京津冀、山东半岛、中北部、西北部地区，国土开发强度较高，应该严格限制工业用地，制定严格的行业准入环境标准，通过关闭、整顿高污染行业，鼓励低耗节能行业的发展，使污染物排放量不断下降，大气环境质量逐步趋于好转。

由于西北五省与京津冀区域的大气环境容量超载情况基本相同，因此新时期“一带一路”倡议实施过程中必须关注西部干旱区大气环境容量的约束条件。若使大气环境不超载，相对于 2013 年，京津冀 5 种大气污染物（SO_2、NO_x、$PM_{2.5}$、VOC 和 NH_3）排放量削减率分别为 55%、64%、72%、39%、41%；西北五省 5 种大气污染物（SO_2、NO_x、$PM_{2.5}$、VOC 和 NH_3）排放量削减率分别为 56%、56%、64%、42%、22%。

二是优化产业结构与布局，严格控制并加强各类大气污染控制，逐步改善空气质量。

优化产业结构与布局，淘汰高能耗重污染行业；实施煤炭消费总量控制，调整能源消费结构，逐步减少煤炭消费比例，增加发电燃煤消费占总燃煤量的比例；建立统一协调的区域联防联控工作机制，加强技术减排力度；严格执行环保法律法规和各项标准，完善节能减排投入机制，新建项目做好环评工作；严格控制机动车 NO_x 排放及其他污染物排放。

京津冀、山东半岛、中部大部分地区、成渝地区，要继续加强烟（粉）尘、二氧化硫、氮氧化物等行业污染控制，重点加强机动车及其他来源氮氧化物、VOC 等 $PM_{2.5}$ 前体物的控制。

华南地区，除了加强控制氮氧化物和颗粒物的排放外，还要防范臭氧污染，减少酸雨发生；西北地区，在加强工业各类污染物控制的同时，重点防治各类扬尘污染。

三是在持续加大对氮氧化物排放控制力度的基础上，根据地区特征，确定有利于大气 $PM_{2.5}$ 和臭氧同步下降的 VOC、NO_x、NH_3 协同控制策略。

鉴于 2013～2015 年，全国平均 $PM_{2.5}$ 年均浓度超标率逐年下降，但臭氧最大 8 小时平均浓度的超标率呈上升趋势，VOC 和 NO_x 是生成臭氧的前体物，必须尽快启动国家 VOC 总量控制行动计划。研究表明，工艺过程源（石油炼制、石油化工等）、移动源（轻型汽油车等）和溶剂涂料等行业的 VOC 排放量大，建议作为 VOC 减排、推进清洁生产和推行工艺改进的重点行业领域，率先提出量化的减排目标与具体的控制管理和技术要求，遏制国家 VOC 排放量上升态势，带动重点行业 VOC 排放量的下降。

研究表明，NH_3 的削减对降低无机二次颗粒物的作用明显，且由于其他污染物控制有可能造成贫氨向富氨的转化，越早进行 NH_3 控制会带来越高的效益。我国的 NH_3 排放主要集中在河南、山东、河北、四川、安徽和江苏等化肥施用量大与畜禽养殖集中的地区，建议尽早在这些区域将 NH_3 排放控制纳入空气质量保障决策中。

六、大气污染物减排路线

（一）空气质量改善目标

2013 年发布的《大气污染防治行动计划》明确了 2017 年空气质量改善目标：2017

年“全国空气质量总体改善，重污染天气较大幅度减少；京津冀、长三角、珠三角等区域空气质量明显好转”。

从“十三五”开始，用三个5年计划时间，推进珠三角、长三角、京津冀依次达到$PM_{2.5}$年均浓度35μg/m^{3}的环境空气质量标准。2030年全国绝大多数的地级及以上城市达到$PM_{2.5}$年均浓度35μg/m^{3}的环境空气质量标准。

《大气污染防治行动计划》的贯彻执行，环境空气质量标准逐步加严，未来将与世界卫生组织和发达国家的控制要求逐步接轨，到2050年，通过延续的大气污染综合防治，环境空气中各种污染物的浓度大幅度降低，城市和重点地区的大气环境质量得到明显改善，全面达到国家空气质量标准，基本实现世界卫生组织环境空气质量浓度指导值，满足保护公众健康和生态安全的要求。

（二）大气污染物总量控制减排

根据我国当前面临的严峻形势，除了环境空气质量目标约束外，尚需设定主要大气污染物排放量减排目标。以2013年作为基准年，2020年、2030年、2050年主要大气污染物减排目标见专题表1-24。

（三）政策和技术保障措施

主要大气污染物减排的技术路线如专题图1-5所示。

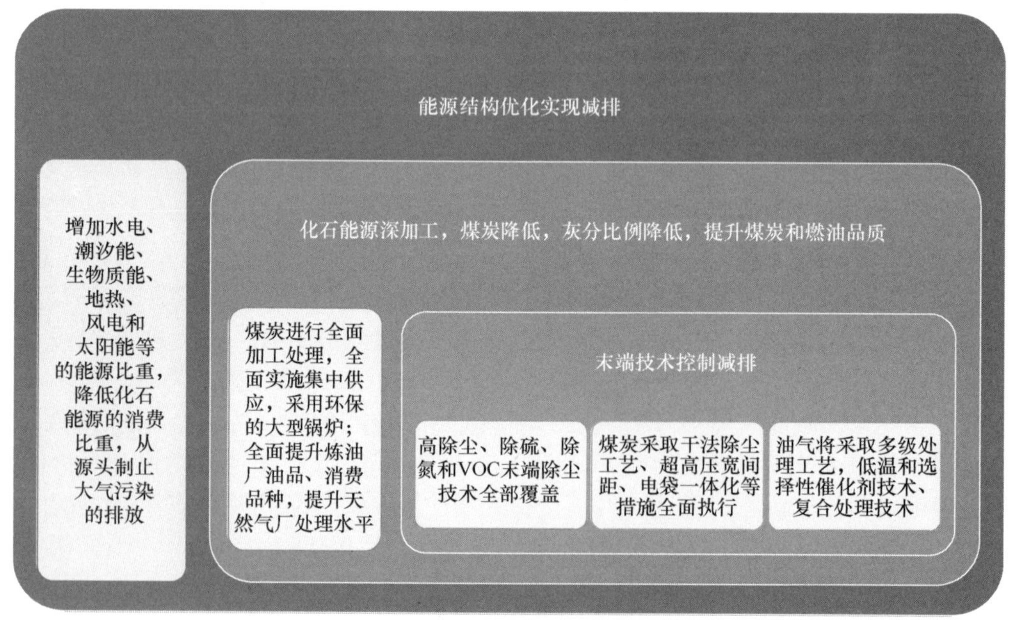

专题图1-5　主要大气污染物减排技术路线

能源结构优化减排。2016年9月我国签署《巴黎气候变化协定》，指出2030年左右CO_2排放量达到峰值，即化石能源消费总量达到峰值。2030年能源消费53亿t标准煤，其中化石能源45.17亿t标准煤，占比85.22%；2050年能源消费50.3亿t标准煤，其中化石能源 35.99 亿 t 标准煤，占比 71.55%。水电、潮汐能、太阳能、风电和地热等可再生能源比重从 2013 年的 12%上升到 2030 年的 15.1%；2050 年上升到 28.45%。

化石燃料加工转化和燃烧工艺改进减排。煤炭进行全面加工处理，对油品进行升级，提升天然气处理能力。推进集中供热、“煤改气”、“煤改电”工程，推广高效节能环保型锅炉，集中建设热电联产机组逐渐淘汰分散式燃煤锅炉。

末端控制技术减排。燃煤电厂、钢铁企业、有色金属冶炼、非金属冶炼等重点行业脱硫、脱硝和除尘改造工程，到 2030 年所有末端控制技术基本全覆盖。到 2050 年末端处理技术在覆盖和效率上基本达到发达国家水平，高除尘、脱硫、脱硝和 VOC 末端控制工艺技术在主要大气污染行业全面覆盖；高效率的干法除尘工艺、超高压宽间距、电袋一体化等措施全面执行；在石化行业将采取多级处理工艺，低温和选择性催化剂技术、复合处理技术能够有效应用，“泄漏检测与修复”技术改造基本完成。

专题二

重点流域地表水水环境容量与最大允许排放限值研究

摘　要

经过多年水污染控制工作，我国水污染总体呈现好转趋势，主要污染物 COD 得到有效控制。河流水质总体上明显改善，污染河流所占比例明显降低；湖泊（水库）水体污染程度有所缓解，富营养化加剧的趋势得到基本遏制。但是我国东部河流水环境不容乐观，辽河、海河、淮河等水系及部分重点湖泊（水库）仍然处于比较严重的污染状态，水环境质量已经成为影响经济发展、制约人民生活水平提高的主要因素。

我国河流水污染的主要原因在于流域工业产业化、快速城镇化、农业集约化带来大量污染排放。工业产业化以造纸、石化、食品、纺织染整等高污染行业的大规模发展为基本特征，工业废水的高强度排放对河流水环境造成巨大冲击。快速城镇化过程中，城镇人口急剧增加，城镇生活污水排放规模迅速扩大给河流水环境带来了明显压力。农业集约化过程中规模化禽畜养殖业的迅速发展和农田化肥的大量施用产生了高强度的农业污染负荷，是河流水污染的重要推动力。三大驱动因素均以海河、淮河和辽河流域的平原地区表现最为突出，在空间上形成叠加效应，致使河流水污染结构性特点突出，且这种叠加效应所产生的污染负荷远超河流水环境承载能力，河流普遍呈现水质恶化现象，河流水资源安全和水生态健康受到严重威胁。

水环境容量指水体环境在规定的环境目标下所能容纳的污染物数量，容量大小与水体特征、水质目标及污染物特性有关，同时还与污染物的排放方式及排放的时空分布有密切关系。随着中国水环境管理体系从浓度控制、目标总量控制向容量总量控制的转变，以水环境容量计算为基础的流域水质目标管理与水功能区污染排放限值管理重要性更加凸显。

本研究在《全国水资源综合规划》成果的基础上复核了水环境容量结果，确定了水功能区污染物限制排污总量；基于主体功能区划，综合考虑行政区、水生态区划、水系完整性、水质响应、水功能区完整性等因素构建了三级控制单元，以期有效结合水功能区环境容量和污染物排放数据，给出不同主体功能区类型和不同控制单元的水环境容量利用分析与发展建议。选择京津冀地区、西北五省[①]和太湖分别作为环境容量超载最严重、环境容量利用最不足及重要经济区的典型代表案例，京津冀和西北五省以 COD 和氨氮为目标污染物，太湖以 COD、氨氮、总氮（TN）和总磷（TP）为目标污染物，进

① 从流域系统性考虑，地表水研究相关内容中的“西北五省”指“内蒙古、宁夏、甘肃、青海、新疆”，与本书中其他部分的西北五省概念有所不同。

行了环境容量和污染排放分析，给出了不同地区不同控制单元的地表水水环境容量及超载情况，提出了重点城市群产业结构调整、产业发展规模和速度、经济发展空间布局的对策建议。主要结论和建议如下：

（1）地表水水环境容量超载普遍，氨氮是河流流域，TN、TP 是湖泊流域的主要超载因子

全国地表水环境的 COD 容量为 1086 万 t/年，容量利用率为 67%；氨氮容量为 71.9 万 t/年，污染物入河总量已超出环境容量的 11%。在水资源缺乏的京津冀和西北五省，重点开发区的氨氮排放入河量均已超出水环境容量，分别超载 6.4 倍和 1.02 倍，城镇生活污水排放是氨氮水环境容量超载的主要贡献因子。对于农产品主产区和重点生态功能区，京津冀地区的 COD 和氨氮普遍超载，而西北五省还有 19%～73%的环境容量剩余。太湖流域 TN 和 TP 的水环境容量为 13 690t/年和 1102t/年，主要污染物 TN、TP 入湖负荷量已超承载力 27.5%和 15.8%。

（2）根据不同主体功能区类型，实行有区别的环境准入和污染排放限值管理

优化开发区要按照国际先进水平，实行更加严格的产业准入环境标准，严格限制排污许可证的增发，对城镇生活污水实行氨氮特别排放限值；重点开发区根据环境容量逐步提高产业准入环境标准，调整产业结构，鼓励排污权交易；农产品主产区重点提高畜禽养殖的污染排放标准，同时治理、限制或关闭污染物排放企业；重点生态功能区对行业企业实行污水排放限值管理。

对于优化开发区和重点开发区，重点提高氨氮污染排放标准，尤其是城镇生活污水的氨氮排放标准，建议直接排入自然水体的污水氨氮排放标准调整为 1.5mg/L；对于农产品主产区和重点生态功能区，重点提高畜禽养殖的污染排放标准。

（3）根据环境容量利用程度，实行区别性控制单元管控和产业调整措施，对环境容量超载严重的控制单元进行重点产业调整

环境容量利用率不足 50%的地区，在满足行业排放标准的情况下适度发展有本地优势的产业；对于环境容量利用率在 80%～100%的控制单元，及时进行预警并作出产业调整引导方案或行业排放标准方案，为后续发展预留空间；对于环境容量超载严重的控制单元，制定并实施污染减排方案，包括实施特别污染排放限值、适度调整重污染行业、提高重点行业的污染排放标准等措施。

京津冀地区污染工业主要关闭搬迁优化开发区的造纸行业和食品行业，提高重点开发区的滨海开发区的化工行业、冀中南城市群的造纸和制药行业、衡水区皮革行业的排放标准；西北五省地区，开展水资源消耗总量和水环境容量双约束，主要调整黄河重点开发区的化工行业；太湖地区，总磷、总氮等指标污染日益突出，主要调整纺织染整、化工、黑色金属加工和电镀行业。

（4）典型区域的水污染控制与治理建议

在京津冀地区，针对河流以非常规水补给为主，地表水水环境容量不足的问题，需进一步提高污水排放标准并强化污水入河前的生态处理，实现非常规水的再生利用。西北五省的环境容量利用普遍不足，可在综合水资源约束的前提下加快发展。“降氮控磷”是抑制太湖富营养化的重要抓手，针对太湖流域生活污染源贡献率大，农业面源是控制难点的特点，统筹开展太湖流域生态四圈的修复与保护。

一、概　　述

（一）专题研究任务与目标

1. 专题研究背景

本专题“重点流域地表水水环境容量与最大允许排放限值”是中国工程院“生态文明建设若干战略问题研究（二期）”咨询项目的课题二“我国资源环境承载力与经济社会发展布局战略研究”的下属专题二。其目标是开展重点流域及其相关支流水环境容量核算，以确定流域内各评价单元的COD、氨氮、总氮、总磷等主要污染物的环境容量，提出各评价单元主要污染物排放限值，最终从地表水水环境容量约束的角度为支撑课题二提出我国经济社会空间布局战略与政策建议。

2. 研究内容

在历史资料搜集和现场调查分析的基础上，揭示近年来重点流域的水文水质状况及其变化规律，明确重点流域的污染特征和演化趋势。

针对不同流域水文水质特征，科学选取相应的流域水环境容量核算模型。

开展重点流域及其相关支流的水环境容量核算研究，以确定流域内各评价单元的COD、氨氮、总氮、总磷等主要污染物的环境容量，提出各评价单元主要污染物的排放限值。

（二）研究思路与技术路线

重点流域地表水水环境容量核算的研究思路是：首先，通过已有水环境容量核算模型的对比选择和改进，筛选出适合本研究任务的一套或几套流域地表水水环境容量核算方法。其次，根据经济社会特征和水环境特征，解析出需要进行水环境容量核算的重点流域和目标污染物。再次，在重点流域根据核算单元（水功能区）的水文水质条件和核算污染物，选择合适的计算方法进行水环境容量核算；同时，以主体功能区划为原则，综合主体功能区、行政区、水生态区划、水系完整性、水质响应、水功能区完整性等因素对重点流域进行三级控制单元的划分。然后，在三级控制单元结合水功能区环境容量和污染物排放数据进行水环境容量利用/超载分析。最后，对环境容量超载情况和原因进行分析，给出不同主体功能区类型和不同控制单元的污染排放限值和产业发展建议（专题图 2-1）。

选择京津冀地区、西北五省和太湖分别作为环境容量超载最严重、环境容量利用最不足和重要经济区的典型代表案例，京津冀和西北五省以 COD 和氨氮为目标污染物，太湖以 COD、氨氮、总氮和总磷为目标污染物，分析不同地区不同控制单元的地表水水环境容量及超载情况，提出重点城市群产业结构调整、产业发展规模和速度、经济发展空间布局的对策建议。

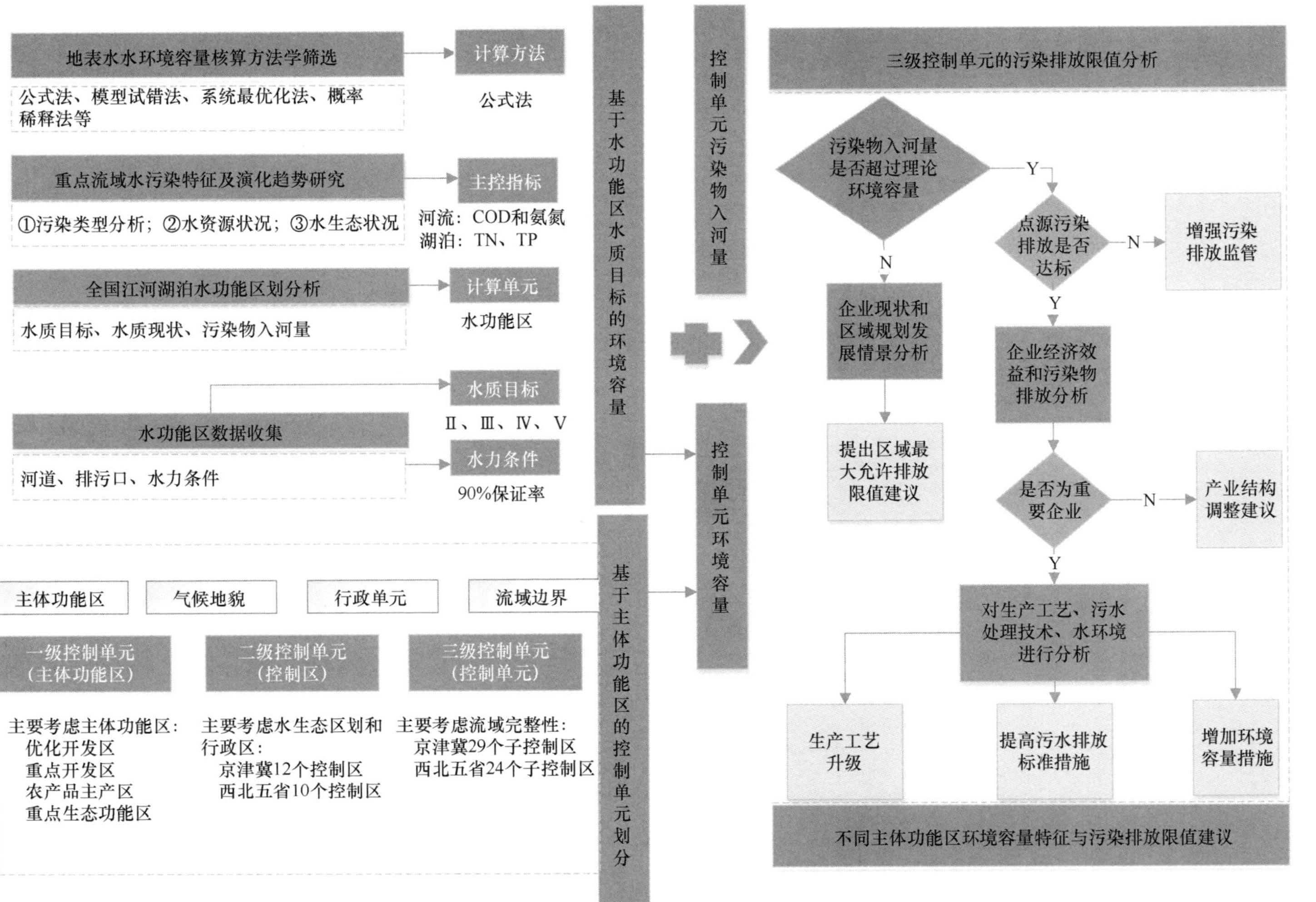

专题图 2-1　技术路线图

二、研究方法与数据来源

（一）地表水水环境容量核算方法学筛选

1. 地表水水环境容量的理论与方法

（1）环境容量概念解析

环境容量（environmental capacity）是我国提出的概念，指在人类生存和自然生态不致受害的前提下，某一环境所能容纳的污染物的最大负荷量（《中国大百科全书·环境科学卷》）。特定环境容量的大小与环境空间的大小、各环境要素的特性、污染物本身的物理和化学性质有关。

水环境容量是指在给定水域范围和水文条件、规定排污方式和水质目标的前提下，单位时间内该水域最大允许纳污量。在水利部门，水环境容量被称为“水域纳污能力”，具体定义为：在设计水文条件下，水域在满足其水质目标要求时所能容纳的某种污染物的最大数量。环保部门的“水环境容量”与水利部门的“水域纳污能力”两个概念实质相同，在计算方法的原理上都是根据污染物排放与水质响应关系进行反向计算，但强调的方面略有侧重。水环境容量强调规定的排污方式，水域纳污能力则强调在设计的水文条件下，而且对水文条件进行了明确的限定。

环境容量在环境管理上有重要应用。环境管理中对污染源的总量控制，即把各个污染源排入某一环境的污染物总量限制在一定的数值之内，目标是使污染物的排放与环境容量相适应，如果超出环境容量就要采取措施，如降低排放浓度、减少排放量或增加环境保护设施等。

（2）水环境容量计算流程

水环境容量和水域纳污能力都是在概化河流的基础上，在确定水文条件、水质目标、排污方式的前提下，根据适合的水质模型和关键参数进行计算的。

1）水域概化。

将天然水域（河流、湖泊、水库）概化成计算水域，如天然河道可概化为顺直河道、复杂的河道地形可进行简化处理、非稳态水流可简化为稳态水流等。水域概化的结果，就是能够利用简单的数学模型来描述水质变化规律。同时，支流、排污口、取水口等影响水环境的因素也要进行相应概化。若排污口距离较近，可把多个排污口简化成集中的排污口。

2）基础资料调查与评价。

基础资料调查与评价包括调查与评价水域水文资料（流速、流量、水位、体积等）和水域水质资料（多项污染因子的浓度值），同时收集水域内的排污口资料（废水排放量与污染物浓度）、支流资料（支流水量与污染物浓度）、取水口资料（取水量与取水方式）、污染源资料（排污量、排污去向与排放方式）等，并进行数据一致性分析，形成数据库。

3）选择控制点（或边界）。

根据水环境功能区划和水域内的水质敏感点位置分析，确定水质控制断面的位置和浓度控制标准。对于包含污染混合区的环境问题，则需根据环境管理的要求确定污染混合区的控制边界。

4）建立水质模型。

根据实际情况选择建立零维、一维或二维水质模型，在进行各类数据资料一致性分析的基础上，确定模型所需的各项参数。

5）容量计算分析。

应用设计水文条件和上下游水质限制条件进行水质模型计算，利用试算法（根据经验调整污染负荷分布反复试算，直到水域环境功能区达标为止）或建立线性规划模型（建立优化的约束条件方程）等方法确定水域的水环境容量。

6）环境容量确定。

在上述容量计算分析的基础上，扣除非点源污染影响部分，得出实际环境管理可利用的水环境容量。

（3）水环境容量计算方法

解析法和数值法是水环境容量计算的主要两类方法，专题表2-1是两类方法的对比。解析解以公式法为基础，要求计算河段流场均匀，水文条件、河流断面状况变化不大，数据齐全，通过各流场均匀河段的水环境容量加和汇总为流域总容量。数值解是以根据具体河道高程数据构建的流域模型为基础，能够通过率定实现对各地形复杂、断面形态各异、弯道、泥沙、密度流、闸坝控制、引调水、潮汐河口区域等情况的真实模拟，通过反向计算给出任意河段的水环境容量数据。

专题表 2-1 环境容量计算的方法比较

项目	通行方法	先进方法
计算方法	公式法、解析解	试错法、数值解
思路	在流场均匀的河段内计算，流域总数值为所有河段数值加和	整个流域建立一个模型，通过实际数据进行率定后，可给出任意河段的数据。直接给出流域数据
适用条件	要求计算河段流场均匀，水文条件、河流断面状况变化不大，数据齐全	各地形复杂、断面形态各异、弯道、泥沙、密度流、闸坝控制、引调水、潮汐河口区域等
主要数据	监测断面的河道地形图	整个河段河道地形图
维数	零维、一维、二维、三维	零维、一维、二维、三维
结果形式	数值（t/年）	数值+污染物扩散图、Gis 图等
应用范围	全国面上所有水功能区	部分河段、小流域、混合区
软件	Excel	Mike、Basin 等
主要工作	大量检查、核算、协调工作	构建模型和参数率定过程
难点	靠经验进行各种简化处理和参数选择，结果的认可度	数据获取
指南	《全国水环境容量核定技术指南》(2003)、《水域纳污能力计算规程》(GB/T 25173—2010)	无

2. 本次水环境容量核算方法

我国一直未能全面开展环境容量总量管理的原因之一在于环境容量计算过程复杂、计算所需数据支撑条件要求高、计算结果不确定性也较大。本次研究考虑到我们需要计算较大范围水系的水环境容量，加上河道地形资料难以获取，因此采取简化河流，以水功能区为计算单元，用公式法求水环境容量模型的解析解法。具体采用水利部的《水域纳污能力计算规程》（GB/T 25173—2010）和《全国水资源综合规划地表水资源保护规划补充技术细则》的规定。采取的水功能区纳污能力是指对确定的水功能区，在满足水域功能要求的前提下，在给定的水功能区水质目标值、设计水量、排污口位置及排污方式下，水功能区水体所能容纳的最大污染物量，以“t/年”表示。模型参数选取可结合典型试点研究、实验观测及经验公式等综合确定。

本研究在已有规划和水利普查成果的基础上，充分利用水利部水利水电规划设计总院 2014 年 3 月《全国重要江河湖泊水功能区纳污能力核定和限制排污总量控制方案》成果，对水质目标、设计流量（水量）维持不变的水功能区，纳污能力采用《全国水资源综合规划》或流域综合规划成果。由于《全国重要江河湖泊水功能区划》（国函〔2011〕167 号）批复中水功能区长度、水质目标等进行调整的，或受江河水文情势和水资源配置工程建设影响较大、导致设计流量（水量）变化较大的水功能区，按照《水域纳污能力计算规程》（GB/T 25173—2010）要求，对水功能区纳污能力进行重新复核或计算。主要原则如下：

保护区和保留区原则上应维持水质现状。对水质现状达标的水功能区，其纳污能力采用污染物入河量现状；对水质现状劣于水质目标值、需要改善水质的保护区和保留区，可采用数学模型对纳污能力进行计算。

缓冲区纳污能力分两种情况处理，对水质较好、用水矛盾不突出的缓冲区，采用污染物入河量现状作为纳污能力；对水质较差或存在用水水质矛盾的缓冲区，按开发利用区纳污能力计算方法计算。

开发利用区纳污能力根据各二级水功能区的设计条件和水质目标，选择适当的水量水质模型进行计算。饮用水源区原则上禁止排污，饮用水源区纳污能力按零处理；对于饮用水源区范围明显大于地方政府划定的饮用水源保护区时，其超出范围部分的纳污能力可按模型计算法核定。

本次纳污能力复核以数学模型法为主，水功能区个数占 77%左右；采用现状污染负荷法的占 23%左右。其中保护区、保留区纳污能力计算方法以现状污染负荷法为主，缓冲区和开发利用区以数学模型法为主。采用数学模型法的原则和要求如下：

（1）纳污能力设计条件

水功能区纳污能力计算的设计水文条件，以计算断面的设计流量（水量）表示。根据《水域纳污能力计算规程》（GB/T 25173—2010），在现状条件下，一般采用最近 10 年最枯月平均流量（水量）或 90%保证率最枯月平均流量（水量）作为设计流量（水量）。集中式饮用水源地，采用 95%保证率最枯月平均流量（水量）作为其设计流量（水量）。根据《全国水资源综合规划　地表水资源保护补充技术细则》，对于北方地区部分河流，可根据实际情况适当调整设计保证率（如采用 75%保证率），也可选取平偏枯典型年的枯水期流量作为设计流量。由于设计流量（水量）受江河水文情势和水资源配置的影响，对水量条件变化的水功能区，设计流量（水量）应根据水资源配置成果确定。

有长系列水文资料时，现状设计流量应选用设计保证率的最枯月平均流量，采用频率计算法计算。无长系列水文资料时，可采用近 10 年系列资料中的最枯月平均流量作为设计流量。无水文资料时，可采用内插法、水量平衡法、类比法等方法推求设计流量。

宽深比较大的江河，污染物从岸边排放后不可能达到全断面混合，如果以全断面流量计算河段纳污能力，则与实际情况不符。此时纳污能力计算需采用按岸边污染区域（带）计算的岸边设计流量及岸边平均流速。计算时，要根据河段实际情况和岸边污染带宽度，确定岸边水面宽度，并推求岸边设计流量及其流速。

湖泊（水库）的设计水量一般采用近 10 年最低月平均水位或 90%保证率最枯月平均水位相应的蓄水量。根据湖泊（水库）水位资料，求出设计枯水位，其所对应的湖泊（水库）蓄水量即为湖泊（水库）设计水量。

（2）模型选择和参数确定

1）模型选择。

纳污能力计算应根据需要和可能选择合适的数学模型，确定模型的参数，包括扩散系数、综合衰减系数等，并对计算成果进行合理性检验。

小型湖泊和水库可视为水功能区内污染物均匀混合，可采用零维水质模型计算纳污能力。

宽深比不大的中小河流，污染物在较短的河段内，基本能在断面内均匀混合，断面污染物浓度横向变化不大，可采用一维水质模型计算纳污能力。

对于大型宽阔水域及大型湖泊、水库，宜采用二维水质模型或污染带模型计算纳污能力。

采用的计算模型应进行检验，模型参数可采用经验法和实验法确定，计算成果需进行合理性分析。

2）初始浓度值 C_0 的确定。

根据上一个水功能区的水质目标值确定 C_0，即上一个水功能区的水质目标值就是下一个功能区初始浓度值 C_0。

3）水质目标 C_s 值的确定。

水质目标 C_s 值为本功能区水质目标值。

4）综合衰减系数的确定。

为简化计算，在水质模型中，将污染物在水环境中的物理降解、化学降解和生物降解概化为综合衰减系数，所确定的污染物综合衰减系数应进行检验。

（二）控制单元划分方法

1. 控制单元的理论与方法

（1）控制单元思想简介

“十二五”期间，国家提出建立环境管理流域-控制区-控制单元三级分区的规划体系，控制单元是“流域-区域-控制单元-污染源”水环境管理体系的立足点，是数据汇总、问题识别、任务分解的基本单元，划分合理与否至关重要。控制单元划分通过将复杂流域划分为数个既相互独立、又相互联系的单元，深化落实流域水质目标管理的控制要求，分解控制指标，层层落实、层层衔接，最终将流域水质目标管理落实于单元控制。控制单元作为水污染控制的基本单位，最早在美国国家环境保护局（United States Environmental Protection Agency，USEPA）制定针对营养物的最大日负荷总量（total maximum daily load，TMDL）计划中使用。

控制单元尺度差异会影响目标水体问题的识别。美国 TMDL 技术导则建议，如果问题水体位于流域底部，如湖泊、水库等，应将整个目标水体视为一个 TMDL 控制单元；如果问题水体分布于整个流域，则需要将整个流域划分为更小的控制单元来进行研究，而不是将其视为一个集总的流域单元。因此，在实际案例研究中，需要以流域水环境生态区及其水质标准为依据，综合考虑流域下垫面状况、污染发生情况、监测数据完整状况及计划制定成本等因素，对空间单元进行具体划分。不同尺度控制单元的优缺点见专题表 2-2。

专题表 2-2　不同尺度控制单元的优缺点

特点	较大控制单元（>130km^2）	较小控制单元（<130km^2）
优点	➢ 能够在较大尺度下揭示流域污染过程 ➢ 容易反映确定的污染物累积效应 ➢ 无须对支流进行单独研究	➢ 易于揭示小尺度下的污染源与污染效应之间的作用关系及必要的控制措施 ➢ 能够使用更为精确的、对数据要求更高的方法来估算污染排放负荷和日最大负荷
缺点	➢ 能够使用更为精确的、对数据要求更高的方法来估算污染排放负荷和日最大负荷 ➢ 对具有不同特性的水体制定量化目标更加困难 ➢ 复杂的土地利用与土地覆盖类型的空间分布加大对污染源的评价难度 ➢ 营养物从进入水体到产生河道效应的时间延长，因而很难合理评价污染源控制措施的有效性 ➢ 可能会忽略小尺度下污染源与污染效应之间的关系	➢ 容易忽略污染物的累积效应 ➢ 容易造成一个流域内实施多个 TMDL 计划

（2）国家相关功能分区/区划

功能区是区域性环境管理的重要手段，控制单元水质目标需要考虑充分与国家相关功能区的水质要求衔接，以其为基础的污染控制才能真正在区域管理中发挥作用。根据区划理论，我国有许多类型的功能区划，能够影响控制单元水质目标的主要有有关水的水生态功能区、水功能区、河口保护区，有关陆域的自然保护区、生态功能区和主体功能区。下面将从功能区定义、功能区类型，在国家管理中的地位和发挥的作用及与控制单元水质目标管理的关系几方面展开。

1）水功能分区。

水功能分区是为满足水资源开发利用和节约保护的需求，根据水资源自然条件和开发利用现状，按照流域综合规划、水资源保护规划和经济社会发展要求，在相应水域按其主导功能划定范围并执行相应水环境质量标准的水域。

水功能分区是水利部根据《中华人民共和国水法》的有关要求，会同国家发展和改革委员会、环境保护部，组织各流域管理机构、各省（区、市）及有关技术单位，经多次汇总、协调和征求意见基础上完成的。2011 年 12 月 28 日，国务院正式批复了《全国重要江河湖泊水功能区划》（国函〔2011〕167 号，以下简称《区划》）。

水功能区划采用两级体系。一级区划分为保护区、保留区、开发利用区、缓冲区四类，旨在从宏观上调整水资源开发利用与保护的关系，主要协调地区间用水关系，同时考虑区域可持续发展对水资源的需求；二级区划将一级区划中的开发利用区细化为饮用水源区、工业用水区、农业用水区、渔业用水区、景观娱乐用水区、过渡区、排污控制区七类，主要协调不同用水行业间的关系。

根据《区划》成果，全国重要江河湖泊一级水功能区共2888个，区划河长177 977km，区划湖库面积43 333km^2，其中开发利用区的个数、河长所占比例约40%，面积所占比例约为16%。全国重要江河湖泊二级水功能区共2738个，区划河长72 018km，区划面积6792km^2，其中农业用水区、工业用水区和饮用水源区的累计河长比例较大，分别占二级水功能区划总河长的45%、21%和18%。全国一、二级水功能区合并总计为4493个（开发利用区不重复统计），81%的水功能区水质目标确定为Ⅲ类或优于Ⅲ类。

经过十多年的实践和探索，水功能区划体系已基本成熟，在实际工作中发挥了越来越重要的作用，已成为核定水域纳污能力、确定有关规划目标等方面工作的重要基础和依据。《中华人民共和国水法》第三十二条规定："县级以上人民政府水行政主管部门或者流域管理机构应当按照水功能区对水质的要求和水体的自然净化能力，核定该水域的纳污能力，向环境保护行政主管部门提出该水域的限制排污总量意见。"国务院指出："流域管理机构要加强重要江河湖泊的省界水质水量监测。严格入河湖排污口监督管理，对排污量超出水功能区限制总量的地区，限制审批新增取水和入河湖排污口。"

在国务院要求下，《区划》已经成为协调水资源管理、落实水污染防治、实现各水功能区水质目标与国民经济和社会发展、主体功能区、土地利用、城市建设等相关规划的重要依据。因此水功能区是控制单元水质目标管理最重要的考虑因素。

2）水生态功能分区。

随着对水生态系统结构和功能认识的不断深入，人们逐渐认识到除了关注水资源为人类提供直接利用的价值外，还要注重维持生态系统健康所需要的自身功能，水环境管理逐渐从水质管理向生态管理演变，水生态功能区成为实施流域水生态系统管理的基础。

水生态功能区是开展水生态系统健康评估、识别水生态功能和确定水生态保护目标的基本单元，指为保护流域水生态系统完整性，根据环境要素、水生态系统特征及其生态服务功能在不同地域的差异性和相似性，将流域及其水体划分为不同的空间单元。国外控制单元划分是在流域水生态功能分区的基础上实现的。Omernik（1987）提出了水生态分区的概念和方法，在分析土地利用、土壤、植被和地形等4个指标的基础上，将相对同质的土地单元划分为1个生态区，美国国家环境保护局提出了基于水生态分区的总磷、总氮、叶绿素a和透明度等指标的营养状态基准值。

为满足生态系统功能识别、生态系统健康恢复及生态系统资源可持续利用的战略新需求，2006年我国《国家中长期科学和技术发展规划纲要（2006—2020年）》明确提出了开展流域水生态功能区划分的研究任务，并在2008年启动的"国家水体污染控制与治理科技重大专项"中设置了"流域水生态功能评价与分区技术"课题，旨在构建我国水生态功能区划分技术体系，以期为我国水环境管理从水质管理向生态系统管理、从行政区管理向流域管理转变提供技术支撑。

水生态功能区基于水生态系统尺度格局建立，以水生态系统等级结构为主线，是一个逐级嵌套的等级体系，大尺度主要体现水生态系统自然区域差异，小尺度体现水生态功能特征的空间差异。在大尺度分区方面，是以地理气候、环境要素为指标，将高级地域单位自上而下划分为低级单元，主要表现为区域区划；在小尺度方面，水生态功能区则根据水生态类型分区，将低级水生态单元自下而上合并为高级水生态单位，属于类型区划的方法。

目前水生态功能区仍处于研究的层面，没有国家或政府认可颁布的水生态功能区成果，相对官方一些的是“国家水体污染控制与治理科技重大专项”“十一五”以辽河流域为例进行水生态功能区划分研究的相关成果。

水生态功能区是流域水环境管理从水质管理向生态管理转变的重要基础，控制单元水质目标管理在控制单元划分上充分借鉴该区划的研究成果，为进一步与流域水生态恢复目标衔接打下基础。

3）主体功能区划。

主体功能区划是我国国土空间开发的战略性、基础性和约束性规划，根据不同区域的资源环境承载能力、现有开发强度和发展潜力，统筹谋划人口分布、经济布局、国土利用和城镇化格局，确定不同区域的主体功能，并据此明确开发方向、完善开发政策、控制开发强度、规范开发秩序，逐步形成人口、经济、资源环境相协调的国土空间开发格局。

国家“十一五”规划纲要中首次提出推进形成主体功能区，按照区域的主体功能定位来调整完善分类政策和绩效评价，规范空间开发秩序，形成合理的空间开发结构。2010年《全国主体功能区规划》（国发〔2010〕46号）公布实施，各省区陆续开展，截至2014年12月，全国31个省（区、市）完成省级层面的主体功能区规划，对各项规划和政策开始发挥统领作用。

主体功能区按开发方式，分为优化开发区、重点开发区、限制开发区和禁止开发区；按开发内容，分为城市化地区、农产品主产区和重点生态功能区（专题图2-2）；按层级，分为国家和省级两个层面。

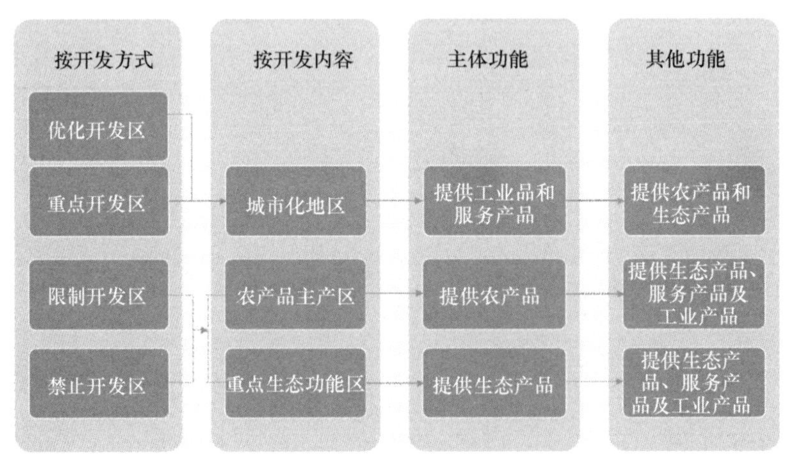

专题图2-2 主体功能区分类及功能

鉴于水环境污染源的布局和发展根本上取决于国土空间开发格局，对控制单元水质目标管理要充分参考全国和省级层面的主体功能区划，根据主体功能区类型进行污染排放和水质目标要求预测，做到与国土空间布局和经济社会发展趋势一致。

4）生态功能区划。

生态功能区划是根据陆域气候和地貌、生态系统的自然属性与所具有的主导服务功能类型及生态功能重要性划分的功能，对于保证国家生态安全有重要意义。

2000 年，国务院颁布了《全国生态环境保护纲要》（国发〔2000〕38 号），明确了生态保护的指导思想、目标和任务，要求开展全国生态功能区划工作。2008 年，环境保护部和中国科学院发布了《全国生态功能区划》（〔2008〕35 号）。按照我国的气候和地貌等自然条件，将全国陆地生态系统划分为 3 个生态大区：东部季风生态大区、西部干旱生态大区和青藏高寒生态大区；具体分为 3 个等级：生态功能一级区根据生态系统的自然属性和所具有的主导服务功能类型，将全国划分为生态调节、产品提供与人居保障三类。在生态功能一级区的基础上，依据生态功能重要性划分生态功能二级区。生态调节功能包括水源涵养、防风固沙、土壤保持、生物多样性保护、洪水调蓄等功能；产品提供功能包括农产品提供和林产品提供；人居保障功能包括人口和经济密集的大都市群和重点城镇群等（专题表 2-3）。生态功能三级区是在二级区的基础上，按照生态系统与生态功能的空间分异特征、地形差异、土地利用的组合来划分的。

专题表 2-3　全国生态功能区划体系

生态功能一级区（3 类）	生态功能二级区（9 类）	生态功能三级区举例（216 类）
生态调节	水源涵养	大兴安岭北部落叶松林水源涵养
	防风固沙	呼伦贝尔典型草原防风固沙
	土壤保持	黄土高原西部土壤保持
	生物多样性保护	三江平原湿地生物多样性保护
	洪水调蓄	洞庭湖湿地洪水调蓄
产品提供	农产品提供	三江平原农业生产
	林产品提供	大兴安岭林区林产品
人居保障	大都市群	长三角大都市群
	重点城镇群	武汉城镇群

生态功能区划有重要的生态安全意义，是生态保护的重要依据，水域蕴含于陆域生态系统中，其控制单元的水质目标管理也要满足生态功能区的要求。

5）其他功能区划。

除了以上对全部陆域和水域有影响的功能区划外，还有其他一些影响局部水域的区划，如国家林业局的自然保护区划、国家海洋局的河口滨海区划。这些区划对进入该范围的河流水体等水质会有更高的要求，以与该区域内特殊功能相衔接，也是需要考虑的因素。

（3）控制单元水质目标管理技术

控制单元水质目标管理是以实现人体健康和流域水生态系统健康为最终目的，以水质目标为基础的水环境容量总量控制技术。控制单元的划分步骤包括水系概化、控制断面选取（代表性、全覆盖）、排污去向确定、控制单元命名与编码。

将控制单元作为流域水环境管理的最小载体，能够有机结合流域管理与行政管理，有效衔接区域排污与河流水质，是流域水环境管理的最佳手段之一。

2. 本次控制单元划分方法

（1）各种功能区划的优缺点分析

水生态功能区、水功能区、生态功能区、主体功能区等功能区划的差异性分析见专题表 2-4。水功能区将水体划分为饮用水源区、工业用水区、农业用水区、渔业用水区、景观娱乐用水区、过渡区和排污控制区等功能区类型，并确定功能区的水质保护要求，其优点是建立了功能区与地表水质标准等级的对应关系，有利于水污染控制要求的确定；缺点是注重水体使用功能的划分，但难以反映区域水生态特征及水生态功能的差异，无法适应未来流域水生态系统管理的要求。生态功能区是将陆域划分为土壤保持、水源涵养和水文调蓄、生物多样性保护等生态功能类型区，特点是以陆地生态系统为基础，并不适用水生态系统的管理需求。主体功能区是将不同区域分为优化开发区、重点开发区、限制开发区和禁止开发区 4 种主体功能区类型，特点是通过明确区域主体功能，对区域社会经济发展和产业布局进行指导，通过污染源和功能定位与控制单元水质目标管理发生联系。自然保护和海口规划是对处于该范围的局部水域有严格要求，是控制单元水质目标管理的进一步补充。

专题表 2-4　各种区划的差异性分析

差异性	水生态功能区	水功能区	生态功能区	主体功能区
基本概念	根椐水生态系统结构、过程在不同尺度上的空间特征及维持生态系统完整性的要求，将具有相似性的陆地与水体进行划分形成的地理单元	根据流域水资源状况、水资源开发利用现状，以及一定时期不同地区、不同用水部门对水资源的需求，同时考虑水资源的可持续利用，在江河湖库等水域划定具有特定功能的水域，为水体保护目标的确定提供依据	根据区域生态环境要素、生态环境敏感性与生态服务功能空间分异规律划分的区域	在对资源环境承载能力、现有开发密度和发展潜力等进行综合分析的基础上，以自然环境要素、社会经济发展水平、生态系统特征及人类活动形式的空间分异为依据，划分出具有某种特定主体功能的地域空间单元
法律和政策依据	无	《中华人民共和国水法》	《全国生态环境保护纲要》	《中华人民共和国国民经济和社会发展第十一个五年规划纲要》
分区目的	揭示不同区域水生生物空间分布格局，明确水生态功能类型及其重要性，确定水生态系统保护目标，为流域水生态系统保护与修复提供科学依据	根据区划水域的自然属性，结合社会需求，协调整体与局部的关系，确定该水域的功能及功能顺序，为水域的开发利用和保护管理提供科学依据，以实现水资源的可持续利用	明确各类生态功能区的主导生态服务功能及生态保护目标，划定对国家和区域生态安全起关键作用的重要生态功能区域，引导区域生态保护与生态建设、资源利用和经济社会发展	对各区域按其功能定位、发展方向和模式加以分类，以便建立起开发强度等级差别控制的空间开发管制方案，作为实现区域协调发展的基础，促进形成有序有度、整体协调的空间开发格局
分区体系	4 级分区体系：Ⅰ级区和Ⅱ级区是水生态类型区；Ⅲ级区和Ⅳ级区是水生态功能类型区	2 级分区体系：1 级功能区分为 4 类，即保护区、保留区、开发利用区和缓冲区；2 级功能区分为 7 类，即饮用水源区、工业用水区、农业用水区、渔业用水区、景观娱乐用水区、过渡区和排污控制区	3 级分区体系：1 级区和 2 级区是全国生态分区；3 级区是生态功能类型，包括生物多样性保护、水源涵养和水文调蓄、土壤保持、沙漠化控制、营养物质保持和海岸带防护等	以国家和省两级为主建立的区划体系，每级区划体系上都体现优化开发区、重点开发区、限制开发区和禁止开发区 4 类主体功能区类型
分区指标和方法	气候、地理、植被、土壤等环境要素；水生生境类型；水生生物分布格局	没有统一的划分指标体系，每种功能区类型有其特定的分区指标和标准	陆地生态系统特征、生态环境敏感性、生态服务功能类型	资源环境承载能力、现有开发密度和强度、未来发展潜力等
在管理中的作用	确定水生态保护目标，开展健康评价，制订基准标准	确定各功能区水质保护标准等级	生态功能定位	产业准入要求、区域经济发展模式、重大工程的准入

控制单元划分应该综合陆域和水域区划，以水功能区为基础，以水生态区划为目标约束，以主体功能区划为经济社会基础，对水功能区进行合并调整成本研究的控制区。

（2）流域控制单元区划原则

流域控制单元的主要划分原则是流域整体性原则、子流域完整性原则、县级行政区划完整性原则和水质响应原则。

流域整体性原则：应根据流域水文循环特点，综合分析流域水质问题成因，统一规划流域控制单元区划方案。

子流域完整性原则：污染控制单元在子流域尺度上应保证完整。

县级行政区划完整性原则：污染控制单元边界不跨越行政区边界。

水质响应原则：控制单元应根据“污染源-入河（湖）-河湖水质”能建立污染源负荷与水体水质响应关系。

（3）控制单元划分思路

本研究基于主体功能区划，综合考虑行政区、水生态区划、水系完整性、水质响应、水功能区完整性等因素对京津冀和西北五省进行三级控制单元的划分，以期有效结合水功能区环境容量和污染物排放数据，给出不同主体功能区类型和不同控制单元的水环境容量利用/超载分析和发展建议。

一级控制单元为 4 类主体功能区，以主体功能区划的范围和类型为主。二级控制单元称为控制区（京津冀为 12 个控制区、西北五省为 10 个控制区），主要考虑水生态区划、行政区等因素，用于环境容量和污染源排放的分析。二级控制单元的划分依据针对不同的功能区类型有所侧重：在优化开发区主要考虑了经济社会特征差异，在重点开发区主要考虑了空间位置差异，在农产品主产区主要考虑了生态功能区划的差异，在重点生态功能区主要考虑了水生态功能分区的差异。三级控制单元为子控制区（京津冀为 29 个子控制区、西北五省为 24 个子控制区），主要考虑因素为流域完整性。

（三）数据来源

主体功能区数据来源于国家发展和改革委员会发布的《全国主体功能区规划》（国发〔2010〕46 号）及相关各省发展和改革委员会和人民政府发布的主体功能区规划。水功能区的水域纳污能力（环境容量）数据来源于水利部《全国水资源保护规划（2015—2030）》。各县市污染物排放数据来源于环境保护部环境统计数据（2014 年）。

三、我国重点流域地表水污染特征及演化趋势

（一）我国地表水水污染特征及演化趋势

1. 我国面临的主要水污染问题

伴随流域城市化进程的加速，社会经济的高速发展，大量复合污染物排入河流水环境中，致使我国河流水污染问题集中暴发，污染程度达到历史最重时期，以流域为基本单元的污染本底已经形成，即水污染类型呈现高度复杂多样性，包括耗氧污染、富营养

化、有毒有害污染、微生物污染等。当前，我国河流面临的主要水污染问题集中体现在耗氧污染、有毒有害污染和生态退化三方面。其中耗氧污染主要表现在 COD 和氨氮的耗氧过程，即河流水体形成氧亏效应；有毒有害污染主要表现在重金属和有毒有机物的毒害风险，即对河流水生生物的急性或慢性毒性；而生态退化主要表现在生物多样性下降或丧失，即河流水生生物物种贫化、土著种和功能种（群）灭绝。湖泊富营养化问题仍然严重，部分湖泊藻类水华暴发风险仍较高。

（1）COD、氨氮等耗氧污染物是河流污染首控污染物质

COD、氨氮等耗氧物质引起的耗氧污染是当前我国河流水污染的主要类型，具有污染范围广、影响大的特点。在时间尺度上，2004～2011 年，主要污染项目几乎全部为耗氧类污染物，包括化学需氧量、氨氮、高锰酸盐指数、五日生化需氧量，耗氧类污染物也成为我国河流实现水质达标的主控项目，其中以 COD、氨氮为首要超标物质。在空间尺度上，COD 和氨氮作为我国河流水体主要超标污染物，在七大流域中出现频率非常高，尤其是整个东部河流。2011 年，海河流域、淮河流域、黄河流域多数河流水体中 COD 浓度超过地表水Ⅴ类标准（40.0mg/L），少数河流甚至接近 200.0mg/L，氨氮浓度普遍超过 10.0mg/L，其中氨氮浓度接近 30.0mg/L 的河流超过 40%，其中海河流域重点水功能区劣Ⅴ类水体中 80%的超标项目含 COD 和氨氮。

耗氧污染是当前全国性的河流水污染问题，对河流水生态系统影响甚大。COD、氨氮等耗氧类物质进入河流后消耗水体中的氧气，导致水体中溶解氧不足，水生生物难以生存，进而破坏水生态系统结构和功能。耗氧类有机污染主要表现为水体发黑发臭，水生生物灭绝或多样性大幅度降低。水体中溶解氧是衡量河流水生态系统健康的重要指标，对于河流水生生物生存和繁殖至关重要，当溶解氧浓度小于 2.0mg/L，河流基本无水生生物活动迹象。河流水体中溶解氧的提升是实现我国河流生物多样性恢复的基础条件，而欲恢复水体中溶解氧，必需全面控制耗氧污染物，故现阶段 COD、氨氮等耗氧物质应为我国河流污染首控污染物质。

（2）局部河流重金属污染尚未得到完全遏制

重金属污染的突出特点是不能被生物分解去毒，只有形态、价态的变化，在环境中不断迁移转化。水体中重金属通常是被生物富集，即通过动物（及植物）食物链的特殊作用，重金属可以由很低的浓度富集到极高的浓度，引起鱼类、藻类、浮游生物等大多数水生生物死亡；而且重金属易于被水中悬浮颗粒所吸附而沉淀于水底的沉积层中，长期污染水体。某些重金属及其化合物能在鱼类和其他水生生物体内、农作物组织内富集、累积并参与食物链循环，最终在生物体内积累，对生态环境和人体健康的危害极大。

我国河流重金属污染具有一定的区域性，与矿产资源分布密切相关，主要集中在中南地区和华东地区。在众多矿产资源中，有色金属的开发是河流重金属污染最主要的来源之一。2011 年，我国七大流域中，以长江流域重金属排放量最高，其中铬、铅和砷[①]均超过了 60t；其次为珠江流域，铬的排放量超过了 80t。长江流域重金属的高排放量带来了河流重金属污染问题，以湘江、赣江最为突出（专题图 2-3）。

① 砷为非金属，鉴于其化合物具有金属性，本书将其归入重金属一并统计。

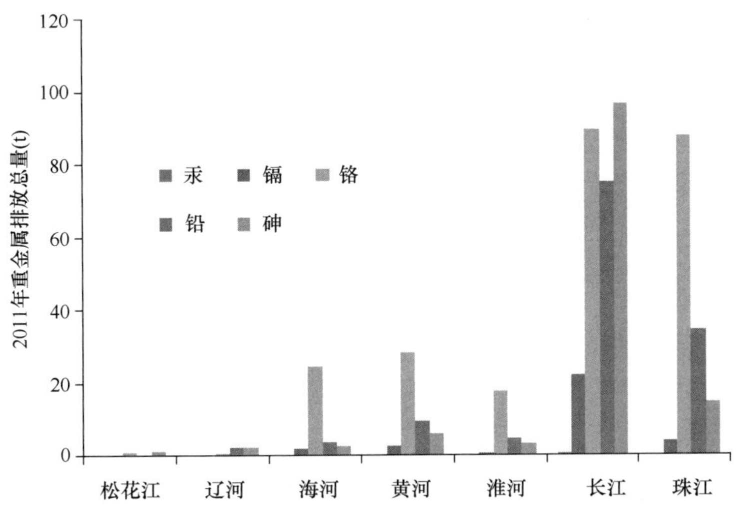

专题图 2-3 2011 年我国主要流域重金属排放量（彩图见封底二维码）

湘江流域是我国有色金属基地，有色金属冶炼行业带来的重金属污染问题十分突出，重金属污染事故频发，对沿江城市饮用水源等造成了严重威胁。2006 年以来，湘江流域重金属污染事件呈高发态势，先后发生了湘江镉污染事件、株洲新马村镉污染事件、岳阳新墙河砷污染事件、双峰铬污染事件、浏阳镉污染事件。赣江源头大余县被誉为“世界钨都”，拥有中央所属的四大钨矿西华山钨矿、漂塘钨矿、下垄钨矿和荡坪钨矿。如采选矿废水中镉、铅、砷等重金属含量很高，高浓度重金属废水的长期排放已经严重污染了矿区周边地区的地表水、地下水。由于长期饮用重金属污染的水和食用高重金属含量的粮食，污灌区群众的肾结石、肝病发病率等均高于其他地区。大余县已被列为全国镉污染区域之一。

（3）有毒有机物质普遍检出，水质风险已成为河流治理关键难题

有毒有机物是一类具有较大辛醇/水分配系数、水溶性很低、疏水性很强的化合物统称，主要包括多环芳烃（polycyclic aromatic hydrocarbons，PAH）、多氯联苯（polychlorinated biphenyl，PCB）、有机氯农药（organochlorine pesticides，OCP）等。有毒有机物污染可进一步细分为大宗化学品污染和微量有毒物质污染。大宗化学品污染主要是近 20 年来伴随着我国各类化学工业快速发展而出现的各类重大环境化学污染事故，如 2005 年 11 月 13 日发生的松花江苯污染事件，水质风险性高，对水生态系统破坏性强。微量有毒有害物质主要为内分泌干扰素、含氯化合物、生物激素等，作为一种新型水质污染类型，目前随着检测技术的发展，在各大河系中已普遍检出。随着社会经济的发展，我国排入河流水环境中的有毒有机物种类越来越多，对整个河流生态系统会产生显著影响。当前在松花江、东江、海河等典型流域有毒有机物质均普遍检出，国家水污染治理重大专项在“十一五”期间，通过水体/沉积物中化学品毒害物全面筛查，以水生态高风险作为优控污染物的必要条件，筛选出典型流域优控有毒有机物清单。其中松花江流域 50 种，包括蒽、五氯酚、芘等；海河流域 18 种，包括 2,6-二甲氧基苯乙酮、萘、菲等；东江流域 25 种。

为实现河流有毒有机物污染的全面控制，必须建立一套流域毒性污染物风险识别、诊断、溯源、管理机制和标准化措施。“识别”即通过重点行业的调查和优先污染物的

筛查，建立优先污染物控制清单；“诊断”即通过监测环境浓度与生态风险阈值来计算风险商，对行业排水毒性进行测试，评估毒害污染物生态风险并进行等级划分；“溯源”是在已有特征污染物确定的基础上对化学品用量进行调查，筛选出重点行业，明确各流域风险源。“管理”是推行清洁生产，实现减废、减毒，确定排水毒性阈值形成排水毒性标准，将典型风险污染物形成毒性数据库，构建流域毒害污染物风险管理平台，实现河流毒害风险管理。我国河流有毒有机物污染治理普遍处于“识别”阶段，有毒有机物污染控制正成为我国河流治理的关键难题。

专题表 2-5 我国各大流域底栖动物多样性指数

流域名称	Shannon 多样性指数	研究区域	文献来源
长江	1.08	长江口南岸	袁兴中等，2001
黄河	0～1（占 16.67%） 1～2（占 12.00%） 2～3（占 47.22%）	黄河三角洲湿地潮间带	董贯仓等，2012
松花江	1～2（占 44.44%） 2～3（占 44.44%） >3（占 11.11%）	松花江干流	霍堂斌等，2012
辽河	>0.8（浑太河源头和中游） <0.4（西辽河源头和东辽河） 0.4～0.8（其他样点）	辽河流域	李艳利等，2012
珠江	0.24	珠江广州段	蒋万祥等，2011
海河	1.47	海河流域	海河项目

（4）河流物种贫化，土著种和功能种（群）灭绝，生态服务功能丧失

生物多样性是水生生物群落结构与功能的基础。生物多样性越高，生物群落结构越复杂，越稳定，越有利于发挥其功能。相反，若生物贫化，土著种减少或消失，群落结构改变，则引起河流生态服务功能缺失。生物贫化即相对于健康的生态系统来说，生物种类减少，群落结构变得单一，应有的群落功能缺失。据调查，我国各大流域底栖动物普遍出现贫化现象，各大流域的底栖动物 Shannon 多样性指数表明，多样性指数最高的是松花江流域，其次是黄河流域，珠江流域的生物多样性最低。按照生物多样性和水质污染程度的对应关系（>3，清洁；2～3，轻污染；1～2，中污染；0～1，重污染），全国各大流域均存在中度-重度污染河流，生物贫化现象严重。

水生生物贫化导致河流生态服务功能下降。作为河流生态系统的重要组分，生物多样性减少，群落结构的改变，必将引起河流生态系统稳定性下降，脆弱性增加，使得其生态服务功能减小甚至丧失。肖建红等（2008）对我国 9 项河流生态系统服务功能（调蓄洪水、蓄积水分、内陆航运、供水、水产品生产、水力发电、净化环境、河流输沙、休闲文化）进行了初步评价，单位面积的服务价值为 1048.30 元/（hm^2·年），而世界河流平均服务价值为 8498 美元/（hm^2·年）（Costanza，1997），即我国河流生态服务价值仅约为世界平均水平的 2%，虽然肖建红等（2008）对河流生态服务功能类型统计不完全，但也在一定程度上反映出我国河流生态服务已处于贫乏状态。

（5）湖泊富营养化问题严重，部分湖泊藻华暴发风险仍较高

据 2007～2010 年对东部平原湖区、东北平原与山地湖区和云贵高原湖区 138 个面

积大于 10km^2 湖泊水质调查，采用总氮（TN）、总磷（TP）、叶绿素 a（chl a）、透明度（SD）、悬浮物（SS）和高锰酸盐指数（COD_{Mn}）6 个水化学指标进行评价的湖泊营养指数（TSI）显示，138 个湖泊中有 85.4%的湖泊超过了富营养化标准，其中达到重富营养化标准的占 40.1%，而全湖全年均为贫营养水平的仅泸沽湖一个。在太湖和巢湖等一些富营养化严重的湖泊中，藻类暴发风险高，如经过了大力度的治理后，太湖地区的水质有所改善，但藻类水华现象仍时有发生，威胁着湖泊的水生态。近些年，湖泊富营养化情况略有好转，如与 2007～2010 年的 138 个湖泊调查结果相比，2015 年开展营养状态监测的 61 个湖泊轻度富营养以上水平的湖泊（水库）的比例为 23%，比例有所降低。但处于中营养的湖泊的综合营养状态指数多数与轻度富营养指数较为接近，湖泊富营养化面临的挑战依然严峻。

2. 我国水污染问题成因分析

流域人口、经济发展与水资源承载力结构性失衡，是我国河流水污染严重和水生态退化的根本症结。为满足人类生产、生活的需求，我国河流水资源普遍存在过度/不合理开发利用现象，大量污染物排入河流水环境中，致使我国河流（尤其东部河流）普遍存在河流稀释纳污能力严重不足、水污染结构性特点突出、生态系统自我调节能力丧失/自净能力不足的问题，即人类活动干扰程度已超过了河流水资源承载力。

（1）流域水资源总量、水资源利用方式和生态用水结构性失衡，河流稀释纳污能力不足，是我国河流水污染的根本原因

流域水资源总量不足，水资源过度开发利用，削减了河流生态用水量。我国水资源总量虽然位列世界第 6 位，但单位国土面积水资源量仅为世界平均的 83%。总量不足，且分布不均，导致我国华北、西北地区地表水资源开发利用率均远远超过了国际公认 40%的合理上限，尤其海河流域、淮河流域、渭河流域等，其部分区域水资源开发利用程度接近甚至超过其开发利用的极限。据统计，2012 年，淮河流域、海河流域、长江流域水资源开发利用率分别达到 85%、78%、63%，而黄河流域河套区甚至超过 100%。由于水资源短缺，而经济社会高速发展对水资源的需求量越来越大，导致经济用水与生态用水矛盾尖锐，河流生态用水被挤占。

我国河流水污染的根本性原因在于流域水资源总量严重不足，水资源高强度、不合理开发利用，河流生态用水被大量挤占，即流域水资源总量、水资源利用方式和生态用水结构性失衡，致使河流基本环境流量得不到保障、稀释纳污能力严重不足，河流普遍呈现断流现象，尤其是平原城市区域河流天然径流极度缺乏，污水、再生水等非常规水源已成为河流径流主要补给来源。

非常规水源补给导致河流污径比高，污染稀释能力弱。一般认为，污径比为 10%以下，河流具有较好的污染稀释能力。对我国主要流域 1998～2012 年的污径比进行分析发现，在水量较为充足的松辽流域、珠江流域和长江流域，其污径比在全部分析时段维持在 3%左右，均低于 10%的阈值；黄河流域和松辽流域的污径比在 5%～12%波动，部分时间段（如 2000 年、2012 年）河流污径比超过了 10%的阈值；而河流污径比最高的是海河流域，污径比均值达到了 35%以上，在 2002 年甚至超过了 60%，在这种畸高的河流污径比背景下，河流稀释能力基本完全丧失（专题图 2-4）。

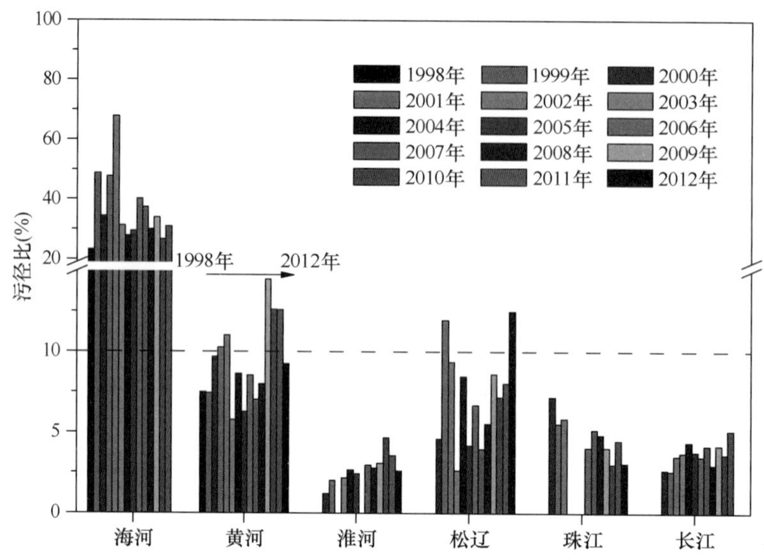

专题图 2-4　我国七大水系河流的污径比（1998～2012 年）（彩图见封底二维码）
数据来自各流域多年水资源公报

（2）工业产业化、快速城镇化、农业集约化污染排放的空间效应叠加，水污染结构性特点突出，远超河流水环境承载能力，是我国河流水污染的主要原因

以高污染行业为主的工业产业化过程是我国河流水污染的首要原因。造纸、化工、纺织和农副食品加工是我国主要的高污染行业，环境保护部环境统计公报显示，四大高污染行业污废水排放占我国排放总量的比例接近 60%。近几十年来，我国造纸、化工、纺织、农副食品加工等高污染行业产业化发展趋势明显，企业数量大规模增长（专题图 2-5）。典型重污染行业的规模化扩张导致我国河流受纳高强度工业废水排放，

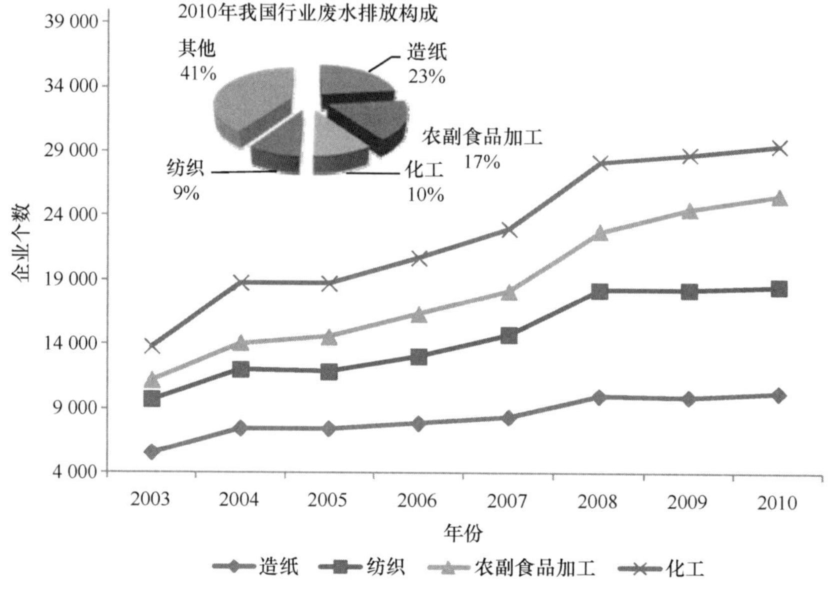

专题图 2-5　高污染行业规模扩张趋势
行业发展趋势数据来源：国家统计局；行业废水排放构成数据来源：中国环境统计年报，2010

河流水环境急剧退化。在辽河流域，2008 年重化工企业的废水产生量占整个流域工业行业废水产生总量的 84%。在海河流域，2007 年工业污染源 COD 排放量占 COD 排放总量的 77%，占氨氮排放总量的 48%。在淮河流域，化工、造纸、农副产品加工等主要污染行业产值约占流域工业总产值的 1/3，但 COD 和氨氮排放量分别占全流域工业源排放量的 80%和 90%，结构性污染突出。

快速城镇化是我国河流水污染的主要驱动机制。城镇化是工业化过程中人口及社会经济活动向城镇集聚的过程，主要表现为人口从农村迁移到城镇、二三产业活动向城镇集聚、城镇的数量增加与规模不断扩大。我国正处于快速城镇化进程之中，2003～2010 年，城镇人口数量由 5.2 亿人快速增长到 6.7 亿人（专题图 2-6）。随着人口从农村向城镇地区迁移，各类经济活动向城镇迅速集聚，城镇生活污水排放量大幅增长。2004 年，我国城镇污水排放量为 240 亿 t，到 2010 年增加到 310 亿 t（专题图 2-6）。城镇化过程导致的环境污染排放加剧已经成为影响中国社会经济可持续发展的战略性问题。海河流域是城镇化进程对水环境影响最为深远的地区之一。

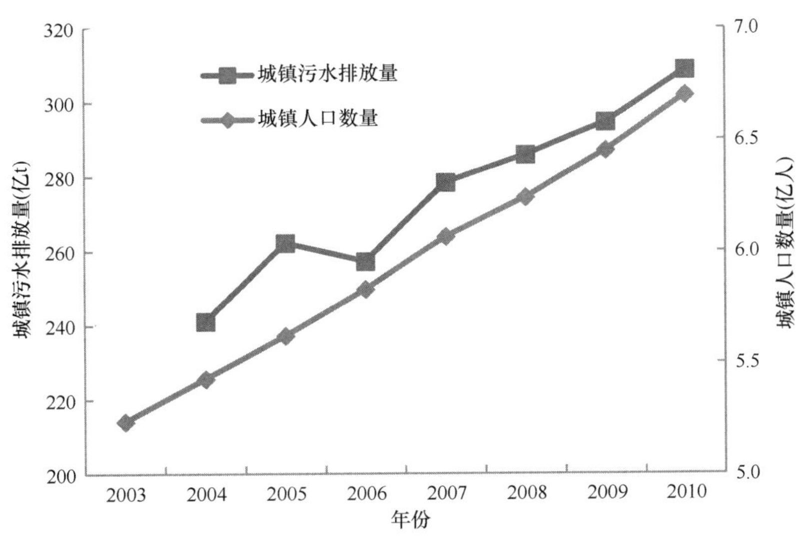

专题图 2-6 我国城镇人口数量及城市污水排放量变化趋势

数据来源：国家统计局

农业集约化是我国河流水污染的重要推动力。我国农业集约化集中表现在畜禽养殖业的规模化发展和农田化肥的大规模施用。据农业部统计，我国生猪的规模养殖（年出栏 50 头以上）已经占到全部当年出栏数的 23%，其中常年存栏在 200 头以上的规模化养殖场（相当于年出栏 500 头）的饲养总量已占到总出栏量的 7.7%。禽类的规模化饲养水平则更高，仅规模饲养肉鸡（年均存栏 2000 只及以上）的出栏量就占到全国家禽出栏量的 48%以上，其中蛋鸡的规模化饲养，若从鸡蛋产量来衡量则占到了 44%。全国家禽出栏数量从 2003 年的 87 亿只增长到 2010 年的 110 亿只。规模化畜禽养殖业已成为我国河流水污染的主要污染源之一。环境保护部对全国 23 个规模化畜禽养殖集中的省、市调查显示，我国畜禽粪便的年产生量约为 19 亿 t，是工业固体废物的 2.4 倍；畜禽粪便中含有大量有机污染物，仅 COD 一项就达 7118 万 t，已远远超过工业和生活污水污染物的 COD 总和。此外，据调查统计，全国 90%以上的畜禽养殖场没有污水治理（处置）和综合利用设施，大量畜禽粪便污水未经处理直接排入水体，其中的氮、磷流失量约为农业化肥流失量的 122%和 132%，对周围河流水环境造成严重污染。

农业集约化的另一个重要特征是化肥的大规模施用。我国粮食稳步增产目前依旧在很大程度上依赖于化肥、农药等生产物资的大量投入（专题图 2-7）。2011 年，我国年化肥、农药、塑料薄膜使用量分别达到 5704 万 t、179 万 t 和 230 万 t，但化肥利用率仅 30%～35%，约有 70%的化肥残留在土壤、水体和大气中；发挥效用的农药仅占施用量的 10%～20%；残膜回收率不足 60%。大量肥料随降雨、径流、淋溶、渗漏等途径而损失，造成土壤板结及大规模的农田面源污染。农田面源已成为我国河流水污染驱动机制中不可忽略的因素。环境保护部调查显示，在淮河、长江流域的部分水域中，工业废水对总氮、总磷的贡献率仅占 10%～19%，而生活污水和农田的氮、磷流失是水体富营养化的主要原因。中国农业科学院土壤肥料研究所的研究结果显示：在我国水体污染严重的流域，农田径流污染是造成流域水体氮、磷富营养化的主要原因，其贡献超过来自城市地区的生活点源污染和工业点源污染。

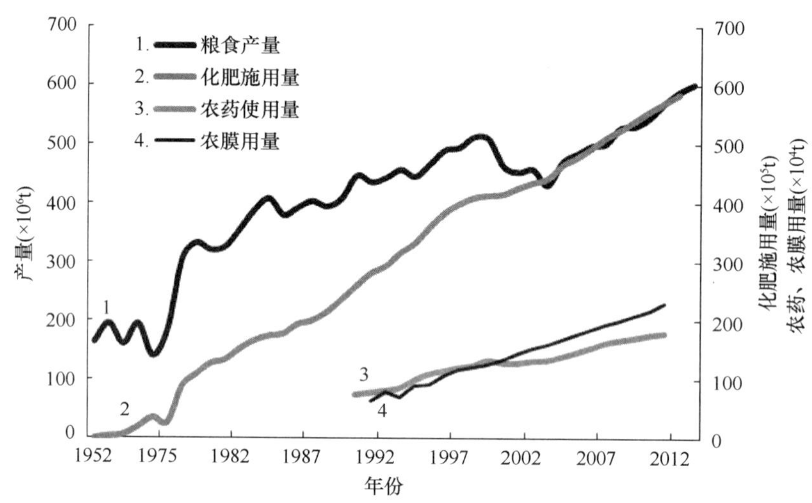

专题图 2-7　新中国成立后我国药肥投入及粮食产量变化图

在空间尺度上，工业产业化、快速城镇化和农业集约化高度叠加，水污染结构性特点突出，远超河流水环境承载能力。从水资源承载量角度分析，辽河、海河、淮河三大流域的污废水排放强度最为突出。以单位水资源量承载的工业废水、生活污水、生猪养殖量和化肥施用量衡量各流域的污染排放强度，辽河、淮河和海河流域在工业废水、生活污水、禽畜养殖和化肥施用密度方面均处于较高水平，是我国污染排放密度最高的区域。工业产业化、城镇化和农业集约化效应在以上三大流域高度集中，空间叠加效应明显。进一步分析重点地区的污染排放空间分布，三大流域的废水排放全部集中在平原段，辽河流域平原段废水排放量占全流域的 94%，海河流域占 73%，淮河流域占 81%，其他各指标平原区的排放比例也都在 70%以上。重点流域平原段河流的高强度污染排放成为我国河流水污染的显著特征。

（3）河流廊道断裂、水化学损伤、水生物种贫化，河流生态系统的自我调节能力丧

失、自净能力不足，是我国河流水污染的重要原因

闸坝林立，导致河流廊道断裂，破坏了河流纵向连续性。闸坝的修建是影响河流纵向连续性的重要的人为干扰方式。我国总共修建的闸坝数多达3万座，在各大流域均有分布。大量的闸坝阻断了河流纵向连通性，引起河流廊道断裂，河道物理生境不连续，河流生境破碎化。水库主要分布在山区及山区和平原的过渡带上，其蓄水截留作用阻断了河流在山区与平原的连通性，严重减弱中下游河段水流动力，造成平原河段地表水资源匮乏。平原区大量的水闸将河道分割为彼此不连续的“隔段”，极大地降低了河水流动性，有的河段甚至成为死水。水闸的调控作用也使得不同的河段水量配比出现失衡现象，部分河段断流或干涸。采用连续性指标对河网连通性进行评估，结果表明，全国各大流域连续性指标 C 值介于2.28～18.10，海河流域的河道连通性最差，C 值为2.28，其次是淮河流域，C 值为2.86。闸坝和水库破坏了河流的物理完整性（即连续性），导致河流生态系统自我调节能力减弱或丧失，水体自净能力差。

污染物的大量排放使得水生生物直接暴露于有毒有害环境，造成化学损伤。根据污染物类型，水化学损伤可以分为耗氧物质引起的缺氧生物效应、非离子氨的生物毒性及有毒有害物质的毒害作用（专题图2-8）。高强度污染物质的水化学损伤作用导致水生物种贫化现象普遍。污染物质排放引发的生物毒害效应可引起生物个体病变及死亡，群落结构变得单一和脆弱。

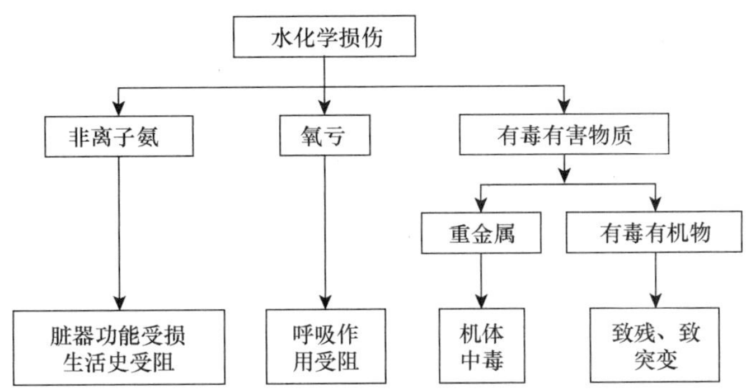

专题图2-8　水化学损伤类型和效应

河流廊道断裂、水化学损伤导致物种贫化，引起河流自净能力减弱或丧失。河流自净指水中污染物的浓度在流动的过程中自然减少，水质逐渐自然地恢复洁净状态的现象，河流自净能力包括物理自净能力、化学自净能力和生物自净能力。水生生物在河流自净过程中发挥重要的作用，对水体中的污染物具有降解和吸收作用，使其浓度降低或转变为无害物质。河流廊道连通性受阻，水体污染物化学损伤导致水生生物种类的锐减，使得其在河流物质循环中的作用丧失，河流生物自净能力不足。

（二）地表水环境质量演变趋势与水环境保护压力与形势

1. 我国地表水水环境质量演变趋势

我国水污染总体呈现好转趋势，河流水质总体上明显改善，污染河流所占比例明显

降低；湖泊（水库）水体污染程度有所缓解，富营养化加剧的趋势得到基本遏制。

在河流方面，全国河流国控断面中，Ⅰ～Ⅲ类水质断面比例从2001年的39.5%提高到2014年的71.2%，Ⅳ、Ⅴ类水质断面比例从2001年的26.5%下降到2014年的19.8%，而劣Ⅴ类水质断面比例从2001年的30.2%下降到2014年的9%（专题图2-9）。主要污染指标为化学需氧量、五日生化需氧量和总磷。

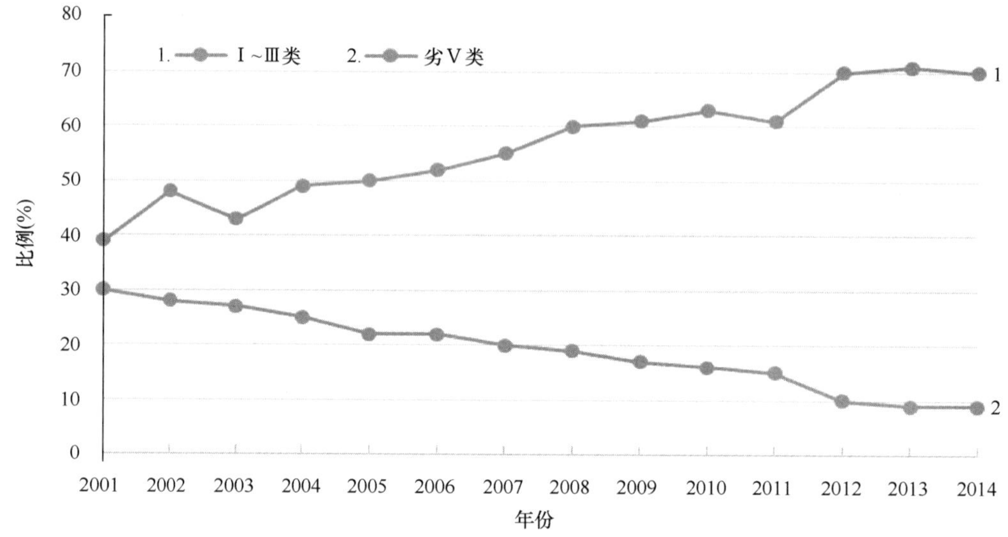

专题图2-9　2001～2014年全国河流国控断面水质类别占比年际变化

数据源自：环境保护部中国环境年鉴

从水利部划分的全国重要江河湖泊水功能区的2888个一级水功能区和2738个二级水功能区的水质数据来看，2014年我国河流Ⅰ～Ⅲ类河长占评价总河长（215 763km）的72.8%（Ⅰ类占5.9%，Ⅱ类占43.5%，Ⅲ类占23.4%），Ⅳ、Ⅴ类占15.5%（Ⅳ类占10.8%，Ⅴ类占4.7%），劣Ⅴ类占11.7%。2004～2014年，总体水质明显好转，Ⅰ～Ⅲ类河长比例上升13.4个百分点，劣Ⅴ类河长比例下降10.1个百分点（专题图2-10）。

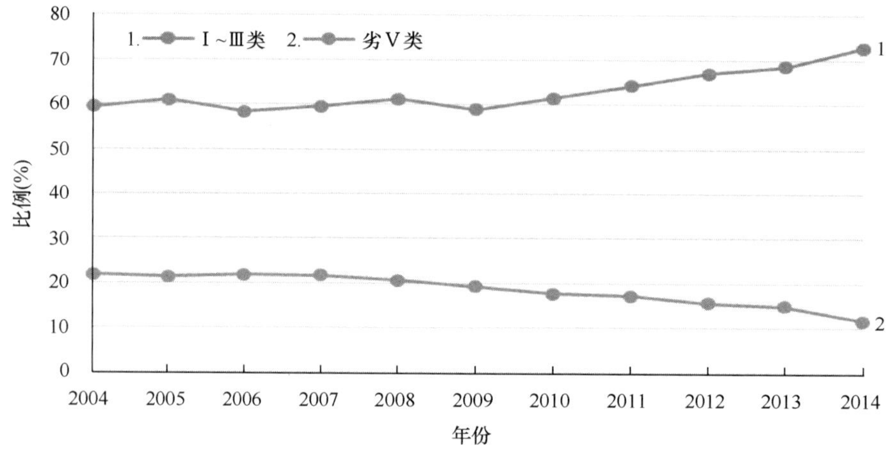

专题图2-10　2004～2014年全国重要江河湖泊水功能区水质类别评价河长占比年际变化

数据源自：环境保护部中国环境年鉴

全国十大流域中，长江、珠江、浙闽片河流、西北诸河和西南诸河水质较好，Ⅰ～Ⅲ类水质断面比例都维持在 70%左右；黄河、松花江水质改善明显，Ⅰ～Ⅲ类水质断面 2014 年上升到 60%左右；淮河、海河及辽河污染态势虽然有所缓解，但劣Ⅴ类水质断面比例平均达到 20%（专题图 2-11）。

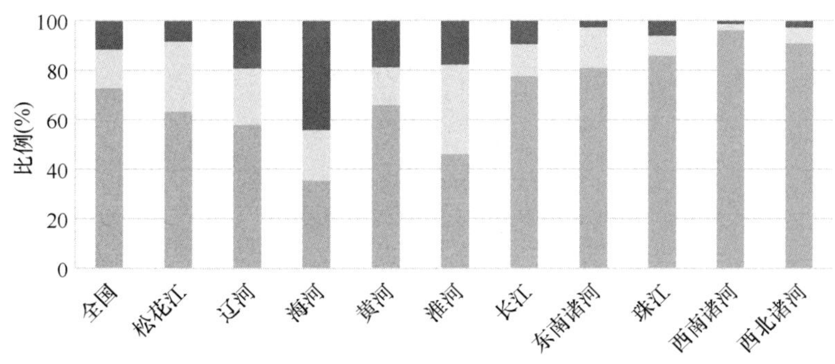

专题图 2-11 2014 年七大流域和浙闽片河流、西北诸河、西南诸河水质状况

数据源自：环境保护部中国环境年鉴，2014

在湖泊方面，2004～2014 年，国控重点湖泊（水库）中，Ⅰ～Ⅲ类水体比例由 26.0%（27 个重点湖库）提高到 61.3%（62 个重点湖库），而劣Ⅴ类水质断面比例从 35.7%（27 个重点湖库）下降到 11.3%（62 个重点湖库）。营养状态监测显示，2008～2014 年湖泊（水库）重度富营养化和中度富营养化比例由 23.0%下降到 3.3%。

2. 全国地表水水环境容量

全国地表水水环境容量的 COD 容量为 1087 万 t/年，容量利用率为 67%；氨氮容量为 71.8 万 t/年，容量利用率为 111%，即污染物入河总量已超出环境容量的 11%。污染物入河量超载最为严重的是海河流域，其 COD 和氨氮的入河量分别是容量的 169%和 357%；其次是太湖流域、辽河流域和淮河流域，氨氮的入河量分别是容量的 248%、244%和 195%；利用最不充分的是西北诸河流域，COD 和氨氮容量利用率仅分别为 20%和 38%（专题表 2-6）。

3. 2020 年、2030 年我国面临的水环境保护压力与形势

我国是世界上人口最多的发展中国家，人多水少、水资源时空分布不均、水土资源与生产力布局不匹配的基本水情决定了我国的水环境保护工作将面临更大的压力。作为世界上最大的发展中国家，我国正经历着以高耗、高排为特征的工业化和城镇化的快速发展阶段，水资源短缺、水污染严重、水生态恶化等问题日趋严重，已成为制约我国经济社会可持续发展的一个主要瓶颈。

未来十年，我国水环境保护面临的压力越来越大。首先是工业化、城镇化带来的压力，党的十八大报告指出，到 2020 年我国要基本实现工业化，《国家新型城镇化规划（2014—2020 年）》提出，到 2020 年我国常住人口城镇化率达到 60%左右。预期至 2020 年我国将新增 6000 万左右的城镇人口，带来固定资产投资、城镇生活型污染排放及

专题表 2-6　全国地表水水环境容量

流域	COD			氨氮		
	容量（万 t/年）	入河量（万 t/年）	容量利用率（%）	容量（万 t/年）	入河量（万 t/年）	容量利用率（%）
松花江流域	90	43	48	6.1	5.3	87
辽河流域	34	29	85	1.8	4.4	244
海河流域	13	22	169	0.7	2.5	357
淮河流域	29	32	110	1.9	3.7	195
黄河流域	114	59	52	5.2	6.8	131
长江流域	370	271	73	37.8	31.5	83
太湖流域	46	51	111	2.5	6.2	248
珠江流域	231	119	52	8.2	11.2	137
东南诸河流域	120	89	74	5.7	6.4	112
西南诸河流域	15	11	73	1.1	1.1	100
西北诸河流域	25	5	20	0.8	0.3	38
总计	1087	731	67	71.8	79.4	111

城市生态空间安全格局压力持续增长。我国预测完成全阶段工业化过程节点在 2030 年左右，城镇化基本稳定节点也在 2030 年。资源能源支撑工业化完成、经济爬坡过坎、城镇化进程推进带来的污染排放新增压力仍将处于高位水平，而前期快速工业化进程下累积的多个经济发展阶段的环境问题数量巨大、成因复杂，尚未得到有效解决。新老问题、新旧压力叠加，应对难度及风险明显加大。

全国化学需氧量和氨氮排放量分别是水环境容量的 1.6 倍、5.6 倍，导致约 1/3 河道水环境容量超载，已超过或逼近承载上限。区域水体富营养化、江河源头生态平衡等很多环境问题已经处于临界状态，敏感性加大。2014 年，61 个湖泊（水库）富营养化比例达到 24.6%。从单位水资源污染物负荷看，海河流域、淮河流域和黄河流域的单位水资源化学需氧量负荷分别为 39.67mg/L、29.30mg/L 和 15.76mg/L，分别达到全国平均值的 6.1 倍、4.2 倍和 2.2 倍。经济增长持续放缓，原来被经济繁荣掩盖的环境问题、难题、风险正突出显现。“小事故大灾难、小污染大危害”正成为环境保护新常态。

环境保护工作需要积极利用有利条件，妥善面对各方风险挑战，积极有为，主动适应新常态，加快推进环境保护与管理方式方法、体制机制转型。在水管理方面，以水质目标为基准，通过基于水质目标的环境容量管理推进水环境质量的改善。

以下将选择京津冀地区、西北五省和太湖流域，分别作为环境容量超载最严重、环境容量利用最不足及重要经济区的典型代表案例，对不同地区不同控制单元的地表水水环境容量及超载情况进行具体分析，给出重点城市群污染排放限值，提出重点城市群产业结构调整、产业发展规模和速度、经济发展空间布局的对策建议。

四、京津冀地区的地表水水环境容量与最大允许排放限值

（一）京津冀地区概况

京津冀是全国水资源最短缺、水污染与水生态退化最严重、水环境支撑力与发展矛

盾最尖锐的地区。京津冀以占全国面积 2%的区域和占全国 1%的水资源，产出了全国 10%的 GDP，承担了全国 8%的人口，排放了 7%的 COD 和 6%的氨氮（专题表 2-7）。京津冀整体定位是“以首都为核心的世界级城市群、区域整体协同发展改革引领区、全国创新驱动经济增长新引擎、生态修复环境改善示范区”。京津冀地区区域发展要统筹解决经济、生态、交通等方面的问题，综合建设与改善区域人居环境。

专题表 2-7　京津冀的基本情况

地区	面积（万 km^2）	人口（万人）	GDP（亿元）	工业（亿元）	水资源（亿 m^3）	COD 排放（万 t/年）	氨氮排放（万 t/年）
北京	1.6	2 152	21 331	3 747	20	17	2
天津	1.2	1 517	15 727	7 079	11	21	2
河北	19	7 384	29 421	13 331	106	127	10
京津冀总计	21.8	11 053	66 479	24 157	137	165	14
全国占比	2%	8%	10%	11%	1%	7%	6%

京津冀属于温带季风气候，流域同时包括高原、山地和平原地形，西部为山西高原和太行山区，北部为内蒙古高原和燕山山区，东部和东南部为广阔的平原。总体地势是自西向东倾斜，坡降具有明显变化，地面坡度由山前的 2‰～1‰，逐渐过渡至中部平原的 1‰～0.5‰，至滨海平原的 0.3‰～0.1‰。不同地貌导致土地利用方式差异明显，上游山区林地和草地面积占 64%；中部平原区和滨海平原区农田面积比例最大，但后者湿地面积显著增大，占 12.8%。

京津冀地区主要位于海河流域，主要水系包括滦河水系、北三河水系、大清河水系、子牙河水系、漳卫河水系和黑龙港运东水系（专题表 2-8）。整个海河流域的水系从南到北呈扇形分布，整体上具有次级水系分散、河系复杂、支流众多、过渡带短、源短流急的特点。京津冀地区纳入全国重要江河湖泊水功能区划的水功能区 117 个，总河长 5131km。京津冀地区各主要水系的河流长度和水功能区个数见专题表 2-8。

专题表 2-8　京津冀地区的主要水系情况

主要水系	河流长度		水功能区	
	长度（km）	比例（%）	个数	比例（%）
北三河水系	1360	30	34	37
大清河水系	793.5	17	15	16
黑龙港运东水系	680.6	15	12	13
滦河水系	692	15	13	14
子牙河水系	800.5	17	15	16
漳卫河水系	276	6	4	4

（二）京津冀地区的水环境状况

京津冀的水环境污染严重，主要有 3 个特征：①平原河流耗氧污染严重，黑臭水体范围广、程度重；②河流生态水量匮乏，干流季节性断流突出，环境流量严重不足；③河流整体生境质量退化严重，近半数的河流生境已经不能够为生物群落提供适宜的生存和繁殖栖息地。

1. 耗氧污染问题

京津冀地区水体黑臭问题范围广、强度大；其中黑臭水体区域占比为53.1%，覆盖面积约为11.58万km^2。以黑臭水体（DO=1mg/L）作为基准，计算得到京津冀地区黑臭水体范围。可以看出，京津冀地区黑臭河流呈现两段分布特点：平原段河流多为黑臭区域，其中北京东南部-廊坊-北三河下游天津段与石家庄-衡水-邢台-邯郸平原地区黑臭问题最为严重；上游山区段黑臭问题并不明显，仅在张家口宣化区-下花园部分河段存在低强度黑臭现象。

北京黑臭水体范围约占全市面积的26.3%，多集中在下游平原地区。北京平原黑臭水体强度介于–12～0mg/L，北京平原黑臭水体黑臭强度主要集中在–7～–1mg/L，占该区域黑臭水体的93.1%。天津黑臭水体范围占该市总面积的93.2%，黑臭强度介于–26～0mg/L；黑臭范围主要集中在北三河下游天津段。天津黑臭水体的黑臭强度相对集中，–4～0mg/L的黑臭水体范围就占到总黑臭范围的59.7%。河北黑臭水体表现出了显著的空间差异，黑臭水体主要贡献区域为石家庄-衡水-邢台-邯郸-沧州一带，多位于城市下游地区，最高区域黑臭强度达到了–98mg/L，该区域黑臭水体强度远高于北京、天津及河北境内的其他县市，除沧州黑臭强度介于–26～0mg/L外，其他区域均在–98～0mg/L，且各区段比例分布较为平均。

2. 流量不足问题

京津冀地区水资源总量持续减少，而持续增加的需水量迫使人们对河流水资源过度开发，导致河流断流长度和断流天数持续增加，京津冀地区河流“季节性”断流特征逐步明显。河流季节化是指那些原为常流河的河流，在自然因素和人为因素的共同作用下，在枯水季节经常出现河床干涸的水文现象。河段断流是河流季节化的主要标志。

京津冀地区平原区河流不是季节性河流发育的地区。然而，近几十年京津冀地区河流季节化特征明显。主要原因为近几十年来，在气候干旱化日趋严重、水资源日趋短缺的背景下，在京津冀地区主要河流中上游地区修建水库等多种水力设施，导致中部平原区水资源短缺，平原地区工农业发展和城镇用水对水资源的过量开发引起地下水的采补失衡和水位的急剧下降，流域产流能力随之衰减，最终造成河流在枯水季节出现经常性河道断流。

3. 生态退化问题

京津冀地区河流水资源严重短缺及黑臭问题的日益突出，进一步导致了区域内河流生态状况的持续恶化。京津冀地区50%以上的河流生态状况为中等偏差，亟待治理和修复，河北尤甚。北京和天津生态状况为“差”和“极差”的样点比例约高达40%，同时，“优”和“良”的样点比例在40%以上，说明河流生态状况处于中等偏差水平；与北京、天津相比，河北的河流生态状况很差，“差”和“极差”的样点比例超过60%，说明河流生态退化极其严重。京津冀地区河流生态状况空间分布规律为：上游段最好，滨海段良好，内陆平原段很差，城市周边较差，远离城市较好。上游河段，如承德西北部兴洲河生态状况为“优”和“中”，密云水库上游河段及潮白河生态状况优良。滨海段，如唐山东南部青龙河、饮马河等生态状况均为“优”和“良”，沧州宜惠河生态状况为“优”；而内陆平原段的河流生态状况多为中等偏差。靠近城市的河段生态状况较差，如承德、秦皇岛、唐山、石家庄、邢台等城市周边河流生态状况均为“差”或“极差”。

（三）京津冀地区的控制单元划分

根据前面的控制单元划分原则，京津冀地区的控制单元共划分为三级。一级控制区按照主体功能区类型划分，共形成4个一级区：优化开发区、重点开发区、农产品主产区和重点生态功能区（专题表2-9）。

专题表2-9　京津冀三级控制单元划分

一级控制区（4个）	二级控制区（12个）	三级控制单元（29个）
优化开发区	唐山、秦皇岛区	北三河
		滦河流域
	北京、天津、廊坊区	北三河
		大清河
		海河干流
		永定河
	沧州区	黑龙港运东
重点开发区	滨海开发区	北三河
		大清河
		海河干流
	承德区	滦河流域
	张家口区	永定河
	冀中南（保定、石家庄、邢台、邯郸）区	大清河
		子牙河
	衡水区	黑龙港运东
		子牙河
农产品主产区	黄淮海平原缺水区	大清河
		黑龙港运东
		漳卫河
		子牙河
重点生态功能区	燕山地区丰水区	北三河
		辽河
		滦河流域
	燕山地区欠水区	其他
		永定河
	太行山地少水区	大清河
		永定河
		漳卫河
		子牙河

二级控制区针对不同的功能区类型选择不同的依据进行划分：优化开发区按照主要的经济社会特征进行划分，重点开发区按照空间位置进行划分，农产品生产区按照生态功能区划进行划分，重点生态功能区按照水生态功能分区进行划分。共划分 12 个二级控制区：优化开发区 3 个（唐山、秦皇岛区，北京、天津、廊坊区，沧州区）、重点开发区 5 个［滨海开发区、承德区、张家口区、冀中南（保定、石家庄、邢台、邯郸）区、衡水区］、农产品主产区 1 个（黄淮海平原缺水区）、重点生态功能区 3 个（燕山地区丰水区、燕山地区欠水区、太行山地少水区）。三级控制单元按照流域完整性进行划分，共划分为 29 个（专题表 2-9）。

（四）京津冀地区的地表水水环境容量及超载分析

1. 京津冀地区水功能区的环境容量总体情况

京津冀地区水功能区类型以开发利用区最多，占功能区总数量的 52%，占功能区总河长的 60%，占功能区总湖库面积的 12%；其次是缓冲区，占功能区总数量的 26%，占功能区总河长的 20%，占功能区总湖库面积的 6%；保护区和保留区占功能区总数量的 22%，占功能区总河长的 20%，占功能区总湖库面积的 82%。水质目标主要是Ⅱ、Ⅲ、Ⅳ类，分别占 26%、36%、33%。

水功能区在一级控制区的分布主要以优化开发区和重点生态功能区居多。优化开发区有水功能区 32 个，占京津冀地区水功能区总数的 27%，河流长度 1356km，湖库面积 17km^2，水质目标以Ⅳ类水体为主。重点开发区有水功能区 15 个，占京津冀地区水功能区总数的 13%，河流长度 752km，湖库面积 144km^2，水质目标以Ⅲ、Ⅳ类水体为主。农产品主产区有水功能区 18 个，占京津冀地区水功能区总数的 15%，河流长度 1068km，湖库面积 360km^2，水质目标以Ⅲ、Ⅳ类水体为主。重点生态功能区有水功能区 52 个，占京津冀地区水功能区总数的 44%，河流长度 1955km，湖库面积 657km^2，水质目标以Ⅱ、Ⅲ类水体为主（专题表 2-10）。

专题表 2-10　京津冀地区一级控制区的水功能区基本情况

主体功能区	二级控制区	数量		范围		水质目标			
		个数	比例（%）	河流长度（km）	湖库面积（km^2）	Ⅱ	Ⅲ	Ⅳ	Ⅴ
优化开发区	唐山、秦皇岛区	6	5	338	0	0	3	3	0
	北京、天津、廊坊区	18	15	707	0	1	4	11	2
	沧州区	8	7	311	17	1	1	5	1
	小计	**32**	**27**	**1356**	**17**	**2**	**8**	**19**	**3**
重点开发区	承德区	1	1	71	0	0	1	0	0
	张家口区	2	2	119	0	0	1	1	0
	冀中南（保定、石家庄、邢台、邯郸）区	6	5	329	69	1	2	2	1
	衡水区	6	5	233	75	0	2	4	0
	小计	**15**	**13**	**752**	**144**	**1**	**6**	**7**	**1**
农产品主产区	黄淮海平原缺水区	18	15	1068	360	1	7	10	0
	小计	**18**	**15**	**1068**	**360**	**1**	**7**	**10**	**0**

续表

主体功能区	二级控制区	数量		范围		水质目标			
		个数	比例（%）	河流长度（km）	湖库面积（km^2）	Ⅱ	Ⅲ	Ⅳ	Ⅴ
重点生态功能区	燕山地区丰水区	34	29	1118	431	18	14	1	1
	燕山地区欠水区	7	6	331	89	1	4	2	0
	太行山地少水区	11	9	506	137	8	3	0	0
	小计	**52**	**44**	**1955**	**657**	**27**	**21**	**3**	**1**
	总计	**117**	**100**	**5131**	**1178**	**31**	**42**	**39**	**5**

京津冀地区主要水功能区的COD容量总计为57 467t/年。从水功能区性质的分布来看，94%的COD容量分布在利用区，其他6%分布在保留区和缓冲区；从水质目标分布来看，Ⅲ、Ⅳ、Ⅴ类水质目标水体的COD容量为主，分别占43%、36%和18%，Ⅱ类水质目标的水体仅占3%；从水体达标的分布来看，未达标水体的COD容量（60%）略高于达标水体（40%）（专题表2-11）。

专题表2-11 京津冀水功能区环境容量现状

环境容量现状（t/年）	功能区类型				水质目标				达标情况		总计
	保护区	保留区	缓冲区	利用区	Ⅱ	Ⅲ	Ⅳ	Ⅴ	否	是	
COD	242	1 840	1 454	53 932	1 722	24 612	20 649	10 484	34 310	23 157	57 467
氨氮	7	65	66	2 668	52	1 324	966	463	1 533	1 272	2 805

京津冀地区主要水功能区的氨氮容量总计为2805t/年。从水功能区性质的分布来看，95%的氨氮容量分布在利用区，其他5%分布在保留区和缓冲区；从水质目标分布来看，Ⅲ、Ⅳ、Ⅴ类水质目标水体的氨氮容量为主，分别占47%、34%和17%，Ⅱ类水质目标的水体仅占2%；从达标水体的分布来看，未达标水体的氨氮容量（55%）略高于达标水体（45%）（专题表2-11）。

2. 三级控制单元容量超载情况与成因分析

控制区的COD容量以优化开发区最高，其次是重点开发区和重点生态功能区，农产品主产区最少。而COD入河量以重点开发区较多，超标倍数最高（1.0倍），超标水功能区比例最大（68%）；优化开发区位居其次，COD入河总量超标0.4倍，超标水功能区比例为22%；重点生态功能区和农产品主产区的COD入河总量仍有部分盈余，但COD入河量超出容量的功能区数量也达到了20%以上（专题表2-12）。

控制区的氨氮容量以优化开发区和重点开发区最高，其次是重点生态功能区，农产品主产区最少。氨氮入河量与COD区域分布相似，超标情况更严重。重点开发区的氨氮入河量最多，超标倍数最高（6.1倍），超标水功能区比例最大（67%）；优化开发区位居其次，氨氮入河总量超标3.1倍，超标水功能区比例为25%；重点生态功能区和农产品主产区的氨氮入河总量也没有盈余，氨氮入河量超出容量的功能区数量也达到了20%以上，总量超标倍数分别为1.3倍和1.9倍（专题表2-12）。

专题表 2-12　控制区的水功能区环境容量与污染物入河情况

一级功能区	二级功能区	COD				氨氮			
		环境容量（t/年）	入河量现状（t/年）	入河量总量超标倍数	入河量超标功能区比例（%）	环境容量（t/年）	入河量现状（t/年）	入河量总量超标倍数	入河量超标功能区比例（%）
优化开发区	唐山、秦皇岛区	18 257	17 988	−0.0	33	908	1 048	0.2	17
	北京、天津、廊坊区	4 998	11 343	1.3	17	198	2 983	14.0	28
	沧州区	3 128	7 199	1.3	25	152	1 154	6.6	25
	小计	**26 382**	**36 529**	**0.4**	**22**	**1 258**	**5 185**	**3.1**	**25**
重点开发区	承德区	3 411	3 608	0.1	100	151	1 656	10.0	100
	张家口区	3 098	4 082	0.3	100	147	327	1.2	100
	冀中南（保定、石家庄、邢台、邯郸）区	6 411	10 608	0.7	83	306	1 841	5.0	83
	衡水区	2 948	13 393	3.5	33	131	1 392	9.6	33
	小计	**15 868**	**31 691**	**1.0**	**68**	**735**	**5 216**	**6.1**	**67**
农产品主产区	黄淮海平原缺水区	3 593	4 325	0.2	22	169	488	1.9	22
	小计	**3 593**	**4 325**	**0.2**	**22**	**169**	**488**	**1.9**	**22**
重点生态功能区	燕山地区丰水区	5 674	8 428	0.5	24	313	828	1.6	26
	燕山地区欠水区	4 715	1 674	−0.6	14	217	533	1.5	43
	太行山地少水区	1 235	1 281	0.0	18	114	103	−0.1	9
	小计	**11 624**	**11 383**	**−0.0**	**21**	**644**	**1 464**	**1.3**	**25**
总计		**57 467**	**83 928**	**0.5**	**27**	**2 806**	**12 353**	**3.4**	**30**

在优化开发区的 3 个二级功能区中，唐山、秦皇岛区环境容量最大，污染物入河量基本处于环境容量最高值，氨氮略有超标；北京、天津、廊坊区氨氮入河量超标严重，超标倍数达到 14.0 倍。重点开发区中以衡水区超标最为严重，COD 入河量超标 3.5 倍，氨氮入河量超标 9.6 倍；承德区的氨氮入河量超标较严重，超标倍数为 10.0 倍；冀中南（保定、石家庄、邢台、邯郸）区的氨氮入河量超标也较严重，超标倍数为 5.0 倍。重点生态功能区以燕山地区丰水区环境容量较大，但相对超标倍数也较高，COD 入河量超标 0.5 倍，氨氮入河量超标 1.6 倍；COD 盈余分布在燕山地区欠水区和太行山地少水区；氨氮盈余仅存在于太行山地少水区（专题表 2-12）。

京津冀地区的 COD 排放以农业为主，氨氮排放以城镇生活为主，工业比例都较低。空间分布上，农产品主产区、京津冀核心区是陆上污染物排放量最大的区域。在 COD 排放出现拐点的情况下，以后氨氮将成为优化开发区治理的重点和难点。COD 在绝对量上，农业排放最高，主要区域为唐山、秦皇岛区；城镇生活 COD 排放最高的区域为京津冀核心区、农产品主产区。工业以冀中南（保定、石家庄、邢台、邯郸）区和农产品主产区为主。氨氮在绝对量上，城镇生活最高，主要区域为京津冀核心区；农业氨氮排放最高的区域为京津冀核心区、农产品主产区；工业以冀中南（保定、石家庄、邢台、邯郸）区为主。

工业的行业分析显示，从工业产值、废水排放和污染物排放的比例来看，石化、造纸、食品、纺织、制药、皮革属于京津冀地区需要重点关注的 6 大行业。该 6 大行业占废水排放量的 63%，占 COD 排放量的 70%，占氨氮排放量的 73%。工业 COD 排放主要关注的产业是造纸、石化和食品行业，分别占 COD 工业总排放量的 21%、16%和 14%。

工业氨氮排放主要关注的产业是石化、造纸和食品行业，分别占氨氮工业总排放量的35%、11%和10%（专题表2-13）。

专题表 2-13　京津冀地区的主要工业行业情况

序号	行业名称	废水排放量		直排比例（%）	COD 排放		氨氮排放	
		总量（万 t/年）	比例（%）		总量（t/年）	比例（%）	总量（t/年）	比例（%）
1	石化	19 648	17	55	27 487	16	5 023	35
2	造纸	19 270	17	77	35 202	21	1 596	11
3	食品	11 454	10	68	22 554	14	1 491	10
4	纺织	10 171	9	59	14 035	8	1 035	7
5	制药	5 200	5	16	9 414	6	1 054	7
6	皮革	5 129	5	44	8 791	5	491	3
总计		70 872	63	—	117 483	70	10 690	73

优化开发区主要污染工业是造纸和食品行业。重点开发区主要是滨海开发区的化工行业；冀中南（保定、石家庄、邢台、邯郸）区主要是造纸和制药行业；衡水区主要是皮革行业。农产品主产区各行业均有分布。

（五）小结和建议

基于以上研究发现，优化开发区和重点开发区的水质目标低，虽然基于水质目标的环境容量也较大，但是仍然多数处于超载状态。农产品主产区和重点生态功能区 COD 容量利用仍不完全，但是氨氮已经大大超出环境容量，需要重点削减。具体建议如下：

1. 优化开发区

优化开发区环境容量为 COD 26 382t/年、氨氮 1257t/年，在排放现状的基础上，COD 应削减 10 147t/年（28%），氨氮应削减 3928t/年（76%）。重点削减区域为京津冀核心区-大清河水系，COD 关注畜禽养殖，氨氮关注城镇生活污水，重点关注工业为造纸行业。

2. 重点开发区

重点开发区环境容量为 COD 15 869t/年、氨氮 735t/年，在排放现状的基础上，COD 应削减 15 821t/年（50%），氨氮应削减 4480t/年（86%）。重点削减区域为冀中南城市群-子牙河水系，COD 关注畜禽养殖，氨氮关注城镇生活污水，重点关注工业为滨海开发区的化工行业、冀中南（保定、石家庄、邢台、邯郸）区的造纸和制药行业。

3. 农产品主产区

农产品主产区环境容量为 COD 3593t/年、氨氮 169t/年，在排放现状的基础上，COD 应削减 732t/年（17%），氨氮应削减 319t/年（65%）。重点关注氨氮，城镇生活和畜禽养殖是重点关注行业，建议疏离纺织、化工、皮革、食品和造纸等工业行业。

4. 重点生态功能区

重点生态功能区环境容量为 COD 11 623t/年、氨氮 644t/年，COD 仍有 240t/年余量，氨氮应在排放现状的基础上削减 819t/年（56%）。重点关注氨氮，建议在重点生态功能区建立生态养殖场或者实行禁养制度。

五、西北五省的地表水水环境容量与最大允许排放限值

（一）西北五省概况

西北五省包含内蒙古、甘肃、青海、宁夏、新疆，以全国43%的土地和8%的水资源承担了全国6%的人口，产生了6%的GDP，排放了10%的COD和7%的氨氮（专题表2-14）。西北五省在我国有重要的生态价值和战略意义，在我国西部大开发战略、“新丝绸之路经济带”战略构想等重大战略支撑下，将发挥越来越重要的作用，经济持续较快发展，将逐步缩小与我国平均发展水平的差距。

专题表2-14 西北五省的基本情况

地区	面积（万 km^2）	人口（万人）	GDP（亿元）	工业（亿元）	水资源（亿 m^3）	COD排放（万t/年）	氨氮排放（万t/年）
内蒙古	118	2 505	17 770	7 904	538	85	4.9
甘肃	45	2 591	6 837	2 263	198	37	3.8
青海	72	583	2 303	954	793	11	1.0
宁夏	7	662	2 752	973	10	22	1.7
新疆	166	2 298	9 273	3 179	726	67	4.6
西北五省总量	408	8 639	38 935	15 273	2 265	222	16.0
全国占比	43%	6%	6%	7%	8%	10%	7%

西北五省均处于我国内陆和亚欧大陆腹地，多属温带大陆性干旱和半干旱气候，年降水量40～600mm不等，是我国戈壁和沙漠地貌集中的省区，生态环境极其脆弱。

西北五省水资源匮乏，其水系密度、长度、水量都相对其他流域较少，主要有西北诸河区、黄河区、松花江区、辽河区4个水资源区。其中，西北诸河区主要有塔里木河、河西内陆河、阿尔泰山南麓诸河等水系，其河流长度占西北五省河流的35%，湖泊面积则占83%，有105个水功能区，主要分布在甘肃和青海境内；黄河区主要有黄河干流、洮河、渭河等水系，河流长度占23%，湖泊面积占2%，有131个水功能区，主要分布在甘肃和内蒙古境内；松花江区主要有额尔古纳河、嫩江等水系，河流长度占21%，湖泊面积占14%，有104个水功能区，主要分布在内蒙古境内；辽河区主要有西辽河、辽河干流等水系，河流长度占11%，有68个水功能区，主要分布在内蒙古境内（专题表2-15）。

专题表2-15 西北五省的水系格局

水资源区	河流长度		湖泊面积		水功能区		主要水系
	长度（km）	比例（%）	面积（km^2）	比例（%）	个数	比例（%）	
西北诸河区	12 146.7	35	12 532.4	83	105	23	塔里木河、河西内陆河、伊犁河、准噶尔内流区、额尔齐斯河、柴达木内流区
黄河区	8 059.5	23	301.2	2	131	29	黄河干流、洮河、渭河等
松花江区	7 229.9	21	2 172.5	14	104	23	额尔古纳河、嫩江等
辽河区	3 743.5	11	0	0	68	15	西辽河、辽河干流等

（二）西北五省的水环境状况

西北五省的水环境质量以Ⅱ类水体为主，占河流总长的 40%，Ⅰ～Ⅲ类水体共占 60%，Ⅳ、Ⅴ类水体占 22%，劣Ⅴ类水体占 18%（专题表 2-16）。不同类型水功能区的水质统计数据显示，缓冲区和利用区的水质要差于保护区和保留区。保护区和保留区以Ⅱ类水质目标为主（77%），达标水功能区数量比例占 50%左右，达标河流长度分别占 72%和 68%；缓冲区以Ⅲ类水质目标为主（80%），达标水功能区数量比例占 44%左右，达标河流长度占 45%；利用区水质目标中Ⅱ、Ⅲ、Ⅳ类分别占 20%、52%、26%，达标水功能区数量比例和河流长度比例均略高于 50%（专题表 2-17）。

专题表 2-16　西北五省功能区水质现状

区域	Ⅰ		Ⅱ		Ⅲ		Ⅳ		Ⅴ		劣Ⅴ	
	水功能区个数	河流长度比例（%）	水功能区个数	河流长度比例（%）	水功能区个数	河流长度比例（%）	水功能区个数	河流长度比例（%）	水功能区个数	河流长度比例（%）	水功能区个数	河流长度比例（%）
保护区	3	13	43	46	19	13	15	12	9	8	19	8
保留区	3	8	14	59	3	2	2	4	4	13	7	15
缓冲区	1	1	12	20	13	30	10	22	5	7	14	21
利用区	3	1	61	32	45	18	35	16	23	8	57	25
总计	10	6	130	40	80	14	62	13	41	9	97	18

专题表 2-17　西北五省水功能区达标现状

区域	不达标		达标		总计	
	水功能区个数	河流长度比例（%）	水功能区个数	河流长度比例（%）	水功能区个数	河流长度（km）
保护区	52	28	56	72	108	12 858
保留区	14	32	19	68	33	4 830
缓冲区	31	55	24	45	55	1 636
利用区	110	45	114	51	224	15 603
总计	207	38	213	61	420	34 927

（三）西北五省的控制单元划分

综合考虑主体功能区、行政单元、水系等因素，将西北五省划分为三级控制单元。一级控制单元主要依据各省的主体功能区划，主要划分为重点发展区（A）、农产品主产区（B）和重点生态功能区（C）3 个一级区（专题表 2-18）。

二级控制单元主要考虑气候、地理、地貌等差异进一步划分为 10 个二级区。将重点发展区划分为黄河发展区（A04）和新疆发展区（A09）2 个区，将农产品主产区划分为内蒙古农产品主产区（B02）和新疆农产品主产区（B08）2 个区，将重点生态功能区划分为内蒙古东北重点生态功能区（C01）、内蒙古中部重点生态功能区（C03）、河西内流重点生态功能区（C05）、青藏高原重点生态功能区（C06）、塔里木盆地重点生态功能区（C07）和天山以北重点生态功能区（C10）6 个区（专题表 2-18）。

专题表 2-18　西北五省的三级控制单元划分

一级区（3 个）	二级区（10 个）	24 个控制单元（24 个）	备注（控制单元全称）
重点生态功能区（C）	内蒙古东北重点生态功能区（C01）	黑龙江干流单元（C0101）	重点生态功能区-内蒙古东北-黑龙江干流单元（C0101）
		松花江单元（C0102）	重点生态功能区-内蒙古东北-松花江单元（C0102）
	内蒙古中部重点生态功能区（C03）	内蒙古内流单元（C0306）	重点生态功能区-内蒙古中部-内蒙古内流单元（C0306）
	河西内流重点生态功能区（C05）	甘肃单元（C0512）	重点生态功能区-河西内流-甘肃单元（C0512）
		内蒙古单元（C0513）	重点生态功能区-河西内流-内蒙古单元（C0513）
	青藏高原重点生态功能区（C06）	甘肃黄河干流单元（C0614）	重点生态功能区-青藏高原-甘肃黄河干流单元（C0614）
		甘肃嘉陵江单元（C0615）	重点生态功能区-青藏高原-甘肃嘉陵江单元（C0615）
		青海黄河干流单元（C0616）	重点生态功能区-青藏高原-青海黄河干流单元（C0616）
		青海长江上游单元（C0617）	重点生态功能区-青藏高原-青海长江上游单元（C0617）
		青海柴达木单元（C0618）	重点生态功能区-青藏高原-青海柴达木单元（C0618）
	塔里木盆地重点生态功能区（C07）	塔里木河内流单元（C0719）	重点生态功能区-塔里木盆地-塔里木河内流单元（C0719）
	天山以北重点生态功能区（C10）	准噶尔内流单元（C1023）	重点生态功能区-天山以北-准噶尔内流单元（C1023）
		塔里木河内流单元（C1024）	重点生态功能区-天山以北-塔里木河内流单元（C1024）
重点发展区（A）	黄河发展区（A04）	内蒙古单元（A0407）	重点发展区-黄河-内蒙古单元（A0407）
		宁夏单元（A0408）	重点发展区-黄河-宁夏单元（A0408）
		甘肃渭河单元（A0409）	重点发展区-黄河-甘肃渭河单元（A0409）
		甘肃黄河干流单元（A0410）	重点发展区-黄河-甘肃黄河干流单元（A0410）
		青海黄河干流单元（A0411）	重点发展区-黄河-青海黄河干流单元（A0411）
	新疆发展区（A09）	塔里木河内流单元（A0922）	重点发展区-新疆-塔里木河内流单元（A0922）
农产品主产区（B）	内蒙古农产品主产区（B02）	松花江单元（B0203）	农产品主产区-内蒙古-松花江单元（B0203）
		内蒙古内流单元（B0204）	农产品主产区-内蒙古-内蒙古内流单元（B0204）
		辽河干流单元（B0205）	农产品主产区-内蒙古-辽河干流单元（B0205）
	新疆农产品主产区（B08）	塔里木河内流单元（B0820）	农产品主产区-新疆-塔里木河内流单元（B0820）
		伊犁河内流单元（B0821）	农产品主产区-新疆-伊犁河内流单元（B0821）

三级控制单元主要考虑水系连通性和污染排放管理等因素，依据流域和行政单元进一步划分为 24 个控制单元。重点开发区共划分为 6 个控制单元，农产品主产区共划分为 5 个控制单元，重点生态功能区划分为 13 个控制单元，具体见专题表 2-18。

（四）西北五省的地表水水环境容量及超载分析

1. 水功能区的环境容量总体情况

基于西北五省的水功能区划的水功能区和水质目标计算得到各水功能区的环境容

量，与本研究划分的控制单元叠加，得到各级控制单元的地表水水环境容量。一、二级控制区的水功能区数量、水质目标和以此为基础的环境容量见专题表 2-19。重点开发区共 94 个水功能区单元，水质目标以Ⅲ类水质目标为主，COD 容量为 605 123t，氨氮容量为 27 168t；农产品主产区共 123 个水功能区单元，水质目标在Ⅱ、Ⅲ、Ⅳ类中平均分布，COD 容量为 220 323t，氨氮容量为 12 493t；重点生态功能区共 136 个水功能区单元，水质目标以Ⅱ类水质目标为主，COD 容量为 146 893t，氨氮容量为 5167t。

专题表 2-19　西北五省各主体功能区和控制区的地表水水环境容量

区域划分	水功能区数量					环境容量	
	总	Ⅱ	Ⅲ	Ⅳ	Ⅴ	COD 容量（t/年）	氨氮容量（t/年）
重点开发区（A）	**94**	**21**	**51**	**22**		**605 123**	**27 168**
黄河发展区（A04）	85	15	48	22		600 465	26 797
新疆发展区（A09）	9	6	3			4 658	371
农产品主产区（B）	**123**	**39**	**46**	**36**	**2**	**220 323**	**12 493**
内蒙古农产品主产区（B02）	93	26	32	33	2	67 962	7 067
新疆农产品主产区（B08）	30	13	14	3		152 361	5 426
重点生态功能区（C）	**136**	**78**	**51**	**7**		**146 893**	**5 167**
内蒙古东北重点生态功能区（C01）	59	30	23	6		54 926	2 631
内蒙古中部重点生态功能区（C03）	4	1	3			0	0
河西内流重点生态功能区（C05）	14	4	9	1		41 623	868
青藏高原重点生态功能区（C06）	29	18	11			16 211	798
塔里木盆地重点生态功能区（C07）	12	8	4			1 923	82
天山以北重点生态功能区（C10）	18	17	1			32 210	788
总计	353	138	148	65	2	972 339	44 828

地表水水环境容量的重点发展区-黄河-甘肃黄河干流单元（A0410）、重点发展区-黄河-内蒙古单元（A0407）、重点发展区-黄河-宁夏单元（A0408）、农产品主产区-新疆-伊犁河内流单元（B0821）的 COD 和氨氮环境容量最大。

2. 三级控制单元环境容量利用情况与成因分析

西北五省地表水水环境容量的总体利用程度不高，COD 容量利用率仅为 38%，氨氮容量利用率达到 87%（专题表 2-20）。从主体功能区的环境容量利用情况来看，重点开发区环境容量利用率高于农产品主产区和重点生态功能区。大部分指标仍有一定的利用空间，仅有重点开发区的氨氮排放（2.72 万 t/年）已经超过地表水的环境容量（2.68 万 t/年），需要在管理上加以约束，在结构上进行调整。

地表水 COD 容量利用的空间分布情况：50%利用率以下的控制单元可以加快发展符合主体功能规划的经济产业，以充分利用环境容量，在各省、各主体功能区均有分布。80%～100%利用率的控制单元属于环境容量接近满载，需要进一步调整原有经济结构，为后续发展留下空间，主要分布在新疆、内蒙古和青海的部分重点生态功能区。100%～150%利用率的控制单元属于应采取措施减少排放，以保证水功能区能够自然可逆恢复，主要是重点发展区-黄河-甘肃渭河单元（A0409），COD 超排 2653t/年。150%～280%利用率的控制单元为重点控制单元，需要采取工程治理措施恢复水功能目标，主要为农产品主产区-内蒙古-内蒙古内流单元（B0204）和重点生态功能区-塔里木盆地-塔里木河内流单元（C0719），利用率分别为189%和276%，分别超排3053t/年和5316t/年。

专题表 2-20　西北五省各主体功能区和控制区的地表水水环境容量

区域	水功能区水质标准					环境容量	
	总计	Ⅱ	Ⅲ	Ⅳ	Ⅴ	COD 容量（t/年）	氨氮容量（t/年）
重点开发区（A）	**94**	**21**	**51**	**22**		**605 123**	**27 168**
黄河发展区（A04）	85	15	48	22		600 465	26 797
新疆发展区（A09）	9	6	3			4 658	371
农产品主产区（B）	**123**	**39**	**46**	**36**	**2**	**220 323**	**12 493**
内蒙古农产品主产区（B02）	93	26	32	33	2	67 962	7 067
新疆农产品主产区（B08）	30	13	14	3		152 361	5 426
重点生态功能区（C）	**136**	**78**	**51**	**7**		**146 893**	**5 167**
内蒙古东北重点生态功能区（C01）	59	30	23	6		54 926	2 631
内蒙古中部重点生态功能区（C03）	4	1	3			0	0
河西内流重点生态功能区（C05）	14	4	9	1		41 623	868
青藏高原重点生态功能区（C06）	26	18	11			16 211	798
塔里木盆地重点生态功能区（C07）	12	8	4			1 923	82
天山以北重点生态功能区（C10）	18	17	1			32 210	788
总计	**353**	**138**	**148**	**65**	**2**	**972 339**	**44 828**

地表水氨氮容量利用的空间分布情况：相对应COD而言，氨氮50%利用率以下的控制单元较少，主要分布在内蒙古东北部、新疆北部的重点生态功能区；大部分控制单元的氨氮容量利用率在80%～100%，在各省、各主体功能区均有分布。100%～150%利用率的控制单元主要分布在宁夏和内蒙古地区的黄河干流区，重点发展区-黄河-内蒙古单元（A0407）、重点发展区-黄河-宁夏单元（A0408）和重点生态功能区-青藏高原-甘肃黄河干流单元（C0614），氨氮分别超排3005t/年、2260t/年、18t/年。150%～280%利用率的控制单元为重点控制单元，需要采取工程治理措施恢复水功能目标，主要为重点发展区-黄河-甘肃渭河单元（A0409）和重点发展区-黄河-青海黄河干流单元（A0411），利用率分别为572%和194%，分别超排1652t/年和1229t/年。

从陆上污染源排放的分析来看，污染物排放在主体功能区类型的分布上以重点开发区为主，在农业、城镇生活和工业的分布上COD以农业排放为主（56%），氨氮以城镇生活排放为主（54%）（专题表2-21）。城镇生活排放是需要重点关注的领域，尤其是全部区域的氨氮削减和重点开发区的COD削减。

专题表 2-21　西北五省各主体功能区的COD和氨氮排放类型

主体功能区	COD 排放				氨氮排放			
	农业	城镇生活	工业	排放总量（t/年）	农业	城镇生活	工业	排放总量（t/年）
重点开发区	45%	30%	25%	935 870	15%	58%	27%	80 651
农产品主产区	60%	14%	26%	532 087	26%	48%	27%	34 356
重点生态功能区	69%	19%	13%	626 036	23%	49%	27%	38 386
总计	56%	23%	22%	2 093 993	20%	54%	27%	153 393

在 COD 排放的空间分布上，内蒙古东北部的重点生态功能区和农产品主产区以农业为关注重点（农业 COD 排放比例平均达 77%），发展区以黄河发展区的排放为关注重点。COD 超排严重的区域重点关注区域为农产品主产区-内蒙古-内蒙古内流单元（B0204）和重点生态功能区-塔里木盆地-塔里木河内流单元（C0719）（COD 容量利用率分别为 189%和 276%），农业占比分别达到 87%和 79%，是这两个地区的重点减排领域。

在氨氮排放的空间分布上，以黄河发展区的氨氮排放总量最高（城镇生活氨氮排放比例为 58%），同时此区域也是氨氮超排严重的重点关注区域，主要是重点发展区-黄河-甘肃渭河单元（A0409）和重点发展区-黄河-青海黄河干流单元（A0411）（氨氮容量利用率分别为 572%和 194%），城镇占比分别达到 73%和 80%，城镇生活是这两个地区的重点减排领域。

工业的行业分析显示，从工业总产值、废水排放和污染物排放（COD 排放和氨氮排放）的比例来看，金属冶炼、采矿业、石化、化工、食品和造纸为 6 大重点关注行业，该 6 大行业占工业总产值的比例为 73%，占废水排放量的 87%，占 COD 排放量的 92%，占氨氮排放量的 95%。工业 COD 排放主要关注的产业是化工、食品和造纸行业，分别占 COD 工业总排放量的 36%、26%和 15%。工业氨氮排放主要关注的产业是化工、石化、食品和金属冶炼，分别占氨氮工业总排放量的 45%、16%、13%和 12%（专题图 2-12）。

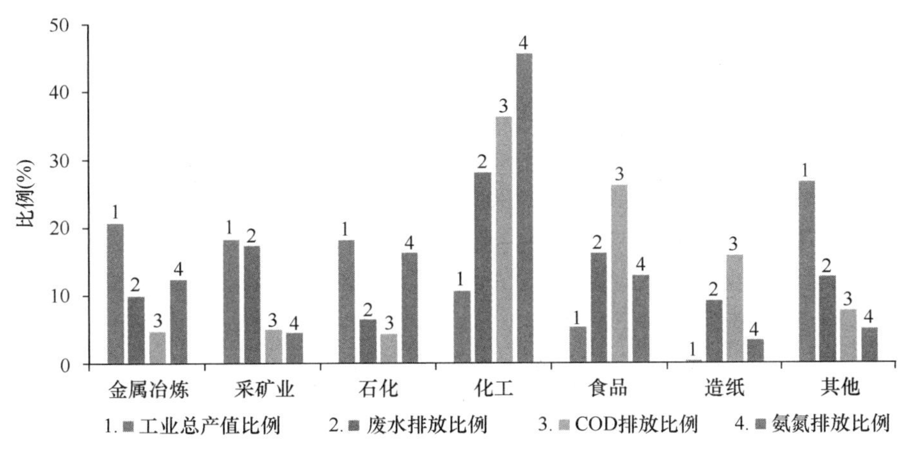

专题图 2-12 西北五省主要工业行业产值和污染排放情况

在工业 COD 排放的空间分布上，化工产业的重点关注区域是新疆农产品主产区（8.2 万 t/年）和发展区（6.2 万 t/年）（COD 容量利用率为 38%），食品行业的重点关注区域是黄河发展区（6.8 万 t/年）、内蒙古农产品区（2.6 万 t/年）和河西内流重点生态功能区（1.8 万 t/年）（COD 容量利用率为 42%），造纸行业的重点关注区域是黄河发展区（4.5 万 t/年）（COD 容量利用率为 42%）。

在工业氨氮排放的空间分布上，化工产业的重点关注区域是新疆农产品主产区（11 002t/年）、黄河发展区（9310t/年）、河西内流重点生态功能区（7010t/年）和内蒙古农产品主产区（3481t/年）（氨氮容量利用率为 87%），石化产业的重点关注区域是塔里木盆地重点生态功能区（3996t/年）和黄河发展区（6213t/年）（氨氮容量利用率为 102%），金属冶炼行业的重点关注区域是黄河发展区（13 910t/年）和内蒙古中部重点生态功能区（2639t/年）（氨氮容量利用率为 102%），食品行业的重点关注区域是黄河发展区（6482t/年）。

（五）小结和建议

（1）总体利用程度不高，发展有较大空间

西北五省地表水水环境容量的总体利用程度不高，COD 容量利用率仅为 38%，氨氮容量利用率达到 87%，经济和社会发展仍有较大发展空间。

（2）有重点发展与关注区域和行业

容量超排区域 COD 主要分布在农产品主产区和重点生态功能区［农产品主产区-内蒙古-内蒙古内流单元（B0204）和重点生态功能区-塔里木盆地-塔里木河内流单元（C0719），利用率分别为 189%和 276%］，重点关注农业排放；氨氮主要分布在重点发展区［重点发展区-黄河-甘肃渭河单元（A0409）和重点发展区-黄河-青海黄河干流单元（A0411），利用率分别为 572%和 194%］，重点关注城镇生活排放。

（3）根据水资源量与水环境容量决定产业发展和调整方向

金属冶炼、采矿业、石化、化工、食品、造纸是西北地区的主要支柱产业，也是污染产业。在现有产业基础上，根据水资源量与水环境容量共同决定产业发展和调整方向，在环境容量超载，水资源充足地区优先发展金属冶炼等高耗水低排放的产业，如黄河发展区；在环境容量利用不足，水资源缺乏地区可适度发展化工、食品等低耗水高排放的产业，如新疆与内蒙古的农产品主产区和部分重点生态功能区。

（4）强化污染技术提升和严格管理污染排放

为应对西北五省以后的发展空间需求，在重点开发区要进一步强化城镇生活污水收集处理和工业全过程生产技术提升，在重点生态功能区的城镇发展方面要注意强化排放标准管理，严格控制污染排放在环境容量可承受范围内，在农产品主产区加强水土流失治理和畜禽养殖管理。

六、太湖的水环境容量与最大允许排放限值

（一）太湖水环境容量计算思路

水环境容量，亦即狭义的水环境承载力，是指在给定水域范围和水文条件，规定排污方式和水质目标的前提下，单位时间内该水域最大允许纳污量。水环境容量的大小取决于 3 个关键要素，即水资源量、水环境功能区划和排污方式。自 20 世纪 80 年代以来，国内学者对于水环境容量的计算方法和应用开展了诸多研究。其中，大型河流、大型湖泊，由于江面较宽、水域广阔，从水环境保护的角度，一般需要结合混合区（岸边污染带）的范围来核定水环境容量。

太湖的污染物主要来源于入湖河道，入湖河道的污染物进入湖体后会形成湖区污染带，采用单个污染带面积控制及污染带长度占岸线长度比例相结合的方法进行太湖水环境容量的计算。在计算整个太湖水环境承载力时，控制单个污染带面积为 1～3km^2；控

制污染带总长度为太湖岸线长度的10%。

由于太湖流场主要是风生流，入湖河道进入湖区后产生的污染带受风场影响较大。故在太湖水环境容量计算时还将考虑风向风速联合频率的权重因子进行订正。

采用二维非稳态水量水质数学模型（模型应用守恒的二维非恒定流浅水方程），计算得到不同风向下污染带，形成污染带的允许排污量，即为太湖的水环境容量。太湖水环境容量计算公式如下：

$$W=\sum_{j=1}^{b}\left(\alpha_j\sum_{i=1}^{n}W_{ij}\right)+\Delta W$$

式中，W 为水环境承载力（t/年）；W_{ij} 为单个排污口在某一风向风速下的水环境承载力（t/年），并以污染带面积控制；α_j 为各个风向风速频率（%）；n 为排污口个数（n）；b 为不同风向风速频率个数（n）；ΔW 为水环境承载力订正值（t/年），用以补充未概化到的河道的水环境承载力。

（二）太湖水环境功能分区及水质目标

根据江苏省政府批准实施的《江苏省地表水（环境）功能区划》，目前太湖水体环境功能区分为五里湖、竺山湖、梅梁湖、贡湖、胥湖及太湖湖心区6个功能区域（其中，太湖湖心区分属无锡、苏州两个行政区域进行管理）。具体分区情况见专题表2-22。

专题表2-22 江苏省太湖地表水（环境）功能区划表

湖区	水功能	控制重点城镇	面积（km^2）	功能区排序	2010年	2020年
太湖湖心区	太湖湖体保护区	无锡、苏州	774	饮用水源	II	II
五里湖	太湖五里湖景观娱乐用水区	无锡		景观娱乐	IV	IV
梅梁湖	太湖梅梁湖饮用水源、景观娱乐用水区	无锡市区、滨湖区	180.4	饮用水源、景观娱乐	III	III
竺山湖	太湖竺山湖渔业用水区	无锡		渔业用水	IV	III
胥湖	太湖胥湖饮用水源、景观娱乐用水区	苏州		饮用水源、景观娱乐	III	III
贡湖	贡湖饮用水源保护区	无锡	148	饮用水源	III	III

为了更好地进行水环境容量的计算，有必要细化功能区边界，进一步实施以污染带控制为基础的水环境容量计算。研究中，通过对太湖流域西岸主要入湖河道污染物通量与入湖污染物纵向扩散距离进行研究，选取污染物入湖最大通量作为最不利条件，计算该条件下的污染物纵向扩散距离，该纵向扩散距离作为功能区边界的划分依据。湖泊水体分区方法概念如下（专题图2-13）。

最大日通量的计算采用最不利条件，即流量选取最大日流量，污染物浓度选取水质监测资料与功能区水质指标中较大的数据进行计算。COD最大日通量排在前三位的分别是太滆南运河、苕溪和大浦港，横塘河的最小；氨氮最大日通量排在第一位的依然是太滆南运河，接着是官渎港和乌溪港，横塘河的最小；对于TN最大日通量来说，太滆南运河仍然占据第一位，社渎港和官渎港紧随其后，分列第二、第三位，横塘河的依旧最小；TP最大日通量排名和COD一样。各污染物最大日通量最大值都在太滆南运河，最小值都在横塘河，COD、氨氮、TN和TP最大日通量最大值分别是1496.66t/d、32.93t/d、41.91t/d和2.77t/d；最小值分别是50.25t/d、2.51t/d、6.28t/d和0.50t/d。

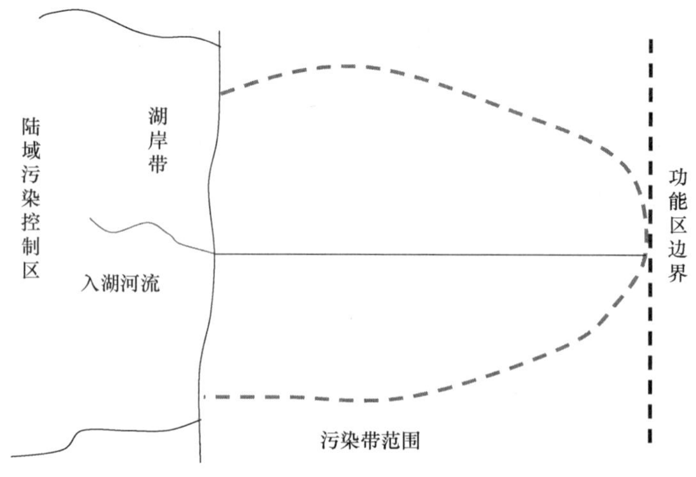

专题图 2-13　水功能区边界优化核定

主要入湖河道流入湖体之后的污染物混合扩散过程采用太湖水量水质模型进行模拟计算，并对主要入湖河道污染物通量和污染带纵向扩散距离二者的相关关系进行了研究。通过对污染物通量与污染带纵向扩散距离的研究，选取最不利条件下（即污染物最大通量与最不利太湖风场作用）的纵向扩散距离，优化核定功能区边界。优化前和优化后的功能区边界如专题图 2-14 和专题图 2-15 所示。

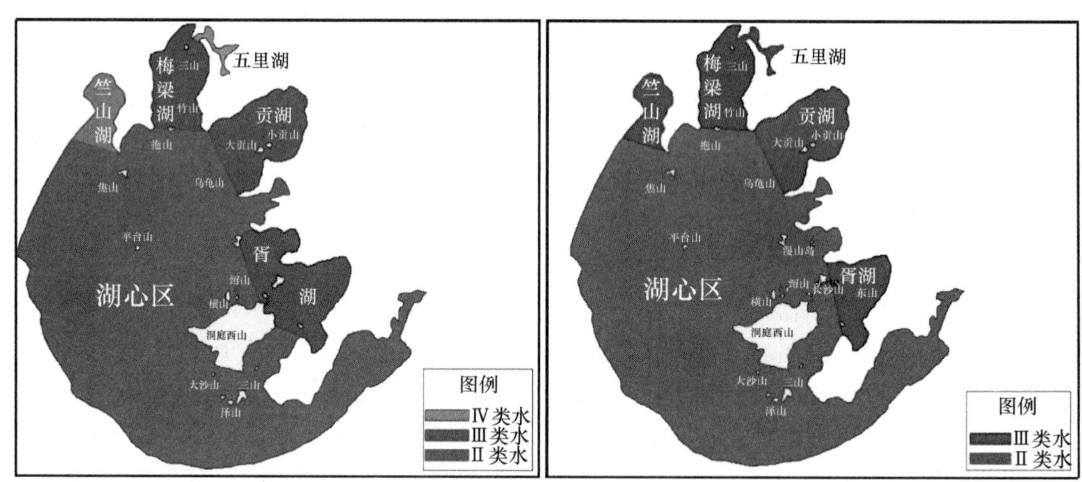

专题图 2-14　太湖水环境功能区划图（边界优化前）（彩图见封底二维码）

（三）太湖水环境容量计算结果

对太湖这样的大型浅水湖泊而言，湖流是污染物迁移的一个直接输送体，它对湖中污染物浓度的分布具有重要影响，而湖流的成因类型主要属于风生流，因此太湖设计水文条件主要取决于风场。一年内随着不同季节主导风向的变化，受风场影响的湖泊环流也呈现出不同环流方向和形式，在相同污染带面积控制标准下，水体环境承载力随风向风速条件的不同而有所差异。

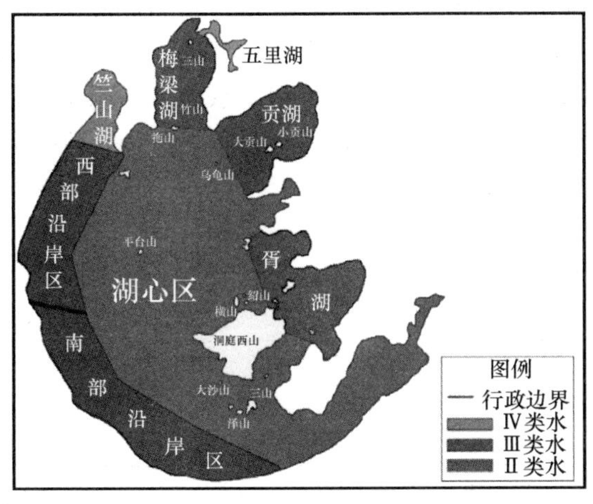

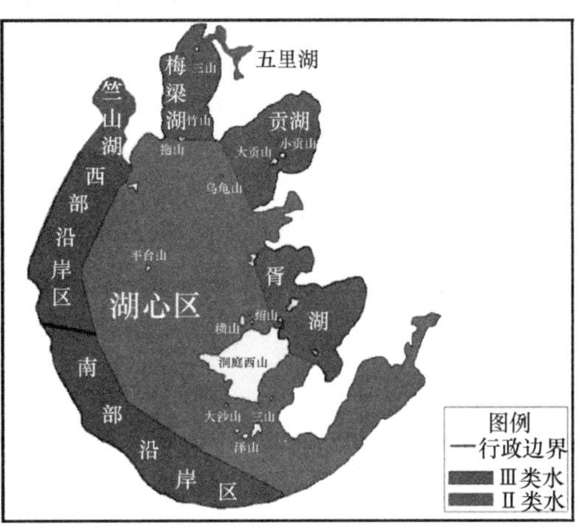

专题图 2-15 太湖水环境功能区划图（边界优化后）（彩图见封底二维码）

因此，计算步骤为：首先计算得到不同风向下的太湖流场，在此基础上，再计算出污染带的分布，以太湖风向频率作为权重，得到太湖风向风速联合频率订正后的污染带分布，从而计算得到太湖水环境承载力。

（1）统计获取全年风向分布频率

考虑各风向风速联合频率对设计水文条件进行联合订正。基于无锡太湖湖泊生态系统研究站 1997～2008 年风速风向观测资料，按天统计获得的太湖地区逐月风向分布的频率和全年风向分布频率。

（2）入湖河道设计水文条件

根据太湖河网模型计算出丰水年、平水年和枯水年各主要入湖河道水量值，由于丰水年水量较大、水质较好，故选取平水年和枯水年中对湖泊水环境不利时的入湖流量作为设计水文条件。求出主要入湖河道平水年平均流量值为设计水量。

（3）水质降解参数

参数率定结果为，x、y 方向的扩散系数为 2.0m^2/s、2.0m^2/s；COD 污染物的降解系数为 0.06（d^{-1}）；氨氮污染物的降解系数为 0.04（d^{-1}）；TN 污染物的降解系数为 0.04（d^{-1}）；TP 污染物的降解系数为 0.02（d^{-1}）。

（4）排污口概化

考虑到太湖主要入湖排污口集中在湖西，将其概化后分别为梁溪河（梁溪河）、白芍山（直湖港）、雅浦桥（雅浦港）、黄埝桥（太滆运河）、殷村港（太滆南运河）、社渎港（社渎港）、陈东桥（陈东港）、乌溪港（乌溪港）、长兴（长兴港）9 个（专题图 2-16）。

在不同的风向下，污染带主要受排污口周边流场的影响而呈现不同形状，且不同排污口形成的污染带大小均不同，污染带的面积及长度随排污量的增大而增大。平均风速 3.5m/s（可以代表大多数）时排污口附近代表风向（东南风）下 TN、TP 污染带分布如述：TN 污染带的分布仅给出了浓度为 1.0mg/L、1.1mg/L 和 1.2mg/L 时的污染带包络线；TP 污染带的分布仅给出了浓度为 0.20mg/L、0.22mg/L 和 0.24mg/L 时的污染带包络线（专题图 2-17）。

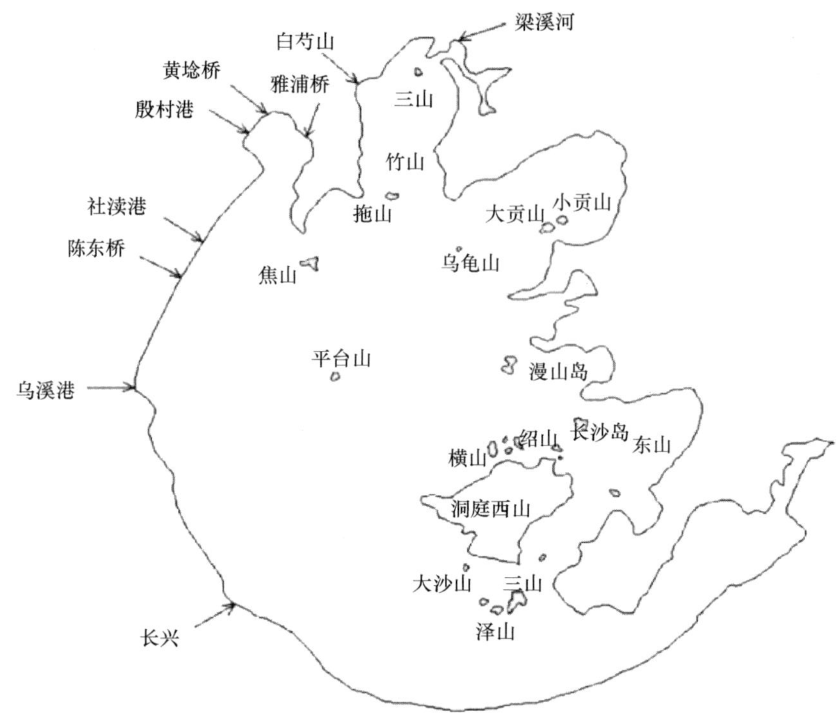

专题图 2-16　太湖排污口概化图

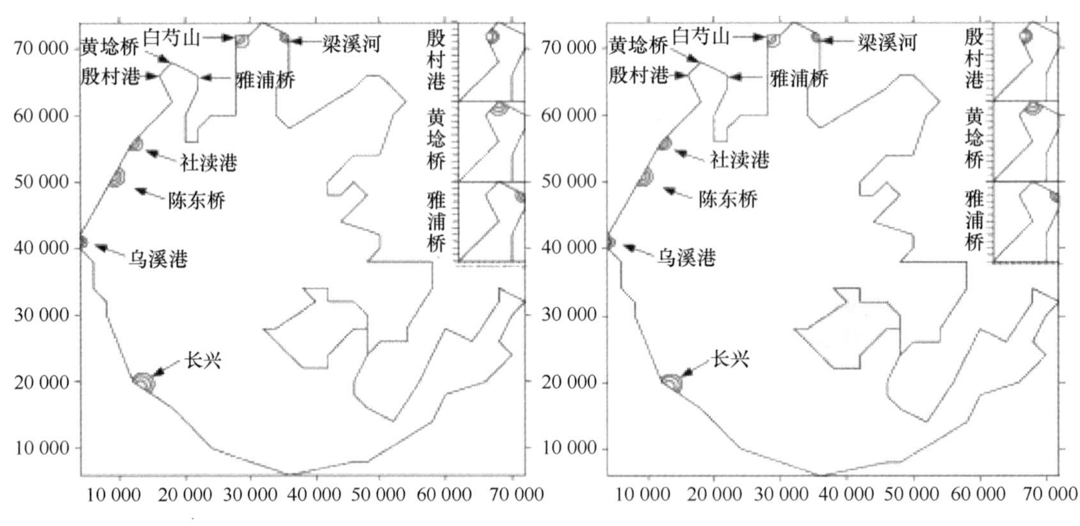

专题图 2-17　太湖污染带分布图

太湖流域水环境容量计算结果见专题表 2-23。由专题表 2-23 可知，在 TN 浓度 2.0mg/L、1.5mg/L 和 1.0mg/L 的阶段性水质目标下，其水环境容量分别为 24 156t/年、18 520t/年、13 690t/年；在 TP 浓度 0.07mg/L、0.05mg/L、0.05mg/L 的阶段性水质目标下，其水环境容量分别 1748t/年、1102t/年、1102t/年。

太湖流域入湖污染负荷现状见专题表 2-24。按照最终的水质目标 TN 浓度 1.0mg/L、TP 浓度 0.05mg/L，TN 和 TP 的水环境容量分别为 13 690t/年和 1102t/年。与当前污染负荷相比，主要污染物 TN、TP 入湖负荷量已超太湖水环境承载能力。入湖量分别超出承载力的 27.6%和 15.8%。

专题表 2-23 太湖流域水环境容量计算结果

湖区	总氮（t/年）			总磷（t/年）			COD（t/年）			氨氮（t/年）		
	2015 年	2020 年	2030 年	2015 年	2020 年	2030 年	2015 年	2020 年	2030 年	2015 年	2020 年	2030 年
	2.0mg/L	1.5mg/L	1.0mg/L	0.07mg/L	0.05mg/L	0.05mg/L	4.5mg/L	4.0mg/L	4.0mg/L	0.46mg/L	0.45mg/L	0.45mg/L
梅梁湖	1 463	1 140	903	106	66	66	7 741	7 034	7 034	525	511	511
五里湖	73	54	30	6	4	4	722	627	627	39	37	37
贡湖	2 162	1 684	1 334	156	99	99	19 277	17 515	17 515	776	756	756
竺山湖	5 860	4 265	2 411	424	268	268	57 193	49 630	49 630	3 154	2 915	2 915
胥湖	51	40	32	4	2	2	858	780	780	18	18	18
西部沿岸区	7 987	6 224	4 930	578	364	364	57 623	52 358	52 358	2 866	2 793	2 793
南部沿岸区	3 912	3 049	2 415	283	178	178	21 353	19 403	19 403	1 403	1 368	1 368
湖心区	2 648	2 064	1 635	191	121	121	6 883	6 254	6 254	475	462	462
合计	24 156	18 520	13 690	1 748	1 102	1 102	171 650	153 601	153 601	9 256	8 860	8 860

专题表 2-24 太湖流域入湖污染负荷现状与水环境容量比对表

污染源类别	COD（t/年）	氨氮（t/年）	TN（t/年）	TP（t/年）
工业	36 219	1 620	5 792	295
城镇生活	18 005	2 032	4 353	229
农村生活	22 737	2 596	3 899	329
养殖业	4 721	356	897	209
种植业	2 455	609	2 524	214
合计	84 137	7 213	17 465	1 276
水环境容量（按III类）			**13 690**	**1 102**

根据入湖污染物贡献比重，其排序分别：TN 为工业＞城镇生活＞农村生活＞种植业＞养殖业；TP 为农村生活＞工业＞城镇生活＞种植业≈养殖业。

（四）太湖水环境容量超载的问题与成因分析

排污总量和污染物入湖总量的现状远超其环境容量，使得太湖流域的水环境治理难度相当大，随着社会经济的发展，实现太湖流域水环境改善到达标，直至达到太湖生态安全需要较长时间的治理与恢复过程。

1. 现有工作需进一步加强

现有污染治理工作中仍存在一些问题，尚未达到太湖流域治理的要求，需进一步加强。①工业企业不能做到稳定达标排放，企业超标排放等违法行为还时有发生，环境“守法成本高，违法成本低”的问题还未得到有效解决。②污水处理厂建设规模未充分考虑人口迅速增加、城镇规模扩大等因素，污水收集管网建设总体滞后，厂区管网不配套现象比较普遍，已建污水处理厂还未充分发挥应有的处理能力；生活污水收集效率不高，雨污未分流等因素导致污水处理效率偏低。③流域农业集约化程度较高，但污染治理尚处于起步阶段，农药、化肥减施效果不显著；村落生活污水治理还没有被全面推广；太湖及滆湖、长荡湖等的围网养殖规模控制未达到国家和有关规划的压缩要求。

2. 污染控制技术不足，限值要求有缺陷

污染控制技术不足以支撑太湖流域治理要求，工业企业即便执行国家和太湖流域特别排放限值仍然是水体的重要污染源。

现有污染控制技术不足以支撑太湖流域污染治理要求，还需进一步提升。太湖流域循环经济产业发展不足，清洁生产程度不高，企业污染治理能力距离治理要求还有很大差距，工业企业的污染控制目前还以 COD 达标为主，氮磷等指标监测和控制还没有全面开展。城镇生活污水收集及处理率低，城镇生活污染未得到有效控制；流域污水处理厂处理深度还不够、中水回用率低，低污染水净化技术不高；重视 COD 控制轻氮磷治理，除磷脱氮处理标准偏低。农村面源的各种控制技术缺乏，中小型畜禽粪污处理率较低，未利用秸秆造成的污染未得以控制。

近年来，江苏对纺织染整等 6 大类重点行业，实施工业废水提标改造和深度处理。要求直排入太湖水体的 6 类企业，执行《太湖地区城镇污水处理厂及重点工业行业主要水污染物排放限值》（DB 32/1072—2007）。按此排放限值，总氮、总磷排放浓度大都要求达到 15mg/L 和 0.5mg/L，即排入太湖的工业企业尾水总氮、总磷浓度仍然是地表水Ⅴ类标准（TN 2.0mg/L、TP 0.2mg/L）的 7.5 倍和 2.5 倍。

此外，按照环境保护部 2008 年第 28 号文、第 30 号文，2008 年 9 月起，太湖流域（苏沪浙 8 市/区）13 类行业企业执行国家排放标准中的“水污染物特别排放限值”。按此排放限值，总氮、总磷排放浓度要求达到 8～20mg/L 和 0.5～1.5mg/L，即排入太湖的 13 类行业工业企业尾水总氮、总磷浓度仍然是地表水Ⅴ类标准（TN 2.0mg/L、TP 0.2mg/L）的 4～10 倍和 2.5～7.5 倍。

3. 经济结构和发展模式不尽合理

太湖流域总体上第一产业比重逐年降低，第二产业占主导地位，第三产业发展相对滞后。虽然“十一五”以来太湖流域经济增长迅速，年均 GDP 增速超过 15%，但经济增长模式仍未根本转变，产业结构不尽合理，造成湖泊流域生态环境承受巨大压力。其中：①第一产业内部种植业以传统种植模式为主，农田肥料投放量大，利用率低，氮磷流失严重；畜禽养殖业养殖模式不尽合理，排污严重。农业生产集约化程度不断提高，导致了这一地区严重的面源污染。②第二产业内部结构和布局不尽合理，传统高污染行业比重偏高。传统高污染行业如纺织染整、造纸、化工、食品加工等行业 COD 排放量达到工业排放总量的 80%以上，而行业增加值仅占工业总增加值的 30%，流域并未真正形成优化的经济发展模式。太湖流域产业发展的过程中，中小型企业遍布流域，污染控制困难。③第三产业以传统服务业为主，污染物排放逐年增加。太湖流域的第三产业大多还是传统服务业，如餐饮业、市场等行业，存在着结构不合理、重数量轻质量、增值创汇能力低、竞争力较弱、尖端技术和国际知名品牌欠缺等问题。而且其地域分布比较

分散，污水多未经有效处理直接排放，诸如太湖风景区的旅游餐饮业，给太湖水体造成了一定程度的污染，而体现新经济要求的现代物流业、信息服务业、管理咨询业、科研及综合技术服务业等发展滞后。

4. 生态需水因为城市化发展而无法保证

城市化进程中生态保护用地不断被占用，环境资源不堪重负，生态需水无法保证。

太湖流域高速的城市化进程及城市群的规划建设，使得建设用地大幅扩展，在不断提高土地集约利用水平的情况下，农业及生态保护用地等不断被占用。耕地面积近年来加速减少，耕地负载不断增加，“耕地红线”受到威胁。湖滨带-河岸-湖荡湿地-源头水源生态保护用地的覆盖范围过小，无法对面源污染进行有效的隔离防护和吸附过滤，没有形成足够规模的湖泊水陆过渡净化系统。

太湖流域常住人口密度为 1181 人/km^2，远高于太湖流域多年平均水资源量的人口承载能力（680 人/km^2），环境资源不堪重负。且太湖流域地处长三角经济发达地区，消费水平居全国前列，但是由于消费模式不合理，污染物排放严重，人均每年分摊污水排放量达百吨之多，也加重了环境压力。

流域多年平均本地地表水可利用量为 64.1 亿 m^3，占多年平均地表水资源量的 40%；浅层地下水可开采总量为 24.3 亿 m^3，可开采系数约为 0.6。近期流域总用水量维持在 290 亿 m^3，远高于本地水资源量，除依靠水的重复利用外，需从长江大量引水补给。由于河道外的生产生活用水得到优先满足，因此太湖流域水资源量不足主要体现为太湖及区域河网水位偏低，生态用水得不到保证。随着经济社会的快速发展，流域水资源供需矛盾愈显突出。

5. 太湖流域“一湖四圈”生态健康状态堪忧，水生态安全无法保障

按照“清水产流”的湖泊水环境保护理念，太湖流域水生态健康涉及“一湖四圈”的要素，“一湖”即为湖泊本身，“四圈”涵盖了水源涵养林、河流水网、湖荡湿地、湖滨带及缓冲区。然而，当前“一湖四圈”各类生态要素的健康状态堪忧，水生态安全无法保障。①长期以来受到人工干扰，太湖流域水源涵养林原生植被极少，现有林分质量低，现有森林植被大多数恢复时间很短，生态系统比较脆弱，水源涵养和水土保持功能都不强。②河湖水系连通受阻，河滨带生境破碎，河网水系输入大量污染物。环湖大堤工程在发挥显著防洪作用的同时，其对河湖水系自然生态的影响也逐步凸显，降低了河湖的水系连通性。入湖河网呈交织结构，自然河岸毁坏较为严重，河岸带植物分布片段化严重。太湖河网携带大量污染物进入太湖是导致太湖水质污染的主要因素。江苏太湖流域出入湖水系水质均以劣Ⅳ类为主。③湖荡湿地面积锐减，水生植物衰退，污染物拦截与净化能力下降。太湖流域湖荡湿地密布，对太湖流域污染物拦截和水质净化具有重要作用。近 50 年来，湖荡湿地形态特征发生了明显的改变，受太湖流域城市化、水体高密度养殖、污染排放增加等影响，湖荡水体生态退化严重，水生生物多样性全面衰退，污染物转化和拦截功能严重退化。④太湖湖滨带开发利用强度过高，环太湖大堤周边岸滩湿地几乎均被破坏，环境污染和生态退化现象突出。⑤湖泊水生态服务功能无法保障。受流域内诸多因素的影响，太湖水华频发。蓝藻暴发区集中在竺山湖、梅梁湖、贡湖、

大太湖及西部沿岸，并有不断扩大化的趋势。蓝藻由于具有很强的浮力，可在湖面上形成厚厚的漂浮藻层，如果这种藻层缺乏流动（如在港湾、芦苇丛等水交换慢的地方），往往容易堆积形成厌氧环境，进一步腐烂则可形成散发出恶臭的“湖泛”。“湖泛”污染风险仍然是太湖主要饮用水源地的一大威胁。

（五）太湖流域对策建议

1. 实施太湖流域分区治理

建议太湖流域划分为5个污染控制区，即北部重污染控制区（6341km^2）、湖西重污染控制区（8663km^2）、浙西污染控制区（8334km^2）、南部太浦污染控制区（3915km^2）及东部污染控制区（4228km^2），实施太湖流域的水污染分区治理和水环境分区管理。

其中，北部重污染控制区、湖西重污染控制区和浙西污染控制区为太湖上游区域，为本方案的重点控制区，实施社会经济结构调整、水土资源调控、生态修复、污染控制、生态安全综合管理等全方位治理措施和保护策略方案。构建以“绿色循环流域建设”为基础、“清水产流机制”为理念的太湖流域生态安全保障与管理体系。

2. 聚焦太湖流域治理重点

太湖流域需重点关注5个“重点”，即重点污染物、重点流域、重点方向、重点行业和重点措施等。①重点污染物。“降氮控磷”是抑制太湖富营养化的重要抓手，通过氮磷协同控制，行业深度控氮磷，可营造磷限制或氮限制的生境条件。②重点流域。太湖流域主要污染物来自西北部上游区域。湖西重污染控制区（8663km^2）、北部重污染控制区（6341km^2）。入湖河道两侧及一级支浜的小流域。陈东港、漕桥河、太滆南运河、大浦港等4条河流是控源重点。③重点方向。太湖流域重点方向的顺序为生活污染源→农业污染源→工业污染源。生活污染源对太湖水质影响贡献率较大，是控源重点，农业面源是控源难点。④重点行业。太湖流域废水排放量最大行业为纺织染整业，其次为化工、黑色金属加工业、电镀，四行业废水排放贡献率达71%，是流域控源重点工业行业。⑤重点措施。提高污水集中处理接管率，实施“除磷脱氮”深度处理工艺及技术，针对性地适当提高污水磷尾水排放标准，是流域控源重点措施。

3. 强化太湖流域水污染综合防治

水污染综合防治以容量总量控制为指导，以太湖流域水质最终全部达标为目标，分阶段制定太湖流域污染物排放总量控制方案。由于点源污染物直接入河，对水质影响迅速，且可控性强，其控制效果易于显现、易于考核，应作为水污染防治措施实施的优先领域。①在太湖流域纺织染整、化工、造纸、钢铁、电镀、食品（啤酒、味精）等重点行业提标改造的基础上，对全流域所有工业企业开展提标改造，提高脱氮除磷处理能力，推进所有工业企业全部达到《太湖地区城镇污水处理厂及重点工业行业主要水污染物排放限值》（DB 32/1072—2007）及新标准的要求。②加强分散企业的废水收集和处理，对规模较小的分散排污企业原则上向园区集中，不能集中的企业，将废水接入污水处理厂进行集中收集和处理。③加强企业废水预处理和排水管理，加强污水处理厂尾水利用设施建设，配套出台相应鼓励政策，加强科技攻关和示范工程，提高尾水利用率。④提高污水处理厂配套管网覆盖率，加强污水处理厂的处理效率。

此外，加强农村环境综合整治，推进乡村生活污水处理及垃圾收集转运系统建设。①加强乡村生活污水处理工程建设，凡具备接管集中处理条件的村镇，要扩大城镇污水管网的延伸覆盖，提高污水集中处理率；不具备接管条件的农村地区，按照因地制宜、分类处理的原则，采取微动力、少管网、低成本、易维护的生态处理模式。②组织开展农村生活污水处理适用技术评定和推广，集成组合厌氧好氧和土壤植物生态系统，构建乡村生活污水生态净化处理模式，通过沉淀、排除、吸收和降解有机物质，有效去除污染物。③建立农村垃圾保洁、收运长效投入机制。及时清运乡村生活垃圾，新建、改建生活垃圾中转站，逐步做到分类收集，建立健全太湖流域乡村生活垃圾的转运体系建设；到 2020 年，乡村生活污水处理率达 60%以上。该项工作的重点区域应放在浙西污染控制区，浙西面源污染中农村生活污染所占比重很大，应作为优先控制地区考虑。

4. 优化调控太湖流域经济结构和布局

1）优化区域三产结构，“一稳二优三促”。

根据太湖流域产业结构现状和发达国家三类产业结构现状，在保持经济增长速度不变的前提下，促进第三产业的发展，同时优化第二产业发展速度，稳定第一产业在国民经济中的基础地位，以减少经济发展对湖泊安全的压力，使之处于较安全的状态。为此，依据流域环境容量，在污染物总量控制的总体目标下，以太湖流域产业结构现状为基础，参考发达国家的发展经验，对太湖流域产业结构调整进行优化设计，经筛选组合设计了 3 个情景方案，情景方案一：区域三产 GDP 比例调整为 3∶52∶45，则 COD 万元 GDP 排放量将下降 12.32%；情景方案二：区域三产 GDP 比例调整为 3∶47∶50，则 COD 万元 GDP 排放量将下降 19.32%；情景方案三：区域三产 GDP 比例调整为 3∶37∶60，则 COD 万元 GDP 排放量将下降 33.32%。通过以上调整，可以在保持经济增长前提下，达到降低单位产值排污量的目标。

2）调整第一产业产业结构，发展集约化及规模化畜禽养殖，发展生态农业和有机农业，加大农业面源污染治理力度。

第一产业内部畜禽养殖业万元 GDP 排污量最大，可以通过削减畜禽养殖等单位产值排污量高的行业，减少污染物的排放。大力发展绿色农业、生态农业和有机农业，调整优化种植结构，开展无公害农产品生产全程质量控制，全面推广农业清洁生产技术，减少化学氮肥、化学农药施用量。按照“减量化、无害化、资源化、生态化”要求，进一步提高畜禽养殖污染治理的技术水平，重构养殖业发展和废弃物综合利用模式，推进农牧结合，逐步建立和完善农业产业结构的可持续循环生态链。通过实施池塘循环水养殖技术示范工程，控制流域内水产养殖对太湖水体的影响。

3）削减传统高污染工业行业增加值比重，降低工业单位增加值排污量。

通过对太湖流域工业各行业的 COD 万元 GDP 排放量的分析表明，纺织染整和造纸业排放系数最大，总和达到 24.37kg/万元，其次为饮食用品加工和化工业，分别为 10.29kg/万元和 3.35kg/万元；COD 万元 GDP 排放量最小的为冶金业、电力燃气和水的生产与供应业、机械制造业，分别为 1.03kg/万元、0.79kg/万元和 0.56kg/万元。

因此应控制高污染排放行业，大力发展低污染物排放行业和循环经济，提高资源综合利用率，减少污染物排放，加紧对重污染工业企业的专项整治；根据要素集聚、土地集约、区域协调、城乡统筹的空间开发原则，调整优化市域空间格局，实现空间集约与协调发展。

4）优化第三产业结构，大力发展生产性服务业和服务外包业等低污染行业。

制定有利于第三产业发展的政策法规，大力发展现代物流业、国际贸易业、信息服务业、金融保险业、现代会展业、中介服务业等生产性服务业；转变发展理念，加大对生产性服务业的政策支持力度；拓展生产性服务业的投融资渠道，帮助解决中小生产性服务企业融资难的问题；以可持续发展作为根本战略，杜绝以牺牲生态环境换取第三产业的发展。发展服务外包产业，在流域内建设若干服务业外包基地，有序承接国际服务业转移，优化出口结构，扩大服务产品出口。

5. 重视太湖流域水土资源的合理利用和调控

1）扩大流域引江入湖能力，提高流域水资源供给能力，建设节水型社会。

拓宽望虞河，实施望虞河西岸控制工程和走马塘工程，提高望虞河引江入湖能力，进一步改善入湖水质；延伸拓浚新孟河，增辟上游引江入湖通道，进一步增加流域引江能力和入太湖水量，保证太湖的生态水位要求；实施太浦河后续工程，进一步提高太湖向下游及周边地区的供水能力，维持河网生态水位；实施新沟河延伸拓浚，吴淞江、太嘉河、杭嘉湖地区环湖河道整治，白茆塘、七浦塘、杨林塘拓浚，平湖塘延伸拓浚和扩大杭嘉湖南排等工程，进一步提高区域水资源调控能力、保障区域供水安全，提高河网水系连通性、促进水体有序流动，改善区域水环境。

建立统一管理的节约用水管理组织，赋予必要的管理权限，确保节水型社会建设工作职责、编制、经费的到位。积极推进相关节水法规的建设和完善，加快出台专门的节约水法规，对已有的节水法规制定配套细化制度以保证其可操作性。尽快建立充分体现各省（市）水资源状况的水价机制，研究制定再生水水价政策，提高城市供水价格和污水处理费标准。进一步拉大不同用户分类水价，形成合理的计价关系。

在各行业逐步推进节水工作。农业灌溉要综合采用工程措施及技术、经济和管理等非工程措施，提高节水效果和节水水平针对城市与工业节水工作，尽快发布落后的、耗水量高的工艺、设备和产品名录，并严禁销售。组织开展节水技术、节水器具和节水产品的推广与普及工作，有计划地淘汰和更新现有不符合节水标准的用水器具。促进供水企业加强对自来水管网的日常检测和维护，加快城市严重老化和漏损管网的改造步伐。

2）加强对人口布局的调控和对土地使用方式的管理，保护“四圈”生态用地资源。

疏导流域人口流向，控制流域人口密度，引导本地区农村剩余劳动力向城镇转移，第一产业从业人员向第二产业和第三产业转移，以减少外来劳动人口，降低区域常住人口密度。

加强对土地使用方式的管理，保护耕地资源的数量稳定，保证“十分珍惜和合理利用每一寸土地，切实保护耕地”这一基本国策的贯彻落实，严守“耕地红线”。国家必须对于各省内耕地面积的区域调配提出限制意见，保障耕地在各省内的均衡分布，以利于流域的生态系统平衡。

对于太湖流域大型城市群的建设，需对其建设用地范围进行控制，提高土地集约利用水平，避免对生态保护用地和耕地的侵占。对于现有的湖滨带-河岸-湖荡湿地-源头水源等生态保护用地必须进行保护，严格控制在生态保护用地范围内的营利性商业用地建设，保证一定的生态植被覆盖面积。对于已经被占用的生态保护用地，应逐步进行迁移退让，恢复生态植被建设，促进形成有效的湖泊水陆过渡净化系统。

6. 统筹开展太湖流域生态四圈的修复与保护

（1）加强水源地蓝藻水华预测预警与取水口蓝藻水华拦截、导流

其一，加强水源地蓝藻水华暴发预测预警，到水源地取水口水华蓝藻数量削减及其水质改善，至水厂制水工艺改造，以确保即使在发生突发性水质恶化时，水厂出水水质仍能满足国家饮用水水质标准的一体化富营养化湖泊饮用水安全保障应急技术方案和工程技术体系。

其二，通过在水厂取水口及其附近区域实施消浪、围隔挡藻导流、机械除藻、生物控藻、植物净化水质等工程措施，减轻高藻水源饮用水处理的压力，同时使水质得到一定程度的改善。

（2）以“稳定、修复、拦截、生态养殖”为导向，加强湖滨带生态建设

其一，加强湖滨带生境改善与稳定维护。在明确修复区域内自然历史水生植物生存和主要优势种情况，以及基底环境和水动力条件等现状基础上，筛选适合所在区域水文和风浪特征的基底修复或改造技术；同时控制因水生植物无节制扩增导致生态位单一化和后续管理困难的基底生境构建措施等。

其二，加强河口三角区湖滨带的生态修复。在集成其他类型湖滨带生态修复有关基底修复、生境改善、植物恢复和扩增等技术的基础上，根据河口区风、浪、流（包括湖流和河道水流）条件，以天然滩槽、扩展性水流扇区、交替深浅塘等技术修复河口区湖滨带，为鱼类、底栖动物等营造生境。

其三，加强湖滨带蓝藻水华拦截与导流。铺设蓝藻拦截导流设施、进行藻类收集，防止藻类在湖滨带聚集和沉积；同时保持湖滨带水体与湖泊大水体正常交换，在风浪条件下，避免藻类的堆积。

其四，加强生态养殖建设。建立适用于环太湖 1～5km 范围内的典型生态养殖模式。针对太湖湖滨带缓冲区地处平原地带，环境容量低，实施“多品种套养”“轮种轮养”“种养结合”等多种养殖方式，对水生动植物进行有效管理，建立合理的养殖生态系统结构和良好的生境。

（3）加强河网“自然岸堤”建设，保护河道“蜿蜒化”特征

其一，加强岸堤生态建设。优化岸堤绿地的生态建设技术，严格控制缓冲区园林绿化污染，健全缓冲区水污染控制技术保障体系、增强缓冲区功能、削减入湖污染物。保护具有地带性特征的区域性稳定植物群落，扩大绿地的乔、灌、草复层结构比例，实现地面覆盖，提高和维护生物多样性。

其二，加强保护现有河道蜿蜒特征。掌握河道水流的基本情况，了解河道从蜿蜒到取直的发展过程。摸清河床形态，研究弯道的形态是否与水流相适应，以便判断河道蜿蜒水平和未来的发展趋势，提升河滨带的生境多样性，为生物多样性的恢复和污染物滞

留、转化提供必要条件。

（4）实施湖荡基底改造和水系联通，恢复湖荡湿地生物多样性

其一，实现生态系统地表基底的稳定性。基质对湿地功能的正常发挥非常重要，也是支撑有根植被的基本介质。湿地的基底恢复是通过采取工程措施，维护基底的稳定性，稳定湿地面积，并对湿地的地形、地貌进行改造。

其二，恢复湿地的自然水系。水文是湿地的最重要特征之一，决定了湿地的植被类型和其他生物群落。许多湿地资源的丧失都与水系的改变有关，如河流渠化、任意调水、过度排水、水流切断等。因此，谨慎设计水系的结构，以满足恢复湿地及目标物种对栖息地的要求。

其三，恢复湿地生境的多样性。就环境条件而言，生物多样性的基础是生境的多样性。通过生境多样性的恢复，尽可能地恢复湿地生态系统生态结构，恢复其蓄洪防旱、涵养水源、调节气候等方面的生态屏障功能，为生物多样性的恢复打下基础。

（5）“封山育林”“坡耕地退耕还林”，加快林分改造，增强水源林的“清水产流”功能

其一，封山育林。封山育林简单易行、经济省事，因为可为乡土树种创造适宜的生境，促使林木生长，进而演替为地带性植被——常绿阔叶林。本区的针叶林、针阔混交林、常绿落叶阔叶混交林都可采用封山育林法。常绿阔叶林则只要不继续破坏即可。

其二，林分改造用于反复遭受人为破坏后的灌草层、人工林，为了促进其快速演替，需引种地带性植被中的优势种、关键种，如木荷、甜槠、苦槠、石栎、香樟等，加速演替的速率，以尽早恢复成常绿阔叶林。

其三，坡耕地退耕还林，加快经济林向次生林的演替。坡耕地退耕还林，山脚近水处培育速生丰产林（水杉、池杉、杨柳）。交错区试种藤本、耐淹小半灌木与草本植物。通过放弃经营、自然演替和林分改造等措施提高演替速率。

7. 进一步理顺和强化太湖流域的水环境管理机制及体制

（1）进一步强化政府履行环境监管职责

在目前的太湖治理中，形成以“河长制”为代表的加强地方政府履行环境监管职责的“无锡经验”。“无锡经验”明确了地方各级政府及其行政首长的生态和环境治理的责任，提高了地方政府履行环境监管职责的行政能力，形成了各部门共同参与、相互协调的生态管理机制，实施了最严格的环境监管措施（包括实行最严格的环保标准、采取最严厉的整治手段、建立最严密的监控体系），保障了太湖治理的投入。“无锡经验”为区域和流域水环境治理及水生态管理开辟了一条新路，成为当前太湖治理一种有效的管理模式，有效改善了水环境。

太湖水环境管理在近期将进一步加强以政府为主导的命令控制性管理措施与政策的运用，实行严格的环境目标责任制，全面推行和扩大以“河长制”为代表的加强地方政府履行环境监管职责制度，提高已有各项管理制度和政策法规的执行程度。优先在产业结构调整、基础设施建设、工业污染整治、农业面源污染整治、生态建设、应急监控预警等方面进行加强管理。

（2）进一步强化控源截污，依法加强各类污染源的监管

进一步强化控源截污，依法加强对各类污染源的监管，加大环境执法力度，严厉打

击违法排污行为，继续深入开展重污染行业专项整治行动。建立、健全工业企业环保准入制度。根据太湖水环境和水生态安全状况，逐步提高城镇污水处理厂污染物深度处理和污泥处理等地方水污染物排放标准限值，以及重污染行业如纺织染整、化工、造纸、钢铁、电镀、食品加工、制药等污染物排放标准限值。制定和全面执行农业面源污染控制标准。

（3）逐步推进市场经济手段运用，形成综合管理政策体系

一方面，“无锡经验”值得在治理其他湖泊时借鉴与效仿；但另一方面，“河长制”是在当前太湖治理的紧迫形势下出现的一种管理模式，太湖治理更需要解决“长效机制”问题。这需坚持“环保优先”方针政策，进一步树立科学发展观，协调地区经济发展、社会稳定与环境保护相互关系，充分发挥市场及公众参与环境的作用，完善资源有偿使用和环境价格体系，引导市场参与太湖治理，扩大实施太湖流域环境资源区域补偿的范围，积极推进太湖流域排污权交易，形成“政府引导、市场运作、多元投入”的投融资机制。

七、对 策 建 议

（一）以主体功能区为原则，实行有区别的环境准入和污染排放限值管理

特别排放限值标准应涉及优化开发区和重点生态功能区的农业、城镇生活和工业行业，重点提高氨氮污染排放标准，尤其是城镇生活污水的氨氮排放标准是治理的关键。

优化开发区要按照国际先进水平，实行更加严格的产业准入环境标准；同时实行更严格的污染物排放标准和总量控制指标，尤其是城镇生活污水的氨氮排放标准；严格限制排污许可证的增发。

重点开发区域按照国内先进水平，根据环境容量逐步提高产业准入环境标准；同时，结合环境容量实行严格的污染物排放总量控制指标，合理控制排污许可证的增发，积极推进排污权制度改革，制定合理的排污权有偿取得价格，鼓励新建项目通过排污权交易获得排污权。

对于农产品主产区，按照保护和恢复地力的要求设置产业准入环境标准，重点提高畜禽养殖的污染排放标准；同时，治理、限制或关闭污染物排放企业，实现污染物排放总量持续下降和环境质量状况达标。

重点生态功能区要按照生态功能恢复和保育原则设置产业准入环境标准，以提高环境准入为主，对于需要在该区域发展的行业企业实行污水排放限值管理；同时，依法关闭所有污染物排放企业，确保污染物“零排放”，难以关闭的，必须限期迁出。

（二）根据环境容量利用程度，实行区别性控制单元管控原则

对应重点开发区和农产品主产区以环境容量利用率为依据，对控制单元实施环境容量监控预警制度。环境容量利用率不足50%的地区，在满足行业排放标准的情况下适度发展有本地优势的产业；对污染物入河量达到环境容量标准0.8～1倍的控制单元实行预警，及时调整该区域的产业布局和污染排放管理；对污染物入河量超出环境容量标准1.5

倍以上的控制单元制定并实施污染减排方案，包括实施特别污染排放限值、适度调整重污染行业、提高重点行业的污染排放标准等措施。

京津冀地区污染工业主要调整优化开发区的造纸行业和食品行业，重点开发区的滨海开发区的化工行业、冀中南城市群的造纸和制药行业、衡水区的皮革行业。西北五省地区开展水资源消耗总量和水环境容量双约束，黄河重点开发区主要调整化工行业。太湖地区，总磷、总氮等指标污染日益突出，主要调整纺织染整、化工、黑色金属加工和电镀行业。

（三）京津冀进一步提高污水排放标准并强化污水入河前的生态处理，实现非常规水的再生利用

京津冀地区作为污染物排放入河超出河流环境容量的代表地区，尽管其大部分企业能够达到现有行业污染物排放标准（专题表 2-26），但是因为天津和河北的污水排放标准远高于地表水排放标准，需要进一步提高这些地区的污水排放标准以接近地表水排放标准，并强化污水入河的前置处理，将污染物从排污口到河流之前进一步削减，促进非常规水的再生利用，解决河流环境流量和环境容量不足的问题。京津冀地区的污水排放标准见专题表 2-25。

专题表 2-25　京津冀地区的污水排放标准

污染物		COD 排放标准（mg/L）		氨氮排放标准（mg/L）	
水体水质类别		Ⅱ、Ⅲ类	Ⅳ、Ⅴ类	Ⅱ、Ⅲ类	Ⅳ、Ⅴ类
地表水水质标准		**15、20**	**30、40**	**0.5、1**	**1.5、2**
国家污水排放标准	城镇污水	60	100	8（15）	25（30）
	农村污水	100	150	15	25
	工业污水	100	150～300	15	25～50
北京污水排放标准	城镇污水	20	30	1.0（1.5）	1.5（2.5）
	农村污水	30-新建 50-现有	40-新建 60-现有	1.5（2.5）-新建 5（8）-现有	5（8）-新建 8（15）-现有
	工业污水	20	30	1.0（1.5）	1.5（2.5）
天津污水排放标准	城镇污水	30～50	30～50	1.5～5（3～8）	1.5～5（3～8）
	农村污水	100	100	25（30）	25（30）
	工业污水	同国家	50～60	同国家	5～8
河北污水排放标准	城镇污水	同国家	同国家	同国家	同国家
	农村污水	60～100	200	8～25	—
	工业污水	同国家	同国家	同国家	同国家

（四）以主体功能区为原则，实行有区别的污染排放限值

优化开发区和重点生态功能区的农业、城镇生活和工业行业都应实行特别排放限值标准。优化开发区以淘汰高污染低产值产业，向高附加值的产业转型为主，重点生态功能区以提高环境准入为主，对于需要在该区域发展的行业企业实行污水排放限值管理。各企业直接排放的污染物排放行业标准见专题表 2-26。

专题表 2-26 企业直接排放的污染物排放行业标准

行业类型	具体行业标准名称	COD 标准		氨氮标准	
		现有	新建	现有	新建
采矿业	铁矿采选工业污染物排放标准（GB 28661—2012）	100	70	20	15
纺织	纺织染整工业水污染物排放标准（GB 4287—2012）	100	80	12	10
化工	炼焦化学工业污染物排放标准（GB 16171—2012）	100	80	15	10
金属冶炼	铅、锌工业污染物排放标准（GB 25466—2010）	100	60	15	8
皮革	制革及毛皮加工工业水污染物排放标准（GB 30486—2013）	150	100	35	25
石化	石油炼制工业污染物排放标准（GB 31570—2015）	60	60	8	8
食品	淀粉工业水污染物排放标准（GB 25461—2010）	150	100	25	15
造纸	制浆造纸工业水污染物排放标准（GB 3544—2008）	200	100	15	12
制药	化学合成类制药工业水污染物排放标准（GB 21904—2008*）	200	120	40	25

*现行标准是 GB 21904—2016，但此处为 GB 21904—2008

（五）西北五省的环境容量利用普遍不足，可在综合水资源约束的前提下加快发展

在国家节能减排的政策下，我国 GDP 与 COD 排放量和氨氮排放量普遍呈显著负相关关系，“十二五”期间的关系是 GDP 每增加 1 亿元，COD 排放量和氨氮排放量会相应减少 11t 和 1t。因此，西北五省除了环境容量利用率接近 1 的部分控制单元和重点生态功能区外，其他区域都可以加快发展。具体发展产业需要结合当地的经济基础和主体功能区划，更多需要考虑水资源量的支撑因素。在重点开发区应采取行业化清洁生产改造、污水处理工艺改进等措施促进工业污染减排，适度发展水资源利用率高的行业。农业主产区要注意重点关注农业节水，城镇生活和畜禽养殖是重点关注减排行业。重点生态功能区可以加快发展符合主体功能规划的经济产业。

（六）“降氮控磷”是抑制太湖富营养化重要抓手，统筹开展太湖流域生态四圈的修复与保护

TN、TP 入湖负荷量超出太湖水环境容量是太湖富营养化的主要原因，以“降氮控磷”为抓手，针对生活源对太湖水质影响贡献率较大，是控源重点，农业面源是控源难点的问题，要进一步提高污水集中处理接管率，实施“除磷脱氮”深度处理工艺及技术，针对性地适当提高污水磷尾水排放标准。并加大水源涵养林、河流水网、湖荡湿地、湖滨带及缓冲区等生态四圈的恢复，通过生态四圈恢复进一步削减污染物入湖量。

专题三

水资源对区域社会经济发展的支撑能力研究

摘　　要

水资源是基础性的自然资源和战略性经济资源，也是生态环境的控制性因素。水资源的数量及质量对区域社会经济可持续发展起着至关重要的作用。据《2016年联合国水资源发展报告》，全球约14亿人（占全球劳动人口的42%）在极其依赖水的行业就业，全球3/4的就业机会依赖于水，这意味着一方面水的短缺和用水途径的缺乏可能会制约未来几十年的经济发展；而另一方面水资源短缺还会对区域生态环境造成影响，目前我国面临的河湖萎缩、森林草原退化、土地沙化、水土流失、灌区次生盐渍化、地表地下水体污染等问题皆和水资源密切相关。因此，评价水资源对区域社会经济的支撑能力，对未来社会经济发展布局研究具有重要意义。

本专题对我国水资源基本特性及其对区域发展的水资源特性进行了剖析，并以全国72个水资源一级区套省单元为基本单元，选取了若干水资源及区域社会经济评价指标对全国水资源支撑能力进行定量分析；并着重以我国用水比重最大的农业为研究对象，分析了农业水资源的配置与未来供需问题；以我国人口经济密度高、水资源与经济社会发展矛盾也十分突出的京津冀地区和自然水资源禀赋较差的西北煤电基地为典型区，分析了水资源对典型区域的社会经济支撑能力；提出了全国、典型区的经济发展空间布局对策建议。主要结论建议如下。

（1）我国水资源分布不均，社会经济应适水布局

我国水资源时空分布不均，研究表明超过10省（区、市）水资源超载严重，均位于北方，未来水资源将是影响社会经济发展的关键因素。未来北方地区尤其是华北、西北地区社会经济发展受水资源制约严重，主要为资源型缺水，应大力推进全行业节水、进行产业优化，必要时进行调水。南方地区尤其是西南地区水资源禀赋较好，多为工程型、水质型缺水，经济发展潜力较大，应充分发挥资源优势，因地制宜，同时注意水污染防治和水利基础设施建设。长江中下游地区及沿海地区城市发展较快，水资源日益紧张，应注意产业结构调整，限制高耗水产业发展，提高用水效率。

（2）农业布局应考虑水资源承载力

农业是国家根本产业，由于农业用水的单位产出较低，农业特别是粮食生产在用水竞争中处于弱势地位，农业缺水的局面将会长期存在。农业水资源配置与布局是我国水资源配置的关键问题。农业布局应以农牧业与水土资源之间的匹配为前提。农业水资源主要配置思路应集中于调整农业结构、转变农业增长方式，调整种植结构，提高水分生产效率与推进生物节水战略。

（3）西北地区能源基地规划需“量水而行”

研究表明，通过跨流域调水，采用先进的用水工艺，西北地区 5 大煤电基地作为支柱产业的煤电产业用水基本能够得到满足。但需要指出的是，高速增长的煤电产业用水必然会压缩其他行业用水，因此应全面贯彻落实最严格的水资源管理制度，“量水而行”：根据区域水资源条件，合理确定建设布局和建设规模，尽量避免在水资源极度匮乏、水资源供需矛盾十分突出的地方进行煤电开发。对于缺水地区已规划煤电基地，如西北、华北等缺水地区的煤电基地，必须进行“开源节流”，进一步强化能源生产节水，鼓励非常规水利用，促进跨行业、跨区域、跨流域水权转换。

（4）京津冀地区应注意“内部挖潜，外部调水”

京津冀地区是我国经济创新活力最强、开放程度最高、人口最为密集的区域之一，同时也是水资源与经济社会发展矛盾最为突出的区域。从水资源角度而言，应该“内部挖潜，外部调水”：一是要充分挖掘节水潜力，促进全区域全行业深度节水，政府和市场两手发力，促进南水北调水资源合理配置、高效利用。二是加强南水北调后续规划研究，实现水资源空间均衡，补充区域刚性缺口。

一、我国水资源基本特性

（一）我国水资源基本概况

我国水资源总量列世界的第 6 位，根据第二次全国水资源调查评价成果，全国 1956～2000 年平均水资源总量为 2.8 万亿 m^3，但由于人口众多、土地广阔，人均和亩均水资源占有量均很低，水资源并不丰富。全国平均人均水资源量约为 2040m^3（按 2013 年人口计算），仅为世界人均占有量的 28%；耕地亩均占有量为 1440m^3，约为世界平均水平的一半。

我国水资源时空分布极不均匀。根据第二次全国水资源调查评价成果，空间上，北方地区多年平均年水资源总量为 5267 亿 m^3，占全国的 18.6%，南方地区为 2.3 万亿 m^3，占全国的 81.4%。时间上，受降雨影响，地表水资源尤其河川径流分布也极不均匀，以北方最为严重，河川径流量的年内分配多集中在汛期 4 个月，松花江区、辽河区多年平均连续最大 4 个月径流量占多年平均年径流量的 60%～70%，海河区、黄河区多年平均连续最大 4 个月径流量占 60%～80%，西北诸河区连续最大 4 个月径流量占 60%～90%，南方 4 个水资源一级区多年平均连续最大 4 个月径流量占 50%～70%，东南诸河区径流的集中度相对较低。

由于水资源的时空分布不均，在有限的水资源中可利用的水资源更少。根据《全国水资源综合规划》成果，我国水资源可利用量约为 7000 亿 m^3，仅占水资源总量的 28%，而多达 40%的水资源为难以利用的洪水，另外 32%的水资源量则是河道生态环境需水。我国多年平均总缺水量达 536 亿 m^3，其中河道外缺水量为 404 亿 m^3，缺水率为 6.3%，挤占河道内生态环境用水量为 132 亿 m^3。北方地区多年平均河道外缺水量为 337 亿 m^3（其中黄河区、淮河区、海河区、辽河区 4 个水资源一级区缺水量占全国总缺水量的66%），缺水率为 11.5%，挤占河道内生态环境用水量为 132 亿 m^3，主要表现为资源型缺水和管理型缺水；南方地区多年平均河道外缺水量为 67 亿 m^3，缺水率为 1.9%，主要表现为工程型缺水和水质型缺水，部分地区存在资源型缺水。

总体来看，北方地区腹地大多数河流水资源开发利用潜力已十分有限，只有周边部分河流，如松花江区、辽河区周边跨界河流及西北诸河区跨界河流目前水资源开发利用程度较低，尚有一定的潜力；南方地区水资源开发利用程度普遍较低，水资源支撑能力较强。北方地区除松花江区外，水资源开发利用率均在 40%以上，其中海河区当地水源供水量已接近多年平均水资源量。海河区、黄河区、淮河区、西北诸河区和辽河区已超过或接近其水资源开发利用的极限，水资源超载严重，并已引发了一系列生态环境问题。南方流域水资源开发利用率则均低于 20%，西南诸河流域不到 5%，水资源支撑能力较强。2012 年我国水资源一级区水资源开发利用程度如专题图 3-1 所示。

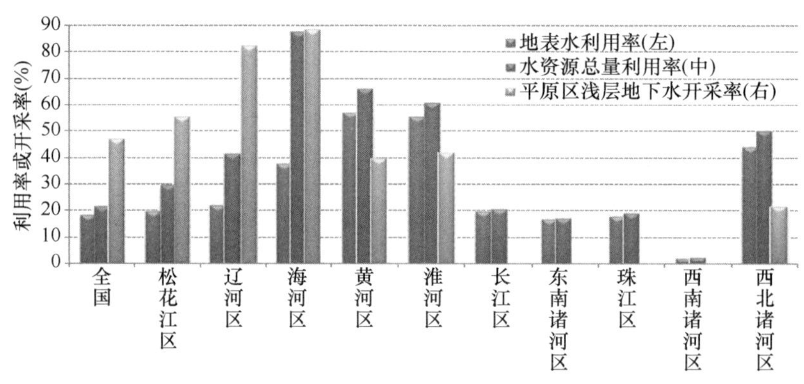

专题图 3-1　2012 年我国水资源一级区水资源开发利用程度示意图

（二）我国区域社会经济发展的水资源特性分析

总体而言，我国水资源分布南方多、北方少，东部多、西部少，山区多、平原少，水资源禀赋与人口、土地、耕地资源和生产力布局均不相匹配。南方地区总面积占全国的 36%，人口占 54%，耕地占 40%，GDP 占 56%，而水资源总量占全国的 81%；北方地区总面积占全国的 64%，人口占 46%，耕地占 60%，GDP 占 44%，但水资源总量仅占全国的 19%。从流域而言，黄淮海流域是我国水资源供需矛盾最为突出的地区，水资源与区域社会经济发展极不协调，流域总面积占全国的 15%，耕地占 35%，人口占 35%，GDP 占 32%，水资源总量仅占全国的 7%。

1. 水资源与人口分布不相协调

按照一般国际标准（1993 年国际人口行动提出的“可持续水-人口和可更新水的供给前景”报告标准），区域人均水资源量少于 1700m^3 将出现用水紧张，少于 1000m^3 将出现缺水，少于 500m^3 将面临严重缺水。按照这一标准，根据 2013 年的数据，全国有 14 个省（区、市）（北京、天津、河北、山西、上海、江苏、山东、河南、宁夏、辽宁、吉林、安徽、陕西和甘肃）处于用水紧张情况，其中 10 个省（区、市）（北京、天津、河北、山西、上海、江苏、山东、河南、宁夏和辽宁）面临缺水情况，而面临严重缺水的有9个省（区、市）（北京、天津、河北、山西、上海、江苏、山东、河南、宁夏）。按地区而言，出现用水紧张或缺水问题的省（区、市）大部分位于北方地区。按流域来分，这些省（区、市）主要位于黄河流域、淮河流域、海河流域及辽河流域，其中面临严重缺水的省（区、市）则主要位于黄淮海流域。

2. 水资源与生产力布局不相协调

我国水资源与生产力布局极不协调。根据2013年的数据，华东和华北GDP占比达到全国50%以上，而水资源量仅占到全国水资源总量的20%左右。尤其是华北地区，水资源总量仅为全国总量的3%，却贡献了全国15%的GDP，而西南地区水资源总量达到全国总量的40%，GDP却仅为全国的10%。

3. 水资源与耕地资源分布不相协调

我国水资源总量较为丰富，但按耕地分配，水资源数量却极为有限，根据2013年的数据，全国平均每公顷耕地面积占有水资源量约为2.2万m^3，而水资源的时空分布不均，又造成了水资源与耕地资源的不相协调。西北、东北、华北地区如宁夏、新疆、黑龙江、吉林、天津、河北和山西等省（区、市），每公顷耕地面积占有水资源量远远低于全国平均水平。根据2013年的数据，三地区耕地总面积达到全国的32%，水资源总量却仅为全国的9%。而西南地区水资源总量达到全国的40%，耕地面积却仅为全国的15%。每公顷耕地面积占有水资源量高于全国平均水平的省（区、市）主要集中于中南和西南地区，华东地区超过全国平均水平的省（区、市）则主要分布于长江以南地区，如浙江、福建等地。

4. 水资源空间分布与生态环境水需求不相协调

我国地域辽阔，水资源空间分布极不均匀，单位面积产水量严重不平衡，生态环境特征差异明显。根据2013年的数据，全国平均单位面积产水量约为$29m^3/km^2$，按行政区而言，低于平均水平的省（区、市）达到15个，其中山西、内蒙古、甘肃、宁夏、新疆等省（区、市）不到全国平均水平的1/4；按区域而言，西北、华北地区单位面积产水量分别为$6.94m^3/km^2$和$5.92m^3/km^2$，远远低于全国平均水平。而这些省（区、市）恰恰又都处于干旱、半干旱的北方地区，是生态环境需水较大的地区，水资源的短缺会加剧区域已经十分突出的生态环境问题，影响区域的可持续发展。

二、我国水资源对区域社会经济发展支撑能力评价

我国水资源空间分布的不平衡性及其与全国人口、耕地和生产力布局分布的差异性造成许多地区水资源支撑能力的不足，本研究在区域水资源发展特性分析的基础上，选取了若干水资源及区域社会经济评价指标对全国水资源支撑能力进行定量分析。

（一）基本评价单元

由于水资源分布与流域密切相关，研究将31个省级行政区（不含港澳台地区）进

一步细分为72个水资源一级区套省单元，并根据2013年统计数据进行定量评价。

（二）基本评价方法

1. 评价指标

选取水资源禀赋条件与区域社会经济发展两个方面共5个指标对水资源支撑能力进行分析。

（1）水资源禀赋条件

水资源禀赋条件采用人均水资源量和单位面积水资源量两项指标。人均水资源量和单位面积水资源量分别考察人口和生态的影响，可综合反映区域发展的水资源禀赋条件，是区域发展的基础性指标。

（2）区域社会经济发展

区域社会经济发展综合考虑区域总体情况与分行业情况，采用人均GDP、人均工业增加值和人均耕地面积三项指标。人均GDP反映区域人民的富裕程度和生活水平；人均工业增加值反映区域工业发展情况；人均耕地面积则反映区域农业发展与粮食生产情况。

2. 评价模型

采用协调度来评价水资源对区域社会经济发展的支撑能力，各指标的协调度根据其相对全国平均水平进行设定，构造的指标包括 CI（协调度）、$WPCR$（人均水资源相对数）、$WUCR$（单位面积水资源相对数）、$OPCR$（其他指标相对数）。最终考察项为 CI。基本计算公式如下：

$$CI_{ij} = (0.5 \times WPCR_j + 0.5 \times WUCR_j) / OPCR_{ij}$$

$$WPCR_j = WPC_j / WPC$$

$$WUCR_j = WUC_j / WUC$$

$$OPCR_{ij} = OPC_{ij} / OPC_i$$

其中，CI_{ij} 为评价单元 j 第 i 个区域发展指标对水资源协调度，WPC_j 为评价单元 j 人均水资源量，WPC 为全国人均水资源，WUC_j 为评价单元 j 单位面积水资源量，WUC 为全国平均单位面积水资源量，OPC_{ij} 为计算单元 j 第 i 个区域发展指标人均量，OPC_i 为第 i 个区域发展指标全国人均量。协调度越大，则水资源对区域发展支撑能力越强，反之亦然。

由于区域发展的水资源支撑能力是上述各类指标的综合反映，因而需加权计算这些指标的综合协调度。各区域发展指标对水资源协调度进行加权相加得到综合协调度：

$$CI_j = \sum_{i=1}^{3} \omega_i CI_{ij}$$

其中，CI_j 为评价单元 j 综合协调度，CI_{ij} 为评价单元 j 第 i 个区域发展指标对水资源协调度，ω_i 为第 i 个区域发展指标权重。

权重分配基于两方面考虑：其一为各指标对区域未来发展的影响程度；其二为这些

发展指标对水资源的需求和依赖程度。最终确定人均 GDP 权重为 0.4，人均工业增加值权重为 0.3，人均耕地面积权重为 0.3。

3. 协调程度的划分

由于水资源的支撑能力具有相对弹性，如节水和开源、工程措施和非工程措施等诸多因素，可以在一定程度上提高水资源对区域发展的支撑能力。因而设定协调程度分为非常匹配、匹配、基本匹配、不匹配和极不匹配 5 种。*CI* 值越高，协调程度越好，表明水资源对区域发展支撑能力越强；反之，*CI* 值越低，协调程度越差，表明水资源对区域发展支撑能力越弱。*CI* 值与指标对水资源协调程度对应关系见专题表 3-1。

专题表 3-1　*CI* 值与指标对水资源协调程度对应关系

CI 值	$CI \leq 0.5$	$0.5 < CI \leq 0.75$	$0.75 < CI \leq 1.25$	$1.25 < CI \leq 2$	$CI > 2$
协调程度	极不匹配	不匹配	基本匹配	匹配	非常匹配

（三）评价结果与分析

根据上节方法，针对全国 72 个水资源一级区套省单元（下称“单元”）进行了水资源与区域社会经济发展协调性定量评价，得到了各区域发展指标对水资源的协调度及综合协调度（专题表 3-2）。

专题表 3-2　水资源与社会经济发展协调度评价结果

一级区	省份	指标相对数					指标协调度				综合评价
		人均水资源量	单位面积水资源量	人均GDP	人均工业增加值	人均耕地面积	GDP	工业增加值	人均耕地面积	综合协调度	
松花江	内蒙古	3.97	0.4	1.27	0.91	4.32	1.72	2.41	0.51	1.56	匹配
	辽宁	1.27	0.69	0.73	0.81	1.92	1.34	1.21	0.51	1.05	基本匹配
	吉林	0.7	0.66	1.08	1.22	2.35	0.63	0.55	0.29	0.5	不匹配
	黑龙江	1.03	0.6	0.81	0.68	3.44	1.01	1.2	0.24	0.84	基本匹配
辽河	河北	0.36	0.23	0.25	0.14	1.35	1.16	2.18	0.22	1.18	基本匹配
	内蒙古	0.44	0.18	0.99	0.76	3.09	0.31	0.41	0.1	0.28	极不匹配
	辽宁	0.38	0.8	1.33	1.44	1.04	0.44	0.41	0.57	0.47	极不匹配
	吉林	0.76	0.93	0.74	0.76	1.85	1.14	1.12	0.46	0.93	基本匹配
海河	北京	0.09	0.67	2	0.86	0.21	0.19	0.44	1.8	0.75	不匹配
	天津	0.05	0.46	2.1	2.33	0.33	0.12	0.11	0.76	0.31	极不匹配
	河北	0.13	0.38	0.84	0.94	0.91	0.3	0.27	0.28	0.29	极不匹配
	山西	0.19	0.28	0.76	0.7	1.36	0.3	0.33	0.17	0.27	极不匹配
	内蒙古	0.44	0.18	0.83	1.04	4.13	0.37	0.29	0.07	0.26	极不匹配
	辽宁	0.4	0.45	0.81	0.71	0.86	0.52	0.6	0.49	0.53	不匹配
	山东	0.12	0.45	0.91	0.94	1.18	0.31	0.31	0.24	0.29	极不匹配
	河南	0.11	0.62	0.87	1.12	0.72	0.42	0.33	0.51	0.42	极不匹配
黄河	山西	0.14	0.24	0.74	0.89	1.19	0.26	0.22	0.16	0.22	极不匹配
	内蒙古	0.32	0.13	2.05	3.03	2.57	0.11	0.07	0.09	0.09	极不匹配
	山东	0.12	0.53	1.37	1.26	0.73	0.24	0.26	0.45	0.31	极不匹配

续表

一级区	省份	指标相对数					指标协调度				综合评价
		人均水资源量	单位面积水资源量	人均GDP	人均工业增加值	人均耕地面积	GDP	工业增加值	人均耕地面积	综合协调度	
黄河	河南	0.16	0.52	0.84	1.04	0.9	0.41	0.33	0.38	0.37	极不匹配
	四川	12.69	0.91	0.41	0.05	0.35	16.44	131.69	19.42	51.91	非常匹配
	陕西	0.2	0.3	1.05	1.22	1.38	0.23	0.2	0.18	0.21	极不匹配
	甘肃	0.34	0.3	0.52	0.44	2.03	0.61	0.72	0.16	0.51	不匹配
	青海	2.09	0.47	0.67	0.54	1.03	1.91	2.36	1.24	1.84	匹配
	宁夏	0.08	0.07	0.84	0.73	1.89	0.09	0.1	0.04	0.08	极不匹配
淮河	江苏	0.23	1.04	0.92	0.77	0.83	0.69	0.82	0.76	0.76	基本匹配
	安徽	0.32	1.14	0.51	0.51	1.22	1.43	1.44	0.6	1.18	基本匹配
	山东	0.16	0.74	1.26	1.35	0.81	0.36	0.33	0.56	0.41	极不匹配
	河南	0.22	0.97	0.67	0.68	0.97	0.88	0.88	0.61	0.8	基本匹配
	湖北	1.19	1.32	0.53	0.55	0.83	2.37	2.27	1.51	2.08	非常匹配
长江	上海	0.06	1.51	1.93	1.52	0.15	0.4	0.52	5.21	1.88	匹配
	江苏	0.17	1.19	2.38	2.61	0.49	0.29	0.26	1.39	0.61	不匹配
	浙江	0.4	2.31	1.92	2.27	0.55	0.71	0.6	2.46	1.2	基本匹配
	安徽	0.85	2.15	0.93	1.12	0.85	1.62	1.34	1.76	1.58	匹配
	福建	1.86	4.29	1.3	1.14	0.41	2.36	2.69	7.48	4	非常匹配
	江西	1.68	3.2	0.69	0.74	0.7	3.56	3.31	3.49	3.46	非常匹配
	河南	0.35	0.88	0.71	0.8	1.1	0.87	0.77	0.56	0.75	不匹配
	湖北	0.87	1.9	0.92	0.9	0.9	1.51	1.55	1.55	1.53	匹配
	湖南	1.22	2.71	0.79	0.77	0.63	2.48	2.55	3.11	2.69	非常匹配
	广东	2.11	2.45	1.26	1.07	0.5	1.81	2.12	4.56	2.73	非常匹配
	广西	3.55	4.01	0.7	0.4	1.07	5.42	9.47	3.54	6.07	非常匹配
	重庆	0.93	2.35	0.92	0.8	0.84	1.78	2.05	1.95	1.91	匹配
	四川	1.55	1.88	0.7	0.73	0.82	2.46	2.35	2.09	2.32	非常匹配
	贵州	1.29	2.01	0.54	0.45	1.38	3.04	3.71	1.2	2.69	非常匹配
	云南	1.24	1.33	0.66	0.5	1.13	1.95	2.59	1.14	1.9	匹配
	西藏	24.08	1.22	0.3	0.01	1.16	42.4	1903.84	10.87	591.37	非常匹配
	陕西	1.64	1.44	0.52	0.41	0.65	2.98	3.72	2.38	3.02	非常匹配
	甘肃	1.59	4.8	0.21	0.09	2.15	5.91	2.53	0.58	3.3	非常匹配
	青海	42.56	0.38	0.4	0.18	0.41	53.25	117.13	52.24	72.11	非常匹配
东南诸河	浙江	0.95	3.21	1.37	1.3	0.35	1.52	1.6	5.9	2.86	非常匹配
	安徽	3.02	3.85	0.82	0.65	0.56	4.18	5.3	6.1	5.09	非常匹配
	福建	1.45	3.22	1.28	1.33	0.38	1.82	1.75	6.09	3.08	非常匹配
	江西	1.19	0.09	0.52	0.37	0.41	1.24	1.72	1.57	1.48	匹配
珠江	福建	2.64	3.4	0.66	0.57	0.53	4.56	5.28	5.73	5.13	非常匹配
	江西	2.91	2.81	0.39	0.17	0.56	7.31	17.34	5.08	9.65	非常匹配
	湖南	2.35	3.12	0.6	0.49	0.66	4.57	5.52	4.13	4.73	非常匹配
	广东	0.84	3.55	1.26	1.3	0.3	1.75	1.69	7.41	3.43	非常匹配
	广西	1.39	2.29	0.51	0.36	0.8	3.59	5.06	2.31	3.65	非常匹配

续表

一级区	省份	指标相对数					指标协调度				综合评价
		人均水资源量	单位面积水资源量	人均GDP	人均工业增加值	人均耕地面积	GDP	工业增加值	人均耕地面积	综合协调度	
珠江	海南	1.68	3.1	0.76	0.27	0.91	3.15	8.84	2.64	4.7	非常匹配
	贵州	4.92	2.13	0.88	0.61	3.81	4.02	5.79	0.93	3.62	非常匹配
	云南	2.13	2.76	0.72	0.77	1.29	3.41	3.18	1.89	2.88	非常匹配
西南诸河	广西	1.56	2.64	0.27	0.3	1.72	7.92	7	1.22	5.64	非常匹配
	云南	3.33	2.16	0.33	0.13	1.8	8.22	20.74	1.52	9.97	非常匹配
	西藏	73.46	2.5	0.58	0.11	1.39	65.06	335.27	27.31	134.8	非常匹配
	青海	44.04	1	0.39	0.02	0.75	58.05	1285.55	30.06	417.9	非常匹配
	新疆	—	—	—	—	—	—	—	—	—	—
西北诸河	河北	0.57	0.3	0.49	0.31	5.04	0.89	1.41	0.09	0.8	基本匹配
	内蒙古	0.69	0.03	1.31	1.11	3.33	0.27	0.32	0.11	0.24	极不匹配
	西藏	47.38	0.13	0.46	0.02	0.22	51.23	1378.43	107.63	466.31	非常匹配
	甘肃	0.44	0.06	0.75	0.3	1.88	0.34	0.83	0.13	0.42	极不匹配
	青海	11.48	0.13	2.01	3.48	1.45	2.89	1.67	3.99	2.85	非常匹配
	新疆	1.79	0.17	0.8	0.66	2.03	1.23	1.48	0.48	1.08	基本匹配

注：水资源数据根据《全国水资源综合规划》成果，为多年平均数据（1956～2000年）；其他数据为2013年统计数据，根据各省（区、市）2014统计年鉴数据

1. 总体结果

整体而言，水资源与区域经济综合协调度分布与水资源分布趋势基本一致。总体协调度分布情况如专题图3-2所示。

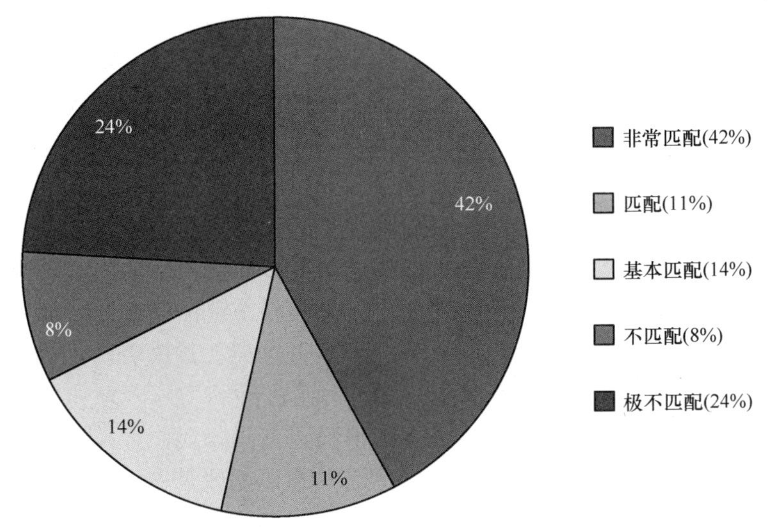

专题图3-2　综合协调度评价结果总体情况

其中，综合协调度为“极不匹配”的单元有17个，占全部评价单元的24%，大部分位于黄河（6个）、海河（6个）及辽河（2个）流域，个别单元位于西北诸河（2个）

及淮河流域（1个），涵盖天津、河北、河南、山东、辽宁、内蒙古、山西、陕西、甘肃及宁夏10个省（区、市）。其中，综合协调度排名最后的5个单元分别为黄河流域-宁夏、黄河流域-内蒙古、黄河流域-陕西、黄河流域-山西和西北诸河流域-内蒙古。这17个单元水资源与社会经济发展极不协调，单元所在区域人口密集、社会经济发展程度高，但水资源极度匮乏，供需矛盾十分尖锐，区域的持续发展将受到水资源的制约，区域发展所新增的水资源需求需要通过调水才能得以满足。

“不匹配”的单元有6个，占全部评价单元的8%，分别为松花江流域-吉林、黄河流域-甘肃、长江流域-江苏、长江流域-河南、海河流域-北京和海河流域-辽宁，这些单元所在区域当前的发展已受到水资源不足的影响，未来的发展将逐步受到水资源的制约。

“基本匹配”的单元有10个，占全部评价单元的14%，其中长江流域1个、淮河流域3个、辽河流域2个、松花江流域2个、西北诸河流域2个，区域水资源基本能够支撑社会经济发展，但是潜力较小。

“匹配”的单元有8个，占全部评价单元的11%，其中长江流域5个、黄河流域1个、东南诸河流域1个、松花江流域1个。这些地区发展基本不受水资源的制约，水资源对其发展具有较大支撑能力，社会经济发展空间大。

“非常匹配”的单元为30个，占全部评价单元的42%。这些单元水资源与社会经济匹配度处于理想状态，水资源对社会经济支撑能力极强。该部分单元大部分位于南方（包括长江流域、西南诸河流域、东南诸河流域及珠江流域）。其中综合协调度排名前5的单元都位于西藏、青海二省，分别为长江流域-西藏、西北诸河流域-西藏、西南诸河流域-青海、西南诸河流域-西藏、长江流域-青海，该部分区域水资源较充足，但人烟稀少，社会经济发展相对滞后，且水资源开发利用成本较高，但在经济发展到一定水平时，可以认为这些地区具有支付其较大的开发成本的经济实力。

2. 区域分布

从区域上看，我国水资源对区域社会经济发展的综合支撑能力南方整体优于北方，而北方又以华北和西北最差，如专题图3-3所示。

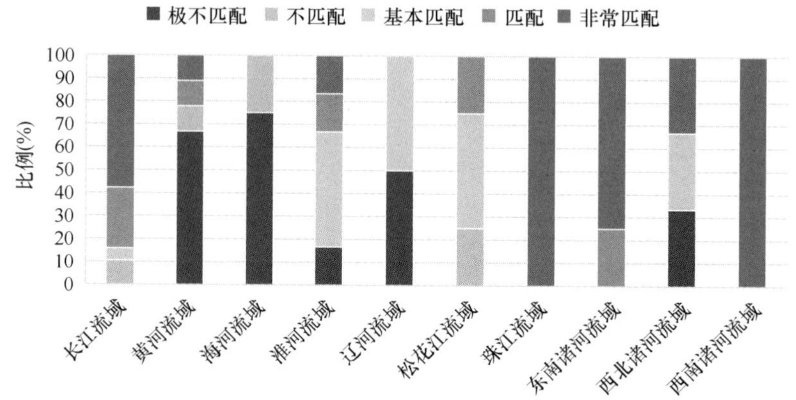

专题图3-3　综合协调度评价结果分流域情况（彩图见封底二维码）

从流域上看，辽河流域、黄河流域和海河流域水资源支撑能力最差，这些流域水资源本底条件差，水资源开发利用程度高，人口密集，生产力布局集中，流域大部分区域水与社会经济协调程度处于“极不匹配”和“不匹配”状态，其中海河流域单元评价结果均为“极不匹配”和“不匹配”，黄河流域、辽河流域评价结果为“极不匹配”和“不匹配”的单元综数占到78%和50%。西北诸河流域、淮河流域和松花江流域次之，协调程度为“基本匹配”“不匹配”的情况普遍，部分地区甚至出现“极不匹配”的情况。其中，西北诸河流域虽然水资源匮乏，但是流域许多地区如新疆、西藏人口密度小，因此评价结果显示社会经济发展与水资源不协调程度较辽河流域、黄河流域和海河流域稍好，但需要特殊说明的是，区域部分地区如西北诸河-新疆虽然整体人口密度较小，综合协调度评价结果为“基本匹配”，但是由于区内气候干旱，生态用水需求较大，实际供需矛盾十分尖锐；淮河流域和松花江流域虽然水资源相对充足，但是社会经济发展程度高，因此水资源支撑能力稍显不足。长江流域、西南诸河流域、东南诸河流域及珠江流域由于水资源禀赋条件好，水资源支撑能力较强，大部分地区协调程度达到“匹配”或“非常匹配”，比例分别为84%、100%、100%和100%。

从行政区而言，北京、天津、河北、山西、宁夏、甘肃、辽宁、山东、河南、陕西、内蒙古等省份水资源支撑能力最弱，大部分区域综合协调度为“极不匹配”；新疆、吉林、安徽、江苏和黑龙江次之，水资源对区域经济发展支撑能力有限；其他省份水资源支撑能力较好，但局部地区如上海，水资源对社会经济发展部分指标（GDP、工业增加值）协调度较低。

3. 分指标分析

总体而言，水资源与工业增加值协调度较好的单元最多，匹配和非常匹配的单元41个，占58%以上；不匹配和极不匹配的单元24个，占33%（专题图3-4）。水资源与GDP协调程度次之，匹配和非常匹配的单元37个，占51%；不匹配和极不匹配的单元25个，占35%（专题图3-5）。水资源与耕地协调程度最差，不匹配和极不匹配的单元30个，占42%；匹配和非常匹配的单元34个，占47%（专题图3-6）。

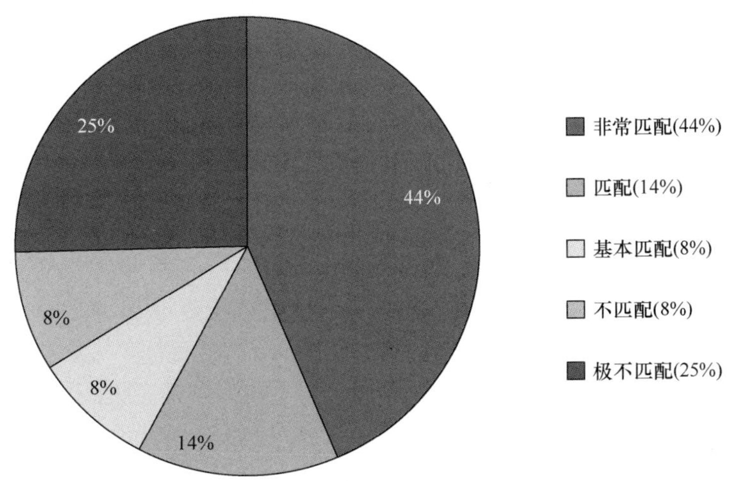

专题图3-4 水与工业协调度评价结果总体情况

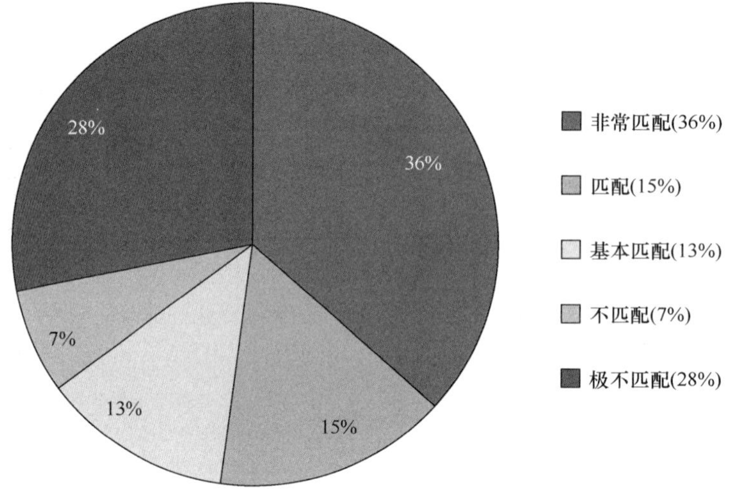

专题图 3-5 水与 GDP 协调度评价结果总体情况

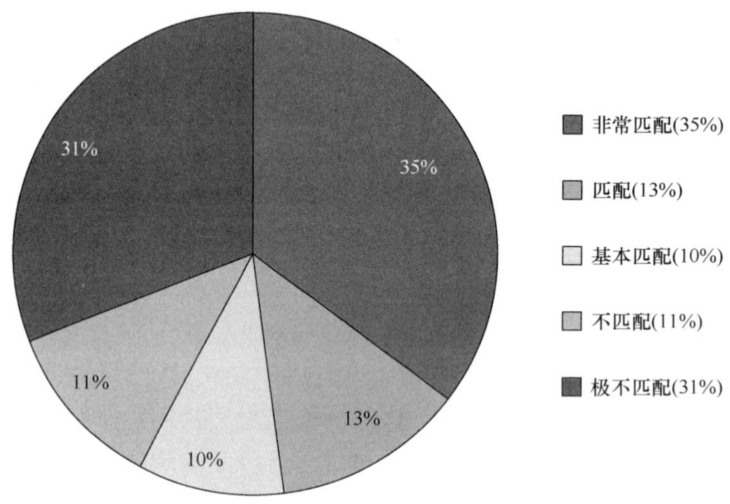

专题图 3-6 水与耕地协调度评价结果总体情况

从区域分布来看，GDP、工业增加值和水资源协调度与综合协调度分布情况基本一致，整体呈现南方优于北方的趋势。矛盾最突出的仍然是辽河、黄河、海河三大流域，而西北诸河流域、淮河流域次之。但在长三角地区（即长江流域-江苏、长江流域-上海、长江流域-浙江这 3 个单元），由于区域人口和生产力高度集中，且水资源与西南和中南地区相比不够充沛，因此虽然水资源与社会经济发展整体基本匹配，但是水资源与 GDP、工业增加值则极不匹配。耕地与水资源协调度和综合协调度分布差异较大。黄河流域、海河流域、淮河流域和西北诸河流域矛盾十分突出，辽河流域和松花江流域次之，而长江流域、珠江流域、东南诸河流域和西南诸河流域匹配程度最高，在一些水资源条件不强、耕地面积较大、一产比重相对较大的地区（如新疆），水资源与社会经济发展协调程度基本匹配，但是水资源与耕地却极不匹配，农业水资源供需矛盾十分突出。

三、农业水资源的配置与未来供需分析

我国人均水资源只有世界人均值的28%左右，而且时空分布不均，区域性缺水和季节性缺水问题十分突出。水资源开发利用难度不断加大，而生活、生产、生态需水不断增长，水的供需矛盾日益加剧。农业用水的单位产出较低（较二、三产业用水单位产出低十几倍甚至几十倍），因此农业特别是粮食生产在用水竞争中处于弱势地位，农业缺水的局面将会长期存在，农业水资源配置是我国水资源配置的关键问题。本节将围绕我国农业水资源配置这一问题进行定量分析。

（一）我国农业用水概况与配置难点分析

1. 我国农业用水概况

我国农业用水是主要用水大户，但随着社会经济的快速发展和城市化率的不断提高，用于工业、环境、生活和生态的水必然越来越多，而用于农业的水却没有发生太大改变。1980～2013年，全国总用水量处于增长态势，2013年用水量比1980年增加约1776.3亿m^3，但人均用水量基本稳定在450m^3左右。其间工业和生活用水量呈显著的增长态势，用水比重由1980年的16%提高到2013年的35%。农业用水则经历先增后减，并从2010年开始回升，在近几年趋于稳定，但相对总用水量而言，2013年较1980年增量较小，约为205.4亿m^3，仅为用水总量增量的11.5%。农业用水占国民经济用水的比重不断下降，从1980年的84%下降到2013年的63.4%。

2. 农业水资源配置面临挑战

（1）水土分布不匹配、水粮配置严重失调

我国南方水多、北方水少，而北方地多、南方地少。北方地区耕地面积约占全国的2/3，水资源量不足全国的1/5，水土分布严重不匹配。

水资源与耕地分布的不匹配导致了水粮配置严重失调。根据《全国水资源综合规划》，按目前正常需水要求，全国每年缺水300亿～400亿m^3，其中农业约缺水260亿m^3。目前全国年均农田受旱面积约3亿亩，其中2/3以上用于粮食作物种植。北方地区是我国粮食主产区，粮食生产比重大，日趋严峻的水资源供需矛盾势必对稳定和增加全国粮食产能构成威胁，在特别干旱年份和遭遇连续枯水年份更为突出。而南方地区水资源较为丰富，但由于农业效益不高，近年来粮食播种面积呈现下降趋势，水粮配置失衡成为制约粮食增产的最大瓶颈。

（2）农业用水刚性需求与用水权难以保障的矛盾

未来我国粮食消费需求仍呈刚性增长趋势，按照《国家粮食安全中长期规划纲要（2008—2020年）》对2020年我国粮食需求的预测，到2020年全国需要增加粮食产能5400亿kg以上。由于我国水资源短缺、人均耕地少、水资源与耕地匹配不佳，加之水权制度不够完善，农业用水保障程度较低。特别是随着经济社会的发展，工业和城市生活用水增加迅速，大量挤占农业用水，农业又挤占生态用水，从而陷入生态环境破坏的

恶性循环。同时，由于农业用水的经济价值较低，农业处于弱势地位，缺水地区为保持经济发展，通常压缩农业用水。

（3）农田灌溉保证率与农业用水效率较低

我国大中型灌区的骨干渠道及渠系建筑物工程完好率不足50%的占半数以上；排水沟完好率普遍在40%～50%，好的不超过60%。造成了灌区灌溉保证率低，许多灌区存在“灌不进、排不出”的问题，中低产田比重高，抗灾能力差。2008年全国耕地灌溉率仅为48%，中低产田约占2/3。

我国从20世纪80年代开始推进农业节水，经过30多年的发展，成效显著，纵向比较的农业用水效率已经有了大幅度的提高，如2008年与1980年相比，灌溉面积增加了22%，粮食产量增加了65%，但农业用水反而减少了37亿 m^3。但从横向比较，我国的灌溉水利用系数比先进国家低20～30个百分点，存在很大的差距。在国内，流域或区域之间的农业用水效率也相差很大，最高和最低可相差5～6倍，农业节水发展很不平衡。

（二）农业水资源配置与供需预测

为方便数据统计，本研究采用《中国可持续发展水资源战略研究综合报告》中不打破省界的十大分区（东北区、华北区、长江区、华南区、蒙宁区、晋陕甘区、四川区、云贵区、青海区和西北区）。

1. 农业水资源配置思路

（1）改变农业布局，转变农业增长方式

农业水资源合理配置应以农牧业与水土资源之间的匹配为前提，调整农业结构、转变农业增长方式。专题图3-7整理了各分区水土资源与生产能力情况。

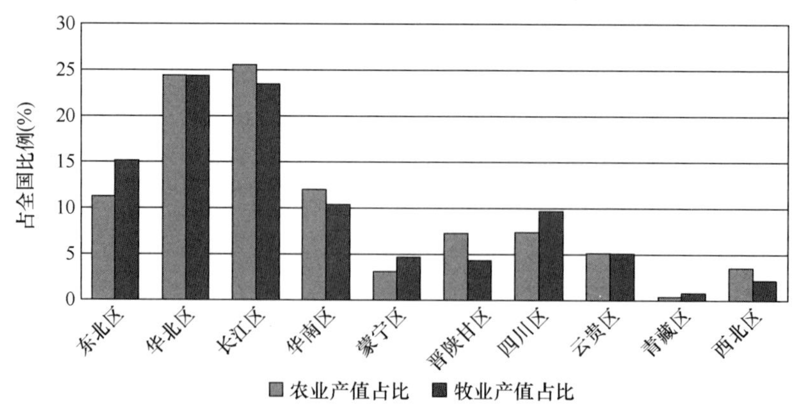

专题图3-7　分区农业、牧业产值占全国的比例

东北区、华北区和长江区是我国主要的耕地分布区，耕地面积均占全国的17%以上，共集中了全国56%的耕地资源。其中华北区以仅占全国2.6%的水资源量，生产了全国23%的粮食，创造了全国24%的农业产值和24%的牧业产值，对全国农业生产的贡献居各区之首，但由于地区地表水资源匮乏，地下水资源超采严重，带来了严重的生态与环

境问题；东北区拥有比华北多的水资源量，而对全国农业、牧业产值远低于华北区，贡献均不足16%；长江区拥有比华北区丰富得多的水资源量，而农业、牧业产值与华北区基本持平；东北区和长江区应是未来农业发展的主要增长点，农业、牧业优势需进一步发掘。对于东北区，应在水资源相对充沛基础上进一步挖潜，长江区应进一步挖掘水资源优势和农业生产优势，适当扩大灌溉面积保障粮食生产。

蒙宁区、青藏区和西北区是我国牧业资源主要集中区，分布有全国65.5%的牧草地，而牧业产值却仅为全国的7.6%（专题表3-3）。特别是西北区，以占全国14.6%的牧草地却只贡献了2.1%的牧业产值，产业结构与本地水资源贫乏、草地资源丰富的资源结构严重错位。未来应改变西北区、青藏区和蒙宁区单一性的生产结构为农牧加（工）的复合结构，农区与牧区协作，变广种薄收为少种精种多收，变超载过牧为以草定畜、草畜平衡，发展现代节水灌溉农业和现代旱作农业。

专题表3-3 2013年分区水土资源及生产能力状况

分区	行政区	占全国比例（%）						占本区农业总产值比例（%）	
		耕地			牧草地		水资源总量		
		面积	粮食产量	农业产值	面积	牧业产值		农业	牧业
东北区	辽吉黑	17.6	19.5	11.2	4.3	15.1	8.9	50	37
华北区	京津冀豫鲁	18.4	23.1	24.4	2.9	24.4	2.6	56	31
长江区	沪江浙鄂赣皖湘	19.7	25.1	25.6	5.7	23.5	20.1	50	26
华南区	闽粤桂琼	7.5	6.1	12.0	3.8	10.4	10.4	47	22
蒙宁区	蒙宁	6.8	5.2	3.1	20.8	4.7	4.7	51	42
晋陕甘区	晋陕甘	10.5	6.1	7.3	7.0	4.3	4.3	68	22
四川区	川渝	6.7	7.5	7.4	5.7	9.7	9.7	53	39
云贵区	云贵	8.7	4.7	5.1	5.0	5.1	5.1	56	31
青藏区	青藏	0.8	0.3	0.4	30.1	0.8	0.8	45	51
西北区	新疆	3.4	2.3	3.5	14.6	2.1	2.1	71	24

注：根据《中国统计年鉴2014》整理

（2）种植结构调整

由于社会经济发展，工业、城镇生活和生态用水势必快速增长，因此，农业用水增长空间较小，甚至需要压缩，同时由于我国农业用水增长的刚性需求，推广农业节水是唯一出路。种植结构调整是农业节水的重要手段，在调整适应节水型种植结构上，往往又把重点放在减少粮食作物、增加经济作物上。但是由于国家粮食安全的刚性约束，又必须保证一定的粮食种植比例，应依据当地水资源条件发展适应性农牧结构和种植业结构，充分利用当地降水，科学灌溉，实现农业水资源的合理配置与高效利用，从而维持整个水资源系统的可持续利用和区域用水平衡。

种植结构调整与布局应遵循作物水经济价值地带规律。对2000～2005年3种粮食作物（冬小麦、玉米和水稻）及1种经济作物（棉花）的水经济价值（净效益/蒸发量）、单位耗水产量（产量/蒸发量）和单位灌溉水产量（产量/灌溉水量）统计分析可得出以下地带性特征和认识（专题图3-8）。

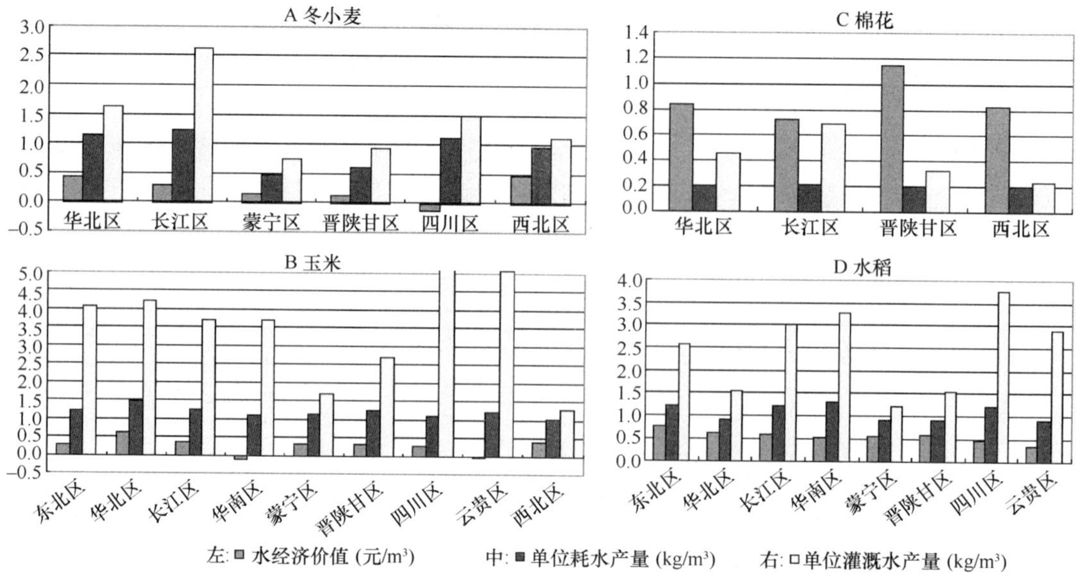

专题图 3-8　分区主要作物单方水效益与产量（2000～2005 年平均）

1）冬小麦：华北区、长江区、四川区和西北区单位耗水产量明显高于其他区，但单位灌溉水产量长江区最高，超过 2.5kg/m^3，华北区高于四川区和西北区；华北区和长江区冬小麦品质好，水经济价值显著高于其他区。分析表明：华北区和长江区具有明显的冬小麦种植优势，应稳定华北区冬小麦种植面积，挖掘长江区种植潜力，提高四川区和西北区的品质。

2）玉米：玉米对灌溉水的需求不高，适宜于各地生长。各区单位耗水产量差异不大，除西北区、蒙宁区和晋陕甘区外，单位灌溉水产量均为单位耗水产量的 3 倍以上，水经济价值以华北区最高，长江区和四川区次之。尤其在华北区，冬小麦夏玉米连作不仅有效地提高了耕地利用率，也有效地提高了水分生产效率。

3）水稻：单位耗水产量在华南区和四川区较高，但四川区对灌溉的依赖程度最小，水经济价值以东北区和华北区最大，长江区和蒙宁区略低；华南区、长江区和四川区均适合大面积发展水稻种植。

4）棉花：单位耗水产量在华北区、长江区、晋陕甘区和西北区差异不大，其中长江区对灌溉的依赖程度最小，华北区次之，西北区则基本依赖灌溉，水经济价值以晋陕甘区最大，华北区相对较低；综合来看，长江区和华北区更适宜种植棉花。

（3）提高水分生产效率与推进生物节水战略

提高水分生产效率，首先要重视雨水利用，灌溉农业与旱地农业并重。首先，有关研究表明，在北方旱作农田采用等高种植、农田集雨等技术可提高降水保蓄率 18%～25%；采用覆盖、保护性耕作等技术，可提高降水利用率 15%～18%；采用综合旱作节水技术，可以使自然降水的综合利用率达到 60%～65%。其次，应以大型灌区续建配套与节水改造为龙头，工程措施、农艺措施与管理措施相结合，提高现有水源工程、输配水系统和田间灌水系统的用水效率等；应将常规水源和非常规水源作为统一的整体进行多水源合理利用。同时应看到，粮食作物是高耗水作物，如果能在节水抗旱农作物的培育上取得根本性突破，将有利于缓解中国农业的水资源“瓶颈”。而且生物节水技术还具有不需工程和设施投入、农民易于接受和使用的优势。因此，在作物抗旱机制研究及抗旱性改良上取得突破，将是全面发展节水农业所面临的巨大挑战。

2. 灌溉面积发展布局与预测

据统计，2013 年我国耕地面积 1.35 亿 hm^2，其中灌溉面积 0.63 亿 hm^2（国家统计局，2014），从总量上看，大规模成片开发的可能性较小，主要制约因素是水资源短缺，今后灌溉发展的潜力主要体现在对现有灌溉工程设施的挖潜、配套、改造，提高现有灌区设施完善程度和灌溉服务能力与技术水平，以及利用中小型水源工程建设开发较分散的灌溉面积。

本次以历次灌溉发展规划成果为基础，结合 2005 年中国工程院东北水资源项目实地考察、全国水资源综合规划按水资源三级区套地市多次协调后的规划成果，提出灌溉面积适度发展方案，并将全国水资源综合规划配置阶段成果作为高方案。各水平年各分区及一级流域农田灌溉面积发展预测结果列于专题表 3-4、专题表 3-5 和专题图 3-9。根据规划结果，预计至 2030 年全国可发展农田灌溉面积 6000 万～6200 万 hm^2，耕地灌溉率将达到 49%～50%。

专题表 3-4　2030 年农田灌溉面积发展规划结果比较

分区	农田灌溉面积（万 hm^2）						
	“十五”灌溉发展规划	中国工程院（2001 年）		本次规划		与工程院 A 方案相比	
		A 方案	B 方案	适度方案	高方案	适度方案	高方案
全国	5933	6096	5523	6009	6187	–87	92
东北区	594	418	418	655	750	237	332
华北区	1518	1632	1480	1533	1555	–99	–77
长江区	1660	1834	1674	1597	1600	–237	–234
华南区	482	554	503	464	460	–91	–94
蒙宁区	270	262	262	309	342	46	80
晋陕甘区	420	421	315	419	411	–2	–10
四川区	346	349	293	365	389	16	39
云贵区	236	228	191	294	305	67	78
青藏区	49	45	35	57	57	11	12
新疆区	358	351	351	316	317	–35	–34

注：A 方案为水土平衡方案，B 方案为水资源供需平衡方案。见钱正英和张光斗（2001）

专题表 3-5　一级流域不同水平年农田灌溉面积发展预测

分区	适度方案					高方案（水资源综合规划方案）				
	农田有效灌溉面积（万 hm^2）			净增（万 hm^2）	耕地灌溉率（%）	农田有效灌溉面积（万 hm^2）			净增（万 hm^2）	耕地灌溉率（%）
	基准年	2020 年	2030 年			基准年	2020 年	2030 年		
全国	5411	5865	6009	598	49	5492	6026	6187	695	50
松花江区	327	496	555	228	31	369	568	649	280	36
辽河区	219	228	234	15	33	226	249	253	27	36
海河区	735	743	745	11	65	735	747	750	15	66

续表

分区	适度方案					高方案（水资源综合规划方案）				
	农田有效灌溉面积（万 hm^2）			净增（万 hm^2）	耕地灌溉率（%）	农田有效灌溉面积（万 hm^2）			净增（万 hm^2）	耕地灌溉率（%）
	基准年	2020 年	2030 年			基准年	2020 年	2030 年		
黄河区	504	551	566	62	36	504	560	577	72	37
淮河区	1033	1114	1121	88	65	1065	1125	1133	67	65
长江区	1490	1581	1617	127	53	1490	1627	1655	164	54
东南诸河区	195	193	193	−2	76	195	195	196	1	77
珠江区	424	440	446	23	43	424	438	441	17	42
西南诸河区	81	105	113	33	33	81	108	119	38	35
西北诸河区	402	413	417	14	65	402	411	415	12	64

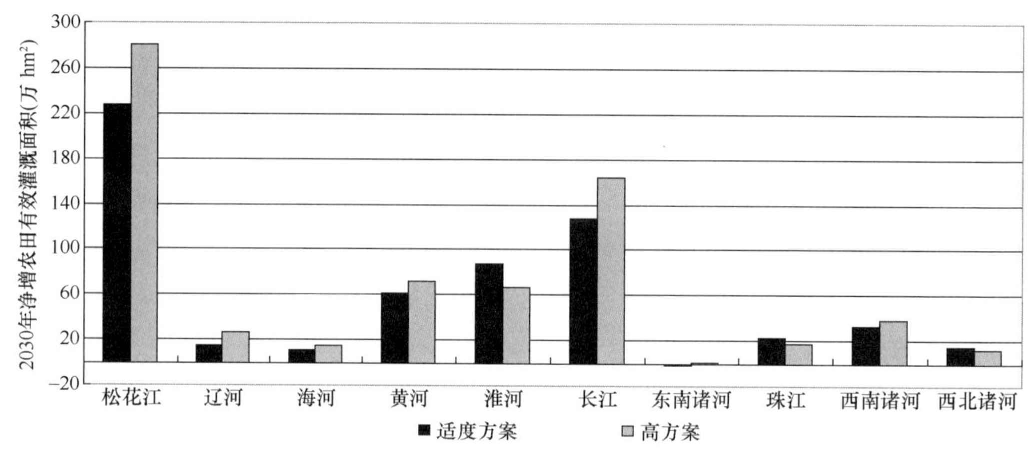

专题图 3-9 一级流域适度方案与高方案新增农田灌溉面积比较

3. 灌溉发展需水量预测

（1）农田灌溉需水预测

根据全国水资源综合规划成果，预计至 2030 年全国农田综合灌溉定额将下降至每公顷 5895[p（保证率）=50%]～6630m^3（p=75%），降幅 1200～1350m^3/hm^2。灌溉水利用系数将由基准年的 0.49 提高到 0.56，约提高 7 个百分点（专题表 3-6）。一级流域农田灌溉需水量比较（适度方案）见专题图 3-10。

预计 2030 年全国农田灌溉需水量（适度方案）将达到 3546 亿 m^3（p=50%）、3987 亿 m^3（p=75%）和 4349 亿 m^3（p=90%）（专题表 3-7）。其中仅松花江区增加 90 亿～145 亿 m^3，净增水量集中在嫩江、第二松花江、乌苏里江和黑龙江干流等二级区，其他流域均呈不同程度的减少。在省级行政区中，仅黑龙江、吉林、贵州和海南呈增加趋势，其中黑龙江增加最多，增加了 70 亿～100 亿 m^3，而江苏减少最多，减少了 50 亿～75 亿 m^3。与适度方案相比，高方案将增加需水量约 100 亿 m^3。

（2）农业用水供需平衡分析

基准年农业多年平均缺水约 350 亿 m^3，缺水率约 9.1%。缺水集中在黄河、淮河、海河、辽河四区，其中海河区缺水近 84 亿 m^3，缺水率达 30.1%（专题表 3-8）。按照规划发展力度，预计 2030 年，在平水年条件下，农业可供水量近 3463 亿 m^3，缺水约 83 亿 m^3，其中一半缺水位于海河流域，缺水率约 16.1%（专题表 3-8），约 120 万 hm^2 缺水灌溉（专题表 3-7）。

专题表 3-6 农田综合灌溉定额与灌溉水利用系数

分区	毛定额（m^3/hm^2，p=50%）				毛定额（m^3/hm^2，p=75%）				水利用系数			
	基准年	2020 年	2030 年	降低	基准年	2020 年	2030 年	降低	基准年	2020 年	2030 年	提高
全国	7 095	6 195	5 895	1 200	7 980	6 975	6 630	1 350	0.49	0.55	0.56	0.07
松花江区	7 515	6 390	5 805	1 710	8 520	7 230	6 585	1 935	0.53	0.59	0.60	0.07
辽河区	6 015	4 860	4 530	1 485	7 125	5 850	5 490	1 635	0.49	0.52	0.53	0.03
海河区	3 795	3 510	3 420	375	4 635	4 260	4 110	525	0.53	0.62	0.62	0.09
黄河区	6 765	5 625	5 340	1 425	7 530	6 285	5 970	1 560	0.43	0.52	0.55	0.12
淮河区	4 515	3 990	3 840	675	5 205	4 620	4 455	750	0.52	0.53	0.53	0.01
长江区	7 620	6 720	6 405	1 215	8 820	7 650	7 260	1 560	0.54	0.59	0.62	0.08
东南诸河区	9 285	7 860	7 410	1 875	10 545	9 210	8 700	1 845	0.50	0.61	0.65	0.15
珠江区	12 690	11 385	10 920	1 770	13 845	12 465	11 970	1 875	0.41	0.44	0.45	0.04
西南诸河区	10 590	8 265	7 545	3 045	11 385	8 880	8 115	3 270	0.43	0.53	0.56	0.13
西北诸区河	10 875	9 555	9 150	1 725	10 875	9 555	9 150	1 725	0.44	0.49	0.51	0.07

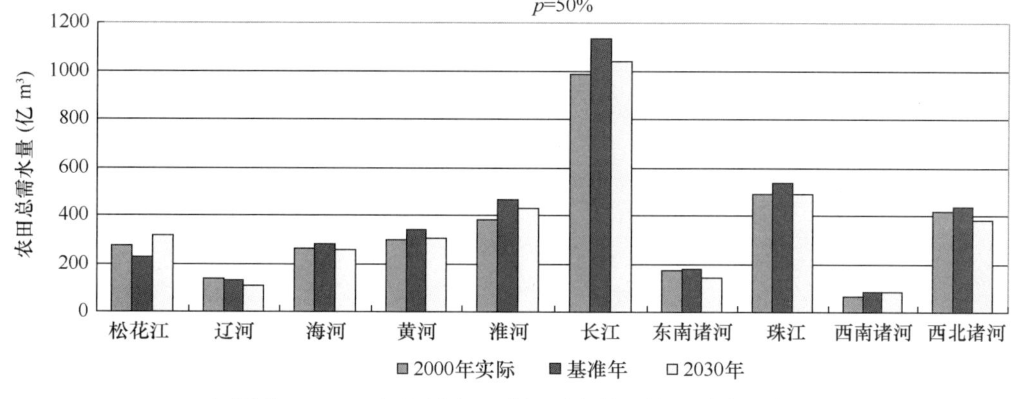

专题图 3-10 一级流域农田灌溉需水量比较（适度方案）

专题表 3-7 不同水平年农田灌溉需水量预测（适度方案）

分区	农田灌溉需水量（亿 m^3）									净增（p=75%）
	p=50%			p=75%			p=90%			
	基准年	2020 年	2030 年	基准年	2020 年	2030 年	基准年	2020 年	2030 年	
全国	**3826**	**3625**	**3546**	**4281**	**4080**	**3987**	**4648**	**4453**	**4349**	**–294**
松花江区	228	301	318	244	343	364	256	378	400	119
辽河区	134	112	107	142	136	130	154	155	150	–12
海河区	279	261	255	341	316	306	341	316	306	–34
黄河区	341	310	302	380	346	338	410	375	367	–42
淮河区	466	444	430	538	515	499	585	558	540	–40
长江区	1137	1061	1036	1314	1208	1175	1509	1384	1341	–139
东南诸河区	181	152	143	206	178	168	229	203	192	–38
珠江区	537	501	488	586	548	534	630	591	575	–52
西南诸河区	85	87	86	92	93	92	96	97	96	0
西北诸河区	438	395	381	438	395	381	438	395	381	–56

专题表 3-8　农田灌溉用水供需平衡（适度方案）

分区	基准年（亿 m^3）				2030 年（p=50%，亿 m^3）				2030 年（p=75%，亿 m^3）			
	需水量	供水量	缺水量	缺水率%	需水量	供水量	缺水量	缺水率%	需水量	供水量	缺水量	缺水率%
全国	**3826**	**3476**	**350**	**9.1**	**3546**	**3463**	**83**	**2.3**	**3987**	**3810**	**177**	**4.4**
松花江区	228	209	19	8.4	318	316	2	0.6	364	359	5	1.4
辽河区	134	107	27	20.2	107	102	5	4.7	130	122	8	6.2
海河区	279	195	84	30.1	255	214	41	16.1	306	225	81	26.4
黄河区	341	289	52	15.2	302	299	3	1.0	338	321	17	5.0
淮河区	466	405	61	13.1	430	414	16	3.7	499	471	28	5.6
长江区	1137	1103	34	3.0	1036	1034	2	0.2	1175	1164	11	0.9
东南诸河区	181	173	8	4.4	143	143	0	0.0	168	168	0	0.0
珠江区	537	518	19	3.5	488	488	0	0.0	534	532	2	0.4
西南诸河区	85	78	7	8.2	86	85	1	1.2	92	88	4	4.3
西北诸河区	438	401	37	8.5	381	368	13	3.4	381	360	21	5.5
北方六区	1886	1606	280	14.8	1793	1713	80	4.5	2018	1858	160	7.9
南方四区	1940	1870	70	3.6	1753	1750	3	0.2	1969	1952	17	0.9

在中等干旱条件下，缺水量将扩大到近 180 亿 m^3，缺水率约 4.4%，其中海河区缺水约 81 亿 m^3，缺水率约 26.4%；淮河区缺水约 28 亿 m^3，缺水率约 5.6%；黄河区缺水约 17 亿 m^3，缺水率约 5.0%（专题表 3-8），农业用水形势依然严峻。

四、我国主要能源基地水资源与能源协调性评价

煤占一次能源消费比例的 66%，煤炭开采、煤电和煤化工是水资源需求最为强烈也是影响最为深刻的能源类型。富煤、贫油、少气是我国资源禀赋特征，我国能源生产与消费结构长期以煤炭为主，由于地理、气候等客观因素，我国水资源分布严重不均，煤炭资源和水资源呈逆向分布。国际环保组织绿色和平发布的《煤炭产业如何加剧全球水危机报告》指出，截至 2013 年年底，全球有将近 1/4 的煤电厂建在或计划建在地表水资源被过度取用（即“过度取水”）的地区。其中，我国 45%的煤电厂装机建于“过度取水”区，年耗水量约为 34 亿 m^3。本研究着重对煤炭基地进行水资源对煤炭基地能源开发的支撑能力进行分析。

（一）水资源对煤炭基地支撑能力宏观分析

本节将对全国主要综合能源基地煤炭开发与水资源情势进行定性分析，并对水资源利用相对紧张的西北地区主要煤电基地水资源支撑能力进行定量分析。

1. 全国五大综合能源基地水资源对煤炭开发支撑能力分析

本节主要针对全国 5 个综合能源基地（包括蒙东、鄂尔多斯、山西、新疆、西南）的煤炭开发与水资源情势进行了定性分析。

上述综合基地中，除西南基地地处南方丰水地区，蒙东基地部分地区位于松花江流域，水资源条件稍好外，其余基地均处于北方缺水地区。各基地详细水资源对煤炭开发支撑能力分析如下。

（1）蒙东能源基地

蒙东能源基地地处松花江流域、辽河流域。其中内蒙古东部五盟（市）（呼伦贝尔市、兴安盟、通辽市、赤峰市和锡林郭勒盟）是蒙东大型煤炭基地的主要增产区，煤炭探明储量 909.6 亿 t，褐煤储量占全国探明储量的 3/4 以上。

水资源方面，松花江流域水资源开发利用率 21.7%，其中地表水开发利用率 15.9%，尚有一定的开发潜力，辽河流域水资源开发利用率超过 50%，水资源开发潜力较小。蒙东地区煤炭开发问题主要位于锡林郭勒盟和呼伦贝尔市。这两地煤炭资源以褐煤为主，埋藏浅，露天煤矿多，开采造成地下水破坏，从而带来草原生态环境退化。

（2）鄂尔多斯盆地基地

鄂尔多斯盆地基地地处黄河流域，煤炭、石油、天然气等矿产资源丰富。仅已查明的煤炭资源储量就占全国的 39%，蕴藏的能源资源占全国的 35%以上，能源调出量占全国能源调出量的一半以上，是我国未来能源供应增长的主力军。共分布有神东、宁东、陕北、黄陇和河南 5 个大型煤炭基地。

水资源方面，区域所在的黄河流域兰州至三门峡段年均降水量 300～400mm，是我国水资源供需形势最为严峻的地区，也是我国水土流失最严重的地区。根据《黄河“87 分水方案”》，宁夏、内蒙古、陕西、甘肃均已接近或达到用水上限，用水总量上升空间小。

（3）山西基地

山西基地地处黄河流域和海河流域，分布有晋北、晋中、晋东大型煤炭基地，沁水、河东两大煤层气基地，其中，晋东基地是我国最大和最重要的优质无烟煤生产基地。

水资源方面，山西是全国缺水最严重的省份之一。水资源短缺一直是制约该省经济社会发展的主要瓶颈。山西近十年人均占有水资源量 38m^3，为同期全国人均值的 17%。受地形和工程原因的影响，山西地表水利用不足，导致全省地下水超采严重。

（4）新疆基地

新疆基地地处西部内陆河流域，主要分布有吐哈、准格尔、塔里木、伊犁等能源基地，是我国煤炭、石油、天然气等能源矿产资源富集区和重要战略接替区，煤炭预测储量 2.19 万亿 t，占全国预测储量的 40%以上，现阶段还没有大规模开发。

水资源方面，新疆位于内陆干旱区，多年平均降水量仅为 145mm，水资源时空分布不均，生态环境脆弱，而大规模土地开发、粗放用水方式又导致农业用水占总用水量的 95%，用水总量现状已超红线指标。此外，区域内艾比湖、赛里木湖、巴里坤湖、伊犁河、玛纳斯河等重要保护河湖生态系统大部分位于天山北坡经济带与吐哈产业集聚区，生态需求与能源开发相互冲突。

（5）西南基地

西南基地地处长江流域，分布有云贵大型煤炭基地。区域能源资源丰富，尤其是水能、天然气等清洁能源资源比较丰富。水能资源技术可开发量占全国的 70%。煤炭集中分布在川、滇、黔接壤地区，是我国南方重要的煤炭生产基地，保有储量占全国的 8.9%。

水资源方面，长江流域是我国水资源丰沛地区之一，平均水资源总量为 9958 亿 m^3，约占全国总量的35%，居全国十大区地表水资源量之首。且区域水资源开发利用程度也不高，水资源开发利用率为17.8%，未来具有一定的开发利用潜力，尤其是有煤炭基地分布的金沙江区和乌江区。

2. 煤炭基地水资源支撑难点分析

（1）水资源本底条件差，社会各行业用水竞争压力大

我国煤炭基地大多分布在北方，国家正在实施城市化战略中，北方地区包括了哈长地区、中原地区、关中平原地区3个大城市群，冀中南城市群、太原城市圈、呼包鄂榆、兰州—西宁、宁夏沿黄、新疆天山北坡地区等6个城市化地区，人口的聚集和经济产业的进一步发展使得用水需求也不断提高。另外，随着大力推进生态文明建设的战略部署的提出，以往牺牲生态来满足经济发展的水资源需求的态势将会逐步受到遏制。此外，至2020年实现的我国千亿斤粮食增产任务中，北方地区的增产任务在60%以上，也必将带来巨大的水资源需求。同时其他能源产业也处于蓬勃发展阶段，用水量不断增大，进一步加剧了煤炭基地水资源安全保障的压力。

（2）最严格水资源管理制度的实施，对区域用水总量进行了严格管控

最严格水资源管理制度的核心就是要通过严格实行用水总量控制、全面推进节水型社会建设、严格控制入河湖排污总量及建立水资源管理责任和考核制度，确立水资源开发利用控制、用水效率控制和水功能区限制纳污3条红线。设置水资源开发利用红线，控制社会经济用水总量，是保障自然生态环境基本用水需求维持水资源的可持续利用的重要途径。在这一管理要求下，由于水资源开发利用现状已经处于较高水平，未来北方地区社会经济供水总量增量空间将受到严格限制，煤炭基地用水需求保障面临严峻的挑战。

（3）用水需求增量空间大

根据相关规划，未来相当长的一个时期内，我国装机容量和发电量将保持迅猛增长的趋势，特别是国家实施“西电东送”战略，煤炭基地发电总装机容量更会成倍地增长。另外煤炭基地用水已经处于较高节水水平，因此大规模的发展必然导致大幅度的用水需求增量。

（4）国家明确规定地下水不能用于火力发电

目前国家已经禁止新增地下水用于火力发电，直接缩小了煤炭基地火力发电可供水水源范围，增加了煤炭基地水资源保障的压力。

（二）西部地区的五大煤电基地定量分析

国家能源局制定的《2014年能源工作指导意见》（国能规划〔2014〕38号）中明确指出：“推进鄂尔多斯、锡盟、晋北、晋中、晋东、陕北、宁东、哈密、准东等9个以电力外送为主的千万千瓦级现代化大型煤电基地建设。”本次研究以其中位于西部地区、水资源与社会经济发展矛盾相对突出的鄂尔多斯、陕北、宁东、哈密、准东五大煤电基地为主要研究对象进行分析。研究区域涉及5个煤电基地所在的4个省级行政区7个地市级行政区，基本对应关系见专题表3-9。

专题表 3-9　五大煤电基地所在城市

编号	煤电基地名称	省份	所在地市
1	鄂尔多斯	内蒙古	鄂尔多斯
2	宁东	宁夏	银川、吴忠
3	陕北	陕西	榆林、延安
4	准东	新疆	昌吉
5	哈密	新疆	哈密

1. 区域水资源情势分析

（1）水资源禀赋

从煤电基地的地理位置来看，鄂尔多斯、陕北、宁东、哈密、准东五大煤电基地全部处于干旱或半干旱地区，多年平均年降水量小于 600mm。煤电作为高用水产业受到水资源本底条件的极大制约。

从五大煤电基地水资源情势来看，平均人均水资源量仅为 853m^3，远低于全国平均水平。五大煤电基地中，位于内蒙古和新疆的鄂尔多斯煤电基地、准东煤电基地和哈密煤电基地，由于人口相对较少，人均水资源量超过了 1000m^3，其余位于宁夏、陕西的宁东煤电基地和陕北煤电基地水资源本底条件差，建设发展的水资源约束更为显著（专题图 3-11）。

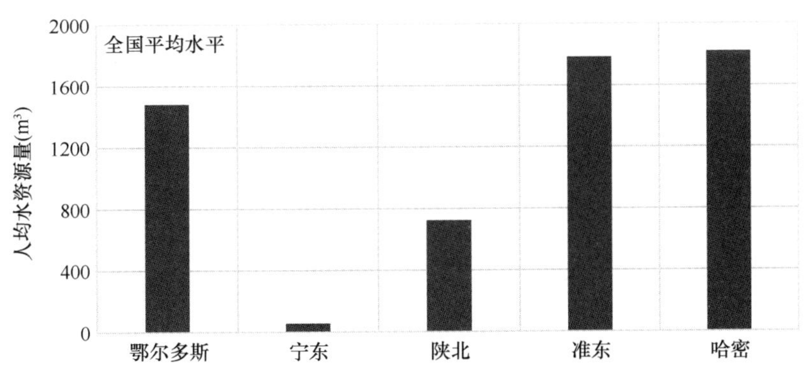

专题图 3-11　五大煤电基地人均水资源情况

（2）用水现状

由于煤电基地均采用高效生产与用水技术，水资源利用效率很高。2012 年，鄂尔多斯、陕北、宁东、哈密、准东等五个以电力外送为主的千万千瓦级现代化大型煤电基地的发电用水量为 1.29 亿 m^3（专题表 3-10），仅占全国 2012 年火电用水总量的 2%左右，占当年涉及区域社会经济总用水量的 1%、工业用水量的 12%。因此，对于北方缺水地区的煤电产业来讲，与传统的高用水行业相比，其已处于较高节水水平，大规模的发展必然导致大幅度的用水需求增量和供需矛盾的激化。

（3）各基地详细水资源情势分析

1）鄂尔多斯煤电基地。

鄂尔多斯处于北温带半干旱大陆性气候区，冬夏寒暑变化大。多年平均气温 6.2℃，日最高气温 38℃，日最低气温–31.4℃。多年平均降水 348.3mm，降水多集中于 7 月、8 月、9 月三个月，占全年降水量的 70%左右。多年平均蒸发量 2506.3mm，为降水量的 7.2 倍，以 5～7 月为最大。

专题表 3-10　五大煤电基地用水现状

编号	煤电基地名称	煤电基地用水量（亿 m^3）	区域用水总量（亿 m^3）	煤电基地用水量所占比例	全区工业用水量（亿 m^3）	全区生活用水量（亿 m^3）	煤电基地用水占全区工业用水量的比例	占工业与全区生活用水总量的比例
1	鄂尔多斯	0.41	15.69	2.6%	2.9	0.89	14.1%	10.8%
2	宁东	0.52	42.84	1.2%	2.99	1.28	17.4%	12.2%
3	陕北	0.16	9.96	1.6%	2.59	1.36	6.2%	4.1 %
4	准东	0.15	43.35	0.3%	1.54	0.79	9.7%	6.4%
5	哈密	0.05	10.41	0.5%	0.55	0.65	9.1%	4.2%
	总计	1.29	122.25	1.06%	10.57	4.97	12.2%	8.3%

鄂尔多斯内流河流域面积大于 100km^2 的河流有摩林河、陶赖沟、红庆河等 13 条。河流水系可分为外流河区和内流区。外流河区属黄河水系，总流域面积 5.04 万 km^2。内流河流域总面积为 3.64 万 km^2，占全市总面积的 62.4%，年径流量 1.75 亿 m^3。

水资源开发利用方面，根据 2012 年数据，鄂尔多斯水资源总量为 26.47 亿 m^3。现状：供水总量 15.69 亿 m^3，其中地表水供水 5.36 亿 m^3，占总供水的 34%；地下水供水 10.15 亿 m^3，占总供水的 65%；其他水源供水 0.18 亿 m^3，占总供水的 1%。其中农业灌溉用水 9.34 亿 m^3，占总用水的 60%；林牧渔用水 2.21 亿 m^3，占总用水的 14%；工业用水 2.9 亿 m^3，占总用水的 18%；城镇公共用水 0.31 亿 m^3，占总用水的 2%；居民生活用水 0.58 亿 m^3，占总用水的 4%；生态用水 0.35 亿 m^3，占总用水的 2%。

2）宁东煤电基地。

宁东煤电基地规划区包括银川、吴忠两市，属中温带干旱气候区，具有干燥、雨量少而集中、蒸发量大、日照时间长、冬春季风沙多、无霜期短等特点。当地水资源匮乏，主要以降水为主。近年年平均降水量约 200mm，多年平均水面蒸发量为 1400mm，年平均相对湿度为 57%。

宁东煤电基地规划区包含苦水河水系、盐池内陆河流域和黄河右岸诸沟 3 个不完整的四级水资源分区。其中，苦水河水系占有绝大部分。宁东煤炭基地规划区内主要有边沟（水洞沟）、大河子沟（西天河）、苦水河、沙葱沟、小水水沟、庙梁子沟、长流水沟，除边沟、大河子沟、苦水河，其他多为季节性水蚀冲沟。湖泊主要有海子湖、盐湖等，目前大部分时间干涸。基地内潜水聚集的储存条件极差，地下水一般在丘陵中的沟壑、洼地及大面积沙带中有少量分布，大部分区域地下水储量不足。

水资源开发利用方面，根据 2012 年数据，宁东煤电基地水资源总量 3.369 亿 m^3，现状：总供水量为 42.785 亿 m^3，其中地表水供水 39.69 亿 m^3（黄河水 39.619 亿 m^3），地下水供水 3.077 亿 m^3，其他水源供水 0.018 亿。其中农业用水量 38.572 亿 m^3，工业用水量 2.992 亿 m^3，城镇生活用水量 0.961 亿 m^3，农村人畜用水量 0.319 亿 m^3。

3）陕北煤电基地。

陕北煤电基地包括榆林和延安两市，是我国黄土高原的中心部分，地势西北高、东南低，区内沟壑纵横，地形复杂。区域降水量小，多年平均降雨量只有300～450mm，干旱年份降雨量不足200mm，而年蒸发却在2400mm左右，水资源十分短缺。

区域内河流均属于黄河水系，大多数河流呈自西向东和西北—东南流向。境内主要河流有无定河、秃尾河、窟野河、清水河、皇甫川、孤山川等河流，这些河流水系多年平均径流总量为17.1亿m^3左右。延安市区以北洛河、延河、清涧河、仕望河、云岩河为骨干，形成密如蛛网的水系网。境内主要河流有延河、清涧河、仕望河、云岩河及北洛河等。区域多年平均地表水径流量13.35亿m^3，全市多年平均入境总水量为1.72亿m^3。榆林境内主要有无定河、窟野河、秃尾河、佳芦河及黄埔川、孤山川等，流域面积34 290km^2，年径流量总量25.13亿m^3。

水资源开发利用方面，2012年陕北煤电基地总用水量为9.96亿m^3，工业用水2.59亿m^3，占总用水量的26%。其中，延安总用水量2.43亿m^3，工业用水量0.83亿m^3，占全市总用水的34%；榆林总用水量7.53亿m^3，工业用水量1.76亿m^3，占全市总用水的23%。延安人均用水量为111.2m^3，万元GDP用水量40.6m^3，万元工业增值用水量13.1m^3。榆林人均用水量为212.2m^3，万元GDP用水量124.4m^3，万元工业增值用水量27m^3。

4）哈密煤电基地。

哈密属典型的温带大陆性干旱气候，干燥少雨，年降水量33.8mm，年蒸发量3300mm，区域水资源主要以天山冰雪和地下水为主。春季多风、冷暖多变，夏季酷热、蒸发强，秋季晴朗、降温迅速，冬季寒冷。

地区主要有河流75条，年径流量8.45亿m^3，其中年径流量大于1000万m^3的河沟15条，径流量为4.59亿m^3，占地区总径流量的48.6%。地表水径流量年际变化相对稳定，年内变化较大，4～8月径流量占总径流量的70%以上。山南哈密市区域有28条河流，年径流量4.3亿m^3，主要河流有石城子河、榆树沟、三道沟、四道沟、五道沟等。巴里坤县有39条，年径流量3.45亿m^3，主要河流有西黑沟、乌沟、奎苏沟、二道白杨沟、大柳沟等；伊吾县有8条，年径流量1.56亿m^3，主要河流有伊吾河、吐尔干沟和四道白杨沟等。

水资源开发利用方面，2012年哈密地表水和浅层水资源为16.96亿m^3，其中地表径流量8.7亿m^3，地下水可开采量8.2亿m^3。全地区水资源开发利用总量为10.41亿m^3，其中，地表水开发利用4.4亿m^3，占地表水资源总量的50.6%；地下水开发利用5.97亿m^3，占地下水资源总量的72.8%；污水回用量385万m^3。全区各业用水总量为10.41亿m^3，其中农业用水8.48亿m^3，工业用水0.55亿m^3，生活用水0.65亿m^3，生态用水0.73亿m^3，用水结构为81.5∶5.3∶6.2∶7.0。

5）准东煤电基地。

准东煤电基地处于中温带区，为典型的大陆性干旱气候，具有冬季寒冷、夏季炎热、昼夜温差大的特点。区域干旱缺水、风沙化严重、土壤盐碱化、草原退化等，生态系统十分脆弱。由于地形条件的影响，由南向北气候差异较大，南部山区气候特征明显，北部沙漠性气候特征显著。年平均降水量为190mm，夏季降水量明显多于冬季。基地常年有水的河流共43条，拥有地表水资源25.0亿m^3，其中州属20.7亿m^3，占地表水资源总量的82.8%。

水资源开发利用方面，准东煤电基地供水总量43.18亿m^3，其中地表水供水24.09亿m^3，占总供水的56%；地下水供水19.05亿m^3，占总供水的44%；其他水源供水0.04亿m^3。现状：用水总量为43.18亿m^3，其中农业灌溉用水40.69亿m^3，占总用水的94%；工业用水1.51亿m^3，占总用水的3%；城镇公共用水0.08亿m^3；居民生活用水0.71亿m^3，占总用水的2%；生态用水0.37亿m^3，占总用水的1%。

2. 西北煤电基地未来水资源供需匹配分析

社会经济用水包括生活、生产、生态环境用水，生产用水又涉及工业用水和农业用水，煤电用水则是工业用水很小的一部分。关于西北煤电基地未来水资源对煤电开发支撑能力的分析是研究煤电基地用水需求量与可能供给能源发展的水资源量之间的匹配问题，理论上应当基于流域或区域的水资源宏观配置框架。水资源配置实际包括需水管理和供水管理两方面的内容：在需水管理方面通过调整产业结构与生产力布局，积极发展高效节水产业，抑制需水增长势头，以适应较为不利的水资源条件；在供水管理方面则是协调各单位竞争性用水，加强管理，并通过工程措施改变水资源天然时空分布与生产力布局不相适应的被动局面。

煤电基地发展用水需求受到行业用水效率与产业规模的影响；在特定区域的水资源条件和工程供水能力，可能供给煤电基地发展的水资源量则受不同行业用水竞争关系与政府宏观水资源配置战略倾向的影响。因此在进行水资源与能源适配性分析时，需要对供需两方面双向设置不同发展情景。

本次研究的供需水匹配分析采用供需水增量平衡分析，以2012年为基准年，2020年和2030年为未来水平年。

（1）供给层面

区域本地最大可供水量增量通常要综合考虑3方面内容。

1）区域用水红线控制指标增量。

2013年1月，国务院办公厅印发了《实行最严格水资源管理制度考核办法》(国办发〔2013〕2号)，明确了各省区水资源管理3条红线控制指标，作为对各地进行考核的依据。之后各省区又将用水总量、用水效率与水功能区纳污控制指标在行政区内进行了进一步分解。

本次研究收集整理了五大煤电基地所在行政区域2020年、2030年水资源开发利用的控制红线，即区域用水总量控制指标，在此基础上按照煤电基地进行整合。2020年和2030年，五大煤电基地区域除准东外，用水总量控制指标较现状分别增加8.44亿m^3和18亿m^3，准东煤电基地所在区域用水量现状远远高于2020年和2030年用水红线，社会经济用水矛盾尖锐，未来煤电开发难度较高。各煤电基地具体情况见专题表3-11、专题图3-12和专题图3-13。

2）确定能源基地供水能力增量。

根据各地区水资源综合规划整理了各地区2020年、2030年可能增加的工程供水能力，见专题表3-12和专题表3-13。

3）水量置换量的考虑。

如果区域存在水权转让（水量置换）规划，可供水量增量为本地可供水量增量与水量置换量之和，并保证不超过工程供水能力增量。

专题表 3-11　五大煤电基地区域 2020 年和 2030 年水资源开发利用红线指标

编号	煤炭基地名称	供用水量现状（亿 m^3）	2020 年用水总量控制指标（亿 m^3）	2030 年用水总量控制指标（亿 m^3）
1	鄂尔多斯煤电基地	15.69	16.79	19.94
2	宁东煤电基地	42.84	43.51	43.55
3	陕北煤电基地	9.96	16.15	22.29
4	准东煤电基地	43.35	33.77	34.47
5	哈密煤电基地	10.41	10.89	11.12
	合计	122.25	121.11	131.37

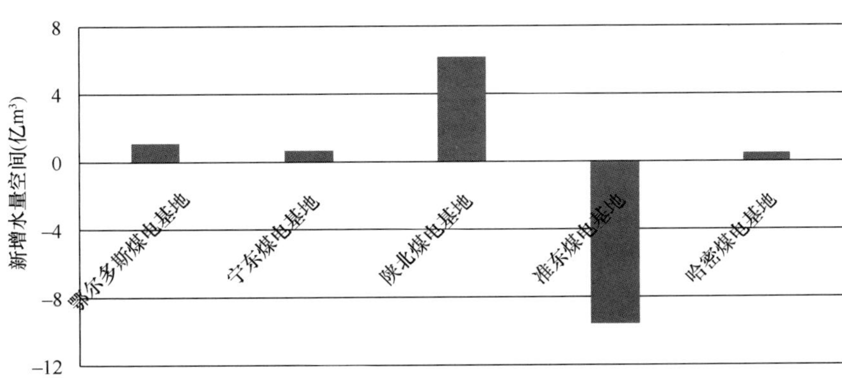

专题图 3-12　2020 年五大煤电基地水量增加空间

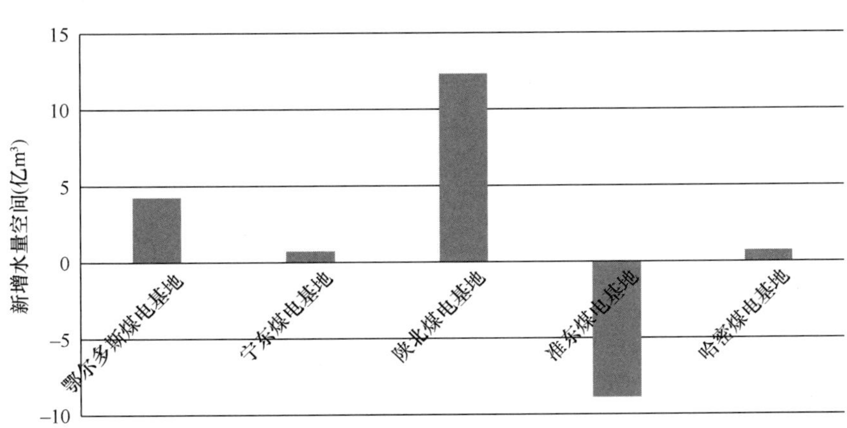

专题图 3-13　2030 年五大煤电基地水量增加空间

专题表 3-12　五大煤电基地所在区域 2020 年最大新增供水

编号	煤电基地	供水能力增量（亿 m^3）		用水指标增量（亿 m^3）	用水指标增量与水量置换量之和（亿 m^3）	可供水量增量（亿 m^3）
		总量（1）	其中水量置换（2）	（3）	（4）=（2）+（3）	（1）和（4）取小值
1	鄂尔多斯煤电基地	4.17	1.64	1.1	2.74	2.74
2	宁东煤电基地	6.06	2.56	0.67	3.23	3.23
3	陕北煤电基地	9.3	1	6.19	7.19	7.19
4	准东煤电基地	1.46	0.8	–9.58	0.8	0.8
5	哈密煤电基地	2.89	0.3	0.48	0.78	0.78
	总计	23.88	6.3	—	14.74	14.74

注：若（3）<0，在计算（4）时取（3）=0

专题表 3-13 五大煤电基地所在区域 2030 年最大新增供水

编号	煤电基地	供水能力增量（亿 m^3）		用水指标增量（亿 m^3）	用水指标增量与水量置换量之和（亿 m^3）	可供水量增量（亿 m^3）
		总量（1）	其中水量置换（2）	（3）	（4）=（2）+（3）	（1）和（4）取小值
1	鄂尔多斯煤电基地	10.09	3.28	4.25	7.53	7.53
2	宁东煤电基地	7.62	5.12	0.71	5.83	5.83
3	陕北煤电基地	14.34	2	12.33	14.33	14.33
4	准东煤电基地	1.75	1.6	–8.88	1.6	1.6
5	哈密煤电基地	3.49	0.6	0.71	1.31	1.31
	总计	37.29	12.6	—	30.6	30.6

注：若（3）<0，在计算（4）时取（3）=0

根据以上方面的综合考虑，最终得到区域未来可供水量增量见专题表 3-12 和专题表 3-13。

其中通过水量置换解决的水源由于其成本高，主要针对能源基地，因此这部分水量可视为直接供给煤电基地的用水。根据各省规划，2020 年煤电基地区域水量转换量可达 6.3 亿 m^3。

在总的工程供水能力增量中，扣除水量置换量是通过其他水源工程的供水，这部分供水是面向全经济社会的，受水资源开发利用红线的控制，对比其他水源工程供水能力增量与用水总量控制指标增量，以小值为可能的本地其他水源供水增量。这部分水量的分配与当地社会经济行业发展方向有着密切的关系，对于五大煤电基地所处的行政区域来讲，煤电将是未来社会经济发展的支柱性产业，这些区域未来用水需求增量主要集中于工业与生活用水，农业将不会增加用水。基于这一判断，本次参考煤电基地用水量现状占当地工业与生活用水总量之和的比例，来估算未来煤电基地用水所占比例，并设定低限和高限。

低限：按照煤电基地用水量现状占工业与生活用水总量的比例。

高限：对于鄂尔多斯、宁东、准东、哈密四大煤电基地来讲，其社会经济发展基本集中于煤电产业，未来其用水将会占到更高的比例。因此，采用现状比例的 3 倍来估算高限；对于陕北煤电基地来讲，其社会经济发展对煤电产业的依赖性会略低于其他四大煤电基地，因此，采用现状比例的 2 倍来估算高限。

（2）需求层面

需求预测采用定额法。根据各地发展规划、能源产业现状、规划产品及产能，预测五大煤电基地所在 4 个省级行政区 7 个地市级行政区在不同节水技术条件下用水定额，预测 2020 年和 2030 年的需水量。

1）煤电基地新增电力规模。

根据国家及地方“十二五”规划、中长期发展规划等对于大型煤电基地拟建火电项目的统计，得到各大型煤电基地新增装机容量的基本情况如专题图 3-14 所示。

2）火力发电产业用水定额。

2013 年，工业和信息化部、水利部、国家统计局、全国节约用水办公室四部门联合印发的《重点工业行业用水效率指南》（工信部联节〔2013〕367 号）中对火电行业单位产品的取水指标进行了梳理，见专题表 3-14。

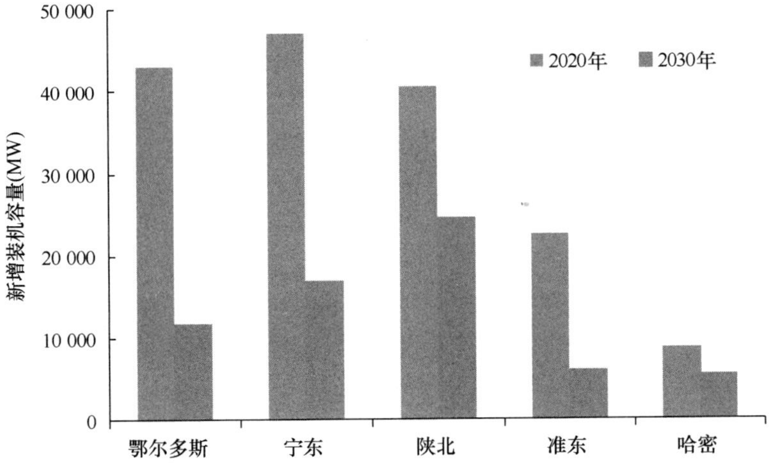

专题图 3-14 五大煤电基地新增装机容量

专题表 3-14 火电行业单位产品取水量指标

分类		单位发电量取水量［m^3/（MW·h）］			单位装机容量取水量［m^3/（s·GW）］
		先进值	平均值	限定值	准入值
循环冷却	单机容量<300MW	2.20	2.70	3.20	0.88
	单机容量 300MW 级	2.03	2.39	2.75	0.77
	单机容量 600MW 级及以上	1.94	2.13	2.40	0.77
直流冷却	单机容量<300MW	0.60	0.90	0.79	0.19
	单机容量 300MW 级	0.38	0.42	0.54	0.13
	单机容量 600MW 级及以上	0.33	0.43	0.46	0.11
空气冷却	单机容量<300MW	0.50	0.65	0.95	0.23
	单机容量 300MW 级	0.38	0.41	0.63	0.15
	单机容量 600MW 级及以上	0.35	0.44	0.53	0.13

数据来源及说明：①先进值和平均值取自行业调研数据；②限定值和准入值取自《取水定额 第 1 部分：火电》（GB/T 18916.1—2012）国家标准，准入值为单位装机容量取水量指标；③单机容量 300MW 级包括：300MW≤单机容量<500MW 的机组，单机容量 600MW 级及以上包括：单机容量≥500MW 的机组；④热电联产发电企业取水量应增加对外供汽、供热不能回收而增加的取水量（含自用水量）；⑤配备湿法脱硫系统且采用直流冷却或空气冷却的发电企业，当脱硫系统采用新水为工艺水时，可按实际用水量增加脱硫系统所需的水量；⑥当采用再生水、矿井水等非常规水源及水质较差的常规水资源时，取水量可根据实际水质情况适当增加

此外，各地方省区也根据国家政策及区域实际，制定了火电取水定额指标，见专题表 3-15。根据各省公布的取水定额分析，不同地区、不同规模及不同冷却方法对火电用水需求有着较大的影响，用水定额的大小不仅反映了用水的效率，同时也是该地区水资源紧缺程度的反映。

随着空冷技术的成熟及推广，未来规划新建的火电厂多采用空冷技术，尤其是在西北缺水的大型煤电基地，更是强制采用空冷技术，以节约水资源。根据对各省火电用水定额、现状实际平均用水定额及未来先进用水定额的分析，优先发展的西北五大煤电基地不同条件下的用水定额见专题表 3-16。其中，考虑到新增火电装机主要采用空冷技术，因此专题表 3-16 中的发布限定值和发布先进值均采用了各省发布的指导取水定额中空冷机组对应的数值；现状平均值则是根据 2012 年统计的实际发电量和取水量分析得到；未来先进值则是在水行政主管部门已颁布的用水定额标准或指南先进值的基础上，进一步考虑节水技术进步情况假定能够达到的用水水平。

专题表 3-15　各地方省区火电取水定额

序号	省区	定额值［m^3/（MW·h）］					
		循环冷却		直流冷却		空冷	
		300MW 以下	300MW 以上	300MW 以下	300MW 以上	300MW 以下	300MW 以上
1	内蒙古	4.8	3.84	1.2	0.72	0.8	
2	宁夏	4.8	3.84				
3	新疆	3.889					
4	陕西	1.8	1.44			0.54	0.432
5	甘肃	4.8	3.84	1.2	0.72		

专题表 3-16　五大煤电基地火电取水定额及预测

编号	煤电基地名称	所在省份	火力发电取水定额［m^3/（MW·h）］			
			发布限定值	发布先进值	现状平均值	未来先进值
1	鄂尔多斯	内蒙古	0.8	0.5*	0.8	0.3
2	宁东	宁夏	0.95*	0.5*	1	0.3
3	陕北	陕西	0.54	0.432	0.8	0.3
4	准东	新疆	0.95*	0.5*	1.2	0.3
5	哈密	新疆	0.95*	0.5*	1.2	0.3

注：①带*号的数据表示该省未设置相应取水定额值，参考专题表 3-14 中的调查数据，按照最低用水水平选取；②现状平均值包括空冷和湿冷后的综合定额

3）供需匹配分析。

根据上述方法计算得到 2020 年和 2030 年水资源供需增量情况，并进行供需匹配分析，结果如专题表 3-17、专题表 3-18、专题图 3-15 和专题图 3-16 所示。对五大煤电基地不同情景下的水资源供需进行比较分析表明：2020 年、2030 年五大煤电基地可供水增量分别约为 14.74 亿 m^3 和 30.6 亿 m^3，新增煤电开发需水按限定标准新增水量约 6.27 亿 m^3 和 8.47 亿 m^3，分别占可供水量增量的 43%和 28%，按节水先进值新增水量约 3.75 亿 m^3 和 5.12 亿 m^3，分别占可供水量增量的 25%和 17%。无论限定值还是先

专题表 3-17　煤电基地 2020 年水资源供需匹配分析

编号	基地名称	煤电基地可供水增量（较 2012 年）（亿 m^3）	新增煤电开发需水量增量（较 2012 年）（亿 m^3）	
			限定值	先进值
1	鄂尔多斯	2.74	1.68	1.05
2	宁东	3.23	2.17	1.14
3	陕北	7.19	1.06	0.84
4	准东	0.8	1.01	0.53
5	哈密	0.78	0.35	0.19
合计		14.74	6.27	3.75

专题表 3-18　煤电基地 2030 年水资源供需匹配分析

编号	基地名称	煤电基地可供水增量（较 2012 年）（亿 m^3）	新增煤电开发需水量增量（较 2012 年）（亿 m^3）	
			限定值	先进值
1	鄂尔多斯	7.53	2.1	1.31
2	宁东	5.83	2.91	1.53
3	陕北	14.33	1.69	1.34
4	准东	1.6	1.23	0.65
5	哈密	1.31	0.54	0.29
合计		30.6	8.47	5.12

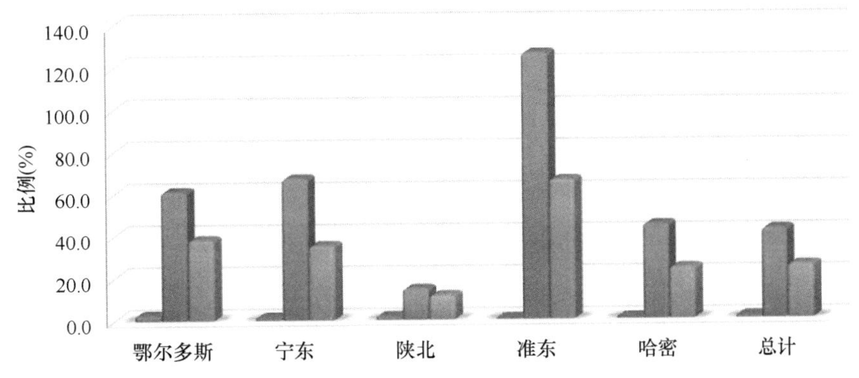

专题图 3-15　五大煤电基地现状及 2020 年新增煤电用水占可供水量增量比例

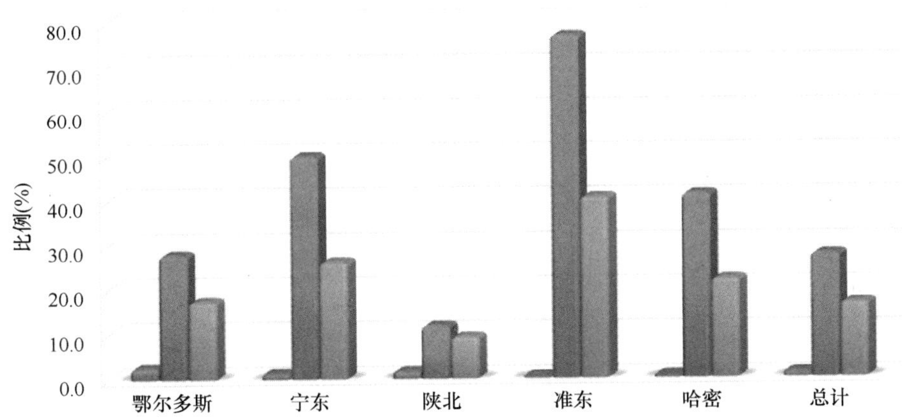

专题图 3-16　五大煤电基地现状及 2030 年新增煤电用水占可供水量增量比例

进值，占可供水量增量的比例均远超煤电行业用水量现状占比，尤其准东煤电基地和宁东煤电基地，若按限定值，煤电行业用水占可供水增量比例超过 50%，2020 年准东煤电行业用水占可供水增量甚至超过 120%。因此，未来若想支撑煤电开发，必须压缩其他行业用水，并提高用水效率。

五、京津冀地区水资源支撑能力评价

京津冀地区大部分位于海河流域，包含北京、天津、河北 3 个省（市），人口密集，经济发达，是我国经济创新活力最强、开放程度最高、人口最为密集的区域之一，区域内水资源与经济社会发展矛盾也十分突出。区域为公认的“资源型”严重缺水地区，以 2013 年人口计，区域多年平均人均水资源量仅为 236m^3，即使加上南水北调中线一期水量，区域平均人均水资源量也只有 279m^3，仅为全国平均水平的 13%，远低于国际公认的人均水资源量（500m^3）的严重缺水线。本节将以京津冀地区为典型地区对区域水资源支撑能力进行重点分析。

（一）京津冀地区水资源及其开发利用现状分析

京津冀地区以占全国 0.93%的水资源量条件，提供了占全国 4%的供水量，支撑了占全国 8%的人口和 8%的灌溉面积，产出占全国 11%的 GDP。区域水资源严重超载，河北省 2013 年本地多年平均水资源总量约 205 亿 m^3，用水总量约 191.29 亿 m^3，北京市 2013 年本地多年平均水资源量为 37 亿 m^3，用水总量达 36.4 亿 m^3，二省市水资源开发利用程度接近 100%；天津市 2013 年本地多年平均水资源总量约 16 亿 m^3，用水总量约 23.8 亿 m^3，水资源开发利用程度超过 100%。地下水是区域主要供水水源，占比达 67%。地下水采补严重失衡，地下水位持续下降，平原地区 92%出现地下水超采，是未来地下水控采的最主要区域。京津冀地区各省市 2013 年水资源及社会经济情况见专题表 3-19，京津冀地区各省市供用水情况见专题表 3-20。

专题表 3-19 2013 年京津冀地区各省市水资源及社会经济情况

省市	土地面积（万 km^2）	灌溉面积（万亩）	常住人口（万人）	GDP（万亿元）	本地水资源量			本地和南水北调一期水资源量		
					总量（亿 m^3）	人均（m^3）	亩均（m^3）	总量（亿 m^3）	人均（m^3）	亩均（m^3）
北京市	1.6	348	2 115	2	37	176	154	47	222	196
天津市	1.2	483	1 472	1.4	16	107	89	24	163	133
河北省	18.8	6 524	7 333	2.8	205	279	73	234	319	83
合计	21.6	7 355	10 920	6.2	258	236	80	305	279	94
占全国比例	2%	8%	8%	11%	0.93%	12%	41%	1.10%	14%	49%

专题表 3-20 2013 年京津冀地区各省市供用水情况

省市	供水量（亿 m^3）				用水量（亿 m^3）				
	地表水	地下水	其他	合计	生活	工业	农业	生态环境	合计
北京市	8	20	8	36.4	16.3	5.1	9.1	5.9	36.4
天津市	16	6	1.8	23.8	5.1	5.4	12.4	0.9	23.8
河北省	43.13	144.57	2.6	191.29	23.77	25.23	137.64	4.65	191.29
合计	67.13	170.57	12.4	251.49	45.17	35.73	159.14	11.45	251.49

同时，京津冀地区高耗水产业相对集中，产业布局与水资源不相适配现象仍然十分突出，既加剧了水资源紧张状况，又限制了水资源利用效率的进一步提升。例如，河北省钢铁、化工、火电、纺织、造纸、建材、食品七大高耗水工业用水量占工业用水总量的 80%以上。在农业播种面积中，灌溉用水大的小麦播种比例仍然较大，如河北省小麦播种面积占 27%左右。

与京津冀水资源供需严峻情势相对应的是京津冀用水效率和水资源利用程度已经达到很高水平的基本现状，这也给未来水资源供需保障带来很大难度。2013 年，京津冀地区水资源总量利用率达到 70%以上，水资源开发利用程度很高。用水效率方面，比较全国省级行政区用水效率（专题图 3-17）可以看出，无论是用人均用水量、万元 GDP 用水量、万元工业增加值用水量、亩均灌溉用水量，还是农田灌溉水有效利用系数等指标评价用水效率，京津冀地区所在省份整体均领先于国内其他区域。从国际上比较，如专题图 3-18 所示。按这一标准，京津冀地区可分为两个梯次，第一梯次为北京和天津，已经接近或达到发达国家水平；第二梯次为河北，水资源利用效率优于发展中国家水平，但离发达国家还有一定距离，将是未来水资源挖潜关键区域。

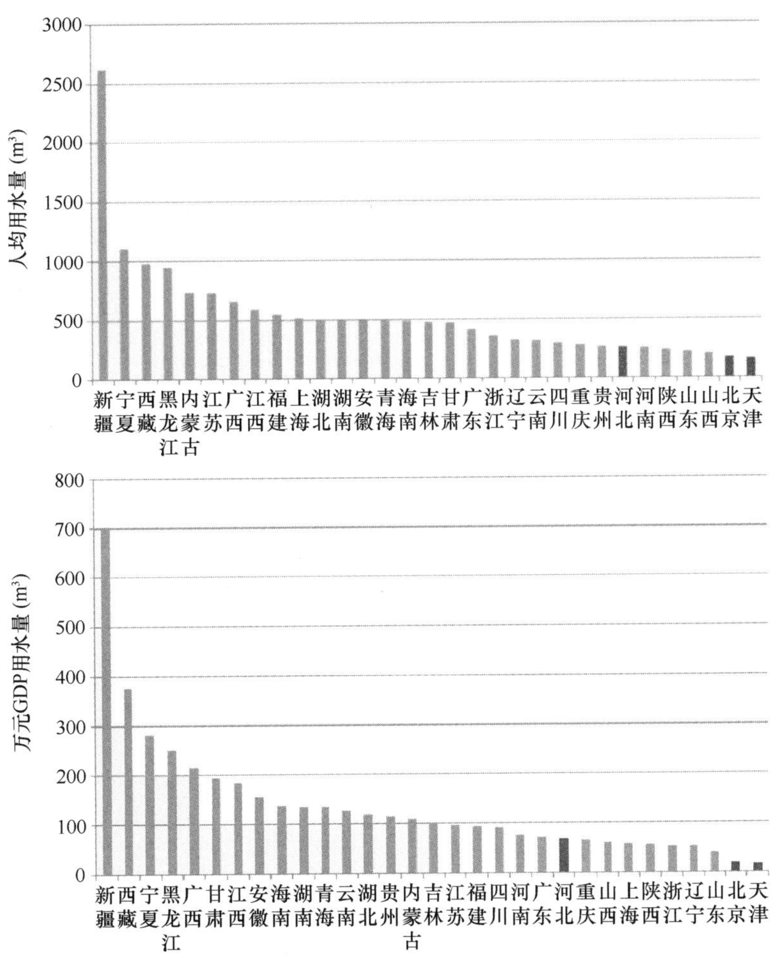

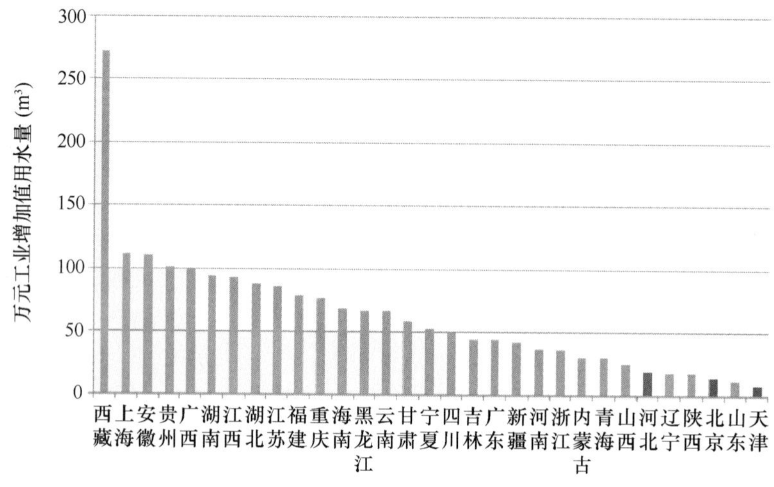

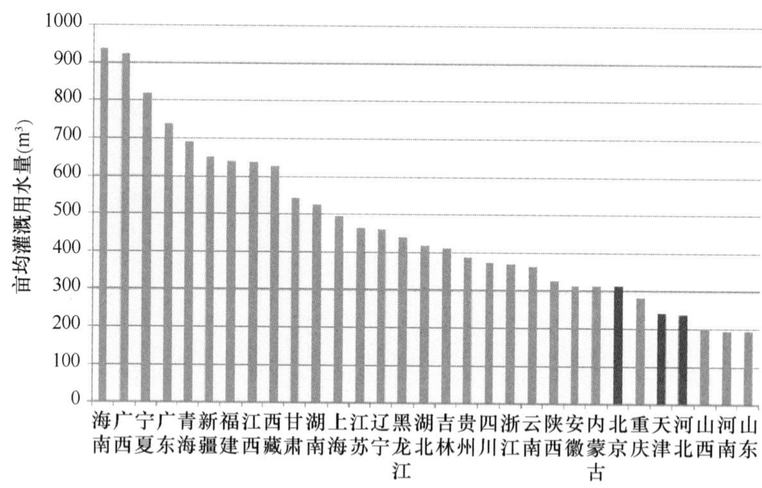

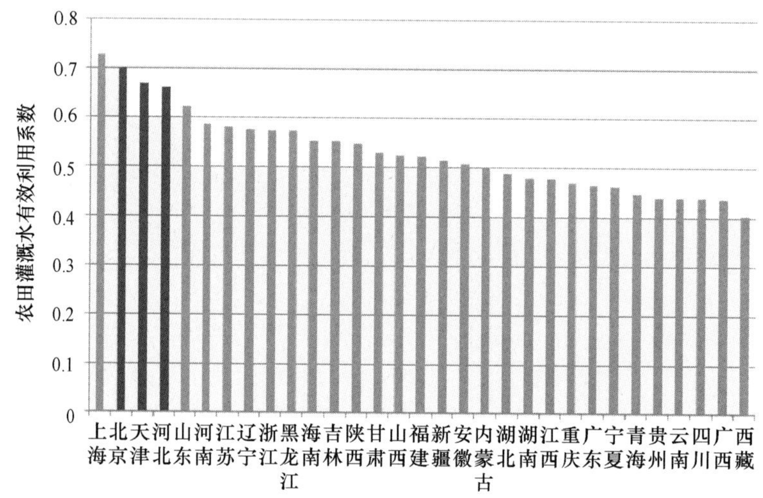

专题图 3-17　全国省级行政区用水效率比较（深色为京津冀地区包含省市）

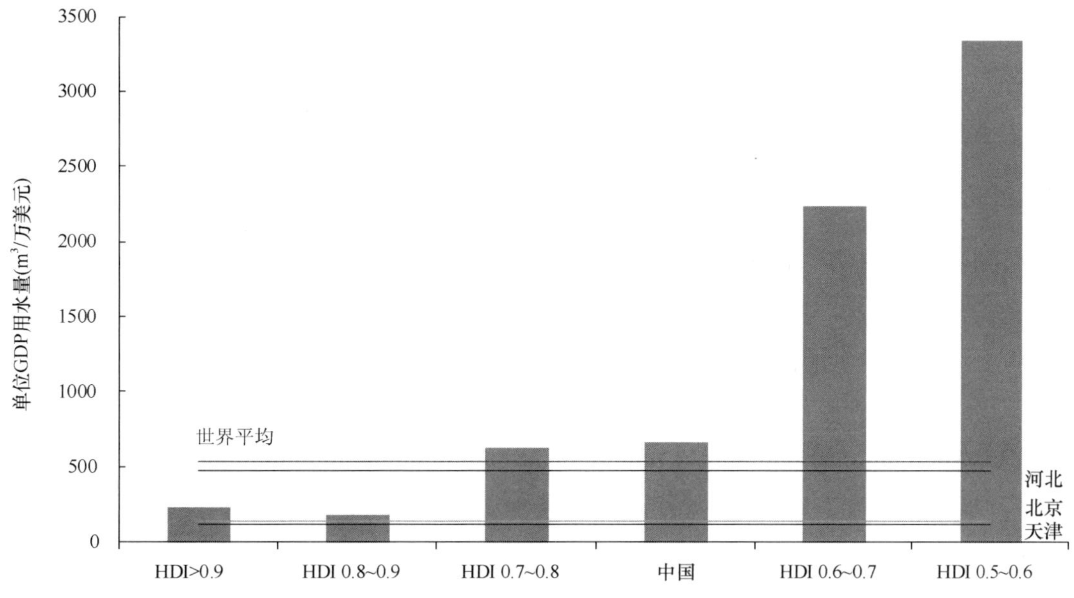

专题图 3-18 京津冀地区与不同发展水平国家用水效率比较

HDI 为人类发展指数，HDI 大于 0.9 的多为发达国家，HDI 介于 0.5～0.8 的多为亚洲、非洲、拉丁美洲的发展中国家，HDI 小于 0.5 的多为亚洲、非洲的欠发达国家

（二）京津冀地区节水潜力与未来供需匹配分析

从京津冀地区开发利用现状和用水水平可以看出，京津冀地区整体水资源开发利用程度高，同时用水效率也已达到较高水平，仅在部分区域农业、工业和城镇生活等仍然存在一定的节水潜力。

本次研究以 2030 年为未来水平年，从节约用水潜力角度评估京津冀地区未来供需平衡状态，分析水资源对该地区社会经济的支撑能力。

1. 节水潜力分析

农业节水潜力：由于各省市特点和定位不同，京津冀地区不同省市农业节水应采取不同的适宜性对策措施，主要包括结构节水、农艺节水及管理节水三方面。通过调整农业产业结构、转变发展方式，构建与区域定位相一致的农业产业模式和规模，挖掘结构节水潜力；通过渠系工程配套与渠系防渗、管道化输水、喷灌、微喷、滴灌等，挖掘工程节水潜力；通过土地精细平整和畦块整理、良种化和平衡施肥，以及深耕、深松、免耕栽培、地膜覆盖、秸秆覆盖等保墒措施，挖掘农艺节水潜力；通过制定合理农业灌溉水价、水资源统一管理、节水灌溉政策法规、组织管理、经济机制、宣传教育和科学灌溉等，挖掘管理节水潜力。最终应达到《节水灌溉工程技术规范》（GB/T 50363—2018）规定：“渠系水利用系数，应符合下列规定：大型灌区不应低于 0.55，中型灌区不应低于 0.65，小型灌区不应低于 0.75；全部实行井渠结合的灌区，渠灌时的渠系水利用系数可在上述范围内降低 0.10；部分实行井渠结合的灌区可按井渠结合灌溉面积占全灌区面积的比例降低。”假定到 2030 年区域全面达到规范目标，根据区域不同类型灌区面积比例和发展目标，结合相关研究不同类型灌区灌溉节水与资源节水的比例关系，京津冀地区农业资源节水潜力约为6.7亿m^3（专题表3-21）。

专题表3-21　京津冀地区各省市农业供用水情况

省市	灌溉面积（万亩）	2013年灌溉用水量（亿m^3）	2013年灌溉水有效利用系数	2030年灌溉水有效利用系数	节水潜力（亿m^3）
北京市	348	9	0.7	0.76	0.4
天津市	483	12	0.67	0.72	0.3
河北省	6524	138	0.66	0.74	6.0

工业节水潜力：京津冀地区工业节水重点在于现有工业，新兴工业原则上应符合当时的节水标准。提升工业用水效率的方向主要在于调整产业结构，限制高耗水工业规模；提高管理水平，加强计划用水，严格控制废污水的排放；改造工业设备和生产工艺，更新换代用水装置、改进生产工艺、推广节水器具；促进工业内部循环用水，提高水的重复利用率。工业节水潜力评价首先是分析科学技术进步和节水型工业结构调整对节水的影响，在此基础上，综合采取各类节水措施，提高工业用水重复利用率，进一步降低工业用水定额，提高工业用水效率。2030年区域工业节水潜力为3.9亿m^3（专题表3-22）。

专题表3-22　京津冀地区各省市工业供用水情况

省市	2013年			2030年				
				结构调整和科技进步		管理措施、工艺设备节水		节水潜力（亿m^3）
	工业增加值（亿元）	万元工业增加值用水量（亿元）	工业用水量（亿m^3）	万元工业增加值用水量（m^3）	工业需水量（亿m^3）	万元工业增加值用水量（m^3）	工业需水量（亿m^3）	
北京市	3 537	14	5	10.1	3.6	9	3.2	0.4
天津市	6 679	8	5	5.8	3.8	5.2	3.4	0.4
河北省	13 195	19	25	11.7	15.4	9.3	12.3	3.1

城镇生活节水潜力：城镇生活用水需求取决于城镇人口规模、节水器具推广应用和节水意识提升情况等。根据《建筑给水排水设计规范》（GB 50015—2003）和《室外给水设计规范》（GB 50013—2006）规定的居民生活用水定额标准，结合京津冀地区现状用水定额的实际情况及今后各区域发展的差异，预测京津冀地区城镇生活用水需求量。在此基础上，通过节水宣传与提高水价、推广使用节水器具、中水利用和管网改造减少输水漏失等途径，进一步促进城镇生活节水。预计到2030年，区域城镇生活节水潜力可达到7.7亿m^3（专题表3-23）。

专题表3-23　京津冀地区各省市城市生活供用水情况

省市	现状		2030年			节水潜力（亿m^3）
	城镇人口（万人）	城市化率（%）	城镇人口（万人）	需水定额［L/（人·天）］	节水定额［L/（人·天）］	
北京市	1825	86	2000	260	242	1.3
天津市	927	63	1176	160	132	1.2
河北省	3528	48	4477	170	138	5.2

2. 未来供需匹配分析

（1）需求层面

根据《全国水资源综合规划配置阶段关键成果》，充分考虑节水对压缩用水需求的作用，2030 年京津冀地区社会经济需水总量将增加到 317.1 亿 m^3，其中各行业节水对降低需求增量的贡献为 18.3 亿 m^3，但水资源需求总量仍比 2013 年实际用水量净增 65.5 亿 m^3。城镇生活用水与生态用水是未来主要刚性需水，增长较多，分别占增量的 35.2%和 30.3%；工业用水由于科技进步提高了用水效率，北京市与天津市未来增长量不多，但是河北省由于未来经济发展定位要求，刚性需水增长较多；农业用水由于节水挖潜，用水效率有所提高，未来基本没有增量（专题图 3-19）。2030 年以后，由于城镇化水平已经很高，同时各行业用水效率提升空间较小，未来需水增长主要是社会经济发展带来的刚性增长。

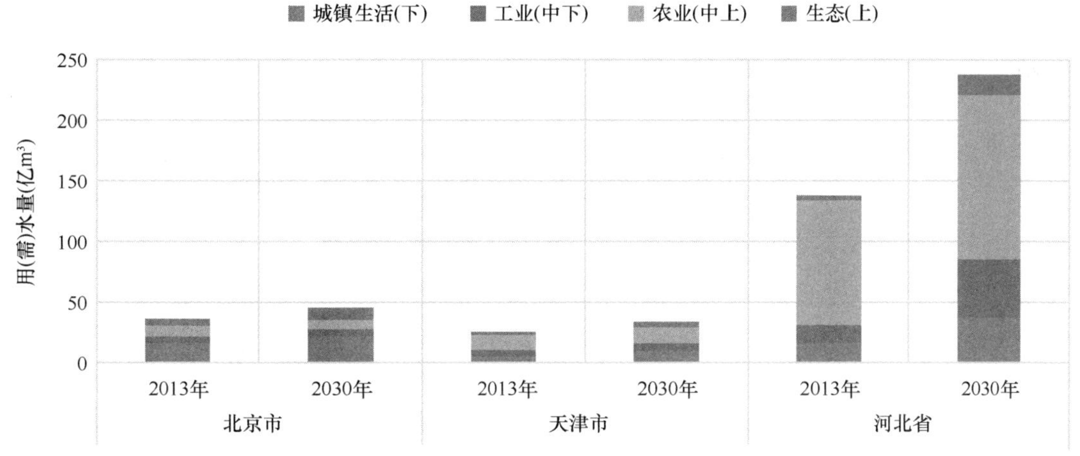

专题图 3-19 京津冀地区各省市用水现状及需水预测

（2）供给层面

根据《全国水资源综合规划配置阶段关键成果》，依据京津冀地区本底水资源条件和水生态环境状态，按照地表供水基本维持现状、地下水严格控采并保持适当修复、再生水和海水淡化等非常规水源大力发展、充分利用南水北调东中线一期调水量的原则，评估 2030 年受水区供水潜力，2030 年京津冀地区可供水量约 302.9 亿 m^3，基本结果如专题图 3-20 所示。

（3）供需匹配分析

2030 年京津冀地区供需平衡评估结果见专题表 3-24。供求方面，根据区域本底水资源条件和水生态环境状态，按照地表供水基本维持现状，充分利用区域内南水北调一期工程和引黄水调入水量 56.3 亿 m^3，增加非常规水源利用量 53.3 亿 m^3，并控制地下水超采及适当恢复地下水。需求方面充分挖掘节水潜力 18.3 亿 m^3，同时考虑支撑区域快速城镇化带来的城镇生活用水的刚性增加，综合平衡分析，2030 年京津冀地区仍然缺水约 14.2 亿 m^3，而且缺口主要以城镇生活和工业刚性需求为主，主要位于河北省，缺水威胁尚未彻底消除。为了保障京津冀地区水资源安全，修复受水区水生态环境，促进京津冀地区未来社会经济的可持续发展，从水资源角度而言，应该“内部挖潜，外部调水”，充分挖掘用水潜力、高效利用外调水、必要补充外调水。

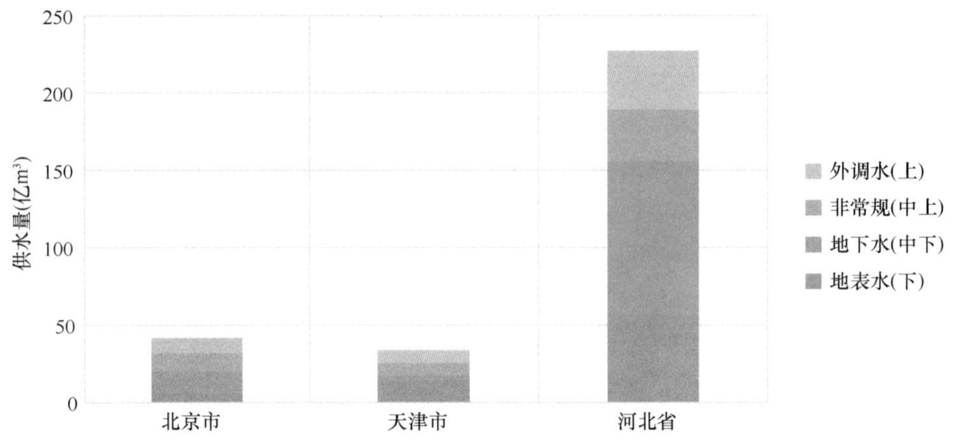

专题图 3-20　京津冀地区各省市 2030 年供水量

专题表 3-24　2030 年京津冀地区供需平衡表

省市	需水量（亿 m^3）	供水量（亿 m^3）	缺水量（亿 m^3）
北京市	45.6	41.8	3.8
天津市	34.0	33.7	0.3
河北省	237.5	227.4	10.1
合计	317.1	302.9	14.2

六、基于水资源支撑能力的经济社会空间布局战略对策建议

（一）全国分流域经济社会空间布局战略对策建议

我国总体水资源丰富，但由于人口众多，地域辽阔，人均、亩均水资源均远远低于世界平均水平，且由于水资源的时空分布不均，造成许多地区水资源极度匮乏，水资源对社会经济支撑能力低下。水资源已经成为制约生态文明建设、经济社会可持续发展的关键因素。

我国南方 4 个流域（长江流域、珠江流域、东南诸河流域和西南诸河流域）水资源相对丰富，大部分地区人均水资源量超过全国平均水平，除个别地区（如长三角地区）外，水资源对社会经济支撑能力较好，社会经济发展潜力较大，应充分发挥水资源优势，科学谋划布局。

西南诸河流域是我国西部大开发的重点区域，流域经济发展水平相对落后，基础设施薄弱，贫困人口集中。由于地形原因，主要缺水类型是工程性缺水，且用水效率低下，水土流失严重。未来应加快配套水利工程建设，提高水资源利用效率，依托沿江、沿边的区位优势，以农业、旅游、水能和矿产资源开发为基础，加速推动在区域社会经济发展。

长江流域具有丰富的资源，长江流域开发与我国沿海地带经济开发具有同等的战略地位和发展潜力。流域主要缺水类型是水质型缺水，水污染防治是事关长江流域社会经济可持续发展、国家长江经济带建设的重要战略任务，应严格限制高污染产业发展，控制污染源排放，保护并恢复水生态环境。

珠江流域水资源丰富，人多地少，流域内社会经济差异较大。广东、广西沿海地区经济发达，是带动整个珠江流域发展的重要力量，主要缺水类型与长江流域类似，为水质型缺水，云南、贵州及广西内陆地区主要缺水类型与西南诸河流域类似，为工程型缺水。流域发展主要任务是如何实现流域整体的经济协调发展，对沿海区域，在保证社会经济领先地位的同时，应控制污染，促进可持续发展；云南、贵州、广西内陆地区发展潜力较大，应加快基础设施建设，发挥区域水、矿产、能源丰富的优势，加大开放程度，加速发展。

东南诸河流域是中国经济发展最富活力的地区，区域水资源较丰富，但土地资源、矿产资源匮乏，同时水污染严重，水质型缺水问题日益严重，在进一步强化经济发展的同时，应注重产业升级，调整产业结构，限制高污染产业发展，治理水体污染。

北方 6 个流域水资源条件较差，主要缺水类型是资源型缺水，部分地区也存在工程型缺水。

西北诸河流域具有农牧业、能源和矿产优势，但流域气候干燥，水资源禀赋最差，水资源的合理开发是未来流域社会经济可持续发展的关键。流域水资源主要矛盾集中于农业，农业用水效率低下，挤占生态用水的情况十分严重。在西部大开发战略背景下，新兴发展的能源、化工等高耗水工业也加剧了供用水矛盾，需要进一步落实最严格水资源管理，节水优先，兼顾生态用水；调整产业结构，提高用水效率，控制高耗水作物种植；严格审批机制，尽量避免在水资源严重缺乏地区发展能源、化工等高耗水产业；做好水资源配置，加强非常规水利用，必要时进行跨流域调水，实现经济社会发展与水资源可持续发展。

黄河流域、海河流域和淮河流域经济发达，是我国重要的粮食产区。流域内人口压力大，生存空间有限，主要缺水类型是资源型缺水。流域地表水枯竭，地下水超采严重，水资源开发利用程度极高，既需要通过跨流域调水，又需要合理的产业布局和区域发展政策加以解决。流域经济发展要以增长方式的根本转变为基本出发点，发展高效节水农业，限制高耗水、高污水行业发展，大力发展第三产业，淘汰落后的产品及工艺设备，加大非常规水利用，考虑跨流域调水。

辽河流域和松花江流域水资源禀赋条件稍好，工业化、城镇化水平较高，资源型缺水与工程型缺水并存。流域分布有东北老工业基地，东北粮食主产区高耗水产业集中，但水资源利用效率不高，农业长期以来采用粗放型灌溉方式，工业生产方式落后，再生水回用率较低。考虑到国家振兴东北老工业基地战略和千亿斤粮食增产任务的需要，流域应推广节水农业，并进行产业结构调整，淘汰落后产能，提高水资源利用效率，加强再生水利用。

（二）农业布局战略对策建议

农业是国家根本产业，农业用水的单位产出较低（目前为 4 元/m^3 左右，而二、三产业用水的单位产出可达几十元甚至几百元），因此，农业特别是粮食生产在用水竞争中处于弱势地位，农业缺水的局面将会长期存在，农业水资源配置与布局是我国水资源配置的关键问题。农业布局应以农牧业与水土资源之间的匹配为前提。应调整农业结构、转变农业增长方式，调整种植结构，提高水分生产效率与推进生物节水战略。

以《中国可持续发展水资源战略研究综合报告》中不打破省界的十大分区（东北区、华北区、长江区、华南区、蒙宁区、晋陕甘区、四川区、云贵区、青藏区、西北区）为基本单元（西北区和华南区受水土资源限制发展空间较小，仅分析其他八大分区）分析：

东北区耕地灌溉率只有21%，应在提高灌溉质量和效益的基础上，提高现有耕地的灌溉保证率，并充分利用黑龙江、乌苏里江和兴凯湖“两江一湖”丰沛水量发展水稻灌溉面积，建设国家商品粮基地。

华北区是我国农作物尤其是粮食作物主产区之一，目前地下水超采严重。灌溉发展应以推进现有灌区（包括井灌区）节水改造为主，实现水资源优化配置和高效利用。

蒙宁区和晋陕甘区灌溉相对粗放，引黄灌溉水的利用率较低，应努力抓好灌区续建配套和节水改造、推广节水灌溉技术，通过当地挖潜改造，并考虑西线南水北调。

青藏区气候干旱，天然降雨极少，农业灌溉与生态争水突出，必须处理好发展经济与改善生态环境的关系，严禁掠夺性地利用有限的水资源开荒种地。在新疆北部的额尔齐斯河、西部的伊犁河等尚待开发的区域，可适当加大水土资源开发力度。

长江区经济发展较快，人口稠密，水资源相对丰富，但土地资源严重缺乏。应严格限制各类建设对现有灌溉面积的占用，应将灌区续建配套和节水改造与农业的现代化相结合，提高农业产量和产值，适当扩大农业发展，发展主要集中在长江中下游地区。

四川区和云贵区降雨较丰沛，但土地资源少，应以发展优质高效水果种植为重点，以经济效益为中心。

（三）重点地区布局战略对策建议

1. 京津冀地区

京津冀地区是我国经济创新活力最强、开放程度最高、人口最为密集的区域之一，同时也是水资源与经济社会发展矛盾最为突出的区域。区域城市快速发展，用水刚性需求不断增加，而高耗水产业集中，水资源利用效率的进一步提升难度较大。河北省钢铁、化工、火电、纺织、造纸、建材、食品七大高耗水工业用水量占工业用水总量的80%以上。在农业播种面积中，灌溉用水大的小麦播种比例仍然较大，如河北省小麦播种面积占27%左右。与严峻的水资源供需现状相对应的是区域水资源开发利用程度与水资源利用效率已经达到很高水平，水资源对社会经济支撑潜力有限。为促进京津冀地区未来社会经济的可持续发展，从水资源角度而言，应该“内部挖潜，外部调水”。

一是要充分挖掘节水潜力，促进全区域全行业深度节水，政府和市场两手发力，促进南水北调水资源合理配置、高效利用。根据水资源利用效率现状，大致可以将京津冀地区分为两个梯次，第一梯次为北京市和天津市，水资源利用效率水平整体达到或接近发达国家水平，城镇化水平较高，存量节水潜力有限，但水资源短缺仍将是其长期面对的基本水情。用水行业方面，北京市由于产业结构优化，农业用水所占比例很低，城镇生活用水所占比重较大，是未来用水控制的重点，天津市农业用水占总用水比重较大，是未来深度节水战略的主要行业。两市工业用水占比较小且效率较高（已达到发达国家水平），优化空间较小，未来应以规模控制为主要调控手段（专题图 3-21）。

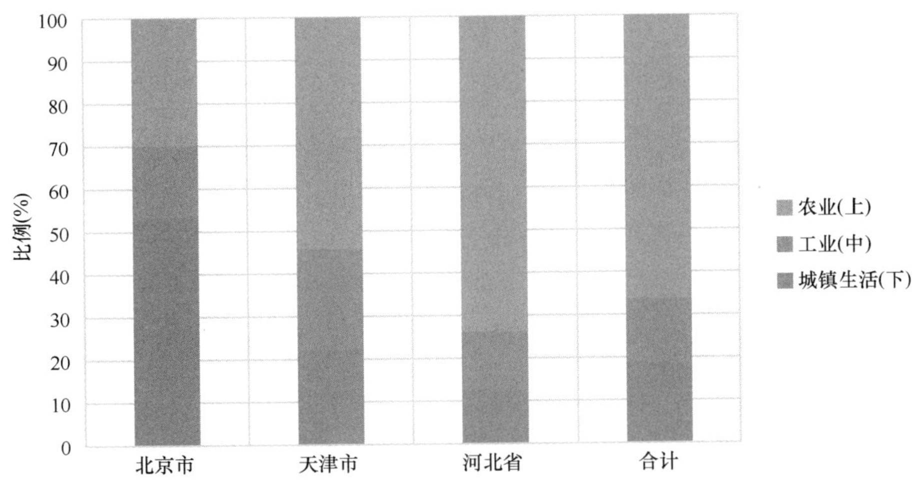

专题图 3-21　2013 年京津冀地区各省分行业用水比例

第二梯次为河北省，水资源利用效率优于发展中国家，但仍远未达到发达国家水平。由于地下水长期超采及经济社会发展导致的用水刚性需求增加等因素，生态环境用水历史欠账较多，高耗水、大污染的工业比重高，需要继续优化产业结构。用水结构中农业用水比重大，超过 70%，在农业播种面积中灌溉用水大的小麦播种比例达到 27%，部分地区还存在水稻等高耗水作物；工业用水所占比例虽然不大，但其中高耗水工业比重高。六大主要耗水工业（专题图 3-22）中的煤炭开采和洗选业，化学原料和化学制品制造业，黑色金属矿采选业，黑色金属冶炼和压延加工业，非金属矿采选业，电力、热力生产和供应业用水量，均为传统意义上的高耗水行业，2013 年总用水量超过 80%，需要重点关注。

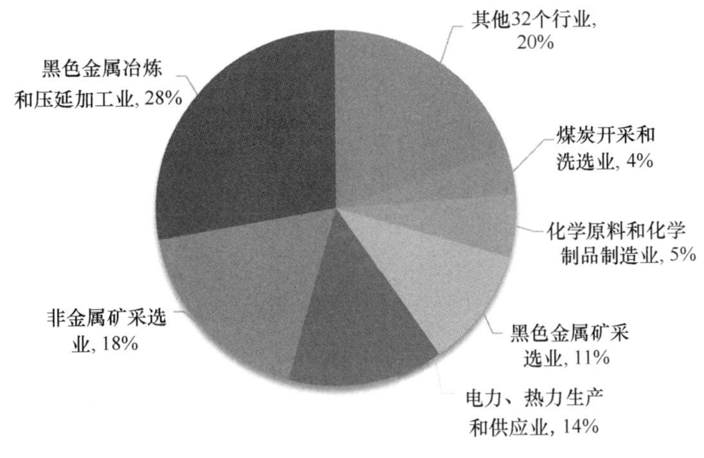

专题图 3-22　2013 年河北省工业行业用水比例

二是加强南水北调后续规划研究，补充区域刚性缺口。京津冀地区是全国乃至世界水资源最为短缺的地区之一，水资源禀赋条件先天不足。研究表明，即使区域全力推进节水工作，到 2030 年仍将面临严峻的水资源安全保障压力，外调水和非常规水资源是区域水资源安全保障的重要补充，通过跨流域调水实现全国层面水资源的“空间均衡”和合理配置十分必要。

2. 西部重点发展煤电基地

一是要严格准入机制，能源布局应“量水而行”。西北地区能源基地建设应实施严格的准入机制，尽量避免在水资源极度匮乏、水资源供需矛盾十分突出的地方进行能源开发，批准通过的能源基地应根据区域水资源禀赋条件，合理确定建设布局和建设规模。

二是要进一步优化产业结构。西部地区五大煤电基地主要用水为农业用水，尤其是宁东、准东和哈密，农业用水比例超过 80%，准东和宁东甚至超过 90%，农业用水挤占生态用水的情况十分普遍。此外，陕北和鄂尔多斯其他工业用水所占比例较高，需要特别关注（专题图 3-23）。

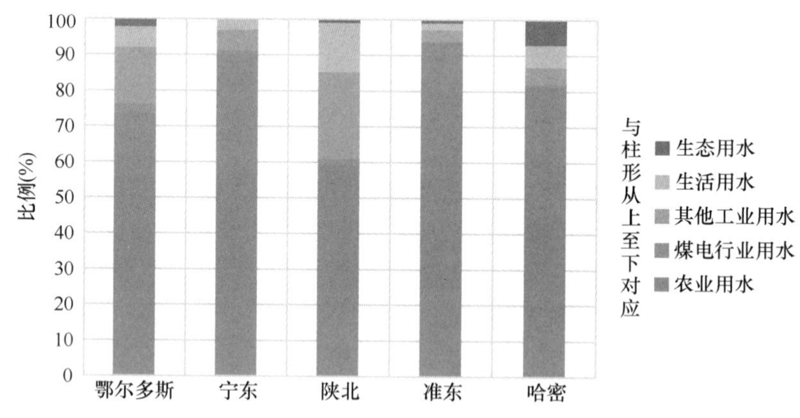

专题图 3-23　五大煤电基地现状分行业用水比例

三是要开源与节流并举。对于缺水地区已规划煤电基地，如西北、华北等缺水地区的能源基地，必须进行“开源节流”：

1）应该进一步强化能源生产节水，积极采用先进的用水工艺，降低行业发展的用水需求。

2）鼓励非常规水利用，制定可操作的鼓励非常规水源利用财税政策方案，对非常规水源建设项目在用地、用能等方面给予投资补贴或税费减免支持，促进非常规水源的利用。对于水资源极度短缺地区，必要时应制定再生水和矿井水的强制使用政策，并明确奖惩办法。

3）促进跨行业、跨区域、跨流域水权转换，进一步建立完善水权交易制度、规则及其技术支撑体系，建立法律依据与科学技术支撑，促进跨行业、跨区域、跨流域水权转换，保障煤电基地发展用水。

4）采取“农业综合节水—水权有偿转换—工业高效用水”的模式，发展节水、高效的特色农业，提高用水效率，严格控制灌溉面积的无序扩张，以农业节水转换工业使用，保障工业发展。

专题四

环境容量对煤油气资源开发的约束研究

摘　要

本课题对我国2020年、2030年煤、油、气生产和消费情况进行了预测，建立模型分别测算了届时煤、油、气生产和消费排放SO_2、NO_x、VOC的情况，并与环境容量指标进行了对比分析，重点分析了京津冀、西北五省环境容量指标对该区域煤、油、气资源开发利用的影响。研究结果表明，京津冀通过严控燃煤开发利用数量，煤炭开发利用二氧化硫排放占环境容量比例呈大幅度下降，对改善环境有利；按目前控制标准，2030年，陕西、青海、宁夏煤炭开发利用二氧化硫排放数量仍超过总环境容量要求；新疆煤炭开发利用二氧化硫排放数量占总环境容量比例与2020年相比有所上升，这些地区需要加大减排力度，如控制煤炭开采消费量、采取更加严格的排放标准等。由于新增煤炭开采、煤电基地、煤化工项目数量较多，新疆、陕西、宁夏煤炭开发利用新增用水数量较大，需要重点关注。京津冀、西北五省2030年油气开发利用二氧化硫排放占总指标量比例均上升，需要加大减排力度；2030年京津冀、西北五省油气开发利用氮氧化物排放占总环境容量比例均上升；北京、天津、陕西、甘肃、青海、新疆油气开发利用氮氧化物排放均超过总环境容量要求，鉴于主要排放源是成品油消费和天然气消费排放，需要采取汽柴油品质量升级、提高天然气消费排放标准等措施减少排放。京津冀、西北五省2030年油气开发利用VOC排放总量和占届时环境容量比例均有所上升，西北五省增幅较大，陕西、甘肃、青海、新疆VOC排放总量甚至超过环境总容量；排放总量中成品油消费排放量最大，其次是原油加工，因此，控制机动车VOC排放和减少原油加工VOC排放是减排的工作重点。为此提出了如下对策建议：

1）推动能源转型，大力发展非化石能源；需要加强国际合作，吸取国外先进经验，鼓励外商以合作的方式进行石油天然气勘探开发，开展页岩气、煤层气等非常规油气资源勘探开发。

2）煤炭开发利用中煤炭消费要控制煤炭消费总量，优化煤炭消费布局，调整煤炭消费结构，提高煤炭高效清洁利用水平；要优化煤炭开发布局，合理控制煤炭开发总量，实现煤炭由“以需定产”向“以环境容量定产”的转变；加强西部地区水资源和水系统建设，保障西部地区煤炭产能；高效开采煤炭资源，实现资源科学开发；严格行业准入条件，逐步淘汰落后产能等。

3）油气开发利用要提高油气勘探开发环保标准，规范企业行为；完善管理体制、健全法规体系，加强对企业行为的监督；落实政策，鼓励企业防治污染；加大科技研发力度，大力发展石油污染防治技术等。

一、我国能源基本情况

（一）能源资源总量

1. 煤炭资源

新中国成立以来，我国煤炭工业主管部门已主持进行了三次全国性的煤炭资源预测工作。根据我国 1992～1997 年第三次全国煤田预测资料，除台湾外，我国垂深 2000m 以浅的煤炭资源总量为 55 697.45 亿 t，其中探明保有资源量 10 176.45 亿 t（指按照有关规范规定的程序和方法进行了地质普查及勘探工作以后所计算的煤炭资源数量），尚未探明的预测资源量 45 521 亿 t（指尚未按照有关规范规定的程序和方法进行地质普查及勘探工作，而是根据零星资料和地质理论的推断或根据已知地区的类比、外推进行估算的煤炭资源数量）（专题表 4-1）。我国各地区均有煤炭资源分布，但主要集中在华北和西北地区，最大的是内蒙古、山西、陕西和新疆。这些主要地区探明储量占全国保有储量的 75%～80%，参见专题表 4-1。

专题表 4-1　我国煤炭储量分布

省（区、市）	探明资源量（亿 t）	预测资源量（亿 t）	资源合计（亿 t）
北京	29.09	86.72	115.81
天津	9.85	44.52	54.37
河北	185.67	601.39	787.06
山西	2 500.91	3 899.18	6 400.09
内蒙古	2 226.13	12 250.4	14 476.53
辽宁	70.62	59.27	129.89
吉林	23.09	30.03	53.12
黑龙江	200.76	176.13	376.89
上海	—	—	0
江苏	37.05	50.49	87.54
浙江	0.06	0.44	0.5
安徽	273.6	611.59	885.19
福建	10.61	25.57	36.18
江西	14.05	40.84	54.89
山东	266.78	405.13	671.91
台湾	—	—	0
河南	237.97	919.71	1 157.68
湖北	5	2.04	7.04
湖南	33.06	45.35	78.41
广东	5.81	9.11	14.92
广西	21.84	17.64	39.48
海南	0.89	0.01	0.9
四川	138.22	303.79	442.01

续表

省（区、市）	探明资源量（亿 t）	预测资源量（亿 t）	资源合计（亿 t）
贵州	508.03	1 896.9	2 404.93
云南	240.93	437.87	678.8
西藏	0.93	8.09	9.02
陕西	1 554.57	2 031.1	3 585.67
甘肃	93.1	1 428.87	1 521.97
宁夏	309.31	1 721.11	2 030.42
青海	42.3	380.42	422.72
新疆	1 136.22	18 037.3	19 173.52
全国	10 176.45	45 521	55 697.45
京津冀	224.61	732.63	957.24
西北五省	3 135.5	23 598.8	26 734.3

资料来源：1997 年第三次全国煤田预测资料；—表示无数据，后同

根据国家安全生产监督管理总局（现应急管理部）数据，2010 年我国煤炭查明资源储量为 13 447.27 亿 t（专题表 4-2）。根据国土资源部数据，2013 年我国煤炭基础储量（剩余技术可采储量）为 2362.90 亿 t（专题表 4-3）。从专题表 4-4 可以看出，随着勘探开发技术的不断进步，我国近几年煤炭探明储量和基础储量总体上呈上升趋势。从本文关注重点区域分布上看，京津冀呈基本稳定趋势，西北五省呈增长趋势。

专题表 4-2 2010 年中国查明煤资源储量

省（区、市）	探明资源量（亿 t）	省（区）	探明资源量（亿 t）	省（区）	探明资源量（亿 t）
北京	26.70	陕西	1 917.63	内蒙古	3 532.64
天津	3.83	甘肃	112.21	其他	4 788.31
河北	141.60	宁夏	312.45	全国	13 447.27
京津冀小计	172.13	青海	53.29		
		新疆	2 558.61		
		西北五省	4 954.19		

专题表 4-3 2013 年我国煤炭基础储量数据

省（区、市）	煤炭（亿 t）	省（区）	煤炭（亿 t）	省（区）	煤炭（亿 t）
北京	3.83	福建	4.33	云南	60.1
天津	2.97	江西	3.97	西藏	0.12
河北	39.41	山东	78.78	陕西	104.38
山西	906.8	河南	89.55	甘肃	32.69
内蒙古	460.1	湖北	3.23	青海	12.17
辽宁	28.33	湖南	6.61	宁夏	38.47
吉林	10.03	广东	0.23	新疆	156.53
黑龙江	61.38	广西	2.26	陆地小计	2362.90
上海	—	海南	1.19	海域	—
江苏	10.93	重庆	19.86	全国	2362.90
浙江	0.43	四川	55.74	京津冀	46.21
安徽	85.19	贵州	83.29	西北五省	344.24

资料来源：国家统计局，2014

专题表 4-4　我国煤炭基础储量数据

省（区、市）	煤炭基础储量（亿 t）					
	2009 年	2010 年	2011 年	2012 年	2013 年	2014 年
北京	7.00	3.79	3.76	3.73	3.83	3.75
天津	3.00	2.97	2.97	2.97	2.97	2.97
河北	56.30	60.59	38.41	39.51	39.41	40.97
京津冀	66.30	67.35	45.14	46.21	46.21	47.69
陕西	268.70	119.89	107.59	108.99	104.38	95.48
甘肃	58.40	58.05	23.51	34.08	32.69	32.86
青海	20.00	16.22	16.12	15.97	12.17	11.82
宁夏	55.50	54.03	31.28	32.34	38.47	38.04
新疆	148.00	148.31	148.36	152.47	156.53	158.01
西北五省	550.60	396.50	326.86	343.85	344.24	336.21
全国	3189.60	2793.93	2157.89	2298.86	2362.90	2399.93

资料来源：国家统计局，2010—2015

2. 油气资源

根据国土资源部数据，2013 年我国石油、天然气基础储量（剩余技术可采储量）分别为 33.7 亿 t、4.6 万亿 m^3（专题表 4-5）。随着油气勘探开发技术的不断进步，我国近几年油气基础储量总体上呈增长趋势，从本文关注的京津冀和西北五省区域来看，京津冀油气基础储量基本稳定，西北五省呈增长趋势（专题表 4-6，专题表 4-7）。

专题表 4-5　2013 年我国油气基础储量

省（区、市）	石油（万 t）	天然气（亿 m^3）
北京	—	—
天津	3 115.22	279.79
河北	26 685.34	325.86
山西	—	—
内蒙古	8 339.35	8 042.54
辽宁	16 411.23	169.46
吉林	18 326.64	756.35
黑龙江	47 311.25	1 353.93
上海	—	—
江苏	3 023.37	24.30
浙江	—	—
安徽	254.20	0.24
福建	—	—
江西	—	—
山东	33 839.35	357.90
河南	5 037.37	72.09
湖北	1 303.70	48.79

续表

省（区、市）	石油（万 t）	天然气（亿 m^3）
湖南	—	—
广东	13.85	0.50
广西	135.27	1.32
海南	274.39	3.45
重庆	278.43	2 472.83
四川	666.66	11 874.38
贵州	—	6.39
云南	12.21	0.80
西藏	—	—
陕西	33 712.64	6 231.14
甘肃	21 150.01	241.28
青海	6 284.94	1 511.79
宁夏	2 313.96	294.40
新疆	58 393.63	9 053.88
陆地小计	286 883.01	43 116.51
海域	49 849.80	3 312.33
全国	336 732.81	46 428.84
京津冀	29 800.56	605.65
西北五省	121 855.18	17 332.49

资料来源：国家统计局，2014

专题表 4-6　我国石油基础储量

省（区、市）	石油基础储量（万 t）					
	2009 年	2010 年	2011 年	2012 年	2013 年	2014 年
北京	—	—	—	—	—	—
天津	3 436.8	3 415.9	2 742.2	3 034.5	3 115.2	3 048.6
河北	26 380.7	27 780.8	27 736.1	26 934.5	26 685.3	26 724.9
京津冀	29 817.5	31 196.7	30 478.3	29 969.1	29 800.6	29 773.5
陕西	22 490.2	24 947.7	29 844.3	31 397.9	33 712.6	36 300.8
甘肃	13 798.8	16 085.4	15 529.2	19 184.3	21 150.0	21 878.4
青海	4 361.7	5 635.2	5 529.4	6 499.4	6 284.9	7 524.5
宁夏	190.9	202.8	710.0	2 299.5	2 314.0	2 180.6
新疆	46 664.0	51 163.5	56 299.1	56 464.7	58 393.6	58 878.6
西北五省	87 505.6	98 034.5	107 912.0	115 845.9	121 855.2	126 762.9
全国	294 919.8	317 435.3	323 967.9	333 258.3	336 732.8	343 335.0

资料来源：国家统计局，2010—2015

专题表 4-7　我国天然气基础储量

省（区、市）	天然气基础储量（亿 m^3）					
	2009 年	2010 年	2011 年	2012 年	2013 年	2014 年
北京	—	—	—	—	—	—
天津	311.1	288.6	273.7	278.8	279.8	278.5
河北	294.0	359.3	333.1	315.4	325.9	324.5

续表

省（区、市）	天然气基础储量（亿 m^3）					
	2009 年	2010 年	2011 年	2012 年	2013 年	2014 年
京津冀	605.1	648.0	606.8	594.2	605.7	603.0
陕西	5 658.7	5 628.1	5 478.0	6 376.3	6 231.1	8 047.9
甘肃	163.6	191.8	191.6	224.6	241.3	256.1
青海	1 377.3	1 321.9	1 329.1	1 281.6	1 511.8	1 457.9
宁夏	2.2	2.8	2.5	295.0	294.4	272.8
新疆	8 354.1	8 616.4	8 809.9	9 324.4	9 053.9	9 746.2
西北五省	15 555.9	15 761.0	15 811.2	17 501.8	17 332.5	19 780.9
全国	37 074.2	37 793.2	40 206.4	43 789.9	46 428.8	49 451.8

资料来源：国家统计局，2010—2015

（二）一次能源生产总体情况

2015 年，全国能源生产总量 36.2 亿 t 标准煤，保持了稳定增长的态势（专题表 4-8）。其中，原煤生产在 2013 年达到创纪录的 39.7 亿 t 之后，2014 年和 2015 年分别降至 38.7 亿 t 和 37.5 亿 t（专题表 4-9），分别比上年下降 2.5%和 3.1%。2015 年，原油生产 2.15 亿 t，天然气生产 1346 亿 m^3（专题表 4-9）。2015 年，从能源消费构成来看，原煤消费占 72.1%，原油消费占 8.5%，天然气消费占 4.9%，一次电力及其他能源消费占 14.5%（专题表 4-8）。煤炭生产比重的持续降低和清洁能源比重的不断提高，表明我国能源生产结构正朝着多元化的目标不断前进。

专题表 4-8　我国能源生产总量及构成

年份	能源生产总量（亿 t 标准煤）	占能源生产总量的比重（%）			
		原煤	原油	天然气	一次电力及其他能源
2005	22.9	77.4	11.3	2.9	8.4
2006	24.5	77.5	10.8	3.2	8.5
2007	26.4	77.8	10.1	3.5	8.6
2008	27.7	76.8	9.8	3.9	9.5
2009	28.6	76.8	9.4	4.0	9.8
2010	31.2	76.2	9.3	4.1	10.4
2011	34.0	77.8	8.5	4.1	9.6
2012	35.1	76.2	8.5	4.1	11.2
2013	35.9	75.4	8.4	4.4	11.8
2014	36.0	73.2	8.4	4.8	13.7
2015	36.2	72.1	8.5	4.9	14.5

资料来源：国家统计局，2015

专题表 4-9　近几年我国主要能源产量

年份	2005 年	2010 年	2011 年	2012 年	2013 年	2014 年	2015 年
原煤产量（亿 t）	23.7	34.3	37.6	39.5	39.7	38.7	37.5
石油产量（亿 t）	1.81	2.03	2.03	2.07	2.10	2.11	2.15
天然气产量（亿 m^3）	493	958	1053	1106	1209	1302	1346

资料来源：国家统计局能源统计司，2016

（三）能源消费总量

2015 年，全国能源消费总量为 43.0 亿 t 标准煤，能源消费总量增长放缓（专题表 4-10）。其中，煤炭消费总量在 2013 年达到 42.4 亿 t 之后，2014 年和 2015 年分别降至 41.2 亿 t 和 39.6 亿 t，分别比上年下降 2.8%和 3.9%（专题表 4-11）。2015 年，石油消费约 5.50 亿 t，天然气消费 1930 亿 m^3，仍呈增长趋势（专题表 4-11）。从能源消费构成来看，煤炭消费比重明显降低，清洁能源比重提高，能源消费结构不断优化。2015 年原煤消费占 64.0%，原油消费占 18.1%，天然气消费占 5.9%，一次电力及其他能源消费占 12.0%（专题表 4-10）。清洁能源消费共占 17.9%。

专题表 4-10 我国能源消费总量及构成

年份	能源消费总量（亿 t 标准煤）	占能源消费总量的比重（%）			
		原煤	原油	天然气	一次电力及其他能源
2005	26.1	72.4	17.8	2.4	7.4
2006	26.6	72.4	17.5	2.7	7.4
2007	31.1	72.5	17.0	3.0	7.5
2008	32.1	71.5	16.7	3.4	8.4
2009	33.6	71.6	16.4	3.5	8.5
2010	36.1	69.2	17.4	4.0	9.4
2011	38.7	70.2	16.8	4.6	8.4
2012	40.2	68.5	17.0	4.8	9.7
2013	41.7	67.4	17.1	5.3	10.2
2014	42.6	66.0	17.1	5.7	11.2
2015	43.0	64.0	18.1	5.9	12.0

资料来源：国家统计局，2015

专题表 4-11 近几年我国主要能源消费量

年份	2005 年	2010 年	2011 年	2012 年	2013 年	2014 年	2015 年
煤炭消费（亿 t）	24.3	34.9	38.9	41.2	42.4	41.2	39.6
石油消费（亿 t）	3.25	4.41	4.56	4.78	5.00	5.18	5.50
天然气消费（亿 m^3）	466	1080	1341	1497	1705	1869	1930

资料来源：国家统计局能源统计司，2016

（四）化石能源消费导致严重的大气污染

煤、石油、天然气等化石能源不仅为人类社会带来了巨大的经济效益，其负面环境效应也极为突出。近年来，随着人口的急剧增加，大气污染、废水污染、固体废物污染、土地资源污染等环境问题日趋严重，而温室气体带来的全球气候变化也越来越受到关注。这一系列问题的根源主要是煤、石油、天然气开发利用过程中所产生的 CO_2、SO_2、NO_x、CO、CH_4、颗粒物、有毒金属等。

1. 煤炭开发对环境的影响

近年来，尽管我国煤炭安全、高效、清洁生产等关键技术取得突破，整体发展水平显著提高，但是煤炭开采与生态环境保护水平还不协调，特别是随着我国煤炭开发重心西移，西部地区水资源、生态环境保护问题已日益成为煤炭开发方面的重大问题。以煤为主的能源消费结构带来了严重的空气污染和温室气体排放问题，我国 SO_2 排放量的 90%、NO_x 与烟尘排放量的 70%及 CO_2 排放量的 70%来自于燃煤。

（1）西部地区煤炭资源开发与水资源短缺矛盾突出

中西部富煤区水资源条件差，供水主要靠抽取地下水资源和矿井水综合利用，煤炭开发已对当地水资源造成破坏，一定程度上影响当地的可持续发展；大规模煤炭开发，不仅严重破坏地下水资源，酸性矿井水对地下水环境也造成严重污染，排出地面后会污染地表水和土壤，使得本来水资源就相当短缺的局面更加严峻，全国 14 个大型煤炭基地中，处于西北部生态环境十分脆弱地区的大型基地有 8 个，其产量将占我国煤炭总产量的 80%以上，产能非常集中，开发强度增大与水资源短缺、生态环境承载能力进一步脆弱的矛盾更加突出。

（2）矿区水资源保护、土地复垦、生态环境修复技术相对落后、治理率低

尽管近年来我国矿区地表生态环境治理取得了一些成果，但总体上技术相对落后、治理率低。根据《全国矿产资源规划（2000—2010 年）》实施评估结果，全国只有 5 个省（区、市）矿山环境恢复治理率达到了 25%，一些省（区、市）的矿山环境恢复治理率甚至低于 10%，西部地区的差距更大。

目前我国对煤矿开采引起的生态环境治理主要集中在土地、矸石山和露天排土场的复垦。

采煤地表沉陷表现形式为地表移动变形，会影响土地利用，加速水土流失、土地沙化，造成地表建（构）筑物损害等。露天开采则是完全破坏原地表植被、建（构）筑物。有关资料显示，我国井工煤炭开采万吨煤沉陷率平均为 0.2hm^2。煤层开采地表沉陷率与煤层埋深、煤层上覆岩层关系密切，煤层埋深越深、上覆岩层硬度越小，开采沉陷率就越大。从我国煤炭资源分区及赋存情况来看，东部区煤层埋深一般大于西部区，如黄淮海区中的兖州矿区，目前开采煤层埋深基本在 800～1000m，个别煤田开采深度已超过 1000m；晋陕蒙（西）宁区的神府东胜矿区，开采煤层埋深一般在 100～400m，部分煤层甚至出露地表。从土地资源损害的变现形式看，不积水区土地资源损害主要表现在植被（包括农业植被）生产力降低，沉陷发生在高边坡区时，还可能导致农田绝产；积水区土地利用影响要大于不积水区，除植被生产力降低外，还会引发土地资源紧张矛盾，如耕地与采煤矛盾、建设用地与采煤矛盾等。

根据煤炭工业“十一”统计数据，我国吨煤矸石（含洗选矸石）平均产生量为 0.2t。煤矸石如不能得到再利用，其处置将会压占大量土地资源。据统计，2005 年全国煤矸石累计堆存垃圾为 35.9 亿 t，累计压占土地资源 11.2 万亩，平均每万吨煤矸石堆存压占土地资源 0.31～0.38 亩。对于东部平原区，煤矸石压占土地资源制约煤炭开采问题相对突出。东部煤炭区煤矸石处置场一般为平原型，煤矸石压占的土地资源均为生产力较高的土地；另外，平原型矸石山易产尘扬尘、易发生自燃。中西部煤炭区沟壑较多，煤矸石

处置场一般为山谷型矸石场，煤矸石压占的土地资源多为荒地；采用分层堆放、碾压、覆土复垦可有效防止煤矸石扬尘、自燃带来的环境污染。从这点看，中西部煤炭区煤矸石外排问题比东部地区较易解决。

尽管每个新建矿井都要求提供环境评价报告和土地复垦方案，但由于投入的问题，往往无法落实执行。此外，矿区生态环境综合治理涉及土壤、水文、地质、矿物、生物等多方面的综合治理，由于缺乏对这些因素综合系统的研究来开展治理活动而导致治理效果和效益较差。

（3）煤炭利用方式仍需优化，燃煤电站节能减排压力大

我国约80%的煤炭用于直接燃烧，其中发电用煤约占50%，工业炉窑、民用等分散燃烧用煤约占30%。煤炭利用过程中产生大量的烟尘、SO_2、NO_x和重金属等多种污染物，是形成高浓度细颗粒物污染的重要组成部分，也是造成近年来中东部地区屡屡发生重污染灰霾天气等大气复合污染的重要原因之一。

我国燃煤电站减排压力很大，2013年全国火电行业粉尘排放量约142万t，占全国粉尘排放量的12%；SO_2排放量约780万t，占全国SO_2排放量的38%；NO_x排放量约834万t，占全国NO_x排放量的37%。另外，我国燃煤电站分布不均，京津冀鲁、长三角、珠三角约占国土面积的8%，布局了约40%的火电机组，单位面积污染物排放强度是全国平均水平的5倍左右。

中小型燃煤工业锅炉是我国除电站锅炉外的主要用煤装备，燃煤工业锅炉平均容量小，运行热效率60%～65%，远低于设计的72%～83%，污染物排放强度高，烟尘、SO_2、NO_x排放量分别约占全国的12.5%、35%和12.2%。

2. 油气开发对环境的影响

目前我国石油天然气开采工作已经逐步从陆地拓展到海上，由常规油气转向非常规油气。随着油气资源开采程度的日益加深，油气开采难度越来越大，油气开采过程中对环境的损害问题也越来越突出。油气开采过程对环境损害和影响主要表现在以下方面。

（1）土壤和沉积物污染

目前国内在产油田有400多个，分布在25个省（区、市）。油田工作范围近25万km^2，覆盖面积达32万km^2，约占国土总面积的3%。我国石油产量已经超过2亿t，产油区原油污染面积有扩大的趋势，辽河油田、胜利油田和冀东油田等老油区土壤原油含量已经达到或超过1×10^4mg/kg，部分甚至达到10×10^5mg/kg，单井落地原油的污染面积平均达到0.5～2.1m^2，落地泥浆20m^2。内蒙古阿尔善油田单井落地原油达0.6～2.0t，影响范围在100m×150m。辽河油田污染严重地区土壤中油含量已经达到1×10^4mg/kg，远超临界值500mg/kg，油田区域及周边地区数百公顷土地受到污染。有资料表明，对于稳定运行5年左右的油井井场土壤，石油污染强度可达1×10^3～1×10^5mg/kg。中国主要石油化工和油田区土壤中石油烃含量高达5%～9.4%，石油开采区井口附近土壤石油烃含量为5.3%～7.5%。中国石油企业每年生产落地原油700万t，油井每作业一次遗留于井场的落地原油为几十到几百千克，单井年产落地原油据测算可达2t。一般油田井口周围5m范围为最严重污染区，地面呈黑色，30～50m范围为严重污染区，有原油、油泥散落。就油气田开发而言，地面溢油再加上遗留井场的钻井泥浆池和作业泥浆池，一般井

场周围污染范围可达 1000～2000m^2。

（2）化学助剂污染

在当前技术水平下，为达到安全生产和提高效率的目的，通常会在石油和天然气钻井、储运和炼化等过程中加入各种化学助剂。我国各油气田使用的钻井液（SY/T 5822—93）主要有水基钻井液、油基钻井液、气基钻井液等几种类型，添加剂也不尽相同。随着钻井深度和难度的加大，钻井向高温、深井方向发展，钻井液中加入的化学添加剂种类和数量也越来越多。截至目前，油田化学剂已有 70 多大类 3000 多个品种，添加到钻井泥浆中的化学处理剂呈上升趋势。废弃钻井液中导致环境污染的有害成分主要为油类、盐类、杀菌剂、某些化学添加剂、重金属（如汞、铜、铬、镉、锌及铅等）、高分子有机化合物生物降解产生的低分子有机化合物和碱性物质等。大庆油田在钻井、完井、作业、采油、集输等过程中，投加的化学助剂共 14 类，年用量约 58 万 t。胜利油田钻井公司每年产生的钻井废弃液达 30 万～50 万 t。吐鲁番油田经过近 60 年的开发建设，其东部地区土壤检出大量污染物，如氟、铅、砷、石油类、硫化物、酚的超出率分别为 32.14%、28.57%、57.14%、80%、33.33%、33.33%；落地油污染土壤深度 1～40cm，钻井液下渗可达数米。中原油田土壤中高盐（7.07g/kg）、高可溶性 Na^+（93.9mmol/kg）和 Cl^-（115.6mmol/kg）的量是土壤污染的主要原因，分别是未污染土壤的 6.0 倍、7.8 倍和 18.1 倍，造成约 1747hm^2 的土地弃耕。在一些环境敏感地区（如沼泽、雨林、水源地），许多废弃钻井液中的有害物质都大大超出国家规定的排放标准，如对江苏油田、大港油田、胜利油田和新疆油田等地区部分废弃钻井液的调查表明，9 项污染指标（总铬、六价铬、总汞、总砷、总镉、总铅、COD、石油类、pH）中多数高于我国国家标准规定的污染物排放限值。大量废弃钻井液不经处理堆放在井场或掩埋或随地表径流流入农田、河流、海底，渗入地层，或者由于处理不当［如塔里木盆地库车坳陷山前构造带 19 口井在 1997～2003 年漏失高密度（1.6～2.4g/cm^3）钻井液 13 569m^3］，除直接污染井场附近土壤、地表水以至地下水外，还间接经土壤-植物系统经由食物链影响到动物，危及人类健康及生命安全。

另外，油田的固体废弃物排放源还有钻井废弃泥浆、岩屑、落地原油、油泥、油砂（主要指地层岩屑与油的混合物）等。钻井废弃泥浆主要来源于 3 个方面：由地层性质的变化、更换泥浆体系产生；钻井完工后弃置；泥浆循环系统渗漏产生。中国油气田企业钻井废弃泥浆每年产生量为 100 万 t，近一半排放，而这些物质的生物可降解特性极差，对环境有损害。

（3）油田开发导致的大气、水污染及海洋污染

近几年，国家统计分析了工业对环境的影响，发现油气田开发过程中燃料燃烧废气是主要污染源。2005 年，有关部门曾对全国第三大油田辽河油田全年燃烧和生产过程中的污染物进行了调研分析，发现油田污染排放与全行业的大气污染源并无二致。在陕北延安，2004 年石油企业产生含油废水 1000 多万吨，其中 600 万 t 未经任何处理直接排放。在陕北榆林，大理河、周河和芦河上游均受到含油废水的污染，超标程度分别为标准的 1004 倍、9 倍及 54 倍。一些农村饮用水源如山西靖边在经过油田开发之后地表水普遍受到污染。

据统计，每年通过各种渠道泄入海洋的石油和石油产品约占全世界石油总产量的

0.5%，倾注到海洋的石油量达 200 万～1000 万 t。由于航运而排入海洋的石油污染物达 160 万～200 万 t，其中 1/3 左右是油轮在海上发生事故导致石油泄漏造成的。中国海上各种溢油事故每年约发生 500 起。沿海地区海水含油量已超过国家规定的海水水质标准的 2～8 倍，海洋石油污染十分严重。海洋石油污染危害是多方面的，如在水面形成油膜，阻碍了水体与大气之间的气体交换。油类黏附在鱼类、藻类和浮游生物上，致使海洋生物死亡，并破坏海鸟生活环境，导致海鸟死亡和种群数量下降。石油污染还会使水产品品质下降，造成经济损失等。

（4）油气加工和消费产生的污染

油气消费对大气的污染主要是原油加工和交通运输业排放污染。

1）原油加工。

炼油厂排放的大气污染物与所加工的原油类型、加工能力、工艺流程、尾气治理技术及维护管理水平等因素有关，污染物从高架源（烟囱或排气筒）和无组织排放源（设备不严或操作不当的跑、冒、滴、漏）排向大气。主要大气污染物为 CO_2、H_2S、NO_x、CO、烃类、酚类、氯化氢、NH_3 及臭味。此外，部分炼厂设有化工类装置，还可能有诸如醛类、丙酮、丙烯腈等大气污染物。根据《中国环境统计年鉴 2014》数据，2013 年我国原油加工排放 SO_2、NO_x、烟（粉）尘量占工业总排放比例分别小于 4.7%、2.6%、4%。

2）交通运输业排放污染。

随着交通运输业的发展，城市机动车保有量在不断增加，我国大气污染正由煤烟型污染转向煤烟与交通混合型污染。由于城市人口密集，交通运输量加大，机动车排气污染在城市大气污染中所占比例也不断上升。全国汽车保有量年增长率保持在 13%，特别是一些大型和特大型城市，如北京、广州、成都、上海等地方机动车数量增长速率远远高于全国平均水平。随着小汽车走入中国百姓家庭，城市交通污染将进一步加剧。

根据中国环境科学研究院的预测，2010 年随着全国机动车保有量成倍增长，机动车污染物排放量比 2000 年增加 1 倍左右，再加上用车维修保养差、报废年限长、交通拥堵严重，机动车对大气污染的影响程度越来越大。据监测，在北京和广州，约 80%的一氧化碳来自汽车源的排放，氮氧化物也有 41%左右来自于汽车源。天津市区主要交通干线一氧化碳超标几至十几倍；长沙市干道中心点一氧化碳超标 4 倍，年超标率为 40%。汽车保有量的增加和尾气排放量的增大，对城市大气环境造成严重影响。

二、环境容量对煤炭开发的约束

（一）煤炭工业发展基础

1. 煤炭资源储量及分布

根据中国煤炭清洁高效可持续开发利用战略研究重大咨询项目《煤炭资源与水资源课题研究报告》，截至 2012 年，我国煤炭保有资源量 18 217.95 亿 t，其中，已利用资源量 3485.73 亿 t，尚未利用资源储量 14 732.22 亿 t（占 80.9%）。尚未利用资源储量中，勘探（精查）2618.53 亿 t（占保有资源总量的 14.4%），详查 2139.08 亿 t，普查 3712.88 亿 t，预查（找煤）6261.25 亿 t，详细见专题表 4-12。

专题表 4-12　2012 年我国煤炭资源保有储量统计

省市	保有资源量（亿 t）	已利用资源量（亿 t）	尚未利用资源储量（亿 t）				
			合计	精查	详查	普查	预查
辽宁	84.55	48.55	36.00	6.60	18.88	10.16	0.36
吉林	31.34	16.31	15.04	1.11	3.07	9.51	1.34
黑龙江	218.31	112.24	106.07	0.36	9.34	75.62	20.76
北京	24.00	13.73	10.27	3.16	0.01	4.15	2.95
天津	3.83	0.00	3.83	2.97	0.85	0.00	0.00
河北	345.53	116.48	229.04	8.51	9.38	133.62	77.53
江苏	36.03	29.64	6.38	0.26	1.19	4.93	0.00
安徽	282.98	123.12	159.86	57.77	7.34	65.66	29.09
山东	227.96	57.10	170.86	38.83	6.89	125.14	0.00
河南	617.78	172.59	445.18	53.96	19.37	117.97	253.41
浙江	0.29	0.23	0.07	0.00	0.00	0.07	0.00
福建	11.05	10.05	1.00	0.05	0.00	0.96	0.00
江西	19.70	1.87	17.84	14.58	1.32	1.63	0.31
湖北	10.70	3.33	7.37	1.16	2.62	3.16	0.43
湖南	39.85	10.10	29.76	13.82	7.28	8.15	0.50
广东	14.05	0.00	14.05	9.19	0.00	0.00	4.86
广西	30.80	10.19	20.61	14.03	4.53	1.75	0.29
海南	1.66	0.00	1.66	1.66	0.00	0.00	0.00
山西	2 718.30	1 040.08	1 678.22	243.59	452.22	678.05	304.36
内蒙古	7 988.46	480.07	7 508.39	1 230.98	923.24	615.49	4 738.68
陕西	1 880.97	342.41	1 538.56	318.13	223.20	444.51	552.72
宁夏	339.57	142.93	196.65	45.28	51.78	99.59	0.00
重庆	54.10	1.69	52.41	15.88	25.99	2.31	8.24
四川	141.66	48.42	93.24	16.98	29.75	11.84	34.67
贵州	675.43	74.13	601.30	197.53	87.25	101.63	214.88
云南	289.84	0.00	289.84	135.09	89.57	60.37	4.82
甘肃	158.66	31.84	126.81	15.22	30.78	74.73	6.08
青海	63.61	17.60	46.00	17.97	24.43	1.30	2.30
新疆	1 904.41	581.05	1 323.36	153.86	108.80	1 060.58	0.12
西藏	2.53	0	2.53	0	0	0	2.53
全国	18 217.95	3 485.73	14 732.22	2 618.53	2 139.08	3 712.88	6 261.25
京津冀	373.36	130.21	243.14	14.64	10.24	137.77	80.48
西北五省	4 347.22	1 115.83	3 231.38	550.46	438.99	1 680.71	561.22

2. 煤炭产量及消费量

我国煤炭资源分布不均，煤炭资源西多东少，北多南少，主要煤炭资源富集区域为晋陕蒙宁和新疆，煤炭需求量大的东部地区，煤炭资源匮乏，浙江、福建、江西、湖北、湖南、广东、广西、海南几个省区煤炭保有资源量仅占全国的 0.7%左右，经济相对不发达的中西部地区，保有煤炭资源量约占全国的 89.5%。就煤炭生产来说，以 2013 年为例，全国煤炭生产量为 39.7 亿 t（专题表 4-13），晋陕蒙甘宁地区煤炭产量就占了约

64%。对于煤炭消费，东部地区电力等主要耗煤行业发展起步早、规模大，长期以来都是我国煤炭消费的中心。但随着中部崛起战略和西部大开发战略的实施，中西部经济发展加速，能耗需求较快增长，煤炭消费量占全国的比重呈逐步上升态势，2005～2013年，晋陕蒙宁甘新地区煤炭消费量由4.45亿t增加到11.81亿t，占全国煤炭消费总量比重由19.2%上升到27.3%；中南地区煤炭消费量由4.25亿t增加到6.69亿t，占全国煤炭消费总量比重维持在18.3%；京津冀、东北、华东、云贵、川渝、青藏地区煤炭消费量占全国的比重比2005年分别下降了1.7个百分点、1个百分点、1.2个百分点、0.4个百分点和1.2个百分点。

专题表4-13 2013年我国各地区煤炭生产、消费数据

省市区	产量（万t）	消费量（万t）	产量–消费量（万t）
北京	500	2 019	–1 519
天津	0	5 279	–5 279
河北	7 739	31 663	–23 924
山西	92 167	36 637	55 530
内蒙古	99 055	34 916	64 139
辽宁	5 658	18 133	–12 475
吉林	3 060	10 414	–7 354
黑龙江	7 988	13 267	–5 279
上海	0	5 681	–5 681
江苏	2 011	27 946	–25 935
浙江	9	14 161	–14 152
安徽	13 885	15 665	–1 780
福建	1 681	8 079	–6 398
江西	2 986	7 255	–4 269
山东	14 962	37 683	–22 721
河南	16 042	25 058	–9 016
湖北	1 096	12 167	–11 071
湖南	7 229	11 224	–3 995
广东	0	17 107	–17 107
广西	697	7 344	–6 647
海南	0	1 009	–1 009
重庆	3 910	5 794	–1 884
四川	6 588	11 679	–5 092
贵州	18 518	13 651	4 867
云南	10 686	9 783	903
陕西	50 323	17 248	33 075
甘肃	4 521	6 541	–2 020
青海	3 128	2 073	1 055
宁夏	8 800	8 534	266
新疆	14 204	14 206	–2
全国	397 443	432 216	–34 773
京津冀	8 239	38 961	–30 722
西北五省	80 976	48 602	32 374

资料来源：国家统计局能源统计司，2015

以2013年为例，我国分省区煤炭产量和消费量情况如专题图4-1所示。

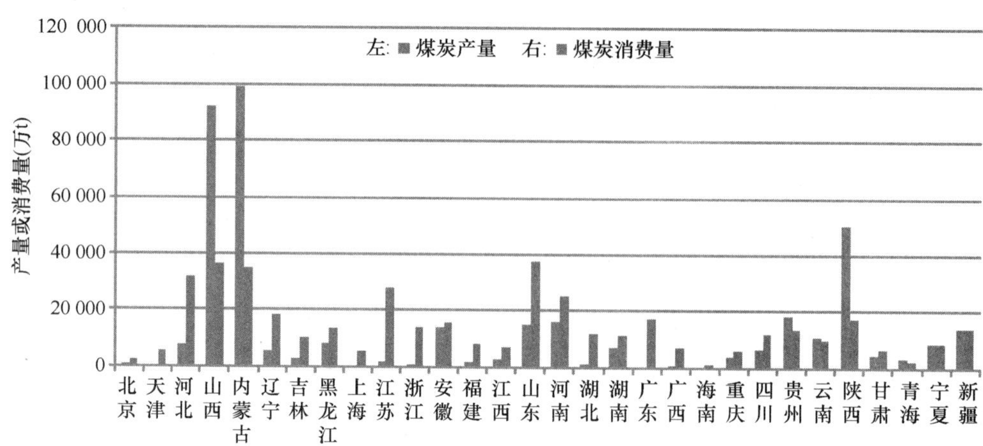

专题图4-1 2013年我国分省区煤炭产量与消费量情况

3. 煤炭供应状况

煤炭产需的逆向分布，形成了我国“北煤南运、西煤东调”的格局，煤炭运输成为影响煤炭供需的关键因素。铁路以其运力大、速度快、成本低、能耗小等优势，一直是煤炭的主要运输方式。在铁路主要干线的货运量中，煤炭占了很大比重，1998年我国铁路煤炭运量为6亿t左右，到2013年已达到23.2亿t，占铁路货物运输总量的58.6%。2014年、2015年煤炭铁路运输量有所下降，但占铁路货运总量的比例仍未下降。近几年我国铁路货物运输总量及煤炭运输量情况详见专题表4-14。

专题表4-14 近几年我国铁路货物运输总量及煤炭运输量情况

年度	货物运输总量（亿t）	煤炭运输量（亿t）	煤炭运输量占比
2005年	26.9	12.9	48.0%
2006年	28.8	13.8	47.9%
2007年	31.6	16.0	50.6%
2008年	33.0	16.9	51.2%
2009年	33.2	17.5	52.7%
2010年	36.3	20.0	55.1%
2011年	39.2	22.7	57.9%
2012年	39.0	22.6	57.9%
2013年	39.6	23.2	58.6%
2014年	38.1	22.9	60.1%
2015年	34.0	20.0	58.8%

数据来源：交通运输部和煤炭市场网

“三西”（即山西、陕西、江西）及宁东地区一直是我国煤炭调出最主要和最集中的地区。我国的主要铁路运煤通道，基本上都集中在“三西”煤外运通道、出关运煤通道和向华东地区调运煤炭的铁路运输通道，其中，“三西”主要煤运通道所占比例高达90%。主要包括北通道、中通道和南通道。北通道主要包括大秦线、丰沙大线、京原线、集通线、神朔黄线等，以动力煤外运为主，主要将晋北、陕北和神东煤炭生产基地的煤炭运输至京津冀、东北、华东地区，以及秦皇岛、京唐、天津、黄骅等港口，是“三西”煤炭外运的主要通路。中通道主要包括石太线、邯长线等，以焦煤和无烟煤外运为主，主要将晋东、晋中煤炭生产基地的煤炭运输至华东、中南地区及青岛港。南通道主要包括太焦线、侯月线、陇海线、西康线、宁西线等，以焦煤、肥煤和无烟煤外运为主，主要将陕北、晋中、神东、黄陇和宁东煤炭生产基地的煤炭运输至中南、华东地区，以及日照、连云港等港口。

出关运煤通道包括京沈、京通和京承（锦承）三条线路。蒙东外运通道主要包括通霍线、赤大白铁路、巴新铁路、集通铁路、锡多铁路、锡乌线等。南北运输通道主要包括京广线、京九线、京沪线及焦柳线。

煤炭生产开发布局加速西移和煤炭需求量的不断增加，使得煤炭流通规模逐年增加。煤炭铁路运输与煤炭物流需求不适应。一是运输能力总体不足。目前，“三西”通道的大秦线、朔黄线和石太线，华东通道的京沪线、陇海线、宁西线和皖赣线，中南通道的京广线、焦柳线和襄渝线，东北通道的沈山线、哈大线和通霍线等主要干线能力均已饱和或接近饱和。铁路主要通道运输能力不足，迫使大量煤炭通过公路长距离外运。这种以大量汽柴油换取煤炭的低效运输方式，不符合我国石油资源短缺的基本国情，是极不合理的。二是通道布局不合理。“三西”煤炭外运铁路通道中，除西康铁路和宁西铁路外，均为东西向布局，造成“北煤南运”要先向东再经北京、天津、石家庄、郑州、洛阳、徐州等铁路枢纽转到南北干线上，造成了迂回运输，加重了铁路枢纽或东西向干线的压力。“三西”煤炭外运运力分布也不均衡，北通路承担了全部煤运总量的2/3以上，而中通道、南通道所承担的运量不足1/3。运力配置的不均衡，加重了煤运通道前方集运和后方疏运系统的压力。

除铁路运输外，我国煤炭运输还有铁水联运、水路运输及公路运输等方式。

我国煤炭铁水联运主要是通过铁路运输到北方港口和内河港口，再通过港口运输至消费地。我国沿海已基本形成环渤海、长三角、东南沿海、珠三角及西南沿海五大港口群，其中环渤海港口群为发送港，其他港口主要为接卸港。北方沿海秦皇岛港、天津港、唐山港、黄骅港、青岛港、日照港和连云港港7个大型煤炭港经过多年建设，煤炭装卸、储存和运输能力大大增长。铁路转海运是北煤南运的主要通道，是“三西”煤炭供应华东、华南和煤炭外贸出口的重要运输通道。北煤南运除铁路转海运外，还利用铁路转长江和京杭大运河运输，以及铁路转西江运输。

由于铁路运力不足，在山西、内蒙古和云南、贵州等省（区），公路运输在煤炭外运过程中也发挥了一定的作用，山西主要运往临近的河北、河南、山东、安徽等省，内蒙古主要运往临近的河北、辽宁、北京等地，云南、贵州主要运往广西、川渝和湖南等距离相对较近的地区。

4. 煤电装机及供电煤耗变化趋势分析

根据中国电力企业联合会发布的统计数据，截至2015年年底，全国发电装机容量150 673万kW，其中，煤电装机容量为88 419万kW，占比58.7%，全国6000kW及以上电厂供电标准煤耗315g/（kW·h），同比降低4g/（kW·h）。

2013年分省区火电（含煤电、气电）装机容量及近几年全国6000kW级及以上电厂供电标准煤耗变化情况详见专题表4-15及专题图4-2，近几年我国火力发电统计情况见专题表4-16。

专题表4-15 2013年我国各地区火力发电情况

地区	火电装机容量（万kW）	火电发电量（亿kW·h）	发电标准煤耗［g/（kW·h）］	发电用煤（万t）
北京	675	329	254	633
天津	1 112	591	300	2 702
河北	4 182	2 275	307	9 616
山西	5 205	2 527	304	12 272
内蒙古	6 385	3 213	313	18 440
辽宁	3 028	1 329	301	7 002
吉林	1 690	590	298	3 654
黑龙江	1 903	746	314	3 438
上海	2 129	963	289	3 559
江苏	7 553	4 174	296	16 341
浙江	4 995	2 393	288	8 642
安徽	3 597	1 933	297	8 368
福建	2 658	1 280		4 837
江西	1 504	723	299	3 032
山东	7 098	3 503	305	14 417
河南	5 628	2 691	297	12 113
湖北	2 240	1 054	297	3 875
湖南	1 929	843	306	3 526
广东	6 270	2 955	298	11 630
广西	1 563	755	299	3 105
海南	388	201	287	795
重庆	790	412	325	1 827
四川	1 582	593	313	2 976
贵州	2 433	1 240	309	5 714
云南	1 397	479	309	2 727
西藏	39	6		
陕西	2 273	1 174	308	6 114
甘肃	1 601	701	312	3 426
青海	235	136	328	660
宁夏	1 731	1 031		5 187
新疆	2 426	1 376		6 454
全国	86 239	42 216	305	187 083
京津冀	5 969	3 195		12 951
西北五省	8 266	4 418		21 841

注：火电装机容量、火电发电量、发电标准煤耗数据摘自中电联统计数据；火电用煤量摘自2014年中国能源统计年鉴

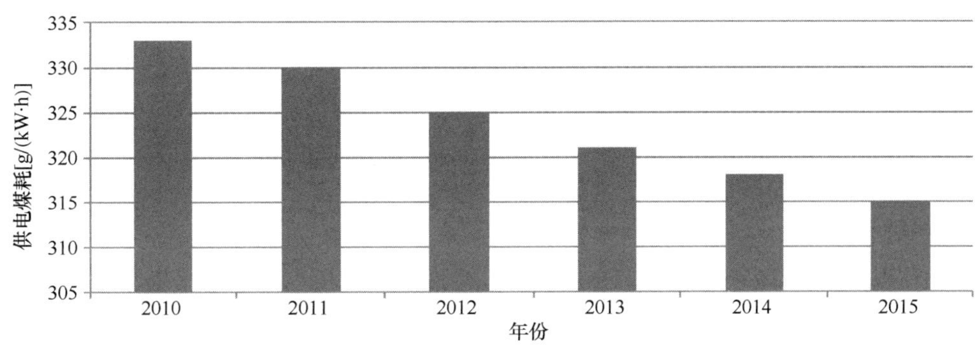

专题图 4-2 近几年全国 6000kW 级及以上电厂供电标准煤耗

专题表 4-16 我国火力发电统计情况

名称	2010 年	2011 年	2012 年	2013 年	2014 年	2015 年
火电装机（万 kW）	70 967	76 834	81 968	87 009	92 363	99 021
煤电装机（万 kW）	64 661	70 929	75 382	79 450	83 106	88 419
气电装机（万 kW）	2 644	3 415	3 717	4 252	5 666	6 637
供电标准煤耗［g/（kW·h）］	333	329	325	321	319	315
发电标准煤耗［g/（kW·h）］	312	308	305	302	300	
发电耗原煤（亿 t）	15.90	18.24	17.90	17.58	18.58	

注：中电联统计数据。煤电、气电装机均为 6000kW 级及以上装机统计

（二）煤炭工业发展面临的形势

1. 2020 年、2030 年我国煤炭需求量

按照国务院办公厅 2014 年 11 月 19 日公布的《国务院办公厅关于印发能源发展战略行动计划（2014—2020 年）的通知》（国办发〔2014〕31 号）的要求，到 2020 年，我国一次能源消费总量控制在 48 亿 t 标准煤左右，煤炭消费总量控制在 42 亿 t 左右，煤炭消费比重控制在 62%以内，削减京津冀鲁、长三角和珠三角等区域煤炭消费总量，到 2020 年，京津冀鲁四省（市）煤炭消费比 2012 年净削减 1 亿 t，长三角和珠三角地区煤炭消费总量负增长。

根据环境保护部、国家发展和改革委员会、工业和信息化部、财政部、住房和城乡建设部、国家能源局 2013 年 9 月联合发布的《京津冀及周边地区落实大气污染防治行动计划实施细则》，要求实行煤炭消费总量控制。按照国家要求，完成节能降耗目标。到 2017 年年底，北京市、天津市、河北省和山东省压减煤炭消费总量 8300 万 t。其中，北京市净削减原煤 1300 万 t，天津市净削减 1000 万 t，河北省净削减 4000 万 t，山东省净削减 2000 万 t。

北京市于 2015 年 5 月 14 日印发《北京市进一步促进能源清洁高效安全发展的实施意见》（京政办发〔2015〕28 号），提出到 2020 年，全市能源消费总量控制在 8800 万 t 标准煤左右，其中煤炭消费总量控制在 900 万 t 以内。

2015 年 6 月，中国政府向巴黎第 21 届联合国气候变化大会提交了《强化应对气候变化行动——中国国家自主贡献》。文件做出了2030年达到碳排放峰值的承诺，这对控制煤炭消费形成倒逼机制。按照我国要在2030年达到碳排放峰值的情景，2020～2030年，京津冀鲁、长三角和珠三角地区持续削减煤炭消费量，对于陕西、内蒙古、新疆和宁夏等省（区），由于上述地区是我国重要的煤电基地和煤化工基地，允许其煤炭消费量在一定范围内适度增长，其他地区煤炭量消费保持稳定。

根据国家煤炭消费总量控制目标及各省区相关要求，同时兼顾煤炭行业的实际情况，2013年我国分省区煤炭消费量及2020年、2030年我国分省区煤炭需求量预测见专题表4-17。

专题表4-17　2013年我国煤炭消费量及2020年、2030年煤炭需求量预测

序号	地区	2013年消费量（万t）	2020年预测（万t）	2030年预测（万t）
1	北京	2 019	900	0
2	天津	5 279	4 200	3 200
3	河北	31 663	26 500	2 400
4	山西	36 637	35 000	35 000
5	内蒙古	34 916	36 000	36 500
6	辽宁	18 133	18 000	18 000
7	吉林	10 414	11 000	11 000
8	黑龙江	13 267	13 000	13 000
9	上海	5 681	5 600	5 000
10	江苏	27 946	27 000	25 000
11	浙江	14 161	14 000	13 000
12	安徽	15 665	15 000	14 000
13	福建	8 079	8 000	7 500
14	江西	7 255	7 000	7 000
15	山东	37 683	37 500	35 500
16	河南	25 058	25 000	25 000
17	湖北	12 167	12 000	12 000
18	湖南	11 224	11 000	11 000
19	广东	17 107	17 000	16 000
20	广西	7 344	7 000	7 000
21	海南	1 009	1 000	1 000
22	重庆	5 794	5 700	5 700
23	四川	11 679	11 600	11 600
24	贵州	13 651	13 500	13 500
25	云南	9 783	9 800	9 800
26	陕西	17 248	17 500	18 000
27	甘肃	6 541	6 500	6 500
28	青海	2 073	2 000	2 000
29	宁夏	8 534	8 500	9 000
30	新疆	14 206	14 500	15 000
合计		432 216	421 300	389 200
京津冀		38 961	31 600	5 600
西北五省		48 602	49 000	50 500

注：2020年、2030年煤炭预测数据来源为国家能源局“十三五”能源规划前期重大专题《“十三五”煤炭清洁高效发展若干重大问题研究》，并结合国家、各省区的控煤目标

2. 大气二氧化硫环境容量对我国煤炭开发及消费的约束

（1）大气二氧化硫环境容量

党的十八大将生态文明建设提到与经济建设、政治建设、文化建设、社会建设同等高度，提出“五位一体”的发展总布局。在这个发展总布局下，我国煤炭工业的可持续发展必然要求煤炭开发利用与生态环境保护和谐发展。

煤炭开发及利用过程中排放了大量的污染物，成为大气污染的重要来源之一。根据清华大学的相关研究，2013 年、2020 年、2030 年各地区 SO_2 排放量见专题表 4-18。从专题表 4-18 可以看出，2013 年全国 SO_2 排放量超过 2030 年排放容量要求，需进行大幅度削减。全国平均削减幅度为 43.7%，京津冀为 49.0%，西北五省为 62.8%。

专题表 4-18　2013 年、2020 年、2030 年相关地区 SO_2 排放量及排放容量

地区	2013 年排放量（万 t）	2013 年环境容量（万 t）	2020 年环境容量（万 t）	2030 年环境容量（万 t）	2030 年削减幅度（%）
北京	9	12	8	6	31.0
天津	22	24	18	13	40.0
河北	128	100	88	62	51.7
京津冀	159	136	114	81	49.0
陕西	81	73	51	40	50.4
甘肃	56	28	20	16	71.5
青海	16	6	3	3	80.9
宁夏	39	21	15	12	69.2
新疆	83	93	42	31	62.6
西北五省	274	221	131	102	62.8
全国	2044	2313	1578	1097	43.7

资料来源：清华大学研究报告

根据中国工程院《中国煤炭清洁高效可持续开发利用战略研究》，我国煤炭消费二氧化硫排放控制目标见专题表 4-19。

专题表 4-19　我国煤炭消费二氧化硫控制目标

用煤行业名称	二氧化硫控制目标（万 t）	
	2020 年	2030 年
电力行业	700	500
工业锅炉及炉窑	600	450
煤化工	15	10
合计	1315	960

数据来源：“能源领域咨询研究”综合组，2015

（2）煤炭生产二氧化硫排放

我国煤炭采选业二氧化硫近几年排放情况见专题表 4-20。根据 2013 年全国平均排放因子 0.32 万 t/亿 t 产煤测算的 2020 年和 2030 年各地区排放数据见专题表 4-21。

专题表 4-20　我国煤炭采选业二氧化硫排放情况

年份	各行业排放总量（万 t）	煤炭采选业排放（万 t）	占比（%）
2004	1746.25	15.21	0.87
2005	1980.47	21.04	1.06
2006	2041.8	14.50	0.71
2007	1972.23	17.53	0.89
2008	1839.18	14.87	0.81
2009	1694.06	14.99	0.88
2010	1705.45	16.03	0.94
2011	1896.46	12.93	0.68
2012	1775.82	12.49	0.70
2013	1689.23	12.62	0.75

数据来源：历年中国环境统计年鉴

专题表 4-21　各地煤炭生产二氧化硫排放测算

产煤省区	2013 年		2020 年		2030 年	
	产量（万 t）	SO_2 排放（万 t）	产量（万 t）	SO_2 排放（万 t）	产量（万 t）	SO_2 排放（万 t）
河北	7 739	0.25	8 600	0.28	7 000	0.22
北京	500	0.02	400	0.01	0	0.00
天津	0	0	0	0	0	0
京津冀	8 239	0.26	9 000	0.29	7 000	0.22
陕西	50 323	1.61	50 000	1.60	47 600	1.52
宁夏	8 800	0.28	10 000	0.32	9 300	0.30
甘肃	4 521	0.14	8 000	0.26	7 200	0.23
新疆	14 204	0.45	30 000	0.96	28 300	0.91
青海	3 128	0.10	2 200	0.07	2 000	0.06
西北五省	80 977	2.59	100 200	3.21	94 400	3.02
全国	397 432	12.72	420 000	13.44	380 800	12.19

（3）煤炭消费二氧化硫排放

1）按煤炭消费量测算。

假定京津冀煤炭消费结构维持现有比例，西北五省煤炭消费结构参照国家结构调整进行调整。用煤行业二氧化硫去除率参照有关规划（专题表 4-22）。2020 年、2030 年各地区煤炭消费二氧化硫排放测算数据见专题表 4-23。

专题表 4-22　用煤行业二氧化硫去除率

行业	二氧化硫去除率（%）		
	2013 年	2020 年	2030 年
电力行业	90	95	95
非电力行业	60	80	80

2）煤炭发电。

《国务院办公厅关于印发能源发展战略行动计划（2014—2020 年）的通知》（国办发

〔2014〕31 号）提出采用最先进节能节水环保发电技术，重点建设锡林郭勒、鄂尔多斯、晋北、晋中、晋东、陕北、哈密、准东、宁东等 9 个千万千瓦级大型煤电基地。煤电基地煤耗、水耗和主要大气污染物排放指标参照有关规划和现有标准（专题表 4-24）。初步测算 9 个煤电基地主要资源消耗和排放见专题表 4-25。

专题表 4-23 煤炭消费二氧化硫排放测算

地区	2013 年			2020 年			2030 年		
	煤消费（万 t）	发电供热占比（%）	SO_2 排放（万 t）	煤消费（万 t）	发电供热占比（%）	SO_2 排放（万 t）	煤消费（万 t）	发电供热占比（%）	SO_2 排放（万 t）
北京	2 019	56.9	7.13	900	56.9	1.59	0	56.9	0.00
天津	5 279	76.7	13.37	4 200	76.7	5.32	3 200	76.7	4.05
河北	31 663	35.3	146.34	26 500	35.3	61.24	2 400	35.3	5.55
京津冀	38 961	41.7	166.84	31 600	41.7	68.15	5 600	41.7	9.60
陕西	17 248	24.1	89.43	17 500	34.1	40.96	18 000	39.1	39.86
甘肃	6 541	60.4	21.94	6 500	70.4	9.26	6 500	75.4	8.44
青海	2 073	22.6	10.91	2 000	32.6	4.76	2 000	37.6	4.51
宁夏	8 534	56.2	30.46	8 500	66.2	13.03	9 000	71.2	12.66
新疆	14 206	67.3	42.70	14 500	77.3	18.14	15 000	82.3	16.87
西北五省	48 602	44.2	195.44	49 000	54.2	86.15	50 500	59.2	82.34
全国	432 216	44.7	1 791.79	421 300	55.0	764.24	389 200	60.0	656.97

专题表 4-24 煤电基地测算基础数据

名称	单位	指标	备注
年运行	h	5000	参照目前水平
煤耗	g/（kW·h）	300	《能源发展战略行动计划（2014—2020 年）》目标值
水耗	m^3/（s·GW）	0.1	空冷大机组
SO_2	mg/Nm^3	≤50	《火电厂大气污染物排放标准》（GB 13223—2011）
NO_x	mg/Nm^3	≤100	《火电厂大气污染物排放标准》（GB 13223—2011）
烟尘	mg/Nm^3	≤20	《火电厂大气污染物排放标准》（GB 13223—2011）

专题表 4-25 煤电基地排放测算

地区	基地	规模（万 kW）	煤耗（万 t）	水耗（万 t）	SO_2（万 t）	NO_x（万 t）
内蒙古	锡林郭勒	3 104	6 518	5 587	5.62	9.13
	鄂尔多斯	4 600	9 660	8 280	8.33	13.52
山西	晋北	1 760	3 696	3 168	3.19	5.17
	晋中	2 200	4 620	3 960	3.98	6.47
	晋东	3 560	7 476	6 408	6.44	10.47
陕西	陕北	4 200	8 820	7 560	7.60	12.35
新疆	哈密	1 600	3 360	2 880	2.90	4.70
	准东	4 750	9 975	8 550	8.60	13.97
宁夏	宁东	1 600	3 360	2 880	2.90	4.70
小计		27 374	57 485	49 273	49.55	80.48

资料来源：煤电基地环评及规划资料

3）煤化工。

根据 2014 年国家发展和改革委员会发放路条项目初步统计西北五省煤化工项目二氧化硫排放数据见专题表 4-26。

专题表 4-26　规划煤化工项目二氧化硫排放预测数据

名称	二氧化硫预计排放（t）	
	2020 年	2030 年
新疆	19 110	36 468
陕西	641	1 282
宁夏	1 543	2 483
甘肃	532	1 064
青海	0	0
西北五省	21 826	41 297
全国	54 996	125 491

4）二氧化硫排放分析。

情景一：

根据煤炭消费量预测初步测算 2020 年、2030 年我国煤炭生产、消费排放二氧化硫数据见专题表 4-27。从专题表 4-27 可以看出，京津冀通过严控燃煤开发利用数量，煤炭开发利用二氧化硫排放占环境容量比例呈大幅度下降，对改善环境有利。按目前控制标准，2030 年，陕西、青海、宁夏煤炭开发利用二氧化硫排放数量仍超过总环境容量要求；新疆煤炭开发利用二氧化硫排放数量占总环境容量比例与 2020 年相比有所上升，这些地区需要加大减排力度，如控制煤炭开采消费量、采取更加严格的排放标准等。

专题表 4-27　煤炭开发利用排放二氧化硫情景一

地区	2013 年			2020 年			2030 年			煤炭开发利用排放占环境容量比		
	煤炭生产（万 t）	煤炭消费（万 t）	小计（万 t）	煤炭生产（万 t）	煤炭消费（万 t）	小计（万 t）	煤炭生产（万 t）	煤炭消费（万 t）	小计（万 t）	2013 年	2020 年	2030 年
北京	0.02	7.13	7.15	0.01	1.59	1.6	0	0	0	59.58%	20.00%	0.00%
天津		13.37	13.37		5.32	5.32		4.05	4.05	55.71%	29.56%	31.15%
河北	0.25	146.34	146.59	0.28	61.24	61.52	0.22	5.55	5.77	146.59%	69.91%	9.31%
京津冀	0.27	166.84	167.11	0.29	68.15	68.44	0.22	9.60	9.82	122.88%	60.03%	12.13%
陕西	1.61	89.43	91.04	1.6	40.96	42.56	1.52	39.86	41.38	124.71%	83.45%	103.45%
甘肃	0.14	21.94	22.08	0.26	9.26	9.52	0.23	8.44	8.67	78.86%	47.60%	54.19%
青海	0.1	10.91	11.01	0.07	4.76	4.83	0.06	4.51	4.57	183.50%	161.00%	152.33%
宁夏	0.28	30.46	30.74	0.32	13.03	13.35	0.3	12.66	12.96	146.38%	89.00%	108.00%
新疆	0.45	42.7	43.15	0.96	18.14	19.1	0.91	16.87	17.78	46.40%	45.48%	57.35%
西北五省	2.58	195.44	198.02	3.21	86.15	89.36	3.02	82.34	85.36	89.60%	68.21%	83.69%
全国	12.72	1791.79	1804.51	13.44	764.24	777.68	12.19	656.97	669.16	78.02%	49.28%	58.14%

情景二：

在 2012 年排放值的基础上，考虑煤电基地和煤化工项目排放增加，初步测算 2020

年、2030 年煤炭开发利用排放二氧化硫数据见专题表 4-28。从专题表 4-28 可以看出，按 2013 年基础方案测算，增加九大煤电基地和“路条”煤化工项目后，2030 年全国二氧化硫排放超过总环境容量要求，其中西北五省作为煤电和煤化工重点开发区域，其超总环境容量幅度更大。这些地区一方面需要采取措施减少现有煤炭消费量，腾出环境容量供新建煤电基地和煤化工项目使用；另外，新建煤电、煤化工项目需在现有排放标准基础上，采用更加严格的排放标准控制排放。

专题表 4-28　煤炭开发利用排放二氧化硫情景二

地区	2013 年	2020 年			2030 年			煤炭排放占环境容量比		
	煤炭排放（万 t）	煤电基地（万 t）	煤化工（万 t）	小计（万 t）	煤电基地（万 t）	煤化工（万 t）	小计（万 t）	2013 年	2020 年	2030 年
北京	7.13			3.18			0	59.42%	39.75%	0.00%
天津	13.37			10.64			8.11	55.71%	59.11%	62.38%
河北	146.34			122.48			11.09	146.34%	139.18%	17.89%
京津冀	166.84			136.30			19.20	122.68%	119.56%	23.70%
陕西	89.43	3.8	0.06	88.24	7.6	0.13	92.11	122.51%	173.02%	230.28%
甘肃	21.94		0.05	57.3		0.11	57.36	78.36%	286.50%	358.50%
青海	10.91			15.39			15.39	181.83%	513.00%	513.00%
宁夏	30.46	1.45	0.15	42.26	2.9	0.25	43.81	145.05%	281.73%	365.08%
新疆	42.7	5.75	1.91	87.27	11.5	3.65	94.76	45.91%	207.79%	305.68%
西北五省	195.44	11	2.18	290.47	22	4.13	303.42	88.43%	221.73%	297.47%
全国	1791.79	24.78	5.5	2147.91	49.55	12.55	2179.73	77.47%	136.12%	189.38%

3. 水资源对煤电基地装机规模的限制

（1）水资源情况

2012 年 1 月 12 日，国务院发布了《国务院关于实行最严格水资源管理制度的意见》（国发〔2012〕3 号）（以下简称《意见》），该《意见》明确提出了实行最严格水资源管理制度的主要目标。针对当前水资源过度开发、粗放利用、水污染严重三个方面的突出问题，确立了水资源管理“三条红线”，主要是严格控制用水总量过快增长、着力提高用水效率、严格控制入河湖排污总量。要求到 2030 年全国用水总量控制在 7000 亿 m^3 以内。为实现上述目标，《意见》与《国民经济和社会发展第十二个五年规划纲要》、2011 年中央 1 号文件、2010 年国务院批复的《全国水资源综合规划》相衔接，进一步提出了“十二五”期间和 2020 年的阶段性目标。到 2015 年，全国用水总量力争控制在 6350 亿 m^3 以内；万元工业增加值用水量比 2010 年下降 30%以上。到 2020 年，全国用水总量力争控制在 6700 亿 m^3 以内；万元工业增加值用水量降低到 65m^3 以下。

我国煤炭资源与水资源在地理上呈逆向分布，而且分布极不均衡，南北差异很大。南方地区水资源丰富，但煤炭储量少，开采条件差；北方富煤地区煤炭储量和开采量占全国的 2/3 以上，水资源只占全国的 1/3。尤其是煤炭资源富集的晋、陕、蒙、宁、新、甘等地区煤炭保有量占全国的 79%，煤炭产量占全国的 90%，而水资源总量仅占全国的 10%左右。

按照相关部门的初步估算，若《煤炭工业发展“十二五”规划》发展目标全部实现，按照现有的耗水量指标，2015 年国家 14 个煤炭基地采煤需水量将达 66.47 亿 m^3，煤电需水量将达 22.18 亿 m^3，煤化工的需水量将达 12.22 亿 m^3，全国大型煤炭开发利用基地共动用的水资源量将达到 100 亿 m^3，或者按目前的建设进度到 2020 年将达到 100 亿 m^3 的需水量。

综合考虑煤炭资源储量、水资源量、生态环境及区域经济社会发展，将全国煤炭开发划分为：晋陕蒙宁甘、新疆、冀鲁豫皖、云贵川渝、东北和湘鄂赣等六大区域。针对以上研究区域，根据《中国环境统计年鉴（2013)》数据，整理出以上六大区域各省区 2012 年水资源使用情况，并对 2020 年的水资源需求情况进行了预测，具体内容见专题表 4-29。

专题表 4-29　主要产煤省区水资源使用情况及预测

区域		水资源总量（亿 m^3）	供水总量（亿 m^3）	用水总量（亿 m^3）	2020 年可用水资源量（亿 m^3）	增量空间（亿 m^3）	其中工业可用水量（亿 m^3）
晋陕蒙甘宁	山西	106.2	73.4	73.4	79.6	6.2	15.5
	陕西	390.5	88	88	95.5	7.5	13.3
	内蒙古	510.3	184.4	184.4	200.1	15.7	23.5
	宁夏	10.8	69.4	69.4	75.3	5.9	4.9
	甘肃	267	120.2	120.2	130.4	10.2	12.8
	小计	1 284.8	535.4	535.4	580.9	45.5	70
新疆	新疆	900.6	590.1	590.1	640.2	50.1	12.4
	小计	900.6	590.1	590.1	640.2	50.1	12.4
云贵川渝	云南	1 689.8	151.8	151.8	164.7	12.9	27.8
	贵州	974	91.5	91.5	99.3	7.8	25
	四川	2 892.4	245.9	245.9	266.8	20.9	54.7
	重庆	476.9	82.9	82.9	89.9	7.0	39.4
	小计	6 033.1	572.1	572.1	620.7	48.6	146.9
东北	辽宁	547.3	142.2	142.2	154.3	12.1	23
	吉林	460.5	129.8	129.8	140.8	11.0	27.1
	黑龙江	841.4	358.9	358.9	389.4	30.5	41.7
	小计	1 849.2	630.9	630.9	684.5	53.6	91.8
冀鲁豫皖	河北	235.5	195.3	195.3	211.9	16.6	25.2
	山东	274.3	221.8	221.8	240.6	18.8	28.1
	河南	265.5	238.6	238.6	258.9	20.3	60.5
	安徽	701	289.3	289.3	313.9	24.6	97.5
	小计	1 476.3	945	945	1 025.3	80.3	211.3
湘鄂赣	湖南	1 988.9	328.8	328.8	356.7	27.9	94.5
	湖北	813.9	304.3	304.3	330.1	25.8	101.4
	江西	2 174.4	242.5	242.5	263.1	20.6	58.7
	小计	4 977.2	875.6	875.6	949.9	74.3	254.6
总计		16 521	4 149.1	4 149.1	4 501.4	352.3	787

注：总供水量主要包括地下水、地表水、调水量和再生水量等；总用水量主要包括农业用水、工业用水、生活用水、生态需水等。在用水方面，首先要保证城镇生活用水、生态用水和农业用水

从专题表 4-29 可以看出，各省区在现有水资源情况下每年用水增量空间不大，这将对各区域的煤炭资源开发及利用产生明显的约束，尤其是水资源相对匮乏而煤炭资源富集的晋陕蒙宁甘和新疆地区。

（2）煤炭生产用水情况

目前，我国相关政府部门及行业协会尚未系统地统计煤炭开采过程中的用水量，参照《清洁生产标准 煤炭采选业》（HJ 446—2008）中对原煤生产水耗二级指标≤0.2m^3/t的要求，根据煤炭产量预测数据初步分析煤炭生产用水量见专题表 4-30。

专题表 4-30 京津冀、西北五省煤炭生产用水量预测

产煤省区	用水量（万 t）		
	2013 年	2020 年	2030 年
河北	1 548	1 720	1 400
北京	100	80	0
天津	0	0	0
京津冀	1 648	1 800	1 400
陕西	10 065	10 000	9 520
宁夏	1 760	2 000	1 860
甘肃	904	1 600	1 440
新疆	2 841	6 000	5 660
青海	626	440	400
西北五省	16 196	20 040	18 880
全国	79 488	84 000	76 160

（3）煤炭消费用水情况

1）发电。

国家规划的 9 个煤电基地用水量见专题表 4-31。

专题表 4-31 9 个规划煤电基地用水量

地区	基地	规模（万 kW）	水耗（万 t）
内蒙古	锡林郭勒	3 104	5 587
	鄂尔多斯	4 600	8 280
山西	晋北	1 760	3 168
	晋中	2 200	3 960
	晋东	3 560	6 408
陕西	陕北	4 200	7 560
新疆	哈密	1 600	2 880
	准东	4 750	8 550
宁夏	宁东	1 600	2 880
小计		27 374	49 273

资料来源：煤电基地环评及规划资料

2）煤化工。

根据国家发展和改革委员会 2014 年路条项目初步统计西北五省煤化工项目水资源

消耗量见专题表4-32。

专题表4-32　2020年、2030年规划煤化工项目水资源消耗预测

名称	2020年（万t）	2030年（万t）
新疆	17 049	36 195
陕西	1 348	2 696
宁夏	3 385.6	5 586
甘肃	924	1 848
青海	0	0
西北五省	22 706.6	46 325
内蒙古	22 862	59 105
全国	63 039	150 433

（4）用水分析

初步测算新增煤炭开采、煤电基地、煤化项目用水量见专题表4-33。从专题表4-33可以看出，新疆、陕西、宁夏煤炭开发利用新增用水数量较大，需要重点关注。

专题表4-33　新增用水量表

地区	水资源量（万t）	2013年用水（万t）	2020年新增（万t）				2030年新增（万t）			
			开采	煤电	煤化	小计	开采	煤电	煤化	小计
北京	24.80	36.40	0.00			0	–0.01			–0.01
天津	14.60	23.80				0				0
河北	175.90	191.30	0.02			0.02	–0.01			–0.01
京津冀	215.30	251.50	0.02			0.02	–0.02			–0.02
陕西	353.80	89.20	–0.01	0.38	0.13	0.5	–0.05	0.76	0.27	0.98
甘肃	268.90	122.00	0.07		0.09	0.16	0.05		0.18	0.23
青海	645.60	28.20	–0.02			–0.02	–0.02			–0.02
宁夏	11.40	72.10	0.02	0.14	0.34	0.5	0.01	0.29	0.56	0.86
新疆	956.00	588.00	0.32	0.57	1.70	2.59	0.28	1.14	3.62	5.04
西北五省	2 235.70	899.50	0.38	1.09	2.26	3.73	0.27	2.19	4.63	7.09
全国	27 957.80	6 183.50	0.45	2.46	6.30	9.21	–0.33	4.93	15.04	19.64

（三）优化煤炭产业及煤电发展建议

1. 优化煤炭开发布局，合理控制煤炭开发总量

根据各地区水、大气等环境容量，资源赋存条件、工业与社会发展现状及趋势，科学合理地布局煤炭生产，实现煤炭由“以需定产”转变为“以环境容量定产”。

合理控制煤炭资源开发规模，采取有效措施，停止不合规在建煤矿的建设，严格控制新开工煤矿数量，鼓励大中型煤矿企业或优势企业整合、兼并小煤矿，支持大中型煤炭企业通过上市融资、发行债券、股权转让等方式，筹集发展资金，促进大型现代化煤矿和大型煤炭基地建设。

2. 加强西部地区水资源和水系统建设，保障西部地区煤炭产能

随着我国煤炭开发利用重心的战略西移，西部地区的煤炭资源对保障我国煤炭安全、稳定供应具有重要意义。根据西部地区水资源、生态环境容量重点建设一批大型、特大型矿井群，优先建设优质动力煤煤矿、特大型现代化露天煤矿、煤电和煤炭转化一体化项目，在水权配置上应对中西部煤炭资源开发予以保证，在用水政策上予以倾斜，为合理开发水资源短缺区煤炭资源提供保障机制；在中西部煤炭资源开发地区加强水资源和水系统建设的同时，完善矿区（尤其是西北地区）管水、用水、节水的法律法规和标准，规范矿区取水、用水行为，从水资源保护、水资源配置、矿井水处理与综合利用等方面制定严格的准入条件，鼓励通过水权置换来增加用水量。

3. 优化煤炭燃烧结构，实现煤炭清洁高效利用

我国用于直接燃烧的煤炭消费量占 80%以上，主要用于燃煤发电及中小炉窑和民用等分散燃煤。对于燃煤发电，在“超低排放”电厂示范工程的基础上，对于在运机组，鼓励发电企业通过技术升级改造，降低电厂供电煤耗及污染物排放量，鼓励非重点地区有条件的燃煤机组达到重点地区排放标准及超低排放标准，根据不同区域不同条件，在电价、发电小时数或其他方面对超低排放燃煤机组给予一定的优惠政策；提高新建机组的门槛，鼓励建设高参数大型化机组，积极发展热电联产机组，以提高燃煤发电的效率。

针对工业锅炉、工业窑炉和民用等中小用户分散燃烧存在的数量多、分布广、耗煤量大、污染严重、技术落后、环境管理困难等问题，应优化煤炭燃烧结构，降低分散燃烧的煤炭消费量，在有条件的地区鼓励采用天然气、电力等清洁能源等替代煤炭燃烧。

4. 完善煤炭输配体系，统筹煤电基地建设

针对目前煤炭消费重心向西南的偏移，建设通向中南、西南地区的煤炭专用线或货运通道，规划建设大型集运、中转、配送节点，吸引大型煤炭、电力等企业参与煤炭输配网络建设，以增加煤炭市场的集中度。

针对我国燃煤电站分布不均，京津冀鲁、长三角、珠三角地区火电机组布局集中的问题，统筹考虑受电地区需求和送电地区资源环境支撑能力，鼓励在人口密度较小、煤炭调出量大的中西部煤炭基地将煤炭转化为电力直供京津冀鲁等地区，并合理确定煤电基地开发规模，最大程度优化电力流向，推进输电通道与基地同步规划建设，适度集中布局坑口电站，推行“煤电一体化”方式建设和运营，以减轻或避免经济发达地区日益严重的环境污染问题，提高运输能效，减少煤炭转运污染。

5. 根据煤炭开发对环境容量的影响大小，不同省市在今后的发展过程中应采取不同的控煤要求

新建煤电基地和煤化工项目所在地区需要采取措施减少现有煤炭消费量，尽可能减少煤炭消费净增数量。天津、宁夏、陕西、青海四省（市）应以先进省市污染物排放水平或发达国家污染物排放水平为目标进一步调整产业结构，提高节能减排技术，降低煤

炭开发利用污染物排放量，提高污染物处理水平。新疆、甘肃可以在现有水平下，稳步进行经济发展。

6. 西北地区煤炭开发利用要加大节水力度

西北五省用水量增加数量较大，约占总用水量的 1%，对当地水资源利用有一定的影响。新增用水主要用于煤电基地和煤化工项目。为降低对当地水资源的影响，新建煤电和煤化项目要进一步加大节水力度。

三、环境容量对油气开发的约束

（一）油气工业发展基础

1. 油气资源储量及分布

2014 年，我国油气储量继续快速增长，全年新增石油探明地质储量 10 亿 t，天然气新增探明地质储量有望超过 6000 亿 m^3。天然气勘探仍处于快速发展时期，据不完全统计，全年 20 个重要油气发现中，天然气发现占据半壁江山。持续高投入和勘探理论创新支撑了油气勘探活动，油气勘探开发向多领域、多层系推进。南海海域陆丰 14-4 井、陵水 17-2-1 井获高产油气流，海上自营深水勘探取得突破。致密油勘探全面展开，多个盆地获重大发现，鄂尔多斯盆地新安边地区发现储量超亿吨级大油田。

根据国土资源部（现自然资源部）数据，2013 年我国京津冀、西北五省的石油、天然气基础储量（剩余技术可采储量）数据见专题表 4-34。

专题表 4-34　2013 年京津冀和西北五省油气基础储量数据

地区	石油（万 t）	天然气（亿 m^3）
北京	0	0
天津	3 115.22	279.79
河北	26 685.34	325.86
京津冀小计	29 800.56	605.65
陕西	33 712.64	6 231.14
甘肃	21 150.01	241.28
青海	6 284.94	1 511.79
宁夏	2 313.96	294.40
新疆	58 393.63	9 053.88
西北五省小计	121 855.18	17 332.49
全国合计	336 732.81	46 435.74

资料来源：国土资源部 2013 年数据

2. 油气产量及消费量

2014 年，我国原油产量稳中微增，产量达 2.1 亿 t。大庆油田依靠水驱挖潜和扩大化学驱规模，连续 12 年实现稳产 4000 万 t 以上；长庆油田油气当量产量 5545 万 t，比上年净增 350 万 t。

2014 年，国内石油消费延续低速增长态势，全年石油表观消费量为 5.16 亿 t，同比增长 3.3%，增速较上年提高 1.1 个百分点，剔除库存增量，实际石油消费增速约为 2.8%，与 2013 年基本持平。全年石油净进口量为 3.05 亿 t，同比增长 4.74%，增速较上年提高 2.1 个百分点。石油对外依存度达到 59.2%，比上年上升 0.8 个百分点。

2014 年，全国天然气产量为 1256 亿 m^3，同比增长 6.6%。鄂尔多斯盆地和塔里木盆地仍是天然气生产主力区，均保持 10%以上的高速增产。页岩气开发取得新突破，产量快速上升。重庆涪陵页岩气田已建成产能 20 亿 m^3/年，累计生产页岩气 11.36 亿 m^3，全国页岩气产量有望从 2013 年的 2 亿 m^3 增至 2014 年的 13 亿 m^3；煤层气地面开采量有望突破 40 亿 m^3。

2014 年，受宏观经济下行、天然气价格调整、替代能源加快发展等因素的影响，我国天然气市场发展速度明显放缓，全年表观消费量为 1830 亿 m^3，同比增长 8.9%，增速为近 10 年低点。国内天然气产量为 1256 亿 m^3，同比增长 6.6%。煤制气供应量约为 10 亿 m^3，远低于预期水平。天然气进口量为 590 亿 m^3，同比增长 11.5%，对外依存度上升至 32.2%。其中，管道气进口 310 亿 m^3，占进口总量的 52.5%；液化天然气进口 2016 万 t（约合 280 亿 m^3），占进口总量的 47.5%。因需求增速放缓，国内天然气市场供需矛盾有所缓解，全年总体相对宽松。

2013 年我国各地区油气生产和消费情况见专题表 4-35、专题图 4-3 和专题图 4-4。

专题表 4-35　2013 年我国油气生产和消费情况

地区	原油产量（万 t）	原油消费量（万 t）	天然气产量（亿 m^3）	天然气消费量（亿 m^3）
北京		870.92	7.50	98.81
天津	3 044.50	1 759.15	18.73	37.79
河北	591.00	1 385.89	15.58	49.86
山西			25.11	45.08
内蒙古		411.07	10.04	43.51
辽宁	1 001.00	6 480.07	8.32	78.68
吉林	703.70	1 002.13	23.91	24.05
黑龙江	4 001.00	2 127.02	34.99	34.77
上海	7.90	2 611.76	2.35	72.89
江苏	201.50	3 394.78	0.51	124.47
浙江		2 853.65		56.72
安徽		551.67		27.81
福建		1 007.11		49.39
江西		520.28		13.43
山东	2 726.40	6 766.01	5.11	68.80
河南	476.50	963.57	4.93	79.71
湖北	80.10	1 176.72	3.09	31.97
湖南		946.54		20.46
广东	1 291.80	4 729.48	75.26	124.05
广西	43.80	1 296.13	0.10	4.55
海南	26.50	737.65	2.25	46.02

续表

地区	原油产量（万 t）	原油消费量（万 t）	天然气产量（亿 m^3）	天然气消费量（亿 m^3）
重庆			1.70	72.19
四川	22.40	306.49	244.81	148.30
贵州			0.41	8.42
云南		0.03	0.02	4.27
西藏				
陕西	3 688.00	2 230.64	371.65	70.30
甘肃	72.80	1 575.63	0.17	23.23
青海	214.50	146.19	68.06	41.56
宁夏	6.10	463.31		19.57
新疆	2 792.50	2 560.76	283.98	127.41
全国	20 992.00	48 874.65	1 208.58	1 648.07
京津冀	3 635.50	4 015.96	41.81	186.46
西北五省	6 773.90	6 976.53	723.86	282.07

资料来源：国家统计局，2014

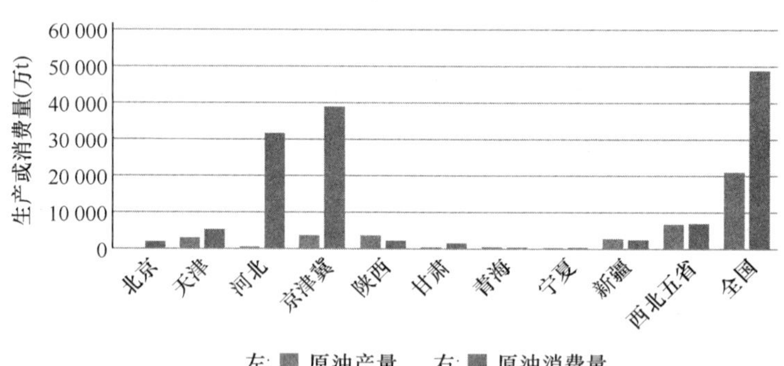

专题图 4-3　京津冀、西北五省及全国原油生产和消费情况

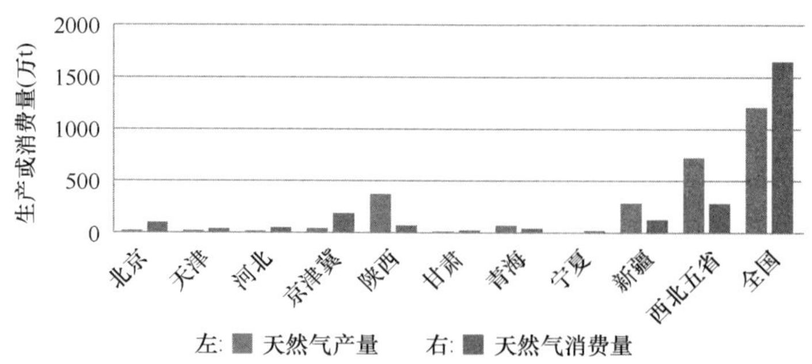

专题图 4-4　京津冀、西北五省及全国天然气生产和消费情况

3．油气供应状况

我国油气供应主要依靠管输。我国自 1959 年建成新疆克拉玛依-独山子输油管道以来，输油管道建设已经经历了 50 多年的发展历程。目前已在东北、西北、华北、华东、华中地区形成了区域性的原油输送管网。截至 2014 年年初，我国已建原油、成品油管

道总里程约4.6万km，其中原油管道2.6万km，成品油管道2万km。目前，我国已初步形成了“西油东送、北油南运”的原油、成品油管网布局。此外，2014年我国石油储备建设稳步推进。新增1个商业石油储备基地，新增库容255万m^3。截至2014年年底，我国已建成国家战略石油储备基地6个，储备能力为1.41亿桶，已建成商业石油储备基地25个，储备能力为3.07亿桶。

自20世纪60年代我国建设了第一条天然气管道“巴渝线”以来，经过数十年的建设发展，我国天然气管道建设有了很大的发展。截至2015年6月，我国已经初步形成了以西气东输系统、陕京线系统、川气东送、榆济线及忠武线等为骨干管道，兰银线及兰银复线、淮武线、冀宁线、中贵线为联络线的国家基干管网。已将四大气区及中亚天然气与国内主要消费市场连接起来，形成了“西气东输、海气登陆、就近外供”的全国一张网，互联互通供应格局。除西藏以外的每一个省（区、市）均已贯通了至少一条年输气能力超过100亿m^3的战略级省级干线管道。自2006年以来，我国天然气管道建设里程年均增加5000km以上。同时，也形成了川渝地区、华北地区、长三角地区三大区域性管网。截至2015年6月，全国天然气管道长度累计达到了8.8万km，基本覆盖了我国所有省（区、市）。已建、在建和规划的液化天然气接收站（一期平均规模为300万t/年以下）共计36座，其中已投产13座、在建7座、规划16座，覆盖了我国沿海全部省（区、市）。在役的天然气储气库共有20座，设计工作气量总计达147亿m^3，有效工作气量42亿m^3，调峰气量为28亿m^3，占我国天然气总消费量的2%，可以保障我国一周的用气量。

4. 燃气装机及供电能耗变化趋势分析

根据国家能源局派出机构统计，截至2012年年底，全国燃气发电企业共有150余家，燃气发电机组600多台（套）[含煤层气（瓦斯）发电机组]，总装机容量4027.8万kW，约占全国发电机组总装机容量的3.52%。其中，F级、E级等大中型燃气机组132台（套），装机容量3696万kW，占总装机容量的90%以上，E级以下（B级及轻型）小型燃气发电机组虽然数量多，但装机容量小。集中式天然气发电167台（套），装机容量3882.6万kW，占全国燃气发电机组总装机容量的96.4%，主要分布在广东、江苏、上海、浙江、福建、北京等地区。煤矿瓦斯发电装机容量约110万kW。分布式天然气发电还处于起步阶段，2010年装机容量约200万kW。

除部分地区供热机组外，我国燃气发电机组多以调峰调频为主，采用昼开夜停的两班制运行方式。目前，调峰调频机组容量约占燃气发电机组总容量的70%，截至2012年年底，全国并网燃气发电机组分布情况详见专题表4-36，2013年全国18MW以上燃机发电机组分布情况见专题表4-37。

专题表4-36　2012年全国并网燃气发电机组分布情况

序号	省区	机组数量[台（套）]	容量（万kW）	容量占全国比例
1	广东	47	1085.63	26.95%
2	江苏	25	646.1	16.04%
3	上海	20	511.26	12.69%
4	浙江	17	481.28	11.95%

续表

序号	省区	机组数量［台（套)］	容量（万 kW）	容量占全国比例
5	福建	12	405.8	10.07%
6	北京	8	286.8	7.12%
7	河南	4	156	3.87%
8	山西	372	82.42	2.05%
9	海南	7	52.96	1.31%
10	山东	39	45.96	1.14%
11	内蒙古	2	39	0.97%
12	青海	2	39	0.97%
13	湖北	2	36.15	0.9%
14	辽宁	1	30	0.74%
15	陕西	9	26.4	0.66%
16	天津	2	24.7	0.61%
17	四川	29	23.12	0.57%
18	新疆	4	19.45	0.48%
19	西藏	1	18	0.45%
20	宁夏	2	12.8	0.32%
21	吉林	1	5	0.12%
22	河北	0	0	0
23	甘肃	0	0	0
全国		606	4027.84	100%
京津冀		10	311.5	7.73%
西北五省		17	97.65	2.42%

数据来源：国家能源局，2013

专题表 4-37　2013 年全国 18MW 以上燃气发电机组分布情况

地区	燃气电厂装机容量（MW）
北京	2 621.4
山西	241.24
江苏	4 454.8
浙江	5 222.82
上海	4 385
福建	5 220
河南	1 554.6
湖北	185
四川	98.96
重庆	73.5
广东	5 427.2
海南	542.6
小计	30 027.12

注：中电联统计数据

天然气发电的气耗水平与燃机类型、发电负荷及机组运行方式等有关。目前我国集中式天然气发电主要有9F、9E两种机型，其中相同机组规模下9E级机组的发电气耗比9F级机组高15%。燃机在正常工况下一般具有良好的发电效率，但燃机深度调峰时，运行效率将大大降低。目前我国现役天然气发电机组的平均气耗约为0.203m^3/（kW·h），厂自用电率在2%～2.8%。

（二）油气工业发展面临的形势

1. 2020年、2030年我国油气需求量

（1）七大石化基地

《石化产业规划布局方案》2014年9月初已获得国务院同意。根据《石化产业规划布局方案》，预计到2020年全国炼油综合加工能力79 000万t，乙烯、芳烃生产能力分别为3350万t、3065万t，2025年炼油、乙烯、芳烃生产加工能力分别为85 000万t、5000万t和4000万t。重点建设七大石化产业基地，包括大连长兴岛（西中岛）、河北曹妃甸、江苏连云港、上海漕泾、浙江宁波、广东惠州和福建古雷。

1）大连长兴岛（西中岛）。

炼油装置规模达到4000万t级的炼油总能力（远景达到6000万t级），乙烯装置规模达到300万t级，对二甲苯、精对苯二甲酸规模分别达到400万t级和700万t级，二苯甲烷二异氰酸酯（diphenyl-methane-diisocyanate，MDI）规模达到48万t。

2）河北曹妃甸。

建设规模为1000万t级炼油、100万t级乙烯炼化一体工程。

3）江苏连云港。

一期项目包括1200万t/年炼油和100万t级/年对二甲苯项目，二期包括2000万t/年炼油和100万t/年乙烯项目等。

4）上海漕泾。

建设规模为2000万t/年炼油（1500万t/年炼油工程+500万t/年润滑油搬迁工程）、100万t/年乙烯及其下游配套加工装置、公用和储运配套工程。

5）浙江宁波。

镇海炼化年产1500万t炼油、120万t乙烯扩建工程，主要由炼油工程、乙烯工程和公用辅助设施三部分组成。

6）广东惠州。

中海油惠州二期项目，包括1000万t/年炼油、100万t/年乙烯及配套公用工程。三期项目包括1800万t/年炼油、200万t/年乙烯。

7）福建古雷。

首期规划建设1600万t/年炼油装置、120万t/年乙烯装置、公用工程、码头及中下游石化产业配套装置。规划总炼油能力5000万t/年、乙烯500万t/年。

（2）2020年油气生产、消费预测

根据《中国石化“十三五”规划专题研究报告》及有关资料，初步预测2020年我国各地区油气生产、消费数据见专题表4-38。

专题表 4-38　2020 年我国油气生产、消费预测

地区	原油产量（万 t）	原油消费量（万 t）	天然气产量（亿 m^3）	天然气消费量（亿 m^3）
北京		871		175
天津	3 172	1 759	36	120
河北	619	1 836	17	128
山西		0		125
内蒙古		411		83
辽宁	1 053	7 180		115
吉林	685	1 002		57
黑龙江	4 126	2 127	67	64
上海		3 312		121
江苏	176	3 845		261
浙江		2 854		150
安徽		852		53
福建		2 207		73
江西		820		33
山东	2 875	6 766		160
河南	486	1 964	10	123
湖北	81	1 627	6	79
湖南		947		49
广东		5 729	3	297
广西	44	1 296		39
海南		738	3	75
重庆		0		125
四川		1 306	468	250
贵州		0		22
云南		1 000		18
西藏		0		
陕西	3 886	2 231	714	94
甘肃	796	1 576		56
青海	227	146	131	60
宁夏		463		40
新疆	2 791	3 461	545	187
全国	21 018	58 325	2 000	3 232
京津冀	3 791	4 466	53	423
西北五省	7 701	7 877	1 390	437

（3）2030 年油气生产、消费预测

根据《中国石化“十三五”规划专题研究报告》及有关资料，初步预测 2030 年我国各地区油气生产、消费数据见专题表 4-39。

专题表 4-39 2030 年我国油气生产、消费预测

地区	原油产量（万 t）	原油消费（万 t）	天然气产量（亿 m^3）	天然气消费量（亿 m^3）
北京		871		220
天津	3 211	1 759	54	283
河北	605	3 836	26	240
山西		0		181
内蒙古		411		132
辽宁	1 036	11 630		201
吉林	840	1 002		104
黑龙江	4 147	2 127	101	111
上海	5	3 312		201
江苏	202	5 045		385
浙江		4 354		317
安徽		852		112
福建		3 807		148
江西		820		75
山东	2 875	7 066		294
河南	494	1 964	14	211
湖北	82	1 627	9	159
湖南		947		103
广东	1 253	9 029	4	398
广西	2	1 296		90
海南	20	1 238	5	95
重庆		0		155
四川	18	1 306	702	270
贵州		0		41
云南		1 000		47
西藏		0		
陕西	3 655	2 231	1 072	154
甘肃	72	1 576		106
青海	212	146	196	80
宁夏	2	463		70
新疆	2 768	3 461	817	222
全国	21 500	73 175	3 000	5 205
京津冀	3 816	6 466	80	743
西北五省	6 710	7 877	2 085	632

2. 大气污染物环境容量对我国油气开发及消费的约束

（1）二氧化硫排放

1）油气开发。

原油开发排放二氧化硫采用排放系数法测算，测算结果见专题表 4-40。排放系数采用 2013 年全国平均水平数（0.58t 二氧化硫/万 t 原油）。

专题表 4-40　京津冀、西北五省原油开发二氧化硫排放测算

地区	2013 年		2020 年		2030 年	
	产量（万 t）	SO_2 排放（t）	产量（万 t）	SO_2 排放（t）	产量（万 t）	SO_2 排放（t）
北京	0	0	0	0	0	0
天津	3 045	1 766	3 172	1 840	3 211	1 862
河北	591	343	619	359	605	351
京津冀	3 636	2 109	3 791	2 199	3 816	2 213
陕西	3 688	2 139	3 886	2 254	3 655	2 120
甘肃	73	42	796	462	72	42
青海	215	124	227	132	212	123
宁夏	6	4	0	0	2	1
新疆	2 793	1 620	2 791	1 619	2 768	1 605
西北五省	6 774	3 929	7 701	4 466	6 710	3 892
全国	20 992	12 175	21 400	12 412	21 500	12 470

采用排放系数法测算各地天然气开采二氧化硫排放量数据见专题表 4-41。排放系数取自《2010 年工业源污染物排放系数手册》。

专题表 4-41　京津冀、西北五省天然气开发二氧化硫排放测算

地区	2013 年	2020 年		2030 年	
		基准（t）	技术进步（t）	基准（t）	技术进步（t）
天津	169	325	293	488	395
河北	140	155	139	232	188
北京	0	0	0	0	0
京津冀	309	480	432	720	583
陕西	3 354	6 446	5 802	9 670	7 832
青海	615	1 182	1 063	1 772	1 436
新疆	2 563	7 376	6 638	7 376	5 975
甘肃	0	0	0	0	0
宁夏	0	0	0	0	0
西北五省	6 531	15 004	13 503	18 818	15 242
全国	10 905	20 506	18 455	27 071	21 927

2）原油加工。

根据原油加工量初步测算各地原油加工排放二氧化硫数据见专题表 4-42。原油加工量根据现状和石化产业规划数据进行测算，二氧化硫排放因子取中国石化 2013 年平均排放因子（12.9t 二氧化硫/万 t 原油）。

3）油气开发、消费二氧化硫排放。

油气开发、消费二氧化硫排放汇总数据见专题表 4-43。从专题表 4-43 可以看出，以 2013 年排放指标为基础测算的京津冀、西北五省 2030 年油气开发利用二氧化硫排放占总指标量比例均上升，河北、新疆增幅较大，需要加大减排力度。

专题表 4-42 原油加工 SO_2 排放测算

地区	2013 年		2020 年		2030 年	
	原油消费（万 t）	SO_2 排放（t）	原油消费（万 t）	SO_2 排放（t）	原油消费（万 t）	SO_2 排放（t）
北京	871	11 236	871	11 236	871	11 236
天津	1 759	22 691	1 759	22 691	1 759	22 691
河北	1 386	17 879	1 836	23 684	3 836	49 484
京津冀	4 016	51 806	4 466	57 611	6 466	83 411
陕西	2 231	28 780	2 231	28 780	2 231	28 780
甘肃	1 576	20 330	1 576	20 330	1 576	20 330
青海	146	1 883	146	1 883	146	1 883
宁夏	463	5 973	463	5 973	463	5 973
新疆	2 561	33 037	3 461	44 647	3 461	44 647
西北五省	6 977	90 003	7 877	101 613	7 877	101 613
全国	48 875	630 488	58 325	752 393	73 175	943 958

（2）氮氧化物排放

1）油气开发。

根据《中国环境统计年鉴（2014）》数据，2013 年我国油气开采排放氮氧化物约 2.4 万 t，按 2013 年油气当量产量 3.06 亿 t 测算单位排放因子约 0.784t/万 t 油气。据此测算 2013 年、2020 年、2030 年我国油气生产排放氮氧化物数据见专题表 4-44。

2）原油加工。

原油加工氮氧化物排放数据测算结果见专题表 4-45。排放因子参考 2013 年中国石化集团 2013 年实际综合排放数据（9.13t 氮氧化物/万 t 原油加工）。

3）油气消费。

A. 成品油消费

成品油消费与经济增长有着紧密的关联，随着我国经济步入新常态，经济增长从高速转为中高速，成品油需求增长也随之放缓。另外，新能源对成品油的影响也在逐渐加大，国务院 2013 年印发《大气污染防治行动计划》，提出要大力推广新能源汽车，并采取直接上牌、财政补贴等措施鼓励个人购买，表明国家对更加环保的新能源日益重视。此外，京津冀等环境重点区域汽车限行和限购措施也对该地区油品消费产生负面影响。从专题表 4-46 可以看出，京津冀地区汽柴油消费出现拐点；西北五省汽柴油消费仍呈增长趋势。因此，本研究预测 2020 年、2030 年京津冀汽柴油消费维持目前水平；西北五省汽柴油消费 2020 年前维持现有年均增长速度，2020～2030 年按全国年均增长平均水平考虑。

我国汽柴油主要用于机动车消费。根据环境保护部《中国机动车污染防治年报（2014）》，2013 年我国机动车共排放氮氧化物 640.6 万 t、碳氢化合物 431.2 万 t、一氧化碳 3439.7 万 t、颗粒物 59.4 万 t。据此初步预测京津冀、西北五省汽柴油消费氮氧化物排放数据见专题表 4-47。

专题表 4-43　油气生产消费 SO_2 排放

地区	2013 年				2020 年				2030 年				占总环境容量比例（%）		
	原油开发（t）	天然气开发（t）	原油加工（t）	小计（t）	原油开发（t）	天然气开发（t）	原油加工（t）	小计（t）	原油开发（t）	天然气开发（t）	原油加工（t）	小计（t）	2013 年	2020 年	2030 年
北京			11 236	11 236			11 236	11 236			11 236	11 236	22.47	22.47	22.47
天津	1 766	169	22 691	24 626	1 840	325	22 691	24 856	1 862	488	22 691	25 041	20.52	20.71	20.87
河北	343	140	17 879	18 362	359	155	23 684	24 198	351	232	49 484	50 067	4.17	5.50	11.38
京津冀	2 109	309	51 806	54 224	2 199	480	57 611	60 290	2 213	720	83 411	86 344	8.89	9.88	14.15
陕西	2 139	3 354	28 780	34 273	2 254	6 446	28 780	37 480	2 120	9 670	28 780	40 570	10.71	11.71	12.68
甘肃	42		20 330	20 372	462		20 330	20 792	42		20 330	20 372	12.73	13.00	12.73
青海	124	615	1 883	2 622	132	1 182	1 883	3 197	123	1 772	1 883	3 778	8.74	10.66	12.59
宁夏	4		5 973	5 977	0		5 973	5 973	1		5 973	5 974	4.98	4.98	4.98
新疆	1 620	2 563	33 037	37 220	1 619	7 376	44 646	53 642	1 605	7 376	44 647	53 628	12.01	17.30	17.30
西北五省	3 929	6 531	90 003	100 463	4 466	15 004	101 613	121 083	3 892	18 818	101 613	124 323	10.69	12.88	13.23
全国	12 175	10 905	630 488	653 568	12 412	20 506	752 393	785 311	12 470	27 071	943 958	983 499	5.96	7.16	8.97

专题表 4-44 油气开采氮氧化物排放测算

地区	2013年				2020年				2030年			
	原油产量（万t）	天然气产量（亿m^3）	油气当量产量（万t）	NO_x排放（万t）	原油产量（万t）	天然气产量（亿m^3）	油气当量产量（万t）	NO_x排放（万t）	原油产量（万t）	天然气产量（亿m^3）	油气当量产量（万t）	NO_x排放（万t）
北京		7.5	59.76	0.00			0.00	0.00			0.00	0.00
天津	3 044.5	18.73	3 193.74	0.25	3 172	36	3 458.85	0.27	3 211	54	3 641.28	0.29
河北	591	15.58	715.14	0.06	619	17	754.46	0.06	605	26	812.17	0.06
京津冀	3 635.5	41.81	3 968.65	0.31	3 791	53	4 213.31	0.33	3 816	80	4 453.45	0.35
陕西	3 688	371.65	6 649.35	0.52	3 886	714	9 575.24	0.75	3 655	1 072	12 196.83	0.96
甘肃	72.8	0.17	74.15	0.01	796		796.00	0.06	72		72.00	0.01
青海	214.5	68.06	756.81	0.06	227	131	1 270.82	0.10	212	196	1 773.75	0.14
宁夏	6.1		6.10	0.00			0.00	0.00	2		2.00	0.00
新疆	2 792.5	283.98	5 055.29	0.40	2 791	545	7 133.63	0.56	2 768	817	9 277.96	0.73
西北五省	6 773.9	723.86	12 541.71	0.98	7 700	1 390	18 775.70	1.47	6 709	2 085	23 322.55	1.83
全国	20 992	1 208.58	30 622.12	2.40	21 018	2 000	36 954.25	2.90	21 500	3 000	45 404.38	3.56

专题表 4-45 原油加工氮氧化物排放测算

地区	2013年		2020年		2030年	
	原油消费量（万t）	NO_x排放（万t）	原油消费量（万t）	NO_x排放（万t）	原油消费量（万t）	NO_x排放（万t）
北京	871	0.80	871	0.80	871	0.80
天津	1 759	1.61	1 759	1.61	1 759	1.61
河北	1 386	1.27	1 836	1.68	3 836	3.50
京津冀	4 016	3.67	4 466	4.08	6 466	5.90
陕西	2 231	2.04	2 231	2.04	2 231	2.04
甘肃	1 576	1.44	1 576	1.44	1 576	1.44
青海	146	0.13	146	0.13	146	0.13
宁夏	463	0.42	463	0.42	463	0.42
新疆	2 561	2.34	3 461	3.16	3 461	3.16
西北五省	6 977	6.37	7 877	7.19	7 877	7.19
全国	48 875	44.62	58 325	53.25	73 175	66.81

专题表 4-46 京津冀、西北五省汽柴油消费预测

地区	汽柴油消费（万t）										
	2005年	2006年	2007年	2008年	2009年	2010年	2011年	2012年	2013年	2020年	2030年
北京	376	456	517	568	604	609	631	632	618	618	618
天津	344	363	395	439	485	539	583	632	537	537	537
河北	666	748	782	743	734	931	1 102	1 140	1 148	1 148	1 148
京津冀	1 386	1 567	1 694	1 750	1 822	2 078	2 316	2 403	2 303	2 303	2 303
陕西	480	490	567	663	742	787	853	874	743	1 088	1 365
甘肃	202	206	202	219	236	267	281	324	498	1 098	1 378
青海	75	77	91	100	110	116	131	136	144	253	318
宁夏	93	101	107	117	120	129	125	135	138	196	246
新疆	409	459	503	459	454	495	529	588	755	1 290	1 619
西北五省	1 259	1 332	1 470	1 558	1 661	1 793	1 920	2 056	2 278	3 925	4 925
全国	15 827	17 078	18 016	19 678	19 929	21 520	23 031	25 107	26 517	31 788	39 883

注：2005～2013年数据取自《中国能源统计年鉴》

专题表 4-47　汽柴油消费氮氧化物排放预测

地区	氮氧化物排放（万 t）		
	2013 年	2020 年	2030 年
北京	14.8	14.8	14.8
天津	12.9	12.9	12.9
河北	27.6	27.6	27.6
京津冀	55.3	55.3	55.3
陕西	17.8	26.1	32.8
甘肃	12.0	26.4	33.1
青海	3.5	6.1	7.6
宁夏	3.3	4.7	5.9
新疆	18.1	31.0	38.9
西北五省	54.7	94.2	118.2
全国	640.6	762.9	957.2

B. 天然气消费

天然气消费主要排放污染物为氮氧化物（NO_x）。根据国家工业锅炉和燃机新排放标准、《第一次全国污染源普查城镇生活源产排污系数手册》确定的天然气 NO_x 排放系数见专题表 4-48。根据 2013 年各地天然气消费结构（专题表 4-49）测算京津冀、西北五省天然气消费排放 NO_x 见专题表 4-50。

专题表 4-48　NO_x 排放系数

名称	NO_x 排放系数（t/亿 m^3）	备注
工业锅炉	120	新排放标准
燃机	78.5	新排放标准
居民	1000	《第一次全国污染源普查城镇生活源产排污系数手册》

专题表 4-49　2013 年各地天然气消费结构

地区	单位	天然气消费	供电热	工业	生活
北京	亿 m^3	98.81	44.17	42.7	11.94
比例			44.7%	43.2%	12.1%
天津	亿 m^3	37.27	1.15	31.23	4.89
比例			3.1%	83.8%	13.1%
河北	亿 m^3	49.3	3.01	38.49	7.8
比例			6.1%	78.1%	15.8%
京津冀	亿 m^3	185.38	48.33	112.42	24.63
比例			26.1%	60.6%	13.3%
陕西	亿 m^3	69.56	1.1	54.73	13.73
比例			1.6%	78.7%	19.7%
甘肃	亿 m^3	23.14	0.42	19.17	3.55
比例			1.8%	82.8%	15.3%
青海	亿 m^3	41.56	4.94	31.85	4.77
比例			11.9%	76.6%	11.5%

续表

地区	单位	天然气消费	供电热	工业	生活
宁夏	亿 m^3	19.57	1.03	16.65	1.89
比例			5.3%	85.1%	9.7%
新疆	亿 m^3	127.21	20.94	97.3	8.97
比例			16.5%	76.5%	7.1%
西北五省	亿 m^3	281.04	28.43	219.7	32.91
比例			10.1%	78.2%	11.7%
全国	亿 m^3	1648.07	258.75	969.07	420.26
比例			15.7%	58.8%	25.5%

专题表 4-50 各地天然气消费 NO_x 排放测算

地区	2013 年		2020 年		2030 年	
	天然气消费（亿 m^3）	氮氧化物（万 t）	天然气消费（亿 m^3）	氮氧化物（万 t）	天然气消费（亿 m^3）	氮氧化物（万 t）
北京	99	2.05	175	3.64	220	4.57
天津	38	0.88	120	2.81	283	6.63
河北	50	1.28	128	3.29	240	6.16
京津冀	186	4.22	423	9.73	743	17.36
陕西	70	2.06	94	2.75	154	4.51
甘肃	23	0.59	56	1.42	106	2.70
青海	42	0.90	60	1.30	80	1.73
宁夏	20	0.40	40	0.81	70	1.42
新疆	127	2.23	187	3.28	222	3.89
西北五省	282	6.18	437	9.56	632	14.25
全国	1648	55.69	3232	109.20	5205	175.87

4）油气生产、消费氮氧化物排放测算。

油气生产、消费氮氧化物排放测算见专题表 4-51。从专题表 4-51 可以看出，2030 年京津冀、西北五省油气开发利用氮氧化物排放占总环境容量比例均上升；北京、天津、陕西、甘肃、青海、新疆油气开发利用氮氧化物排放均超过总环境容量要求，鉴于主要排放源是成品油消费和天然气消费排放，需要采取汽柴油品质量升级、提高天然气消费排放标准等措施减少排放。

（3）挥发性有机化合物（VOC）排放

1）油气开采。

油气开采 VOC 排放系数参考有关文献，取 0.6kg/t 产品。初步测算 2013 年、2020 年和 2030 年油气开采 VOC 排放数据参见专题表 4-52。

2）原油加工。

根据目前国内石化企业的实际测算情况，VOC 排放系数在 1～3kg/t 加工量，本研究 2013 年基准年石化企业 VOC 排放系数取 2kg/t。据此测算 2013 年、2020 年和 2030 年我国原油加工 VOC 排放数据见专题表 4-53。

专题表 4-51　油气生产消费氮氧化物排放测算

地区	2013年					2020年					2030年					占总环境容量比例(%)		
	油气开发(万t)	原油加工(万t)	成品油消费(万t)	天然气消费(万t)	小计(万t)	油气开发(万t)	原油加工(万t)	成品油消费(万t)	天然气消费(万t)	小计(万t)	油气开发(万t)	原油加工(万t)	成品油消费(万t)	天然气消费(万t)	小计(万t)	2013年	2020年	2030年
北京	0	0.8	14.8	2.05	17.7	0	0.8	14.8	3.64	19.3	0	0.8	14.0	4.57	19.4	98.33	148.46	277.14
天津	0.25	1.61	12.9	0.88	15.6	0.27	1.61	12.9	2.81	17.6	0.29	1.61	12.1	6.63	20.6	45.88	92.63	147.14
河北	0.06	1.27	27.6	1.28	30.2	0.06	1.68	27.6	3.29	32.6	0.06	3.5	25.9	6.16	35.6	20.00	30.75	45.06
京津冀	0.31	3.67	55.3	4.22	63.5	0.33	4.08	55.3	9.73	69.4	0.35	5.9	52.0	17.36	75.6	31.28	50.29	75.6
陕西	0.52	2.04	17.8	2.06	22.5	0.75	2.04	26.1	2.75	31.7	0.96	2.04	30.8	4.51	38.3	33.58	83.42	132.07
甘肃	0.01	1.44	12.0	0.59	14.0	0.06	1.44	26.4	1.42	29.3	0.01	1.44	31.1	2.7	35.3	37.84	108.52	168.10
青海	0.06	0.13	3.5	0.9	4.5	0.1	0.13	6.1	1.3	7.6	0.14	0.13	7.2	1.73	9.2	37.50	108.57	184.00
宁夏	0	0.42	3.3	0.4	4.1	0	0.42	4.7	0.81	5.9	0	0.42	5.5	1.42	7.3	21.58	39.33	60.83
新疆	0.4	2.34	18.1	2.23	23.1	0.56	3.16	31.0	3.28	38.0	0.73	3.16	36.6	3.89	44.4	27.18	90.48	134.55
西北五省	0.98	6.37	54.7	6.18	68.2	1.47	7.19	94.2	9.56	112.4	1.83	7.19	111.3	14.25	134.6	31.00	87.13	134.60
全国	2.4	44.62	636.4	55.69	739.1	2.9	53.25	762.9	109.2	928.3	3.56	66.81	901.4	175.87	1147.6	28.85	56.33	92.55

专题表 4-52 油气开采 VOC 排放测算

地区	2013 年				2020 年				2030 年			
	原油产量（万 t）	天然气产量（亿 m^3）	油气当量产量（万 t）	VOC 排放（万 t）	原油产量（万 t）	天然气产量（亿 m^3）	油气当量产量（万 t）	VOC 排放（万 t）	原油产量（万 t）	天然气产量（亿 m^3）	油气当量产量（万 t）	VOC 排放（万 t）
北京		7.5	59.76	0.04			0	0.00			0	0.00
天津	3 044.5	18.73	3 193.74	1.92	3 172	36	3 458.85	2.08	3 211	54	3 641.28	2.18
河北	591	15.58	715.14	0.43	619	17	754.46	0.45	605	26	812.17	0.49
京津冀	3 635.5	41.81	3 968.65	2.38	3 791	53	4 213.31	2.53	3 816	80	4 453.45	2.67
陕西	3 688	371.65	6 649.35	3.99	3 886	714	9 575.24	5.75	3 655	1 072	12 196.83	7.32
甘肃	72.8	0.17	74.15	0.04	796		796	0.48	72		72	0.04
青海	214.5	68.06	756.81	0.45	227	131	1 270.82	0.76	212	196	1 773.75	1.06
宁夏	6.1		6.1	0.00			0	0.00	2		2	0.00
新疆	2 792.5	283.98	5 055.29	3.03	2 791	545	7 133.63	4.28	2 768	817	9 277.96	5.57
西北五省	6 773.9	723.86	12 541.7	7.53	7 700	1 390	18 775.7	11.27	6 709	2 085	23 322.6	13.99
全国	20 992	1 208.58	30 622.1	18.37	21 018	2 000	36 954.3	22.17	21 500	3 000	45 404.4	27.24

专题表 4-53 原油加工 VOC 排放测算

地区	2013 年		2020 年		2030 年	
	原油消费量（万 t）	VOC 排放（万 t）	原油消费量(万 t)	VOC 排放（万 t）	原油消费量(万 t)	VOC 排放（万 t）
北京	871	1.74	871	1.74	871	1.74
天津	1 759	3.52	1 759	3.52	1 759	3.52
河北	1 386	2.77	1 836	3.67	3 836	7.67
京津冀	4 016	8.03	4 466	8.93	6 466	12.93
陕西	2 231	4.46	2 231	4.46	2 231	4.46
甘肃	1 576	3.15	1 576	3.15	1 576	3.15
青海	146	0.29	146	0.29	146	0.29
宁夏	463	0.93	463	0.93	463	0.93
新疆	2 561	5.12	3 461	6.92	3 461	6.92
西北五省	6 977	13.95	7 877	15.75	7 877	15.75
全国	48 875	97.75	58 325	116.65	73 175	146.35

3）油气消费。

油气消费 VOC 排放主要是机动车用汽柴油消费排放。根据环境保护部《中国机动车污染防治年报（2014）》，2013 年我国机动车共排放 VOC 431.17 万 t。据此初步预测京津冀、西北五省 2020 年和 2030 年 VOC 排放数据见专题表 4-54。

4）油气开采利用 VOC 排放。

油气开发利用排放 VOC 测算见专题表 4-55、专题表 4-56。从专题表 4-55 和专题表 4-56 可以看出，按 2013 年排放系数测算，京津冀、西北五省 2030 年油气开发利用 VOC 排放总量和占届时环境容量比例均有所上升，西北五省增幅较大，陕西、甘肃、青海、新疆 VOC 排放总量甚至超过环境总容量；排放总量中成品油消费排放量最大，其次是原油加工，因此，控制机动车 VOC 排放和减少原油加工 VOC 排放是减排的工作重点。

专题表 4-54　油气消费 VOC 排放测算

地区	2013 年		2020 年		2030 年	
	汽柴油消费(万 t)	VOC 排放（万 t)	汽柴油消费(万 t)	VOC 排放（万 t)	汽柴油消费(万 t)	VOC 排放（万 t)
北京	618	10.04	618	100.41	618	10.04
天津	537	8.73	537	87.30	537	8.73
河北	1 148	18.67	1 148	186.68	1 148	18.67
京津冀	2 303	37.44	2 303	374.39	2 303	37.44
陕西	743	12.08	1 088	176.90	1 365	22.19
甘肃	498	8.10	1 098	178.59	1 378	22.41
青海	144	2.34	253	41.17	318	5.16
宁夏	138	2.24	196	31.82	246	3.99
新疆	755	12.28	1 290	209.81	1 619	26.32
西北五省	2 278	37.04	3 925	638.28	4 925	80.08
全国	26 517	431.17	31 788	5 168.72	39 883	648.49

专题表 4-55　油气开发利用 VOC 排放测算

地区	2013				2020				2030			
	油气开采（万 t)	原油加工（万 t)	成品油消费（万 t)	小计（万 t)	油气开采（万 t)	原油加工（万 t)	成品油消费（万 t)	小计（万 t)	油气开采（万 t)	原油加工（万 t)	成品油消费（万 t)	小计（万 t)
北京	0.04	1.74	10.04	11.82	0.00	1.74	10.04	11.78	0.00	1.74	10.04	11.78
天津	1.92	3.52	8.73	14.16	2.08	3.52	8.73	14.32	2.18	3.52	8.73	14.43
河北	0.43	2.77	18.67	21.87	0.45	3.67	18.67	22.79	0.49	7.67	18.67	26.83
京津冀	2.38	8.03	37.44	47.85	2.53	8.93	37.44	48.90	2.67	12.93	37.44	53.04
陕西	3.99	4.46	12.08	20.53	5.75	4.46	17.69	27.90	7.32	4.46	22.19	33.97
甘肃	0.04	3.15	8.10	11.30	0.48	3.15	17.86	21.49	0.04	3.15	22.41	25.60
青海	0.45	0.29	2.34	3.08	0.76	0.29	4.12	5.17	1.06	0.29	5.16	6.52
宁夏	0.00	0.93	2.24	3.17	0.00	0.93	3.18	4.11	0.00	0.93	3.99	4.92
新疆	3.03	5.12	12.28	20.44	4.28	6.92	20.98	32.18	5.57	6.92	26.32	38.81
西北五省	7.53	13.95	37.04	58.52	11.27	15.75	63.83	90.85	13.99	15.75	80.08	109.83
全国	18.37	97.75	431.17	547.29	22.17	116.65	516.87	655.69	27.24	146.35	648.49	822.09

专题表 4-56　油气开发利用 VOC 排放占环境容量比例

地区	2013 年		2020 年		2030 年	
	环境容量（万 t)	VOC 排放占比	环境容量（万 t)	VOC 排放占比	环境容量（万 t)	VOC 排放占比
北京	35	33.8%	30	39.3%	24	49.1%
天津	32	44.3%	28	51.2%	23	62.8%
河北	148	14.8%	110	20.7%	85	31.6%
京津冀	215	22.3%	168	29.1%	132	40.2%
陕西	55	37.3%	38	73.4%	29	117.2%
甘肃	27	41.8%	20	107.4%	16	160.0%
青海	6	51.4%	5	103.4%	4	163.0%
宁夏	9	35.3%	6	68.5%	5	98.4%
新疆	38	53.8%	28	114.9%	23	168.8%
西北五省	135	43.3%	97	93.7%	77	142.6%
全国	2420	22.6%	2016	32.5%	1613	51.0%

3. 煤制油、煤制气

（1）煤化工项目规划情况

根据 2014 年国家发展和改革委员会核发路条情况初步统计全国各地煤化工项目规划，见专题表 4-57。

专题表 4-57 我国煤化工项目规划统计

名称	煤制气（亿 m^3）			煤制油（万 t）			煤制烯烃（万 t）			甲醇制烯烃（万 t）			煤制乙二醇（万 t）		
	2015 年	2020 年	2030 年	2015 年	2020 年	2030 年	2015 年	2020 年	2030 年	2015 年	2020 年	2030 年	2015 年	2020 年	2030 年
内蒙古	17	196	496	126	226	1046	106	240	474	0	60	120	20	65	110
新疆	14	245	435	0	0	540	0	0	0	0	0	0	5	15	25
陕西	0	0	0	0	50	100	0	35	70	0	0	0	0	0	0
宁夏	0	0	0	0	200	400	52	52	52	0	0	0	0	0	0
甘肃	0	0	0	0	0	0	0	35	70	0	10	20	0	0	0
青海	0	0	0	0	0	0	0	0	0	0	0	0	0	0	0
辽宁	0	40	40	0	0	0	0	0	0	0	0	0	0	0	0
山西	0	40	200	21	111	801	0	0	100	0	15	30	0	15	30
安徽	0	22	22	0	0	0	0	0	0	0	0	0	0	5	10
贵州	0	0	0	0	100	200	0	30	60	0	0	0	0	15	30
云南	0	0	0	0	150	300	0	0	0	0	0	0	0	0	0
黑龙江	0	0	0	0	0	0	0	30	60	0	0	0	0	20	40
河南	0	0	0	0	0	0	0	30	60	20	20	20	100	110	120
浙江	0	0	0	0	0	0	0	0	0	60	90	120	5	5	5
江苏	0	0	0	0	0	0	0	0	0	30	45	60	0	0	0
山东	0	0	0	0	0	0	0	0	0	0	35	70	0	0	0
湖北	0	0	0	0	0	0	0	0	0	0	0	0	20	20	20
上海	0	0	0	0	0	0	0	0	0	0	0	0	0	0	0
全国	31	543	1193	147	837	3387	158	452	946	110	275	440	150	270	390
西北五省	14	245	435	0	250	1040	52	122	192	0	10	20	5	15	25

（2）煤化工项目对环境的影响

根据目前国内煤化工项目煤耗、水耗和主要污染物排放标准，参考实际项目运行指标，初步测算 2020 年和 2030 年规划煤化工项目煤耗、水耗及主要污染物排放数据见专题表 4-58 和专题表 4-59。西北五省煤化工主要消耗和排放预测见专题表 4-60。

专题表 4-58 2020 年规划煤化工项目主要消耗和排放预测数据

名称	煤（万 t）	水（万 t）	CO_2（t）	SO_2（t）	NO_x（t）	COD（t）	氨氮（t）
内蒙古	10 063	22 862	13 721	19 890	18 459	4 243	646.5
新疆	7 939	17 049	11 595	19 110	17 885	4 655	710.5
陕西	559	1 348	635	641	569.5	90.5	13.5
宁夏	1 535	3 385.6	1 748	1 543.2	1 336.4	247.6	36.4

续表

名称	煤（万 t）	水（万 t）	CO_2（t）	SO_2（t）	NO_x（t）	COD（t）	氨氮（t）
甘肃	338	924	408	532	491.5	46.1	7.12
辽宁	1 288	2 760	1 880	3 120	2 920	760	116
山西	2 048	4 314	2 809.4	3 830.7	3 528.4	860.8	130.61
安徽	726	1 567	1 061	1 716	1 606	418	63.8
贵州	850	1 928	989.5	818	711	129	19
云南	840	1 650	960	705	585	135	19.5
黑龙江	307	876	376	348	321	39	6
河南	727	1 992	1 039	600	555	40.2	6.24
浙江	546	1 182	863.5	1 134	1 053	5.4	1.08
江苏	265	567	418.5	567	526.5	2.7	0.54
山东	206	441	325.5	441	409.5	2.1	0.42
湖北	67	192	106	0	0	0	0
上海	1	1.44	0.795	0	0	0	0
全国	28 304	63 039	38 936	54 996	50 957	11 674	1 777
西北五省	10 372	22 707	14 386	21 826	20 282	5 039	768

专题表 4-59　2030 年规划煤化工项目主要消耗和排放预测数据

名称	煤（万 t）	水（万 t）	CO_2（t）	SO_2（t）	NO_x（t）	COD（t）	氨氮（t）
内蒙古	26 687	59 105	35 971	50 615	46 763	10 989	1 671
新疆	17 115	36 195	24 034	36 468	33 861	8 751	1 332
陕西	1 119	2 696	1 270	1 282	1 139	181	27
宁夏	2 655	5 586	3 028	2 483	2 116	428	62
甘肃	676	1 848	816	1 064	983	92	14
辽宁	1 288	2 760	1 880	3 120	2 920	760	116
山西	12 001	25 557	15 864	20 903	19 145	4 653	704
安徽	742	1 615	1 088	1 716	1 606	418	64
贵州	1 700	3 856	1 979	1 636	1 422	258	38
云南	1 680	3 300	1 920	1 410	1 170	270	39
黑龙江	613	1 752	752	696	642	78	12
河南	1 000	2 772	1 362	948	876	79	12
浙江	722	1 560	1 143	1 512	1 404	7	1
江苏	353	756	558	756	702	4	1
山东	412	882	651	882	819	4	1
湖北	67	192	106	0	0	0	0
上海	1	1	1	0	0	0	0
全国	68 829	150 433	92 422	125 491	115 569	26 972	4 094
西北五省	21 565	46 325	29 148	41 297	38 099	9 452	1 435

专题表 4-60　西北五省煤化工主要消耗和排放预测

名称	2015 年	2020 年	2030 年
煤（万 t）	875	10 372	21 565
水（万 t）	2 182	22 707	46 325
CO_2（万 t）	1 141	14 386	29 148
SO_2（t）	1 676	21 826	41 297
NO_x（t）	1 560	20 282	38 099
COD（t）	329	5 039	9 452
氨氮（t）	50	768	1 435

（三）优化油气产业发展建议

1. 在油气生产过程中加强环境保护工作

今后一段时期，我国经济将继续保持适度平稳的增长率，能源需求增长会比较稳定。除继续扩大进口渠道，紧密依靠国际市场之外，立足国内，开发国内油气资源是重要战略选择。但是在当前及今后油价低迷的形势下，要充分考虑环境承载力，要在环境约束下开展油气勘探开发，做到又好又快发展。基于当前油气工业发展现状及今后发展形势，需要从技术上找到突破口，从财税政策、体制机制改革上给予支持，减轻企业因为从事环保而增加的成本压力。鼓励企业技术革新与技术引进，在油气生产过程中开展卓有效率的环境保护工作。

2. 京津冀、西北五省未来油气开发利用控污措施应各有侧重

（1）京津冀油气开发利用重点应控制天然气消费增加带来的氮氧化物排放增加问题；原油加工量增加带来的硫化物、VOC 增加问题。

（2）西北五省油气开发利用重点应控制成品油消费增加带来的氮氧化物、VOC 排放增加问题；天然气开发和原油加工量增加带来的硫化物、VOC 增加问题。

四、基于环境容量的能源区域发展协调对策建议

（一）能源清洁低碳化利用是我国能源发展的重要任务

面对日益凸显的能源与环境问题，推动我国的能源转型，实现能源清洁低碳化利用，是目前我国能源发展的重要任务。

能源利用清洁低碳化是全球发展的大趋势，西方发达经济体正处于从油气时代向天然气及可再生能源时代变化的转型期，而我国仍处于以煤炭利用为主的煤炭时代。面对日益凸显的能源与环境问题，我国需要加快能源转型，在调整优化产业结构、控制能源消费总量、改进能源消费结构等多个方面共同发力。

（二）煤炭、石油和天然气各自发挥重要作用

未来中长期时间内，我国煤炭清洁化利用是现实选择，大力发展非化石能源是战略

性选择，石油作为动力燃料主力的地位不会动摇，天然气则将发挥重要的桥梁作用。

综合考虑我国煤炭、石油、天然气等各种能源的资源禀赋，目前我国以煤为主的能源消费结构短期内难以从根本上改变，2020 年煤炭消费总量在一次能源供给中的比例仍然接近 60%，因此高效清洁化利用煤炭资源必然成为我国能源清洁低碳化的首要选择。另外，虽然煤炭开发利用污染排放较多，但不断创新的技术正在改变这种状况，如煤炭科学开采大规模推广，洗选等提质加工技术、超（超）临界发电等高效燃煤发电技术的大规模应用，去产能和城镇化战略大力推动工业锅炉燃煤和散煤的“气代煤”等。

非化石能源包括水能、核能、太阳能、风能、生物质能及地热能等可再生能源和新能源，大力发展非化石能源是实现能源可持续发展的重要措施，也是未来能源发展的主要趋势。发展非化石能源是破解我国化石能源资源劣质化、消费总量攀升、对外依存度居高不下、能源供应的稳定和安全及可持续发展面临严峻考验等难题的战略性措施。

尽管石油是一种不可再生资源，石油峰值论、石油枯竭论等理论一直存在。但事实上，石油产出一直保持增长，特别是深海与非常规石油开采技术的进步，大大拓展了石油的勘探开发范围，全球原油探明可采储量非但没有减少，反而不断创造了新的高位。英国石油公司《BP 2035 世界能源展望》预计，2035 年全球能源消费量将达到 174 亿 t 油当量，其中近 29%来自石油，石油仍是世界第一能源。目前我国运输领域当量能源消费中 90%左右来自石油，预计到 2030 年石油在运输领域能源消费中的比重仍在 80%以上。因此，尽管我国新能源汽车等产业发展十分迅速，但在运输领域没有根本性变革技术发生之前，石油作为动力燃料主力的地位不会改变。

我国常规天然气和非常规天然气资源潜力巨大，截至 2014 年年底，天然气剩余探明可采储量近 3.5 万亿 m^3，储采比达 25.7 年。较之于常规天然气，中国非常规天然气资源更加丰富，根据 2012 年国土资源部的调查数据，中国页岩气可采资源量高达 25 万亿 m^3，位居世界第一。此外，中国天然气资源的探明程度只有 17%，属于勘探早期阶段，未来勘探潜力仍然巨大。天然气作为煤炭、石油、天然气三大化石能源中最清洁的能源，其对环境影响最小。因此，化石能源内部结构的优化将成为改善环境的关键，2020 年我国要实现天然气在一次能源中的占比达到 10%以上的目标，起到重要的改善环境的桥梁作用。

（三）西北地区能源（石油天然气、煤炭工业）用水对策

西北地区能源不仅对整个西北的经济发展起着重要的作用，而且对全国的经济发展也都起着重要的作用。西北地区能源用水应遵循以下原则：①能源-经济-水资源-环境的统一，全面发展小康社会；②要确保能源用水；③高效-节水-防污（中国工程院“西北地区工矿资源开发的用水和可持续发展对策研究”课题组）。

（四）引进先进技术，加强国际合作

我国在能源清洁化开发利用技术领域仍存在较多难点，需要加强国际合作，向国外企业学习借鉴，吸取宝贵经验。应该鼓励外商以合作的方式进行石油天然气勘探开发，开展页岩气、煤层气等非常规油气资源勘探开发。

（五）煤炭开发利用

基于全国煤炭总量控制目标，抓好区域、省、市煤炭总量控制规划的制定与实施。将全国煤炭总量控制目标有效地落实到部门（行业）煤炭消费控制规划中。

1. 降低煤炭消费的环境影响

（1）控制煤炭消费总量

为了达到城市或区域空气质量改善目标、污染物总量控制目标及节能目标，在一定的污染治理水平和能源效率水平下，控制煤炭最大允许消费量。

（2）优化煤炭消费布局

基于污染物扩散、稀释、自净能力的空间差异性，来约束、控制煤炭消费的区域分布，从而有效指导耗煤产业的空间布局，确保区域大气环境使用功能达到空气质量限值要求。

（3）调整煤炭消费结构

考虑到不同行业的煤炭利用效率、污染物排放控制水平与监管条件等方面的差异，调整煤炭消费总量在不同行业之间的分配。

（4）提高煤炭利用水平

通过提高燃煤技术水平、污染物排放控制技术与管理水平，降低生产单位产品的煤炭消费强度与污染物排放强度。

2. 优化煤炭开发布局，合理控制煤炭开发总量

根据各地区水、大气等环境容量，资源赋存条件、工业与社会发展现状及趋势，科学合理地布局煤炭生产，实现煤炭由“以需定产”转变为“以环境容量定产”。

合理控制煤炭资源开发规模，采取有效措施，停止不合规在建煤矿的建设，严格控制新开工煤矿数量，鼓励大中型煤矿企业或优势企业整合、兼并小煤矿，支持大中型煤炭企业通过上市融资、发行债券、股权转让等方式，筹集发展资金，促进大型现代化煤矿和大型煤炭基地建设。

3. 加强西部地区水资源和水系统建设，保障西部地区煤炭产能

随着我国煤炭开发利用重心的战略西移，西部地区的煤炭资源对保障我国煤炭安全、稳定供应具有重要意义。根据西部地区水资源、生态环境容量重点建设一批大型、特大型矿井群，优先建设优质动力煤煤矿、特大型现代化露天煤矿、煤电和煤炭转化一体化项目，在水权配置上应对中西部煤炭资源开发予以保证，在用水政策上予以倾斜，为合理开发水资源短缺区煤炭资源提供保障机制；在中西部煤炭资源开发地区加强水资源和水系统建设的同时，完善矿区（尤其是西北地区）管水、用水、节水的法律法规和标准，规范矿区取水、用水行为，从水资源保护、水资源配置、矿井水处理与综合利用等方面制定严格的准入条件，鼓励通过水权置换来增加用水量。

4. 高效开采煤炭资源，实现资源科学开发

我国煤炭资源开发制约因素较多，应积极调整煤炭开发布局，促使将来煤炭生产的

重心转移到提高科学产能比重上来，强化煤炭行业准入制度，持续推进煤炭资源整合。科学开发煤炭资源，需由粗放的煤炭开采向以高新技术为支撑的安全高效开采转变，推动煤矿由传统的生产方式向大型化、现代化、自动化、信息化的方向转变，推动煤炭企业管理由经验决策向信息化、系统化、科学化决策转变，推动传统的煤炭产业向安全高效生产方向发展。

5. 严格行业准入条件，逐步淘汰落后产能

我国煤炭行业高度分散，小煤矿众多，其数量约占全国煤矿数量的80%。而小煤矿由于规模小、技术水平低下、生产工艺落后，导致其安全条件差、能耗高、回采率低、煤炭洗选加工及资源综合利用难以开展，而且分散开采污染严重，生态及环境治理难度大。

同时控制新建项目数量，严格按照有关规定，不再建设及核准不符合产业政策的煤矿，对于既有小煤矿不再增配资源，对于限期关闭的小煤矿采矿许可证到期后不再延续；对不利于实施清洁生产的生态环境脆弱区、开采条件极差矿井、高硫高灰等低品质煤矿井规划应安排暂缓开发或不予开发；出台符合各地区不同条件的落后产能退出的指导意见，实现煤炭落后产能的有序退出，中央财政安排专门用于煤炭行业的淘汰落后产能专项资金，通过财政补贴等方式引导落后产能退出市场。

6. 优化煤炭燃烧结构，实现煤炭清洁高效利用

我国用于直接燃烧的煤炭消费量占80%以上，主要用于燃煤发电及中小炉窑和民用等分散燃煤。对于燃煤发电，在“超低排放”电厂示范工程的基础上，对于在运机组，鼓励发电企业通过技术升级改造，降低电厂供电煤耗及污染物排放量，鼓励非重点地区有条件的燃煤机组达到重点地区排放标准及超低排放标准，根据不同区域不同条件，在电价、发电小时数或其他方面对超低排放燃煤机组给予一定的优惠政策；提高新建机组的门槛，鼓励建设高参数大型化机组，积极发展热电联产机组，以提高燃煤发电的效率。

针对工业锅炉、工业窑炉和民用等中小用户分散燃烧存在的数量多、分布广、耗煤量大、污染严重、技术落后、环境管理困难等问题，应优化煤炭燃烧结构，降低分散燃烧的煤炭消费量，在有条件的地区鼓励采用天然气、电力等清洁能源替代煤炭燃烧。

力争到2020年原煤入洗率达到70%，电力用煤比例达到55%以上，洁配度达到42%；2030年，原煤入洗率达到80%，电力用煤比例达到60%以上，洁配度达到54%。每亿吨标准煤洁配度提高1个百分点，年可节约能量1.7×10^5tce（tce为吨标准煤），减排SO_2约1.1×10^4t，减排CO_2约3.8×10^5t。

7. 完善煤炭输配体系，统筹煤电基地建设

针对目前煤炭消费重心向西南的偏移，建设通向中南、西南地区的煤炭专用线或货运通道，规划建设大型集运、中转、配送节点，吸引大型煤炭、电力等企业参与煤炭输配网络建设，以增加煤炭市场的集中度。

针对我国燃煤电站分布不均，京津冀鲁、长三角、珠三角地区火电机组布局集中的问题，统筹考虑受电地区需求和送电地区资源环境支撑能力，鼓励在人口密度较小、煤炭调出量大的中西部煤炭基地将煤炭转化为电力直供京津冀鲁等地区，并合理确定煤电

基地开发规模，最大程度优化电力流向，推进输电通道与基地同步规划建设，适度集中布局坑口电站，推行“煤电一体化”方式建设和运营，以减轻或避免经济发达地区日益严重的环境污染问题，提高运输能效，减少煤炭转运污染。

8. 加大绿色清洁煤炭研究技术和成果转化

立绿色煤炭重大专项，加大煤炭清洁高效利用关键技术攻关和成果转化力度。

将煤炭绿色开采、生态矿区建设、煤炭清洁高效利用关键性技术攻关项目列入国家科技支撑计划、能源重点创新领域和重点创新方向，开展煤炭绿色开采、生态矿区、煤炭清洁高效利用示范工程建设，加大科研投入；集中优势技术力量、科研资源，重点突破煤炭绿色开采、生态矿区建设、煤炭清洁高效利用的关键核心技术。积极开发、推广应用煤炭绿色开采和清洁高效利用技术，实现传统末端治理向污染预防、清洁生产转变，从源头和过程控制污染。

9. 发展现代煤化工

从国家战略需求看，发展现代煤化工是必然选择，但必须坚持量水而行，环保优先，科学布局，绿色和可持续发展。

首先，现代煤化工产业能够部分替代我国石油和天然气的消费量，促进石化行业原料多元化，为国家能源安全提供战略支撑，为石油安全提供应急保障；其次，是落实国家能源消费革命战略，保护环境、促进煤炭清洁高效利用和煤炭产业转型升级的重大举措；最后，能够有效拉动区域经济发展，带动煤炭、石化、装备等相关领域产业优化升级。此外，“一带一路”倡议实施要求充分发挥我国现代煤化工技术、装备、工程和人才优势，加快现代煤化工产业“走出去”。但是，我国发展煤化工必须在水资源许可的地区开展项目建设，根据可供水资源量的潜力分析和评估，合理规划现代煤化工产业的发展规模。坚持严格环保标准，在废水排放方面，制定分区域的环保管理标准，对于缺少纳污水体或纳污水体不能接受废水排放的，要严格落实水功能区域限制纳污红线管理的要求，做到工业废水全部回收利用；对于有纳污水体条件的，要严格执行污水达标排放标准。统筹考虑资源条件、环境容量、生态安全、交通运输、产品市场等因素科学合理布局示范项目。根据资源承载能力和环境容量安排发展速度，按照能源保障、运输和加工能力安排资源开发规模和产业布局，推进园区化、基地化可持续发展模式。

（六）油气开发利用

1. 提高油气勘探开发环保标准，规范企业行为

国家相关部门应该根据形势需要，加大对环保工作的落实力度，完善相应法规条例，提高与油气勘探开发有关的环保要求与技术标准，为石油天然气勘探开发企业在污染防治方面提供政策指导和行动指南。随着我国高含硫油气田的开发、液化天然气的引进、国家环境保护要求的提高，不仅急需制定一批新的技术标准，石油行业现有的部分技术标准也需要修订完善。要紧密结合资源节约型和环境友好型企业的建设，加强清洁生产技术、节能降耗和环境保护标准的制定，只有切实打牢标准规范这个基础，企业才能不断深化管理，

真正建立起自我约束、不断完善的长效机制，规范自身的行为，实现清洁发展和节约发展。

2. 完善管理体制、健全法规体系，加强对企业行为的监督

鉴于我国环境污染问题较为严重，在出台、完善及提高环境保护工作标准和技术要求的基础上，国家有关部门应加大对石油天然气企业生产行为的监督和管理力度，严格按照法规条例要求管理生产企业。在环境敏感区进行石油天然气勘探、开采的，要在开采前充分论证其对生态、环境的影响，并严格执行环境影响评价文件的要求，积极采取缓解生态、环境破坏的措施。高度重视污染源普查，建立污染源动态管理档案。结合国家正在进行的第一次全国污染源普查和过去对污染源管理取得的成果，从源头、过程、末端等制定污染源监测计划，对中国石油企业在油气生产过程中的废水、废气、噪声、固体废物等进行全面监测，摸清污染源产生和排放的特征、规律等，建立污染源管理动态台账，为环境管理、污染减排提供科学依据。随着海洋油气资源的进一步开发，出于防范油气生产事故造成海洋污染，需要更新现行海洋环境法律规范，保障合理制度安排。海洋环境法律制度更新应当注意为保护海洋环境、发展海洋环境产业提供充分合理的、特别是符合时代发展特点的法律制度，并构造科学的海洋环境管理制度体系。

3. 落实政策，鼓励企业防治污染

落实《石油天然气开采业污染防治技术政策》要求，鼓励企业对污染进行防治和修复。

目前国内石油企业及主要油气生产区存在不同程度的水污染、土地污染和大气污染。“十三五”时期按照国家经济结构调整及重视发展质量的基本要求，油气行业需着手考虑污染治理和修复问题。贯彻和执行《石油天然气开采业污染防治技术政策》，对已造成的环境问题及时制定合理的措施，强调污染及时治理，有效地进行石油污染检测和高效开展石油污染的降解和修复，预防石油污染源的扩散。税收方面做相应调整，对于企业的治污行为政府应通过财税政策予以支持。完善我国石化企业排污收费的法律制度，重新制定排污费的收取标准，避免出现因排污费用较低而出现的宁肯缴纳排污费也不投资石油污染治理的现象。同时加强征收的严肃性和强制性，依法征收。

4. 加大科技研发力度，大力发展石油污染防治技术

设立科技专项开展油气勘探开发污染形成机制与防治技术研究，鼓励企业开展石油污染治理技术研究，鼓励研究、开发、推广以下技术：①环境友好的油田化学剂、酸化液、压裂液、钻井液，酸化、压裂替代技术，钻井废物的随钻处理技术，提高天然气净化厂硫回收率技术。②二氧化碳驱采油技术，低渗透地层的注水处理技术。③废弃钻井液、井下作业废液及含油污泥资源化利用和无害化处置技术，石油污染物的快速降解技术，受污染土壤、地下水的修复技术。

主要参考文献

陈丹, 王然. 2015. 我国资源环境承载力态势评估与政策建议. 生态经济, 31 (12): 111-124

董飞, 刘晓波, 彭文启, 等. 2014. 地表水水环境容量计算方法回顾与展望. 水科学进展, 25 (3): 451-463

樊杰. 2013. 主体功能区战略与优化国土空间开发格局. 中国科学院院刊, 28 (2): 193-206

樊杰, 王亚飞, 汤青, 等. 2015. 全国资源环境承载能力监测预警 (2014 版) 学术思路与总体技术流程. 地理科学, 35 (1): 1-10.

国际环保组织绿色和平. 2014. 全国 74 个城市 2013 年 $PM_{2.5}$ 年均浓度排名. http://cn.chinagate.cn/news/2014-02/27/content_31613919_2.htm [2015-1-5]

国际环保组织绿色和平. 2016. 2015 年度中国 366 座城市 $PM_{2.5}$ 浓度排名. http://www.greenpeace.org.cn/pm25-city-ranking-2015/#_ftn10 [2016-4-5]

国家能源局. 2013. 燃气发电安全监管报告(专项监管报告〔2013〕第 1 号). http://zfxxgk.nea.gov.cn/auto93/201401/ t20140128_1758.htm [2013-12-28]

国家能源局. 2015. 煤炭清洁高效利用行动计划(2015–2020 年)(国能煤炭〔2015〕141 号). http://zfxxgk.nea.gov.cn/auto85/201505/t20150505_1917.htm [2015-4-27]

国家统计局. 2010—2016. 中国统计年鉴. 北京: 中国统计出版社

国家统计局. 2011—2016. 中国能源统计年鉴. 北京: 中国统计出版社

国家统计局, 环境保护部. 2011—2016. 中国环境统计年鉴. 北京: 中国统计出版社

国家统计局能源统计司. 2015—2016. 中国能源统计年鉴 2014. 北京: 中国统计出版社

国务院办公厅. 2010. 全国主体功能区规划. http://www.gov.cn/zwgk/2011-06/08/content_1879180.htm [2011-6-8]

国务院办公厅. 2014. 国务院办公厅关于印发能源发展战略行动计划(2014—2020 年)的通知. http://www.gov.cn/zhengce/content/2014-11/19/content_9222.htm [2014-11-19]

环境保护部, 国家质量监督检验检疫总局. 2012. 火电厂大气污染物排放标准. GB 13223—2011

雷坤, 孟伟, 乔飞, 等. 2013. 控制单元水质目标管理技术及应用案例研究. 中国工程科学, 15 (3): 62-69

刘畅. 2016. 石化企业可挥发性有机物 (VOCs) 排放量统计方法探讨. 绿色科技, (6): 58-59

刘年磊, 蒋洪强, 卢亚灵, 等. 2014. 水污染物总量控制目标分配研究——考虑主体功能区环境约束. 中国人口资源与环境, 24 (5): 80-87

孟伟, 张远, 王西琴, 等. 2008. 流域水质目标管理技术研究: V. 水污染防治的环境经济政策. 环境科学研究, 21 (4): 1-9

"能源领域咨询研究"综合组. 2015. 中国煤炭清洁高效可持续开发利用战略研究. 中国工程科学, 17 (9): 1-5

宁佳, 刘纪远, 邵全琴, 等. 2014. 中国西部地区环境承载力多情景模拟分析. 中国人口资源与环境, 24 (11): 136-146

钱正英, 张光斗. 2001. 中国可持续发展水资源战略研究综合报告及各专题报告. 北京: 中国水利水电出版社

荣楠, 单保庆, 林超, 等. 2016. 海河流域河流氮污染特征及其演变趋势. 环境科学学报, 36 (2): 420-427

汪党献, 王浩, 马静. 2000. 中国区域发展的水资源支撑能力. 水利学报, 11 (11): 21-26

王浩, 王建华. 2012. 中国水资源与可持续发展. 中国科学院院刊, 27 (3): 352-358

王琼, 巫明娟. 2015. VOCs 治理对石化企业的影响及应对措施. 炼油技术与工程, 45 (8): 61-64

王维, 江源, 张林波, 等. 2010. 基于生态承载力的成都产业空间布局研究. 环境科学研究, 23 (3): 333-339

王志伟, 马文娟, 王卓, 等. 2015. 石化企业无组织排放预测方法研究. 广州化工, 43 (11): 156-160

魏后凯. 2007. 对推进形成主体功能区的冷思考. 中国发展观察, (3): 28-30

邬娜, 傅泽强, 谢园园, 等. 2015. 基于生态承载力的产业布局优化研究进展述评. 生态经济, 31 (5): 21-25

新华社. 2015. 中共中央　国务院关于加快推进生态文明建设的意见. http://www.gov.cn/gongbao/content/2015/content_2864050.htm [2015-4-25]

新华社. 2015.中共中央　国务院印发《生态文明体制改革总体方案》. http://www.gov.cn/guowuyuan/2015-09/21/content_2936327.htm [2015-9-18]

薛文博, 付飞, 王金南, 等. 2014. 基于全国城市 $PM_{2.5}$ 达标约束的大气环境容量模拟. 中国环境科学, 34 (10): 2490-2496.

袁国华, 郑娟尔, 贾立斌, 等. 2014. 资源环境承载力评价监测与预警思路设计. 中国国土资源经济, (4): 20-24

赵秋月, 夏思佳, 李冰, 等. 2012. 江苏省工业 VOCs 排放现状与管理对策研究. 环境监控与预警, 4 (5): 41-44

周刚, 雷坤, 富国, 等. 2014. 河流水环境容量计算方法研究. 水利学报, 45 (2): 227-242

Alexander B, Park R J, Jacob D J, *et al.* 2005. Sulfate formation in sea-salt aerosols: Constraints from oxygen isotopes. Journal of Geophysical Research: Atmospheres, 110 (D10): doi:10.1029/2004JD005659

Amos H M, Jacob D J, Holmes C D, *et al.* 2012. Gas-particle partitioning of atmospheric Hg (Ⅱ) and its effect on global mercury deposition. Atmospheric Chemistry and Physics, 12 (1): 591-603

Bey I, Jacob D J, Yantosca R M, *et al.* 2001. Global modeling of tropospheric chemistry with assimilated meteorology: Model description and evaluation. Journal of Geophysical Research: Atmospheres, 106 (D19): 23073-23095.

Bond T C, Bhardwaj E, Dong R, *et al.* 2007. Historical emissions of black and organic carbon aerosol from energy-related combustion, 1850—2000. Global Biogeochemical Cycles, 21 (2): doi:10.1029/ 2006GB002840

Bouwman A F, Van Der Hoek K W. 1997. Scenarios of animal waste production and fertilizer use and associated ammonia emission for the developing countries. Atmospheric Environment, 31 (24): 4095-4102

Chen D, Wang Y X, McElroy M B, *et al.* 2009. Regional CO pollution in China simulated by high-resolution nested-grid GEOS-Chem model. Atmospheric Chemistry and Physics, 11: 3825-3839

Fairlie T D, Jacob D J, Park R J. 2007. The impact of transpacific transport of mineral dust in the United States. Atmospheric Environment, 41 (6): 1251-1266

Fioletov V E, McLinden C A, Krotkov N, *et al.* 2013. Application of OMI, SCIAMACHY, and GOME-2 satellite SO_2 retrievals for detection of large emission sources. Journal of Geophysical Research: Atmospheres, 118 (19): 399-418

Fisher J A, Jacob D J, Wang Q, *et al.* 2011. Sources, distribution, and acidity of sulfate–ammonium aerosol in the Arctic in winter–spring. Atmospheric Environment, 45 (39): 7301-7318

Fountoukis C, Nenes A. 2007. ISORROPIA II: a computationally efficient thermodynamic equilibrium model for K^+–Ca^{2+}–Mg^{2+}–NH_4^+–Na^+–SO_4^{2-}–NO_3^-–Cl^-–H_2O aerosols. Atmospheric Chemistry and Physics, 7 (17): 4639-4659

Fu T M, Jacob D J, Wittrock F, *et al.* 2008. Global budgets of atmospheric glyoxal and methylglyoxal, and implications for formation of secondary organic aerosols. Journal of geophysical research: atmospheres, 113 (D15): doi.org/10.1029/2007JD009505

Giglio L, Randerson J T, Van der Werf G R, *et al.* 2010. Assessing variability and long-term trends in burned area by merging multiple satellite fire products. Biogeosciences, 7 (3): 1171-1186

Guenther A B, Jiang X, Heald C L, *et al.* 2012. The Model of Emissions of Gases and Aerosols from Nature version 2.1 (MEGAN 2.1): an extended and updated framework for modeling biogenic emissions. Geoscientific Model Development, 5: 1471-1492

Henze D K, Seinfeld J H. 2006. Global secondary organic aerosol from isoprene oxidation. Geophysical Research Letters, 33 (9): L09812

Henze D K, Seinfeld J H, Ng N L, *et al.* 2008. Global modeling of secondary organic aerosol formation from aromatic hydrocarbons: high-vs. low-yield pathways. Atmospheric Chemistry and Physics, 8 (9): 2405-2420

Hudman R C, Moore N E, Martin R V, *et al.* 2012. A mechanistic model of global soil nitric oxide emissions: implementation and space based-constraints. Atmospheric Chemistry and Physics, 12: 3555-3594

Jacob D J. 2000. Heterogeneous chemistry and tropospheric ozone. Atmospheric Environment, 34 (12): 2131-2159

Jaeglé L, Quinn P K, Bates T S, *et al.* 2011. Global distribution of sea salt aerosols: new constraints from in situ and remote sensing observations. Atmospheric Chemistry and Physics, 11 (7): 3137-3157

Krotkov N A, McClure B, Dickerson R R, *et al.* 2008. Validation of SO_2 retrievals from the Ozone Monitoring Instrument over NE China. Journal of Geophysical Research: Atmospheres, 113 (D16): 16-40

Lee C, Martin R V, van Donkelaar A, *et al.* 2011. SO_2 emissions and lifetimes: Estimates from inverse modeling using in situ and global, space - based (SCIAMACHY and OMI) observations. Journal of Geophysical Research: Atmospheres, 116 (D6): doi:10.1029/2010JD014758

Leibensperger E M, Mickley L J, Jacob D J, *et al.* 2012. Climatic effects of 1950–2050 changes in US anthropogenic aerosols–Part 1: Aerosol trends and radiative forcing. Atmospheric Chemistry and Physics, 12 (7): 3333-3348

Liao H, Henze D K, Seinfeld J H, *et al.* 2007. Biogenic secondary organic aerosol over the United States: Comparison of climatological simulations with observations. Journal of Geophysical Research: Atmospheres, 112 (D6): doi.org/10.1029/2006JD007813

Lin S J, Rood R B. 1996. Multidimensional flux-form semi-Lagrangian transport schemes. Monthly Weather Review, 124 (9): 2046-2070

Liu H, Jacob D J, Bey I, *et al.* 2001. Constraints from 210Pb and 7Be on wet deposition and transport in a global three - dimensional chemical tracer model driven by assimilated meteorological fields. Journal of Geophysical Research: Atmospheres, 106 (D11): 12109-12128

Liu F, Zhang Q, Zheng B, *et al.* 2016. Recent reduction in NO_x emissions over China: synthesis of satellite observations and emission inventories. Environmental Research Letters, 11 (11): 114002

Ma Q, Cai S, Wang S, *et al.* 2017. Impacts of coal burning on ambient $PM_{2.5}$ pollution in China. Atmospheric Chemistry and Physics, 17 (7): 4477-4491

Martin R V, Jacob D J, Yantosca R M, *et al.* 2003. Global and regional decreases in tropospheric oxidants from photochemical effects of aerosols. Journal of Geophysical Research: Atmospheres, 108 (D3): doi:10.1029/2002JD002622

Mu M, Randerson J T, Van der Werf G R, *et al.* 2011. Daily and 3-hourly variability in global fire emissions and consequences for atmospheric model predictions of carbon monoxide. Journal of Geophysical Research: Atmospheres, 116 (D24): 24303

Murray L T, Jacob D J, Logan J A, *et al.* 2012. Optimized regional and interannual variability of lightning in a global chemical transport model constrained by LIS/OTD satellite data. Journal of Geophysical Research: Atmospheres, 117 (D20): doi:10.1029/2012JD017934

Olivier J G J, Van Aardenne J A, Dentener F J, *et al.* 2005. Recent trends in global greenhouse gas emissions: regional trends 1970–2000 and spatial distribution of key sources in 2000. Environmental Sciences, 2 (2-3): 81-99

Park R J, Jacob D J, Chin M, *et al.* 2003. Sources of carbonaceous aerosols over the United States and implications for natural visibility. Journal of Geophysical Research: Atmospheres, 108 (D12): 4355

Park R J, Jacob D J, Field B D, *et al.* 2004. Natural and transboundary pollution influences on sulfate-nitrate-ammonium aerosols in the United States: Implications for policy. Journal of Geophysical Research: Atmospheres, 109 (D15): doi.org/10.1029/2003JD004473

Parrella J P, Jacob D J, Liang Q, *et al.* 2012. Tropospheric bromine chemistry: implications for present and pre-industrial ozone and mercury. Atmospheric Chemistry and Physics, 12 (15): 6723-6740

Price C, Rind D. 1992. A simple lightning parameterization for calculating global lightning distributions. Journal of Geophysical Research: Atmospheres, 97 (D9): 9919-9933

Pye H O T, Liao H, Wu S, *et al.* 2009. Effect of changes in climate and emissions on future sulfate - nitrate - ammonium aerosol levels in the United States. Journal of Geophysical Research: Atmospheres, 114 (D1): doi.org/10.1029/2008JD010701

Schultz M, Rast S, van het Bolscher M, *et al.* 2007. Emission data sets and methodologies for estimating emissions. RETRO project report, D: 1-6

Schultz M G, Heil A, Hoelzemann J J, *et al.* 2008. Global wildland fire emissions from 1960 to 2000. Global Biogeochemical Cycles, 22 (2): doi:10.1029/2007GB003031

Stettler M E J, Eastham S, Barrett S R H. 2011. Air quality and public health impacts of UK airports. Part I: Emissions. Atmospheric Environment, 45 (31): 5415-5424

Streets D G, Zhang Q, Wang L, *et al.* 2006. Revisiting China's CO emissions after the transport and chemical evolution over the Pacific (TRACE-P) mission: synthesis of inventories, atmospheric modeling, and observations. Journal of Geophysical Research: Atmospheres, 111 (D14): doi:10.1029/2006JD007118

Van der Werf G R, Randerson J T, Giglio L, *et al.* 2010. Global fire emissions and the contribution of deforestation, savanna, forest, agricultural, and peat fires (1997–2009). Atmospheric Chemistry and Physics, 10 (23): 11707-11735

van Donkelaar A, Martin R V, Leaitch W R, *et al.* 2008. Analysis of aircraft and satellite measurements from the Intercontinental Chemical Transport Experiment (INTEX-B) to quantify long-range transport of East Asian sulfur to Canada. Atmospheric Chemistry and Physics, 8 (11): 2999-3014

Vinken G C M, Boersma K F, Jacob D J, *et al.* 2011. Accounting for non-linear chemistry of ship plumes in the GEOS-Chem global chemistry transport model. Atmospheric Chemistry and Physics, 11 (22): 11707-11722

Wang Q, Jacob D J, Fisher J A, *et al.* 2011. Sources of carbonaceous aerosols and deposited black carbon in the Arctic in winter-spring: implications for radiative forcing. Atmospheric Chemistry and Physics, 11 (23): 12453-12473

Wang Q, Jacob D J, Spackman J R, *et al.* 2014a. Global budget and radiative forcing of black carbon aerosol: Constraints from pole-to-pole (HIPPO) observations across the Pacific. Journal of Geophysical Research: Atmospheres, 119 (1): 195-206

Wang S X, Zhao B, Cai S Y, *et al.* 2014b. Emission trends and mitigation options for air pollutants in East Asia. Atmospheric Chemistry and Physics, 14 (13): 6571-6603

Wu S, Mickley L J, Jacob D J, *et al.* 2007. Why are there large differences between models in global budgets of tropospheric ozone? Journal of Geophysical Research: Atmospheres, 112 (D5): doi:10.1029/2006JD007801

Wu R, Bo Y, Li J, *et al.* 2016. Method to establish the emission inventory of anthropogenic volatile organic compounds in China and its application in the period 2008–2012. Atmospheric Environment, 127: 244-254

Xia Y, Zhao Y, Nielsen C P. 2016. Benefits of China's efforts in gaseous pollutant control indicated by the bottom-up emissions and satellite observations 2000–2014. Atmospheric Environment, 136: 43-53

Xiao Y, Logan J A, Jacob D J, *et al.* 2008. Global budget of ethane and regional constraints on US sources. Journal of Geophysical Research: Atmospheres, 113 (D21): D21306

Yevich R, Logan J A. 2003. An assessment of biofuel use and burning of agricultural waste in the developing world. Global Biogeochemical Cycles, 17 (4): doi:10.1029/2002GB001952

Zhang L, Gong S, Padro J, *et al.* 2001. A size-segregated particle dry deposition scheme for an atmospheric aerosol module. Atmospheric Environment, 35 (3): 549-560

Zhang Q, Streets D G, Carmichael G R, *et al.* 2009. Asian emissions in 2006 for the NASA INTEX-B mission. Atmospheric Chemistry and Physics, 9 (14): 5131-5153

Zhao B, Wang S X, Liu H, *et al.* 2013. NO_x emissions in China: historical trends and future perspectives. Atmospheric Chemistry and Physics, 13 (19): 9869-9897